Dicionário dos apaixonados pelo Brasil

Gilles Lapouge

Dicionário dos apaixonados pelo Brasil

Gilles Lapouge

Ilustrações de Alain Bouldouyre

Tradução de
Maria Idalina Ferreira Lopes

Título original em francês: *Dictionnaire amoureux du Brésil*

Amarilys é um selo editorial Manole.

Este livro contempla as regras do Acordo Ortográfico da Língua Portuguesa de 1990, que entrou em vigor no Brasil.

Editor-gestor: Walter Luiz Coutinho
Produção editorial: Depto. editorial da Editora Manole
Capa: Aline Shinzato

Dados Internacionais de Catalogação na Publicação (CIP)
(Câmara Brasileira do Livro, SP, Brasil)

Lapouge, Gilles

Dicionário dos apaixonados pelo Brasil / Gilles Lapouge ; ilustrações de Alain Bouldouyre ; tradução de Maria Idalina Ferreira Lopes --
Barueri, SP : Manole, 2014.

Título original: Dictionnaire amoureux du Brésil.
ISBN 978-85-204-3575-5

1. Brasil - História - Dicionários I. Bouldouyre, Alain.
II. Título.
14-02440 CDD-981.003

Índices para catálogo sistemático:
1. Brasil : História : Dicionários 981.003

A Editora Manole é afiliada à ABDR – Associação Brasileira de Direitos Reprográficos.

1ª edição brasileira – 2014

Editora Manole Ltda.
Av. Ceci, 672 - Tamboré
06460-120 – Barueri – SP – Brasil
Tel. (11) 4196-6000 – Fax (11) 4196-6021
www.manole.com.br / www.amarilyseditora.com.br
info@amarilyseditora.com.br

Impresso no Brasil
Printed in Brazil

Sumário

Introdução

Amei por muito tempo o Brasil, e ainda o amo. Convivo com ele há sessenta anos. Eu o visito, falo com ele. Trocamos ideias, lembranças, ironias. Ele me conta histórias. Quando estou longe, ouço sua respiração, escrevo ou lhe telefono. À noite, depois de meses sem me dar atenção, arrumo um jeito de colocá-lo em meus sonhos. Montei um pequeno aparato que me permite reencontrá-lo quando creio tê-lo perdido ou quando ele se afasta. Abro minha caixa e dela retiro o céu de uma noite de Ipanema durante o ano de 1952, os odores de flores e de pântanos colhidos em Marabá em 1969 ou aquela garotinha negra dançando na praia azul de João Pessoa, com uma sombrinha vermelha – em que ano foi isso?

Quando desembarquei nesse continente, em 1951, vinha de uma Europa cinza, exaurida, com amarguras de antigos combatentes, de soldados desorientados e de fornos crematórios. Ela havia apanhado muito. Estava cheia de hematomas, rancores e cinzas. Impertinente, pretensiosa e voltada para suas propriedades, deixava-se devorar por sua memória. Suas cidades e quase suas paisagens estavam cobertas de névoas e de chuvas meio sujas.

O Brasil, ao contrário, era colorido. Nas ruas caminhavam peles negras, brancas, vermelhas ou douradas, peles que se divertiam juntas. O país carregava um nome de cor em homenagem a essa árvore de brasa (pau-brasil) cuja polpa lambuzou de carmim, de púrpura e de escarlate as festas dos *condottieri*, dos príncipes e dos papas do Renascimento, em Florença, em Chambord, em Flandres e no Louvre. A terra do Brasil é violeta, negra, amarela ou branca. O azul de seus céus é o de seus mares. E no verde violento de suas florestas passam bandos de pássaros multicoloridos.

Lembro-me de minha primeira manhã em Copacabana. Estava impaciente. Depois de uma noite sem sono, de pé às cinco horas, olhara a praia, o Sol e o mar, o dourado e o azul, e me dissera que havia chegado na beleza das coisas.

Mais tarde, percebi que esse país era ardiloso e até mesmo um pouco mentiroso. Era barulhento, pois temia o silêncio e todas essas cores exageradas formavam "barricadas misteriosas" erguidas contra sua noite. Ocultava-se atrás de suas joias. Exibia amores, canções e paixões, pois assim escondia seus medos. Enganava às custas de malabarismos e de trapaças, mas era como todos os outros países: do fundo de seus porões, subiam as litanias do infortúnio. Tinha pesadelos e talvez gostasse de suas trevas. Ele multiplicava as festas e os carnavais, pois sentia uma "dificuldade de ser", e o vazio sempre vinha arruinar seus sonhos. Por isso se maquiava de brincalhão e se vestia de frivolidades para se convencer de que a vida é uma delícia. Dizia ser o paraíso – mas que estranho paraíso, fabricado com injustiças, miséria e sombras. Desde o tempo em que se considerava o céu, ele se perguntava onde teria colocado esse céu e se isso não era uma piada. Seus cantores diziam com uma voz desesperada que a infelicidade não tem fim. "*Tristeza não tem fim, felicidade sim!*"

Terra de Vera Cruz, como foi primeiramente chamado, ou então *Brasil*, como em seguida o nomearam, ele tem muitos motivos para alimentar suas melancolias. Nasceu de um duplo exílio, de duas separações. Estava de luto por Portugal, de onde vinha e que carregara os porões de suas caravelas com essa nostalgia amarga chamada *saudade*. Mais tarde, cobriu-se mais uma vez de luto, por essa África da qual os colonos e os negociantes retiraram 3 ou 4 ou 5 ou 6 milhões de negros que foram submetidos ao trabalho forçado, ao pelourinho, aos ferros e à tortura, à vergonha, nas plantações da cana-de-açúcar e nas minas de ouro, e que morreram rapidamente. Ele foi o último país do universo a libertar suas miríades de escravos, em 1888, e ainda assim foi necessário que a Inglaterra o forçasse a fazê-lo.

No entanto, como o Brasil é gentil, esperto e extremamente inteligente, como é muito eloquente e a dialética é seu ponto forte, hoje ele é considerado um dos únicos lugares do mundo que possuem a receita para que os homens de todas as cores se amem em vez de se odiarem. Esta reputação é uma bobagem. Apenas o cândido Stefan Zweig acreditou que o racismo, misteriosamente, detinha-se nas fronteiras do Brasil.

Pouco a pouco, acostumei-me às suas táticas e às suas astúcias. Achei que tinha entendido o jogo. Assim que os rutilantes cartazes do carnaval eram retirados das palmeiras imperiais do Rio de Janeiro, o país começava a confessar. Ele reconhecia que seus cinco séculos não tinham sido uma brincadeira. O país suntuoso era um país perdido. Não sabia muito bem quem era nem por qual milagre não se quebrara em mil pedaços como fizeram os reinos hispânicos do Novo Continente. Tinha sofrido todas as opressões: as dos senhores e dos notáveis, da escravidão, das "monoculturas" (café, ouro, borracha), e cada uma delas o enriquecera e o destruíra. Ele fora condenado aos trabalhos forçados nas plantações de cana-de-açúcar. Tinha suportado a pobreza, a injustiça e o desdém e, no entanto, jamais renunciara. É por isso que sua história é a de um longo heroísmo. Feita de ziguezagues, como os dentes de uma serra. Ela vai de felicidades a catástrofes, de mortes a ressurreições e de derrotas a triunfos. Este país jovem é cheio de cicatrizes e de ruínas. As manhãs de São Luís e de Manaus, de Salvador e do Rio de Janeiro nem sempre foram triunfantes. O país da alegria de viver é também um calvário. E se ele se assemelha ao paraíso, é "um paraíso de tristezas", como Paul Claudel expressou de maneira soberba.

Não moro o tempo todo no Brasil. Sou como Joachim du Bellay: mesmo achando sublimes o Amazonas e o rio da Prata, sinto-me bem à beira do Durance e até mesmo à beira do Bléone, que é um pequeno rio sem pedigree nos Alpes-da-Alta-Provença. Prefiro visitar o Brasil de tempos em tempos e de forma irregular, quando a oportunidade ou o trabalho para lá me levam. Acho isso vantajoso. Toda vez que chego a São Paulo é uma alegria. Abraço meus amigos e damos gritos. É porque desapareço com frequência que eles gostam de mim. Vejo o Brasil por intermitência. Ele está longe e está perto. A distância em que me mantenho permite-me distinguir melhor seus traços e tons. O mérito pertence a esse "olhar distante" cujo uso era recomendado por Claude Lévi-Strauss. E além do mais, se tivesse me instalado nesse país, se o tivesse habitado, eu não o teria visto se movimentar. Uma bela manhã, depois de cinquenta, sessenta anos, eu teria despertado de meu transe e de repente teria sabido que, em segredo, meu Brasil se transformara em outro, assim como descobrimos no espelho o rosto de um estranho e nos perguntamos então para onde teria ido aquele jovem rapaz que acreditávamos ser. E de tanto compartilhar a intimidade cotidiana de uma pessoa, percebemos, em uma manhã qualquer, as marcas das horas no rosto amado e somos então obrigados a engolir de uma só vez um grande pedaço de tempo, correndo o risco de descobrir subitamente os estragos acumulados sem que jamais os tivéssemos percebido, à maneira dos ponteiros de um relógio que fingem não se mexer e mesmo assim dão a volta no mostrador diante de nosso nariz e dão a volta de nossa morte.

É comum dizer que não existe um só Brasil. Há a floresta e as pedras, o Amazonas, as montanhas e os pampas, os mares e as terras rachadas do sertão, o Pantanal com todos os animais da arca de Noé, as montanhas austeras de Belo Horizonte e há todos os pássaros, todas as flores, todos os peixes e todas as borboletas do planeta. Mas ao lado desses Brasis geográficos, eu também gostaria de dar a palavra aos Brasis históricos. O tempo parece imóvel nesses intervalos e, no entanto, flui impetuosamente. Desde que eu o conheço, já passou por quatro ou cinco metamorfoses. Conheci o Brasil dos arranjos e o das democracias frágeis e imorais que se olhavam no espelho dos Estados Unidos ou da Europa, o da corrupção e dos bandidos, o das falências, das inflações e dos crimes, e o da revolta contra os modelos europeus ou norte-americanos. Conheci o Brasil louco de Jânio Quadros, o Brasil inteligente de Fernando Henrique Cardoso, o Brasil do grande passo adiante de Brasília, no tempo de Kubitschek, interrompido pela tirania militar que durou 20 anos, de 1964 a 1985.

Busco lembranças mais antigas. Lembro-me da Terra de Vera Cruz, um dia de abril de 1500, quando desembarcou em Porto Seguro o almirante Cabral. Vejo desfilar as guerras órfãs que os humilhados, os ofendidos, os santos e os profetas faziam aos senhores do açúcar ou do café e ouço as cavalgadas alucinadas dos bandeirantes de São Paulo em busca de escravos índios e de lingotes de ouro. Lembro-me dos gritos dos profetas de olhos revirados nas terras inconsoláveis do sertão. Tenho mil Brasis na memória e às vezes eu os consulto. Folheio esse país, sua geografia e sua história, da mesma forma como consultamos as páginas de um incunábulo.

No momento de virar essas folhas, ao sabor de minha memória, detenho-me por um breve instante na última, aquela que relata os anos 2000. É o mesmo Brasil e é outro. Agora ele está calmo, senhor de si, forte e jovial. Estive recentemente em São Paulo, em São Luís, em Brasília, em Campinas. Vinha de uma Europa incerta. De Paris a Praga, de Roma a Atenas, o velho continente estava agitado pela crise monetária dos *subprimes*. Ele duvidava de si mesmo. Sussurrava e gemia. Não sabia mais se era feliz. O Brasil não se faz as mesmas perguntas. Ele vai. Avança. Está confiante. Gosta de seu caminho. Claro, continuam matando no Rio de Janeiro e em todas as cidades, e claro que as misérias se empilham nas aterradoras favelas. O Brasil dos anos 2000 permanece, assim como foi durante cinco séculos, sendo uma grande chaga aberta, mas, talvez pela primeira vez, ele cessou de duvidar de si mesmo. Essas ressurreições são atribuídas a Lula, e como duvidar disso? O desespero do Brasil, Lula o conhece. Nascido nesse desespero, ele decidiu conjurar sua fatalidade e ganhou. Não ganhou. Vai ganhar.

Ignoro se o Brasil encontrou a felicidade. Sei que ele dá a seus habitantes o desejo de ser feliz.

Abelhas

Em 1956, o Brasil comprou abelhas africanas. Desejava-se cruzar a abelha da Tanzânia (*Apis mellifera scutellata*), robusta e adaptada aos climas tropicais, com a abelha brasileira de origem europeia (*Apis mellifera ligustica* ou *Apis mellifera iberiensis*).

Um centro experimental de São Paulo se encarregou da operação. Foram-lhe confiadas 56 rainhas africanas. Durante uma manipulação, 26 delas fugiram. Partiram para uma aventura no campo. Tiveram amores. Inúmeras pequenas abelhas africanas nasceram, algumas por causa de um encontro com abelhas brasileiras. Infelizmente, a viagem e essas famílias desfeitas estragaram o humor delas. Ao passo que os modos da *Apis mellifera scutellata* são delicados na Tanzânia, uma vez no Brasil, ela se torna melancólica. Qualquer coisa a irrita; ela pica e, se for preciso, mata. Os brasileiros chamam essa abelha híbrida, ou melhor, mestiça, de "abelha assassina".

Nada conseguiu deter ou diminuir a invasão. A abelha africana espalhou-se por todo o Brasil e, depois, por outros países da América do Sul. Chegou até o México. Há alguns anos ela tenta a América do Norte. Felizmente, como não gosta das paisagens desoladas, sua expansão diminuiu. Contentou-se em se instalar provisoriamente nas pequenas cidades do deserto onde encontrou o que lhe é necessário: água, jardins, flores, piscinas e cascas.

Já que não se conseguiu erradicá-las, elas foram estudadas. Seu veneno não é mais nocivo que o das abelhas europeias. É a união que faz a força das abelhas africanas. Todas as diásporas são iguais: o exilado, o imigrante, o deslocado, o sem documentos, o cigano, aquele que é expulso pelas injustiças da história ou da pobreza para uma terra estrangeira tem medo. Perde suas referências. Sente-se perseguido. Dizem-lhe que tem uma fácies. Ele não conhece bem a língua e qualquer formalidade parece um quebra-cabeça. Como está sempre assustado, corre a juntar suas energias e sua raiva à dos outros exilados. É dessa forma que agem as abelhas africanas. Muito solidárias, elas caçam em grupo e, quando percebem uma presa, seja um animal ou um humano, é a colmeia inteira que conduz o ataque. Se algumas picadas provocam na vítima uma reação dolorosa, mas sem perigo, 1.500 picadas de abelhas africanas, em contrapartida, matam um homem de setenta quilos. Estima-se que mil ou duas mil pessoas tenham sido vítimas delas nos últimos cinquenta anos.

Um odor desconhecido ou um som estranho dispara o alarme e toda a colmeia sai em busca do intruso. Quando uma das assassinas localiza o pobre coitado, ela o pica e perde seu ferrão e sua bolsa de veneno; mas o órgão que pende no final do "arame farpado" plantado na epiderme libera feromônios que alertam todo o enxame, e a corrida começa. Se a vítima pretende fugir, suas chances são bem pequenas. A abelha europeia persegue sua presa por cinquenta metros, no máximo, mas a abelha africana o faz por um quilômetro. E mata.

A abelha assassina comete outros crimes. Ela se introduz nas populações de abelhas brasileiras. Quando uma rainha mestiça nasce em uma colmeia comum, ela toma o poder, pois a genética lhe é favorável. Na realidade, a rainha assassina desabrocha um dia antes da rainha de raça pura. E ela não perde tempo. No palácio adormecido, assassina tranquilamente todas as outras rainhas, como nas tragédias de Shakespeare ou de Ésquilo. Ela se instala no trono e reina. Foi assim que os apicultores brasileiros viram as populações de suas colmeias se transformarem. Ontem, eles cuidavam de abelhas dóceis, alegres e laboriosas. Agora, enfrentam dificuldades com indivíduos patibulares, que se exaltam e matam à mínima contrariedade.

A abelha europeia havia chegado ao Brasil em 1839. Naquele ano, um padre, Antônio Carneiro, carrega cem colônias de *Apis mellifera* em um navio no Porto (Portugal). Dessas colônias, apenas sete resistem à travessia do Atlântico, mas, assim que chegam ao Brasil, as abelhas portuguesas se desenvolvem e se multiplicam. Elas rapidamente se impõem sobre a abelha "indígena".

Hoje, contudo, a "abelha indígena" retorna. Liana John relata essa ressurreição na revista *Terra da gente*. Em todo o Brasil tropical, a *melípona*, que é a abelha nativa, recupera o seu terreno. Ela é protegida por muitos apicultores, principalmente no Norte e no Nordeste, ou porque a abelha europeia-brasileira sofre por sua rivalidade com a abelha assassina da Namíbia, ou porque os criadores e os consumidores se entregam ao sabor do arcaico, do primitivo, do orgânico, da terra, dos bons velhos tempos, que é uma das marcas da modernidade.

É preciso reconhecer que o desempenho da abelha nativa é menor do que o da abelha europeia. Sua produção de mel é menos abundante e ela exige do criador maiores cuidados. A abelha nativa não é boa para construir as células destinadas à sua descendência. Ela deposita o mel em pequenos potes de cera, o que impõe ao apicultor procedimentos complicados. Os preços do mel nativo são mais elevados do que os do mel comum. Além do mais, a comercialização da fauna doméstica foi por muito tempo proibida no Brasil. Felizmente, desde 2004, essas restrições foram retiradas em relação às abelhas.

Esses inconvenientes são, contudo, compensados por qualidades que as abelhas europeias não possuem. O mel da abelha nativa é uma farmácia fabulosa, que contém toda espécie de remédios. Ele trata dos mais variados sofrimentos, queimaduras, ferimentos. É mais ativo do que o mel comum contra as bactérias *Escherichia*, *Salmonella* spp, *Pseudomonas* e *Streptococcus*. Alguns estudos acadêmicos estabeleceram que uma aplicação de mel nativo destrói em 24 horas o *Bacillus anthracis*, o antraz, essa terrível infecção glandular que faz parte do arsenal de alguns grupos terroristas.

Outra superioridade da abelha nativa sobre a da Europa: sua maior habilidade para a polinização. Por exemplo, algumas espécies de orquídeas ou de bromélias só suportam ser fecundadas pelas abelhas pertencentes à tribo *Euglossini*, magníficos insetos revestidos de cores metálicas que vão do verde ao vermelho. No Brasil, são chamadas de *abelhas das orquídeas*. O mesmo acontece com o maracujá. É claro que a abelha europeia-brasileira visita de bom grado a flor (*Passiflora edulis*), mas, em razão de seu reduzido tamanho, ela não tem acesso à parte fêmea da flor, o que limita o alcance de suas carícias. Ao contrário, a abelha nativa *mamangava* (da tribo *Bombini*) é grande, peluda e alcança facilmente essa parte da flor do maracujá.

A abelha nativa sofre com uma desvantagem. Ela é lenta. Em um campo de flores, ela sempre chega depois. A abelha europeia-brasileira, muito mais esperta, já fez a sua investida. A decepção da *melípona* é enorme. Ela espera um banquete ao ver todas aquelas flores espetaculares – mas as europeias já passaram por ali e não sobrou nenhum pólen. Quando isso acontece, a abelha nativa dirige-se aos territórios desprezados pela abelha europeia-brasileira, como as terras sombreadas na margem das florestas.

A abelha nativa tem ainda outra vantagem sobre a abelha europeia: ela não tem ferrão, o que permite ao criador ter colmeias perto de sua fazenda sem temer que as abelhas ataquem seus filhos ou seus animais domésticos.

Acolhida

Cheguei ao Brasil, ao Rio de Janeiro, em 20 de março de 1951. Fiquei estarrecido. O que eu fazia nesse aeroporto? Olhava minha passagem de avião. Estava no Rio.

Três meses antes, encontrei por acaso nas ruas de Paris um de meus amigos do colégio de Digne, André Rougon, que morava na Rue du Cirque. Estávamos tranquilos. Ele me disse que um grande jornal brasileiro procurava um jornalista francês para manter, em São Paulo, uma coluna tratando de economia, finanças e Bolsa. Vinha bem a calhar. Frequentei a École Libre de Sciences Politiques durante um mês e, além do mais, não tinha profissão. No ano anterior, trabalhei um pouco como jornalista em Orã e em Argel, mas, ao voltar para a França, fiquei imediatamente desempregado.

Escrevi para a pessoa encarregada de me encontrar. Era um professor de história, um certo Fernand Braudel. Senti-me encorajado, pois havia feito um pouco de história na faculdade de Aix-en-Provence. Ademais, o professor ainda não era tão famoso. Como desconhecia seu nome, Fernand Braudel não me intimidava de forma alguma.

Ele convidou-me à sua casa, na Rue Monticelli. Falamos sobre Renascimento, Mediterrâneo e arte barroca. Foi uma conversa agradável. Dei internamente uma boa nota a esse professor. Ele parecia conhecer bem o seu Mediterrâneo. Deixou claro que outros cinco jornalistas já haviam se candidatado e, por isso, organizou um concurso. Redigi vinte páginas sobre o *pool* carvão-aço e ganhei.

Fui até Orly. Minha mala estava abarrotada de livros de economia política. Fiz também um estoque de artigos recortados do *Le Monde*, *Le Figaro* e *The Economist*, uma "bagagem necessária" que me seria útil para redigir de longe, do outro lado do Oceano Atlântico, minhas primeiras colunas. Comprei, prevendo o sol equatorial, um chapéu de palha tipo panamá.

Era meu primeiro avião. Ele ainda tinha hélices. Era lento e confortável. E parava em muitos lugares, o que me permitiu experimentar um sentimento geográfico. Fizemos uma escala na Europa, em Lisboa, outra na África, em Dakar e uma terceira na América, no Recife. Em dois dias, havia passado por três continentes.

No Recife, quando o piloto abriu a porta, um intenso calor veio sobre nós, uma névoa morna como um casaco de pele, que parecia sair de dentro do próprio corpo. No perímetro do aeroporto, as palmeiras tremiam como nas miragens. Disse para mim que era como elas, que eu tremia e que fazia parte de uma miragem. Naquele momento comecei a reler minha passagem de avião. Aquele pedaço de papel era a prova de que o Brasil existia. E, se o Brasil existia, era provável que eu também existisse.

Passamos algumas horas no aeroporto de Recife. Decidi transformá-lo em uma lembrança. Era uma precaução. Graças a isso, e ainda que sessenta anos nos separem, minha escala em Recife escapou ao desgaste da memória. Ela está intacta, brilhante, inalterada. E eu a solicito com frequência. Eu a contemplo. E é naquela nuvem de calor pernambucano que vou buscar, quando necessito, esses tons vermelhos, violetas e verdes, ao mesmo tempo brilhantes e esmaecidos, essas ferrugens e essas velharias que, para mim e para sempre, recobrem todos os trópicos.

Sempre cuidei bem de minhas lembranças. Como não podemos guardar as marcas de tudo o que nos acontece ao longo de uma existência, organizo de antemão minha coleção. Escolho os acontecimentos no momento mesmo em que acontecem, um pouco como na colheita de cogumelos, logo deixando de lado aqueles que estão mofados. Faço dois pacotes. Em um, reúno os instantes agradáveis e que me parecem dignos de durar. No outro, os que sacrifico. Por exemplo, percebo uma moça, uma floresta, uma governanta ou mesmo um cervo, e decido na mesma hora se vou transformá-los em lembrança ou não. Geralmente isso funciona, mas enfrento algumas contrariedades. Minha memória só faz o que quer: um encontro que me parece destinado a um esquecimento instantâneo se incrusta; retorna sorrateiramente depois de alguns anos e não consigo mais me livrar dele. Mas o contrário também acontece: uma cena que me parece dotada de uma longa esperança de sobrevida morre prematuramente. Ela naufraga. Foi o que aconteceu com o aeroporto do Rio de Janeiro em março de 1951. Pensei que ela duraria alguns séculos, mas, mesmo me esforçando, não encontro nada.

A única coisa que resta são as janelas envidraçadas e o mar. Nessa época, os aviões pousavam no Santos Dumont, no coração da cidade. As luzes se refletiam na água escura. Eu as olhava. A baía do Rio de Janeiro, à noite, é um amontoado de estrelas, e a metade delas se movimenta langorosamente no oceano. Os aviões aterrissavam na Via Láctea.

Peguei meu panamá. Ouvi meu nome pelo alto-falante. O diretor do meu jornal, Júlio de Mesquita Filho, tinha vindo me esperar pessoalmente. Que ideia! Ele tinha percorrido quinhentos quilômetros de carro, de São Paulo até o Rio, para me receber em seu país. Eu deveria ser um personagem importante, talvez até mesmo um figurão! Entrei em pânico por causa dessa ideia de figurão. Um figurão! Quase abandonei tudo. Senti uma vontade louca de dizer que não era eu, de dar no pé e retornar para a França, mas eu era tímido, bem-educado, dócil ao meu destino, pouco habituado à mentira, e fiz de conta que era eu.

Quando encontrei o diretor do jornal, na companhia de seu motorista, ele não melhorou as coisas. Era um personagem intimidante: bem velho, grandioso, nobre e austero. Era como um príncipe. Eu o vesti de arminho, de veludo e de fitas de seda ou de rendas. Acrescentei uma corte da Espanha ou de Viena, algumas condecorações e uma dessas espadas reluzentes que, nos quadros de Van Dyck, Frans Hals, Rembrandt, são usadas pelos mercadores e pelos aristocratas majestosos do Renascimento.

Ele falava um francês perfeito, meio arcaico, próximo do ideal, o francês praticado pelas baronesas russas nos romances de Tolstói. E não errava uma concordância dos tempos. Decidi vigiar minha elocução. Falava como se estivesse pisando em ovos. Tinha muito medo de cometer erros de francês e que o sr. Mesquita se alarmasse com isso. Nesses casos, o melhor é apelar para suas lembranças escolares. Procurei por Racine e pela narrativa de Terameno, por Corneille e pelas estrofes de *Polyeucte*. Exumei dessas recitações um bom número de imperfeitos do subjuntivo. Madame de Scudéry forneceu-me algumas figuras engessadas do Grande Século. Passei no exame que o sr. Mesquita, delicadamente, me impunha.

O motorista deixou-nos no Copacabana Palace. Eu reconhecia o oceano e a noite do oceano, pois eles estavam em *Interlúdio*, filme que Hitchcock situara no Rio de Janeiro e que eu havia visto recentemente. Tinha amado esse filme. Cary Grant tem como missão desmantelar um grupo de nazistas refugiados no Rio de Janeiro no final da guerra. Ele se empenha com a ajuda de Ingrid Bergman, que é, infelizmente, a filha de um antigo nazista. Cary Grant está apaixonado por ela, mas deve jogá-la nos braços de Claude Rains, precisamente um desses nazistas sórdidos, o que não é muito agradável para ele. E nem para ela. Lembrava-me do rosto assustado de Ingrid Bergman, rodeada de espiões, de agentes duplos. Ela avança em salões repletos de espelhos, de candelabros e de pessoas elegantes. Creio que alguém coloca um revólver em suas costas. Ela estremece. As palmeiras imperiais balançam na noite, e eis que agora as palmeiras de Interlúdio ondulavam diante de mim. O Rio de Janeiro era um cenário. Os homens e as mulheres que eu via em torno de mim, no grande salão do restaurante do Copacabana Palace, eram atores, figurantes. Eu os olhava. Procurava Cary Grant, Ingrid Bergman e até mesmo Claude Rains. No final da noite, eles iriam devolver seus vestidos brilhantes, seus smokings e seus sorrisos brancos ao estúdio de Hollywood que os havia emprestado para a ocasião. Eu também teria de devolver o panamá que comprei em Paris para enfrentar as incertezas do equador. Não sabia mais muito bem qual era meu papel na intriga de *Interlúdio*. Temia fazer parte da gangue dos nazistas. Quando finalmente fui ao Brasil, o Brasil não estava lá. Ele tinha sido substituído por uma imagem. Eu tinha penetrado no belo país por uma porta falsa.

Pedi um coquetel de camarões. Não foi uma boa escolha, pois o garçom trouxe uma construção perigosa como um número circense. Uma pirâmide de taças de vidro e de prata colocadas umas sobre as outras, como acrobatas sob a lona de um circo, contendo camarões, gelo, vários molhos e outras coisas que não saberia dizer. Durante esse tempo, o diretor do jornal me falava do banco (Banco do Brasil), que não ia muito bem. Achei melhor tranquilizá-lo. O Banco do Brasil atravessava uma fase delicada, mas iria sair dessa. Coloquei minha mão no fogo. O diretor pareceu aliviado. Isso me acalmou: levando-se em consideração as aproximações sobre as quais construí meu discurso, acabei inferindo que esse diretor era muito aristocrático, muito bom em língua francesa e muito inteligente, mas médio em economia e em finanças. Isso criava um ponto em comum entre nós.

Ele me contou que seu avô era um fazendeiro da região de Campinas, e que nunca quis confiar seu dinheiro a um banco. Ele acumulava as notas, seus mil-réis e seu ouro em um cofre de madeira preciosa, de jacarandá, que mais tarde pude admirar em Louveira, na fazenda do sr. Mesquita. Naquela noite no Copacabana Palace, quando ele me narrou as altercações do avô com os bancos, os mil-réis e o cofre de jacarandá, soltei um riso protetor, indulgente e orgulhoso; no entanto, riso típico de um alto funcionário do governo. Creio que fiz bem. O sr. Mesquita pareceu satisfeito. Ele deve ter pensado que a coluna financeira de seu jornal estava em boas mãos.

Comi mamão. Nada é mais delicioso. O mamão é chamado de papaia nos países da África. É exatamente o mesmo fruto, mas não gosto das papaias e adoro o mamão. Afeiçoei-me ao mamão, um pouco como os gansos-bravos de Konrad Lorenz que seguem obstinadamente o primeiro pássaro ou o primeiro homem que veem assim que saem de sua casca.

Eu olhava o mar. O diretor quis saber como Anatole era considerado. Conheci um Anatole durante o meu serviço militar, em Boucau, perto de Baiona, um estivador muito divertido, mas certamente não era dele que falava. Procurei outro. O sr. Mesquita mostrou-me o caminho. Ele considerava Anatole um dos maiores escritores de sua geração, incluindo André Gide. Naquele tempo, os brasileiros cultos dedicavam aos escritores franceses tamanha admiração, eram tão familiares de sua obra e de sua vida, que falavam de Victor, de Gustave ou de Anatole. Respondi. Reconheci que Anatole fora jogado no purgatório, mas esse purgatório seria bastante breve, pois *Crainquebille* ou *A ilha dos pinguins*, não importa o que se diga, são obras-primas. Concordamos a esse respeito.

Minha primeira noite foi resplandecente. Por isso, não fechei os olhos. Às seis horas da manhã, estava no terraço. Saudei o Brasil, sua magnificência. Saudei meu futuro, já que ele estava ali, esse futuro oculto naquela manhã brilhante. A calçada da avenida Copacabana é esplêndida. É um mosaico de pedras brancas e negras que formam arabescos e uma espécie de escrita gigante. Os varredores tinham se apossado dela desde as primeiras horas da manhã. Eles davam início ao dia do Rio. E não a maltratavam. Eles a acariciavam. Nunca tinha visto varredores tão lentos, tão líricos.

Fomos para São Paulo. Assim que nosso carro ultrapassou a periferia da cidade, e encorajado pelo caso Anatole, falei de Paul Valéry. E me felicitei por isso. Em toda a minha vida não tive uma conversa literária tão longa, tão intensa, tão inteligente quanto essa. Meu diretor tinha lido tudo, e muito bem. Improvisamos uma antologia da literatura francesa, começando por François Villon, nos demoramos um pouco no Século da Luzes até chegarmos ao período moderno, com os quatro grandes, Valéry, Gide, Giraudoux e Claudel. Não se tratava mais do Banco do Brasil. A poesia mantinha a economia a uma respeitável distância. E eu começava a me sentir à vontade.

Paul Claudel ocupou alguns quilômetros, pois ele tinha sido embaixador no Brasil. O seu secretário de imprensa ou seu adido cultural, não tenho mais certeza, era Darius Milhaud. O sr. Mesquita me informou que o restaurante Le Boeuf sur le toit, fundado em 1921 na Rue Boissy d'Anglais para em seguida migrar para a Rue du Colisée, era uma ideia de Darius Milhaud. Esse "boi no telhado" é brasileiro. Tem sua origem na cidade de São Luís, onde todos os anos há uma grandiosa festa em homenagem ao pequeno boi enérgico que habita a caatinga do Nordeste. É um boi magro. O contrário de um boi francês. Sua pele é cheia de feridas feitas pelos longos espinhos das árvores retorcidas da região, duros como o aço. É o "boi corajoso", o "boi pé-duro". Darius Milhaud ficou fascinado por esse ator modesto, heroico e empoeirado da tragédia brasileira. Em seguida, por causa de Darius Milhaud e do sr. Mesquita, participei muitas vezes do Bumba Meu Boi, essa festa inesquecível do Nordeste.

Contei ao diretor as novidades de Paris. Juliette Gréco deveria fazer, ou acabara de fazer, uma turnê pelo Brasil. Falei da canção que Jean-Paul Sartre lhe dera, *La rue des blancs-manteaux*. Deveria ter ficado calado, pois o sr. Mesquita questionou-me sobre *O ser e o nada*. Respondi. Ele não compreendeu muito bem minha resposta. Decidi então contar uma pequena anedota: o sucesso de *O ser e o nada* se explicava pelo seu peso, exatamente um quilo. Durante a Ocupação, os comerciantes, que não podiam mais pesar suas mercadorias, pois os pesos de cobre usados nas balanças tinham sido confiscados para a fabricação de armamentos, utilizavam *O ser e o nada* para pesar suas batatas e seus damascos. Minha anedota funcionou muito bem.

Alguns minutos depois, o sr. Mesquita perguntou ao seu motorista onde ele tinha colocado o revólver. No porta-luvas ou no porta-malas? Acho que demonstrei o meu pânico, pois o diretor explicou-me que, no Brasil, a vida política e até mesmo a jornalística podiam ser agitadas. Mas que, até aquele dia, o revólver não tinha sido usado. Já que o assunto eram armas, falamos então de fuzis. O sr. Mesquita perguntou-me se eu gostaria de caçar onça, lebre e perdiz no Pantanal mato-grossense. A onça não despertou meu interesse. Optei então pela perdiz, mas como nunca segurei um fuzil em minha vida e, além do mais, odeio o abate de animais e matanças em geral, teria de encontrar um jeito de me safar.

À noite, chegamos a São Paulo. "A cidade das cidades!", disse a mim mesmo imediatamente. Nos primeiros dias, hospedei-me no hotel Excelsior. Antes da guerra, meu pai lia um jornal que também tinha esse nome. Esse hotel acabara de ser inaugurado. Ele era brilhante e monumental. Naquele tempo, erguia-se no coração da cidade, na Praça da República. Essa praça impressionante, com suas belas e desconhecidas árvores tropicais, muitos engraxates e alguns vendedores ambulantes – os "camelôs", como a cidade do rei Artur e da rainha Guinevere. Desde então, a cidade se movimentou. Mudou. O centro foi para outro lugar, para a Avenida Paulista, o Excelsior periclitou. Acho que desapareceu. Não tenho certeza disso. Hesito em perguntar por ele aos meus amigos brasileiros. Quando retorno a São Paulo, evito ao máximo passar por ali. É algo que me deprime muito.

Nunca tinha visto um arranha-céu. Esse me agradou. Abri minhas malas. Espalhei sobre a mesa os artigos do *Le Monde*, do *Le Figaro* e do *The Economist* que trouxera. Eu os revisaria mais tarde depois do jantar, pois, já no dia seguinte, deveria ir ao jornal, na rua Barão de Duprat, e escrever minha primeira coluna. Subi ao restaurante. A sala de jantar era no último andar, talvez o trigésimo, e panorâmico. Preferi os legumes crus, cenouras, salsão, cebolas macias, deliciosas. Eis uma lembrança incrustada sem minha aprovação. Lembro-me de cada um dos legumes que saboreei e do seu barulho entre meus dentes.

Quanto voltei para o meu quarto, vi que todos os meus artigos tinham desaparecido. Uma empregada do hotel tinha organizado tudo. Abri tudo o que podia ser aberto, gavetas, armários, guarda-roupas, cômodas. E não parava de pensar. Claro, eu conhecia a economia, a Bolsa, os ágios, as inflações e tudo isso, e na ponta da língua, já que passei um mês na École Libre des Sciences Politiques, mas conheceria ainda mais se fosse amparado pelos artigos de Gilbert Mathieu e de Alfred Sauvy. E, como não sabia nada da língua portuguesa, a leitura dos jornais locais não me ajudaria muito. Além do mais, eu vinha da França para dar opiniões sobre a economia brasileira, não para recopiar os artigos dos outros jornais brasileiros.

Saí correndo pelos corredores do Excelsior. Eles estavam desertos naquele início de noite. Acabei encontrando uma mulher da limpeza que me achou agitado. A barreira da língua era intransponível. O ascensorista também não falava francês. Quanto tempo durou essa busca do Graal? Acabei descobrindo um vigia que trabalhou como varredor na Aliança Francesa. Ele tomou medidas drásticas. Concordou em me levar até o subsolo do hotel.

Comecei minhas buscas. E não era nada agradável. Além do medo de nunca encontrar Alfred Sauvy e Gilbert Mathieu, temia que outro vigia me visse e me confundisse com um batedor de carteiras, me espancasse, me levasse de volta ao aeroporto. Adeus, Brasil, belo Brasil! E eu ficaria muito envergonhado. Recitava de maneira compulsiva um verso de Rimbaud. Eis o verso: "Ela passou a noite de Natal nas latrinas". Como primeiros passos do meu destino, esses eram bem rudes. Revirei todo o lixo. Tudo isso acontecia na penumbra criada por arandelas bem fracas. O verso de Rimbaud, mesmo que eu tentasse afastá-lo, permanecia ali, como um tique. Eu passava a noite de Natal nas latrinas.

Acabei encontrando minha documentação. Ela estava em um estado lastimável. *Le Monde*, *Le Figaro* e também *The Economist* estavam em pedaços. Recolhi o que pude. E não era muito. A maioria dos textos estava maculada, rasgada, ilegível ou despedaçada. Voltei para o quarto, passei o final da noite reconstituindo os artigos, como um sábio epígrafo recompõe escritas sumerianas ou fenícias a partir de pedaços de tijolos cozidos escondidos nos desertos da Mesopotâmia.

Na manhã seguinte, fui ao jornal instalado em um velho prédio na rua Barão de Duprat, uma rua muito feia e um imóvel muito feio. A sala da redação era escura, como a do *Herald Tribune* nos filmes de antes da guerra, com um amontoado de jornalistas em mangas de camisa e suspensórios, lembrando Humphrey Bogart, e aquele barulho de máquinas e telefone. O que eu estava fazendo nesse mundo? Deram-me uma velha máquina de escrever, extremamente escura, uma Remington. E escrevi com dois dedos trêmulos, apavorado, o meu primeiro artigo. Para minha felicidade, era sobre o *pool* carvão-aço, que eu conhecia de cor e salteado, pois lera sobre o assunto para o exame feito por Braudel. Verifiquei algumas incertezas desdobrando as tiras de jornais salvos das latrinas. O resultado de meus conceitos foi traduzido imediatamente por Ritter, que aliás era o redator-chefe. Ritter era uma figura. As suas traduções eram excelentes, ainda que não falasse uma palavra de francês. Essa estranheza me agradava. Ele, que em seguida tornou-se um amigo, não podia me questionar sobre os erros sempre possíveis, por falta de sorte, em um artigo econômico.

Em seguida, o sr. Mesquita chamou-me em seu escritório. Este era ainda mais escuro do que a sala de redação, mas o sr. Mesquita tranquilizou-me. O jornal logo iria se mudar para a rua Major Quedinho, para um arranha-céu novinho. Ali eu me sentiria mais à vontade. Agradeci, como se o sr. Mesquita, em sua mansidão, tivesse mandado construir esse arranha-céu especialmente para mim. Ele leu minha coluna em minha presença. Achei a leitura longa, quase interminável. Em seguida, voltei a respirar. Disse a mim mesmo que ficaria nesse país por um bom tempo.

Os dois filhos do diretor trabalhavam no jornal também. Nós nos entendemos bem. O mais velho, Júlio de Mesquita Neto, tinha minha idade. Toda noite, depois de eu terminar minha coluna, ele me levava até a Pensão Americana, na rua Barão de Tatuí. A cidade nunca adormecia. Eu a achava esplêndida. Muitos franceses me diziam que ela era feia, mas eu não concordava com eles. Eu estava tão feliz. Os anos não a estragaram, é uma cidade magnífica. O carro de Júlio Neto era um Ford branco. Ele tornou-se um amigo. Morreu já faz alguns anos. O seu irmão chama-se Ruy. Ele é muito culto e debatíamos como estudantes de Dostoievski. Fiquei três anos no Brasil, e então voltei para a França. Meus pais estavam um pouco mais velhos. Depois de minha partida, o sr. Mesquita pediu-me para ser o correspondente do jornal em meu país, de forma que nunca deixei o Brasil. Não me tinha enganado naquela agradável manhã de Copacabana, no primeiro dia. Meu destino ocultava-se entre a areia do Rio e os arranha-céus de São Paulo. Há sessenta anos, ouço o barulho que ele faz à medida que se desenrola.

Aleijadinho

Em 1720, uma nova capitania surgiu, a de Minas Gerais, separada da de São Paulo. O ciclo do ouro vai durar um século. Milhões de homens convergem para aqueles filões de ouro e de prata, de ferro, de águas-marinhas, de diamantes que foram avistados pelos bandeirantes no final do século XVII. Uma procissão de pobres se enfia sob a terra, escava as colinas, abre vales, desenvolve ou inventa cidades – Vila Rica de Ouro Preto, Congonhas, Sabará, Diamantina, São João del-Rei...

A capitania de Minas Gerais é administrada com rigor, mas não consegue erradicar o colossal contrabando. Esse representa o dobro da produção legal de Minas Gerais. Fortunas caem nos bolsos de notários, traficantes, agiotas, controladores, especuladores, funcionários públicos, bandidos. Nos hábitos dos padres, também. Eles estão igualmente presentes nas ágapes do ouro. Não apenas não são revistados pelos soldados nos postos de controle, como suas batinas são amplas, sagradas e formam esconderijos invioláveis. Quanto às estátuas dos santos, elas também têm seu pequeno mérito. Quando escavadas, são preenchidas com pó de ouro. Um santo bem escavado pode guardar uma fortuna. Nas barbas dos funcionários do fisco, milhares de anjos e de santos cheios de diamantes deixam tranquilamente Minas Gerais. Fortunas se constroem.

A geografia do Brasil se movimenta. Por um século, a cidade de Ouro Preto, perdida lá no alto de seus nevoeiros e em suas montanhas tristes e belas, será a capital econômica da colônia. Quanto à capital política, ela abandona Salvador da Bahia de Todos os Santos para se implantar no sul. Em 1763, a sede do vice-reinado é transferida para 400 km ao sul de Ouro Preto, para a cidade do Rio de Janeiro, à qual até então os portugueses tinham dado pouca atenção, mas cujas delícias eles de repente descobrem, pois ela se torna a saída natural do ouro de Minas Gerais. Esses movimentos de cidades são decisivos: o Brasil começa a se interessar por suas províncias do interior. Ele se instala no interior de si mesmo.

Menos de meio século depois do descobrimento das primeiras pepitas do ouro negro, por volta de 1730, Antônio Francisco Lisboa nasce em Ouro Preto. Ele é filho bastardo de um arquiteto português e de uma escrava. Portanto, é mulato. As fadas não se debruçaram sobre o seu berço. De acordo com as regras, o pequeno Francisco deveria ter engrossado a população de pés-rapados, de comerciantes, de mão-de-obra sem qualificação ou de escravos que proliferam nas cidades do ouro, ao longo dos rios e no fundo da terra. A boa fortuna, nesse século, nada reservou para os filhos de escravos, sobretudo quando possuem, como o jovem Francisco, uma aparência estranha – cabelos crespos, pele grossa e de um marrom escuro, lábios enormes e grandes orelhas, sem pescoço, um corpo obeso e pouca altura. E, no entanto, Francisco vai escapar do destino que sua cor e condição de filho natural lhe deram. Ele não descerá ao fundo das minas. Ele será o maior artista do Brasil.

Caso tivesse nascido na Europa, sua fama se igualaria à de Praxiteles ou de Benvenuto Cellini. Ora, a Europa – como também o Brasil – precisou de um ou dois séculos para perceber esse artista prodigioso. Por que semelhante purgatório? A sua obra não é nem obscura, nem clandestina. Não é reservada aos príncipes deste mundo. Não se dissimula nos palácios ou nas casas patrícias de Ouro Preto. Ela se revela à luz do dia, e sob o olhar de todos, em todas as cidades do ouro. Antônio Francisco Lisboa constrói capelas. Esculpe na pedra-sabão de Minas ou na madeira de cedro as efígies de Deus. Oferece seus poemas de terra ou de madeira a todo o mundo, aos humildes, aos gloriosos. Lembramo-nos desses artistas anônimos da Idade Média que ilustravam a Bíblia no frontão das catedrais góticas. Antônio Francisco Lisboa também narra com as árvores ou com a rocha a tragédia do Eterno, do Cristo, dos anjos e dos homens. Como seus predecessores góticos, ele nem sempre assina suas obras, pois o nome de um bastardo e de um filho de escravo quase nunca figura nos contratos das congregações. É um hábito do

Brasil colonial. Os negros têm o direito de ter gênio, mas não de ter um nome. Em Salvador, Recife, Olinda, as igrejas e os conventos possuem quadros ou retábulos de uma beleza extrema que não foram pintados por ninguém.

O Brasil barroco é principalmente Antônio Francisco Lisboa ou, mais exatamente, *Aleijadinho*, pois é sob esse nome que, carinhosamente, os brasileiros chamam seu maior artista. Mas ele não nasceu assim. Foi no meio de sua vida, a partir de 1777, que uma incompreensível doença o acometeu. Teria sido a lepra, o escorbuto? A medicina não se pronuncia. A doença devora sua carne. Antônio perde seus dentes, seus pés, suas mãos. A dor é terrível. Conta-se que um dia o próprio Aleijadinho cortou a golpes de martelo seus dedos podres. Desloca-se sobre joelheiras de couro. De suas obras, ele só se aproxima de joelhos. No final de sua vida, seu corpo é apenas um tronco maciço. Seus ajudantes amarram o martelo e o cinzel a seus punhos. Muito devoto, ele oferece seus sofrimentos a Cristo, mas, como tem temperamento impetuoso, agressivo, suas cóleras fazem muito barulho. Em seguida, acalma-se. Está cansado. Não aguenta mais. Esculpiu muito calvários e sua vida também é uma via sacra.

Ele suplica ao Senhor para "colocar sobre ele seus pés divinos". O Senhor ouve suas súplicas, mas não se apressa em atendê-las. Ele deixará Aleijadinho esperando por muito tempo. Só lhe responderá em 1818 – ou talvez em 1814. Aleijadinho morreu com 84 anos.

(A palavra "barroco" é de origem portuguesa, designa uma "pérola de forma irregular". O dicionário cita adjetivos próximos da palavra "barroco": bizarro, inesperado, chocante, estranho, excêntrico, irregular. Cada um desses sinônimos convém à figura, ao corpo e ao destino de Aleijadinho.)

Mas onde será que ele aprendeu seu ofício? Com certeza, não nas escolas. Nem mesmo no ateliê de um artista. Ele parece ter adquirido alguns rudimentos de arquitetura e desenho junto a seu pai e a alguns escultores ou gravadores. No mais, consultava as coletâneas de pranchas que reproduziam grosseiramente as obras-primas da pintura italiana, flamenga ou alemã. Conhecia Dürer. Os meios eram parcos, mas a eles adicionou seu gênio, e hoje basta passear pelas cidades do ouro para experimentar o brilho desse gênio.

As igrejas que construiu, como a de São Francisco de Assis em Ouro Preto, ou as da terceira ordem franciscana em Ouro Preto e em São João del-Rei, são de uma comovente simplicidade. Com suas fachadas brancas ou amarelas, um óculo em forma de boca de peixe e duas torres que antes foram quadrangulares e depois se tornaram circulares, elas falam de suavidade.

Já suas esculturas são o contrário. Elas urram. Dramatizam. Foi por meio delas que o artista engatou um diálogo tenso com o bom Deus. Pois Aleijadinho não conhece a impassibilidade. Quando observamos as figuras por ele moldadas na pedra-sabão de Minas ou nas madeiras pintadas, dizemo-nos que lhe queimava a vontade de se jogar no meio de suas obras e de se misturar à luta, insultando, por exemplo, esses legionários romanos, feitos sempre um pouco ridículos com suas pequenas botas pretas, e nos quais de bom grado ele daria uma martelada em pleno queixo para puni-los por terem se conduzido de maneira tão vil com Nosso Senhor Jesus.

A sua Madalena tem uma estranha aparência. Ela é feia, boba, quase idiota com sua boca meio aberta. Ela está observando a colocação da cruz. É um bloco de sofrimento. É um bloco de abismo. São João também é estranho: enquanto Jesus recebe a visita do anjo no Monte das Oliveiras, o São João de Aleijadinho repousa, voluptuoso, com uma beleza de querubim.

Seja nas igrejas de Ouro Preto ou nas estátuas do grande caminho da cruz de Congonhas, as figuras de Aleijadinho enganam seu mundo. Primeiro as tomamos por essas efígies convencionais, suaves, um pouco sem graça, que tão frequentemente desonram a arte sagrada. Mas questione um pouco mais os personagens e tudo muda. Vemos surgir, através das cores luminosas e da elegância das linhas, outros motivos. O que Aleijadinho narra são a infelicidade e as fatalidades. Se Cristo é sempre esplêndido, imenso e harmonioso, com os gestos largos da misericórdia, sua representação fala de desespero e de abandono. Quanto aos personagens secundários, eles parecem marcados por uma serenidade budista, com suas grandes bochechas, seus olhos maliciosos e os graciosos anéis de suas barbas, mas seus membros são tortuosos, martirizados, seus pés são crispados, como se estivessem ao contrário, e suas mãos gigantescas são semelhantes às de doentes ou de atormentados. Já foi dito muitas vezes que Aleijadinho representava, nessas figuras assustadas, a sua própria dor. Mas será que a sua dor não fazia eco ao sofrimento da história?

Foi em Congonhas, no final de sua vida, que Aleijadinho deu a medida de seu gênio. Em 1796, os responsáveis pelo santuário do Bom Jesus de Matosinhos, que acabara de ser construído depois de vinte anos de trabalho, pediram a Aleijadinho que realizasse uma via sacra em cedro policromático para acompanhar as procissões da Semana Santa. Com seus ajudantes e alunos, Aleijadinho esculpe, em três anos, 66 momentos da morte de Cristo: a Ceia, o Jardim das Oliveiras, a prisão, o flagelo, o coroamento de espinhos, a via sacra, a crucificação...

Algum tempo se passa e, de 1800 a 1805, o velho escultor vai talhar na pedra-sabão as estátuas dos doze grandes profetas que serão erguidas no adro de Congonhas, bem perto do céu. Como esse corpo extenuado, esse corpo sem mãos nem pernas, conseguiu esculpir essas obras-primas? Mistério último. Silêncio.

Estamos no limite dos séculos XVIII e XIX. Novos ventos, vindos da Europa do Iluminismo, abalam esse Brasil do fechamento e da servidão. Em 1789, desenvolveu-se em Minas Gerais uma revolta, a Inconfidência Mineira. Na liderança do complô, um homem que ainda hoje o Brasil celebra em 21 de abril, o alferes Joaquim José da Silva Xavier, apelidado Tiradentes, pois exercia às vezes o ofício de dentista. A *Inconfidência* era apoiada pelos patrões das minas, pelos homens da lei, pelos intelectuais, pelos militares, todos igualmente indignados com o poderoso ministro de Lisboa, o marquês de Pombal, que havia imposto aos produtores de ouro uma taxa suplementar, a *derrama*, dando um golpe mortal na produção, já quase esgotada, das minas.

Os conspiradores têm um programa duro. Eles vão separar Minas Gerais da Coroa. Proclamarão a independência e a república ao mesmo tempo. Vão erigir uma casa da moeda. Os escravos nascidos na província serão libertados. A cidade de São João del-Rei será a capital. Uma universidade será criada em Ouro Preto. Os conjurados discordam um pouco quanto ao destino que merecerá o governador da capitania, Luís Antônio Furtado de Mendonça: eles oscilam entre a expulsão e a morte. Tiradentes se considera capaz de juntar à conjuração a cidade do Rio de Janeiro. Infelizmente, em fevereiro de 1789, um dos conjurados, Silvério dos Reis, é cooptado pelo governador. As autoridades do Rio de Janeiro são alertadas. Elas agem. Em 10 de maio de 1789, Tiradentes é preso. Três anos mais tarde, em 21 de abril de 1792, ele é enforcado e esquartejado.

Será que devemos pensar que as últimas obras de Aleijadinho, especialmente o majestoso conjunto de Congonhas, foram influenciadas pelas agitações políticas que abalavam a capitania? Nada, nos documentos, permite afirmá-lo, mas a hipótese não é absurda. George Kubler vê nos profetas esculpidos por Aleijadinho em Congonhas "a celebração da vitória do cristianismo sobre a idolatria, do novo sobre o antigo e do futuro sobre o presente". Em sua *Histoire du Brésil* (Fayard), Bartolomé Bennassar e Richard Marin escrevem: "Em última análise, o ex-voto gigantesco de Congonhas seria uma 'profecia da libertação' inspirada nos acontecimentos recentes, a conspiração mineira e a execução do primeiro mártir da liberdade, Tiradentes. A arte cristã a serviço de um visionário traduziria a vontade de libertação, a aspiração à igualdade e a profecia da independência à custa do Antigo Regime. Talvez".

As datas da Inconfidência Mineira são as mesmas da Revolução Francesa. Tiradentes foi preso em 1789, alguns meses antes de, na França, os *sans-culottes* tomarem a Bastilha. Ele foi executado e desmembrado em 1792; nesse mesmo ano, em Paris, Robespierre dava início à grande temporada de derramamento de sangue.

No Brasil, as aspirações expressas pela Inconfidência Mineira serão sufocadas. O martírio de Tiradentes não põe fim nem à injustiça colonial, nem à escravidão, nem à monarquia. A história retorna aos seus afazeres cotidianos. Em 1808, a corte de Lisboa, expulsa por Junot e Napoleão, refugia-se no Rio de Janeiro. Em 1822, o herdeiro da Coroa portuguesa, o príncipe regente Dom Pedro, futuro imperador Pedro I, dá o grito do Ipiranga: "Independência ou morte!". O Brasil corta seus laços com a Coroa portuguesa e se declara independente. No entanto, será preciso esperar o ano de 1888 para que os escravos, os irmãos negros ou mulatos de Aleijadinho e de seus profetas, sejam libertados.

A grandeza de Aleijadinho foi reconhecida com dois séculos de atraso. Estranhamente, o número de suas obras aumentou à medida que sua fama se espalhava. Hoje, as falsificações, realizadas em grande parte no século XX, pululam.

No ano 2000, uma importante exposição sobre Aleijadinho foi apresentada no Brasil. Myriam Andrade Ribeiro de Oliveira, que era a curadora, recusou-se a incluir nessa retrospectiva as peças que considerava duvidosas. Os proprietários dessas peças não aprovaram tal rigor. Ela foi demitida de suas funções pouco tempo depois, quando a exposição foi apresentada em Nova York, no Museu Guggenheim.

Uma catálogo de suas obras foi publicado em 2003 no Rio de Janeiro, sob o título *O Aleijadinho e sua oficina – Catálogo das esculturas devocionais*. O livro foi realizado em segredo absoluto e assinado por Myriam Andrade Ribeiro de Oliveira e dois outros especialistas. Um colecionador entrou com uma ação na justiça. Ele perdeu o processo, mas a venda do livro foi suspensa durante dez meses. Hoje, é vendido em toda parte, mesmo na Internet.

Amazônia

É belo e terrível o sol na Amazônia, nesta manhã. Ele é imenso. Não é um sol. É um "sol decapitado". É um buraco vermelho, um imenso recorte redondo no céu, uma janela para que possamos ver o que se trama do outro lado das coisas. Sobre a terra se arrastam vapores, faixas brilhantes, nevoeiros. As árvores estremecem. Têm tons de fotografia velha, do século XIX, e as auroras são como crepúsculos.

Esse sol ensanguentado confirma o que os satélites nos informam: a Amazônia está sendo atacada. Todo ano as florestas sofrem na estação da seca, julho e agosto. No entanto, é bom deixar claro que, ao contrário do que geralmente se pensa, as florestas densas não queimam. São as áreas desmatadas que se incendeiam. O fogo as consome no final da estação seca, seguindo a técnica da coivara que os caboclos aprenderam com os índios. As pastagens também são queimadas, matando os carrapatos e os parasitas e permitindo um retorno mais rápido do pasto para alimentar o gado.

Não se deve confundir queimada e incêndio. A Amazônia não conhece incêndios de florestas comparáveis aos que ocorrem no Mediterrâneo ou nos Estados Unidos. A coivara é um fogo decidido por alguém. Ela tem hora para começar e acabar. É uma técnica agrícola do neolítico, ainda em uso. Ao contrário, um incêndio verdadeiro é algo descontrolado, indesejado e indesejável. Os incêndios são raríssimos na Amazônia.

É preciso combater alguns preconceitos. Ainda que o fogo e, sobretudo, o desmatamento sejam um flagelo para a Amazônia, eles são combatidos com energia. Entre 2000 e 2005, o desmatamento foi de 3,6% no Brasil, enquanto atingia 5,2% das florestas canadenses e 6% das americanas.

No Brasil, 25.059 quilômetros quadrados de selva foram destruídos em 1995. Em seguida, o desflorestamento diminuiu regularmente. Em 2009, não ultrapassou 7.664 quilômetros quadrados – esses números são fornecidos por Matthew C. Hansen, Stephen V. Stehman e Peter V. Potapov em "Quantification of global gross forest cover loss", PNAS (Proceeding of the National Academy of Sciences of the United States of America), de 2010. De agosto de 2009 a julho de 2010, de acordo com dados de satélites, o desmatamento diminuiu 48% em relação aos doze meses anteriores. Em 2004, a Amazônia perdeu 27 mil quilômetros quadrados de florestas; em contrapartida, essa perda foi de 5 mil quilômetros quadrados em 2010.

Contudo, ainda assim, as marcas deixadas pelas grandes queimadas são impressionantes. Quando o fogo se apaga, restam terrenos abandonados repletos de troncos negros apontando para o céu. As árvores viraram carvão. Todas as cores desapareceram e a morte paira sobre a floresta. Quarenta anos depois de Armstrong ter desembarcado na Lua, é a Lua que aterriza na Amazônia. "O primeiro anjo tocou a sua trombeta, e granizo e fogo misturados com sangue foram lançados sobre a terra. Foi queimado um terço da terra, um terço das árvores e toda a relva verde" (Apocalipse, VIII, 7).

Primeiro acreditou-se que a Amazônia era um vasto espaço uniforme e que o espetáculo representado de uma ponta à outra era sempre o mesmo. Árvores a perder de vista, luzes pálidas, cintilantes ou então esmaecidas, rios e pântanos, céus de fumaça, nevoeiros e sóis, os rugidos dos animais durante a noite e lagos tão tranquilos que os gritos dos pássaros parecem ali se afogar. No entanto, a monotonia amazonense é um engodo. Essas imensidões abrigam a mais importante biodiversidade do planeta – bilhões de seres vivos, 215 tipos de solos, terra roxa, marrom, amarela, regimes climáticos e fluviais estranhos. São 2.500 tipos de árvores. Com 4% da superfície terrestre, a Amazônia consegue conter 20% de todas as espécies vivas. Há 20 mil vegetais superiores. Estima-se em 10 mil o número de plantas que podem ser úteis para o homem. Nadam em seus rios 1.400 espécies de peixes (10% de todos os peixes do mundo) e 1.300 espécies de pássaros voam por entre seus galhos (20% do total mundial).

Há duas Amazônias: a primeira é visível, monumental, desmedida e encantadora. Mas uma segunda Amazônia se estende abaixo dessa que percorremos, e essa é sem fim e sem fundo. É uma ausência. Ela está ali, oculta no interior da primeira, mas não faz barulho; ela se escamoteia em suas trevas, menospreza nossa curiosidade. Ela alimenta as populações de micróbios, peixes, pássaros ou macacos que prendem a respiração para que os homens não venham meter o nariz em seus negócios, à maneira de uma criança que se finge de morta nas brincadeiras de esconde-esconde.

Existem na Amazônia, em seus solos, em suas árvores e em suas massas líquidas bilhões de seres microscópicos, anfíbios, micro-orquídeas, cogumelos, musgos. Sempre que um pesquisador, um explorador ou um fotógrafo ilumina uma obscuridade amazônica, ficamos extasiados. Tive a mesma sensação de pânico e de exaltação não faz muito tempo, talvez há vinte anos, quando vimos as primeiras fotografias do cosmo feitas pelo telescópio orbital Hubble. Nós as contemplávamos incrédulos. Havia tudo isso no céu? Essas imagens rasgavam nossas lembranças para nos conduzir de repente ao avesso do céu, ao avesso do tempo. Elas nos projetavam a milhões de anos-luz. Juntas elas revelavam, e como se fossem contemporâneos, mundos desaparecidos, mundos atuais e mundos por vir, elas provocavam incêndios grandes como galáxias. E nos obrigavam a pensar o impensável e a aceitar que para além das últimas estrelas o universo continua, e que ele é sem fim, e que necessariamente tem um fim.

Tenho um amigo muito querido. Ele vigia a Amazônia por satélite a partir das instalações da Embrapa, em Campinas, perto de São Paulo. O seu nome é Evaristo de Miranda. Gosto de olhar com ele a Amazônia que é revelada pelo satélite. Ela confessa sua verdadeira condição: a de um astro, de um planeta ou de um exoplaneta, de um aerólito perdido girando no fundo de outro céu. Nós a fazemos desfilar sobre as telas, passeamos pelas salas de um museu de arte moderna, por uma monumental pintura abstrata, repleta de cores: o negro das queimadas, as manchas rosadas das explorações agrícolas, o marrom acinzentado dos campos ressequidos e o verde imenso das florestas – verdes suaves ou insuportáveis, gritantes e desiguais, granulados, lisos, espessos, sem esquecer das manchas amarelas dos ipês ou das geometrias preguiçosas dos igarapés, do negro dos rios, do azul imóvel dos grandes rios.

De vez em quando, Evaristo sai de Campinas e vai até a Amazônia para verificar e tocar o que as fotografias vindas do céu revelaram. Ali, ele assiste a espetáculos ainda mais grandiosos. Ele retira o véu do tabernáculo. Há alguns anos, ele e sua equipe reconheceram a mais alta queda de água do Brasil; até então, a maior queda conhecida situava-se na Bahia. Com a ajuda de guias, ele escalou paisagens jamais vistas pelo homem. Lá no alto havia resinas não repertoriadas, plantas desconhecidas dos herbários, pequenos pássaros clandestinos que viviam ali escondidos, esplêndidos e resplandecentes, há milhões de anos.

Conheço Evaristo já há algum tempo. Nós nos encontramos na floresta. Eu estava fazendo uma reportagem sobre as novas cidades de Rondônia. O jornal nos colocara em contato e nos encontramos no aeroporto de Belém. Ele falava francês fluentemente, pois fizera seus estudos de engenharia agrônoma na França. Na manhã seguinte, viajamos até Porto Velho e fomos para a floresta. Ele me mostrava flores, folhas, galhos e animais. Falava-me de Montaigne, da Bíblia, da *Princesa de Clèves*, de Bernanos, de Jean-Paul Sartre e do capitão Teixeira, que atravessou a Amazônia em 1637 com 46 pirogas e levou apenas oito meses para ir de Belém até Quito. Falou também da noção de "palimpsesto" e de física quântica, dos fariseus, dos essênios, do profeta Amós e do asno de Buridan, do cacau, cuja cultura precisa de sombra e das "flores da paixão". E eu me dizia que sua curiosidade não tinha limite: ele pinçava informações aqui e ali, pilhava, percorria o seu saber como exploramos um jardim, uma paisagem, e nada me agrada mais do que encontrar, no labirinto de uma floresta inextricável, sob uma castanheira do Pará, alguém que me fala da *Princesa de Clèves,* das abelhas amazônicas e do profeta Jeremias. Disse a mim mesmo que minha reportagem tinha sorte.

Depois disso, revi Evaristo no Sudeste, em Campinas, onde ele trabalha na Embrapa. Sua esposa chama-se Liana, não sei seu verdadeiro nome, mas esse é o único nome que seus pais poderiam lhe ter dado. Ela trabalha, ou melhor, trabalhava, em uma revista sobre natureza, *Terra da Gente*, um tesouro para os apaixonados por macacos, peixes, copaíba, palmeiras, ventos e morcegos.

E, mais uma vez, Evaristo disse-me que a Amazônia não é apenas uma geografia monumental e quase monstruosa. Ela tem também uma história, uma pré-história e uma geologia. Há muito tempo, 50 milhões de anos, talvez, o Rio Amazonas corria em sentido contrário. Ele nascia a leste e se lançava no Pacífico, a oeste. Quando o continente de Gondwana se esfacelou, dando origem à África, à Antártica, a Madagascar e à Austrália, a América do Sul permaneceu isolada no meio do oceano. Nessa ilha gigante, uma flora e uma fauna se mantiveram e evoluíram sem nenhuma relação com as da África, da Europa, da Ásia ou da

América do Norte, até a época em que um novo movimento geológico permitiu, por meio do istmo do Panamá, a circulação entre o norte e o sul da América, favorecendo a chegada maciça de novas biodiversidades provenientes do norte.

Muito mais tarde, depois de milhões de anos sem humanos, milhões de anos de ventos que ninguém conheceu, de chuvas solitárias e de tornados, de auroras e de crepúsculos que ninguém presenciou, um indivíduo apareceu na floresta. Ele se instalou entre os mosquitos e as onças, entre as samambaias e as castanheiras monumentais. Ele chegou da Ásia, da Mongólia, pois a última glaciação permitiu-lhe vencer o obstáculo do estreito de Bering. Ele penetrou na América. Colonizou suas planícies e montes, antes de empreender uma difícil caminhada em direção ao sul.

Começa então um novo capítulo da lenta e violenta história da Amazônia. Durante mais de 10 mil anos, povos indígenas subsistem na floresta. Eles não são arquitetos muito competentes. Não trabalham a pedra. Não constroem nada que desafie o tempo. Não inventam nem a pólvora, nem a roda, nem o arado e muito menos a bússola. Não sabem extrair os metais, nem escrever. Mas produzem outras sabedorias: lendas sutis e ricas mitologias, centenas de línguas, uma incomparável ciência da floresta, uma medicina que os laboratórios farmacêuticos suíços e americanos do século XXI admiram tanto que tentam copiar. Não edificaram civilizações gloriosas como fizeram os povos dos Andes, mas a cerâmica da Ilha de Marajó, na foz do Rio Amazonas, sugere vínculos de troca ou de dependência com as civilizações do México.

E os arquivos dessa história fragmentada, desse longo combate sem sepulturas, estão na Amazônia. Cada formiga e cada pedaço de planta são um vestígio da luta que travaram as pedras, os animais, os ciclones e as plantas durante milhões de anos. De tanto compartilhar um mesmo território, as espécies desenvolveram estratégias delicadas. Elas trocam dicas, informações, auxiliam-se, trocam pequenos favores, ou então tramam armadilhas e se combatem até a morte.

O tambaqui tem hábitos pouco comuns entre os peixes. Ele gosta das frutas. Passa seus dias no labirinto das plantas aquáticas alimentando-se de bagas, assim como comemos cerejas. Os pescadores lançam anzóis com frutas. A carne do tambaqui é deliciosa.

A preguiça-de-bentinho, que os índios chamam de *aí-mirim*, é letárgica. Para ela, levantar uma mão, coçar a orelha, representa um enorme problema. Sua lentidão é infinita. Ela vive nas árvores, mas não gosta de subir nelas, pois isso é muito cansativo. Então, quando finalmente está bem firme nos galhos, ela se nega a descer.

Só uma coisa a obriga a chacoalhar sua preguiça: a necessidade de defecar. Como é adepta de uma higiene rigorosa, detesta sujar sua árvore. Nessas ocasiões, seu espírito se divide entre duas exigências: a de sua limpeza, que a aconselha a se mexer, e a de seu formidável cansaço, que lhe pede para permanecer no lugar. Ela aguenta o máximo que pode, mas depois de quinze dias é obrigada a tomar uma atitude. Ela começa a se mexer. Depois de longas manobras, chega ao chão. Ali, faz o que tem para ser feito. Depois, mais leve e animada, lentamente retorna para seus galhos. Essa viagem tem uma vantagem. A preguiça-de-bentinho tem uma espécie de pelo sobre os olhos que a incomoda. Nos zoológicos são os veterinários que regularmente o cortam. Nas árvores, esse serviço é feito por traças especializadas nessa tosa específica. Toda vez que ela coloca os pés no chão, as traças se dispersam. Felizmente, são substituídas por outra equipe composta de traças jovens, curiosas, aventureiras e cheias de entusiasmo. E todos retornam aos galhos e a vida eletrizante da preguiça-de-bentinho segue seu curso.

A anta é um parente do elefante. Com seu longo nariz e sua expressão lúgubre, ela parece idiota. Aliás, ela *é* idiota. É muito ofensivo quando os brasileiros chamam alguém de "burro como uma anta". Na França, a anta designa, no jargão da École Normale Supérieure, o estudante que tem aulas particulares a fim de compensar seus déficits intelectuais. Além do mais, a anta, com seu focinho e suas grandes orelhas, é bem feia. Decididamente existem espécies que não deram muito certo.

A capivara é um roedor, um rato, mas é um rato extraordinário. Ela tem o tamanho de um cão. E não parece muito mais esperta do que uma anta. Os outros animais se aproveitam de sua inocência, matando-a e comendo-a. A sua carne é bem saborosa. Podemos ver aqui e acolá criações de capivaras. No entanto, seu destino é menos triste do que o da anta, pois seus excrementos têm um delicioso aroma para as borboletas. Por isso, muitas vezes ela se desloca cercada por um bando de suntuosas borboletas azuis, vermelhas, rosadas, marrons ou douradas, que lembram as rendas e as pedras preciosas que exaltam a figura das rainhas.

O tamanduá não tem um tratamento muito melhor. A natureza lhe reservou um destino pífio. Ela o pôs na maior floresta do mundo, mas de todo esse esplendor ele só se interessa pelas formigas. É um obcecado. Só gosta desse himenóptero. Só pensa nisso. Ele deve gritar "Minha formiga! Minha formiga", como Harpagon, o avarento personagem de Molière, grita: "Minhas moedas! Minhas moedas!". Ora, as formigas, mesmo as maiores, são animais bem pequenos, ao passo que o tamanduá é um animal de bom tamanho. Por isso, ele está condenado a comer formigas o tempo todo. De manhã até a noite, ele rasteja no sub-bosque, precedido de seu longo nariz e de sua língua pegajosa como um adesivo, sobre a qual se colam formigas que ele enfia garganta adentro.

Fiquei muito sensibilizado com as dificuldades do tamanduá durante minha primeira viagem a Belém, na década de 1960. "O tamanduá tem dois problemas: é muito gordo e só gosta de formigas, eis sua fatalidade, seu suplício. Está eternamente condenado às formigas, pois ele precisa ingurgitar imensas hordas de formigas, caso queira alimentar seu corpo. Aposto o que quiser em como o tamanduá adoraria gostar de outra coisa e que ele tem plena consciência do ridículo de sua situação. Esse animal, que tem a maior floresta do mundo à sua disposição, 2 mil espécies de cobras, mosquitos mirabolantes, gramas grossas como canetas, tenras como nuvens, milhares de peixes, de sapos ou mesmo de lagartos, esses dragões recobertos de aço e revestidos de pérolas de vidro que, com um ar exasperado, movem a cada cinco minutos uma pata ou o pescoço, abrem lentamente um olho e, decepcionados, o fecham assim que constatam que, para eles, a pré-história ainda não acabou, embora todos os outros objetos do mundo já estejam no século XXI. Sim, o tamanduá tem tudo para se empanturrar na floresta da Amazônia, mas não tem o menor interesse."

"Nessa caverna de Ali Babá, nesse império da caça, nesse armazém do mundo, ele não vê nada, não ouve nada, não deseja nada. A sua loucura, seu vício, sua gulodice, entre os tesouros da Terra, é a formiga. E ponto final. Por isso, não perde tempo; ele se mexe, ele se apressa. Sempre correndo, faminto, febril, angustiado com a ideia de não encontrá-la, ele é nojento, mas causa pena, está sempre caçando. A formiga é seu Graal e sua cruz. Ele arrasta seu longo nariz pegajoso, como um pedaço de borracha, como uma velha mangueira de jardim, e funga sem parar, como se estivesse resfriado, para aspirar as formigas."

"O que fazer se ele é obtuso, cabeça-dura, idiota? É só não ter sua porção para ficar debilitado. É só se distrair um pouco para ter cólicas estomacais. Uma bobeada e lá vai ele para a cama com fome. Como todos os obcecados, ele é um intrépido. Atravessaria chamas por causa de seu vício. Fiz uma experiência. Coloquei-me em seu caminho. E o que você acha que ele fez? Desviou ou me bateu com seu longo nariz? Nenhum dos dois: nem se deu ao trabalho de desviar do meu sapato. Passou por cima e aproveitou para dar uma bela cheirada, assim, como quem não quer nada, vai que tinha uma formiga ali... Eu não fazia parte do mesmo planeta que ele. Habitávamos galáxias diferentes. A sua é a galáxia das formigas."

Hoje fiquei sabendo, com certo orgulho, que não sou o único a me atormentar por causa do regime alimentar do tamanduá. Os nutricionistas dos zoológicos de San Diego e do Bronx compartilham de minhas inquietudes. "O que dar", eles se perguntam, "a um tamanduá gigante que, na natureza, devora todos os dias milhares de formigas e de cupins?"

Geralmente, os zoológicos distribuem a seus tamanduás alimentos ricos em calorias – carne, ovos, frutas, legumes e alguns biscoitos. No entanto, o animal não suporta esse cardápio. Esses produtos provocam inchaços. Ele tem distensão abdominal. Então, passa seus dias dormindo e tem diarreia. Por isso, pediram aos empregados do zoológico um pouco mais de esforço, mas não podiam lhes pedir para coletar todos os dias milhões de formigas. O comércio, por sua vez, oferecia apenas vermes de farinha ou grilos, que não poderiam agradar a um animal desprovido de dentes como o tamanduá.

O doutor Edwards se perguntou: "Que tipo de animal é esse? É um carnívoro. Ele come outros animais, mas dispõe de uma pequena via de admissão – sua língua pegajosa – para permitir a entrada do alimento em seu sistema digestivo".

O zoológico de San Diego começou então uma série de experiências. E uma delas chamou-lhes a atenção. A dieta do gato, rica em proteínas, parecia satisfazer o tamanduá. Entretanto, há um inconveniente: o tamanduá precisa da quitina que forma a carapaça dos insetos. Assim, tiveram a ideia de adicionar ao alimento habitual do gato alguns biscoitos para macacos, pois eles contêm essas fi bras. Os primeiros testes começaram. O resultado foi satisfatório. Os tamanduás estavam novamente felizes. Voltaram a se amar e a fazer pequenos tamanduás. E suas fezes? Elas estavam muito bem, firmes, sólidas, tranquilizadoras, como na natureza, que alívio!

A onça é um animal de grande beleza. Ela vive na Amazônia, no Mato Grosso, em Rondônia, no Pantanal. Temos a onça-pintada e a onça-parda. Eu teria ficado muito feliz se tivesse visto uma mesmo de longe, principalmente de longe, mas é raro cruzar o seu caminho. A selva não pode alimentar um grande número de animais de porte. Além disso, o barulho dos camponeses, engenheiros, operários, farmacêuticos internacionais e etnólogos que abundam na região há mais de vinte anos tornou esses animais desconfiados. As onças pós-modernas levam uma existência clandestina. Elas deixam pegadas na poeira e na lama. Podem ser vistas de manhã, à beira dos rios, e dão medo. À noite, pensamos nesses animais ausentes, invisíveis, e eles são tão terríveis quanto os dragões, os licornes e os lobisomens que passeiam nas miniaturas da Idade Média e perto do nosso acampamento.

O jacaré é um aligátor, porém menos violento. Ele descansa nas praias que margeiam os rios, nos pântanos, nos igarapés, nos pequenos lagos. Disseram-me que o jacaré não ataca. Que podemos tomar banho nas proximidades. Apenas as fêmeas são ferozes, e, mesmo assim, é preciso que estejam prenhes. Isso me encorajou. Infelizmente, toda vez que me aproximei de um jacaré, tive logo a impressão de que era uma fêmea e de que ela estava prenhe, de modo que parei de me aproximar.

Uma manhã, fomos incomodados por um odor nauseabundo. Estávamos ao lado de um cemitério de jacarés. Os despojos estavam intactos, menos uma parte de sua couraça, que tinha sido cuidadosamente cortada. Era assim que procediam na década de 1970 os traficantes e os caçadores. Eles vinham do Paraguai. No início da noite, pousavam seu pequeno avião não muito distante de um rio e matavam. Retiravam dos cadáveres a parte que lhes interessava, que interessava principalmente aos comerciantes chiques e mundiais que fabricam calçados, bolsas e valises. O resto eles jogavam fora. De manhã, havia esses montes de jacarés destroçados.

Os caboclos e os índios conhecem muito bem a aranha *Phoneutria nigriventer*. A sua picada não é mortal. Ela provoca dores e um incômodo, mas, nos dias seguintes, as vítimas se beneficiam de ereções repetitivas, monumentais e marmóreas, que podem durar horas. No início, é bastante interessante. Depois de algumas horas, é um suplício. A *Phoneutria* nos lembra uma lei da natureza: não se pode exagerar.

Os pesquisadores lançaram-se sobre a espécie. Compararam sua secreção com o Viagra. Constataram que a aranha vence o Viagra de goleada. Pesquisadores da Universidade da Geórgia, nos Estados Unidos, inocularam o veneno da aranha em ratos. O resultado foi um aumento considerável da pressão sanguínea nas zonas eréteis, bem como uma forte produção de ácido nítrico, que representa, como se sabe, um grande papel na exaltação do membro viril.

Um dos belos romances de Conan Doyle, *O mundo perdido*, publicado em 1912, narra a aventura de um cientista irascível e genial, o professor Challenger, que descobriu na Amazônia, região bem pouco explorada naquela época, um platô inviolado, já que ficava isolado da planície por falésias vertiginosas. O professor monta uma expedição junto ao jornalista Edward Malone e um ilustre caçador de animais, lorde John Roxton. A equipe consegue subir até o platô. Ali, descobre um mundo que se acreditava extinto, um pequeno pedaço do jurássico. Tudo está no lugar: as ervas são pré-históricas. O platô é frequentado por sáurios. No céu, passam pterodátilos. Nas relvas, pastam os dinossauros.

A narrativa de Conan Doyle é apaixonante. Será que ele foi tão premonitório quanto Júlio Verne, George Orwell ou Ray Bradbury foram em seus romances? É claro que na Amazônia não há dinossauros. Contudo, Conan Doyle pressentiu que, sob a atual Amazônia visível, dissimulam-se outras Amazônias, inúmeras, e que pouco a pouco se revelam. À velocidade com que os homens do século XXI levantam os véus que ocultam a floresta fantástica, podemos esperar que os exploradores desenvolvam, nos próximos anos, algumas Amazônias inimagináveis, como acontece às vezes quando o golpe da picareta de um arqueólogo revela um império do qual ninguém nunca suspeitou. O passado da Amazônia está por vir.

É preciso acreditar nos poetas. A Amazônia de Conan Doyle parece um pouco fantasiosa, mas o grande escocês compreendeu melhor o gênio atormentado do que a maioria dos guias turísticos. Ainda que imaginária, sua Amazônia é realista, uma vez que suas florestas e seus rios têm a cor de nossos sonhos. Conan Doyle viu muito claramente um dos mais notáveis traços da Amazônia: essa província do mundo, como o cosmo do Hubble, não obedece às leis do espaço e do tempo que regem nossas regiões. Nela, o tempo vai e vem, avança, recua, se perde, passa ao contrário, se embaralha e aparece não se sabe onde. O tamanduá continua seu caminho na pré-história, enquanto a arara-azul grande e o peixe-boi estão em vias de extinção. As categorias que regem nossas calmas regiões não são válidas entre o Rio Solimões, o Rio Xingu e o Rio Japurá. Os diferentes reinos, em vez de serem separados por paredes invisíveis, misturam-se e penetram uns nos outros. Peixes comem frutas, golfinhos nadam nas águas doces e árvores ajudam árvores de outra espécie. A terra está na água, e esta mistura-se ao céu e às chamas, como se o Eterno ainda não tivesse completado sua obra e demorasse, nessas solidões, a dividir a terra, o fogo, a água e o céu.

"A terra", diz o primeiro livro da Bíblia, "estava informe e vazia; as trevas cobriam o abismo e o Espírito de Deus pairava sobre as águas. Deus disse: 'Faça-se a luz!'. E a luz foi feita. Deus viu que a luz era boa e a separou das trevas. Deus chamou à luz Dia, e às trevas, Noite. Assim, houve uma noite e houve uma manhã".

Babaçu

A palmeira se sente à vontade no Brasil. Das 3 mil espécies relacionadas no mundo, a América detém 1.140 espécies endêmicas, 420 só no Brasil.

Por muito tempo, ela foi uma desconhecida. Ainda que a Bíblia celebre seus frutos e suas palmas, a Europa não a conhece bem. Catarina de Médici fala sobre ela, pois a viu em Hyères. Achou-a magnífica. Alain Hervé, que conhece tudo sobre a natureza e fala de forma magnífica sobre flores, árvores e palmeiras, ensina--nos em seu livro *Le palmier* (Actes Sud) que Lineu, o grande taxonomista do século XVIII, conhece apenas quinze palmeiras, entre as quais a tamareira.

"Em 1880", diz Alain Hervé, "o naturalista alemão Alexander von Humboldt descobre cerca de quarenta espécies, no decorrer de sua expedição pelo Brasil, junto com o francês Aimé Bonpland. Em 1823, Karl Friedrich Philipp von Martius, outro naturalista alemão que viajou pelo Brasil, depois de descrever quinhentas palmeiras em sua *Historia naturalis universalis palmarum*, recebeu o título de 'pai das palmeiras'. Ele, além de tocar violino, também os fabricava, gravando em sua madeira esta bela frase: 'Nas florestas me calei; agora que estou morta, canto'. E também dizia: 'Entre as palmeiras sempre sinto-me jovem, entre as palmeiras, ressuscito'".

Alain Hervé cita Alexander von Humboldt: "O que principalmente distingue as palmeiras é uma fisionomia e um porte majestoso difícil de ser representado por palavras [...]. A direção das palmas é, junto com o eixo traçado por seu tronco, o que melhor contribui para dar às palmeiras esse ar de majestade soberana".

Quanto a Hervé, ele explica o sucesso da palmeira: "Se for necessário manter uma característica da palmeira, fiquemos com sua beleza. A palmeira penada é um dos mais belos desenhos que a Criação ou a evolução produziram. Longa, leve, dividida, pairante, pintada com todos os verdes e todos os amarelos, ela conduz o homem a fantasiar a curva. Ela convida-o a construir o arco e flecha, o que efetivamente fazem os índios do Amazonas com a *Oenocarpus bataua* e a *Oenocarpus bacaba*, ela o convida a se sentar à sombra e não fazer nada".

O babaçu é uma palmeira graciosa, por sua altura, sua desenvoltura, suas palmas voltadas para o céu como uma cabeleira raivosa e por seu jeito de dançar às vezes, mesmo que não seja tão distinta quanto a palmeira imperial que decora as avenidas do Rio de Janeiro, dos guias turísticos e dos filmes americanos.

A palmeira imperial é um pouco imoral. É como um rico: é esplêndida e não serve para nada. Não faz nada. E isso é tanto sua especialidade quanto seu orgulho. Só é bela em razão de sua beleza. Na ordem das palmeiras, ela ocupa a mesma posição que foi de Adão e Eva antes de levarem uma bronca do Eterno e serem condenados ao trabalho e à dor, por causa do pecado original. A palmeira imperial é um dândi. Alguns dizem que ela é boba. Eles a comparam a esses rapazes e moças que posam para as revistas de moda e que se contentam em ser, a despeito de fazer. Essas bonitonas tiveram apenas o trabalho de nascer. Desde esse nascimento, distribuem aos que passam por elas sorrisos de anjo e pele de seda; elas sucumbem à sua própria sedução a ponto de se exaurirem com isso.

Essas críticas são infundadas. A palmeira imperial merece alguma consideração. Ela nos ensina que a beleza, longe de ser um presente ou um destino, é um ofício. Passei horas observando suas manobras. Pensamos que está adormecida, mas ela está sempre atenta. Assim que um vento se levanta, mesmo um vento bem modesto e quase imperceptível para um humano, a palmeira imperial se põe em ação.

Apesar de seu longo tronco negro, flexível, brilhante e anoréxico, com seu tufo de palmas instalado tão alto que poderíamos pensar que está desligado da terra, como uma espécie de nuvem, ela se aproveita o máximo desse vento. É afetada, agita-se como um louco, revela de tal maneira seus dotes que acreditamos que uma tempestade está se armando, quando trata-se apenas de uma brisa. A palmeira imperial é tão engenhosa que, mesmo sob um céu paralisado, ela dá um jeito de se exibir. Ela treme. Suas palmas se agitam. Eis por que não gosto muito que a chamem de preguiçosa. Será que ousaríamos dizer que a rosa não serve para nada, ainda que sua perfeição recompense milhões de anos de um trabalho invisível?

Voltemos ao babaçu, que os índios tupis chamavam de uauaçu. Ele é bem diferente da palmeira imperial. É um trabalhador. Um proletário. Sabe fazer tudo e não se faz de rogado. Está sempre ativo. Tem mil talentos. Produz as coisas mais díspares. O seu coco é um cofre-forte, um bazar, um supermercado. Abra-o, procure em suas entranhas e você extrairá as coisas mais contrárias. Ele contém 68 produtos diferentes. O babaçu sabe fazer óleo, vinho, xampu, sabonete, cosméticos, creme anti-idade e, se for associado ao urucum, bons óleos solares vermelhos. As suas palmas são boas para construir cabanas, casas. A sua polpa é uma farinha e, quando o verão está seco, os animais comem suas folhas. Os seus troncos são utilizados como pilares para as paredes. A casca de seu coco é rica em ferro, manganês, bauxita e níquel. O seu tronco produz um carvão excelente. À medida que a ciência e a tecnologia avançam, o coco de babaçu também avança. Os pesquisadores extraem do fundo de sua casca sempre novas delícias. E, caso perseverem, até onde irá o babaçu? Talvez ele nos dê oceanos de enxofre e cádmio, uma bomba atômica, céus, ou uma viagem até a Lua ou Netuno, ferro ou aços especiais. Estou exagerando? Claro, mas tudo é possível quando se trata dessa palmeira! Já se pensa em extrair combustível e colocar babaçu nos automóveis.

É natural que semelhante tesouro se defenda. O babaçu é fechado a sete chaves. Deus multiplicou a segurança. Ele o trancafiou. Colocou esse tesouro dentro de uma carapaça de aço que nenhum ladrão conseguiria arrombar. Engenheiros e coletores de babaçu já quiseram construir máquinas aptas a quebrar sua casca, mas esses aparelhos eram tão complicados, tão custosos, era necessário muni-los com tantas lâminas, chaves de fenda, serras, martelos, alicates, combustível, urânio e energia atômica, que é melhor ficar na pré-história.

A quebradeira de babaçu é uma operária neolítica. Ela pega o coco, coloca-o sobre o fio de um machado posicionado ao contrário e, usando um bastão, bate com todas as suas forças. Nos anos 1980, fiz uma pesquisa sobre esse trabalho. Contavam-se em média 36 golpes de bastão para quebrar um coco.

O babaçu salva as famílias pobres. Entra-se muito jovem no circuito. Em um vilarejo onde apenas o nome é alegre, Esperantinópolis (Maranhão), conheci uma quebradeira que tinha começado com nove anos de idade. Ela estava com 66. Quebrava seus cocos há 57 anos. E para ganhar o quê? Para sobreviver. Quando se quer descascar dez quilos de cocos, é preciso bater durante seis horas.

Os fazendeiros não gostam das quebradeiras. Eles as consideram ladras, pois como as palmeiras de babaçu crescem em suas propriedades, acham que essas árvores providenciais lhes pertencem. As quebradeiras replicam que o babaçu cresce ao acaso. Uma vez que não é cultivado, ele pertence a Deus, e Deus gosta das mulheres pobres, não dos fazendeiros ricos. As mulheres têm, portanto, o direito de colher os seus frutos. Mas o que pode fazer uma mulher analfabeta diante de um feudal alfabetizado? E, como o coração de um fazendeiro é mais duro do que um coco de babaçu, é o coração da quebradeira que se estraçalha.

Um dia, as quebradeiras de coco de babaçu se cansaram. Estavam tristes. Eram impedidas de praticar seu ofício. Revoltaram-se. Isso aconteceu no ano de 1991. Algumas delas criaram um sindicato, o Movimento das Quebradeiras de Coco Babaçu. As adesões afluíram dos quatro estados que têm a sorte de possuir palmeiras de babaçu: Maranhão, Piauí, Pará e Tocantins.

Centenas de mulheres se inscreveram, mulheres pobres, muitas vezes militantes do Movimento dos Sem Terra, mas também índias e habitantes dos quilombos, esses vilarejos que reúnem os descendentes dos antigos escravos. Inteligentes, dedicadas, apoiadas por ONGs e calçadas em seu desespero, elas obtiveram importantes resultados: comunidades permitiram por meio de decretos que elas colhessem e quebrassem os cocos sem nenhuma contrapartida. Muitas famílias foram salvas. No entanto, uma quebradeira me explicou que o mais importante não é isso: "Até então, éramos consideradas vagabundas, mendigas, ladras. Agora, somos trabalhadoras. O MIQCB (Movimento Interestadual das Quebradeiras de Coco Babaçu) nos deu dignidade".

A luta das quebradeiras é um eterno recomeço. Os proprietários são implacáveis. Eles enviam homens armados para expulsá-las. Alguns fazendeiros destroem suas próprias florestas e, de uma só vez, expulsam as quebradeiras e vendem a madeira da palmeira para as indústrias siderúrgicas que a utilizam como carvão. No entanto, o mais cruel inimigo do babaçu é outra planta. É a soja, bem mais lucrativa e que destrói a floresta amazônica, pois engenheiros aprenderam a transformá-la em biocombustível. Os bois também são um perigo para o babaçu. Como a carne é muito rentável, os criadores derrubam suas árvores, compram rebanhos de bois e as quebradeiras que se danem. Por fim, não nos esqueçamos que a valorização da Amazônia, engajada de maneira incoerente pelos generais do golpe de estado de 1964, acabou com imensas áreas da floresta. A Transamazônica destruiu florestas ricas em babaçu em dezoito milhões de hectares. Sim, são inúmeros os adversários do babaçu, e eles são intratáveis e sem coração. Contudo, as quebradeiras são mais resistentes do que os babaçus e continuam quebrando seus cocos com seus grandes bastões. Elas têm o céu, pois, nas vastas regiões limítrofes da Amazônia, o babaçu ocupa um lugar de honra na legião das divindades. Talvez ele não seja um deus, mas deve ser ao menos um semideus. Todo ano, elege-se um "rei do Babaçu"; e não é um homem, pois a cultura do babaçu é uma cultura feminina, mas a árvore mais majestosa,. Do mesmo modo, há uma "Miss Babaçu", que não é a mais bela quebradeira e sim a mais hábil.

O babaçu é apenas uma palmeira entre as 420 variedades que o Brasil possui. A palmeira é onipresente. Ela se balança sobre todas as praias. Esconde-se em todas as florestas. Sombreia todas as cidades. Em todo canto, ela faz ouvir suas músicas secas, nervosas, e acaricia suas palmas com o vento. Nos sonhos do Brasil, ela ronrona. Dá uma boa ajuda aos cozinheiros brasileiros. O seu miolo tem um agradável gosto de avelã. Se a cozinha de Salvador é famosa, é porque utiliza generosamente o azeite de dendê – azeite de origem africana extraído do fruto da palmeira *Elaeis guineensis*.

O prato mais famoso da Bahia, o caruru, não se concebe sem azeite de dendê. E eis a receita, de acordo com o livro de Clélia Pisa e de Maria José Garcia Werebe: *Cuisine Brésilienne en France* (Actes Sud):

"Para 6 pessoas, prover 1,5 kg de quiabos, 3 tomates sem pele, 2 cebolas, 2 dentes de alho, 1 pimentão verde ou vermelho, 1 vidro de leite de coco, 1 xícara de chá de caldo de galinha (pode-se utilizar um cubo), 1/2 kg de camarão seco, 1 maço de salsinha, 1 maço de coentro, 2 limões verdes, 1 pimenta vermelha para o molho, 2 colheres de sopa de amendoins, 2 colheres de sopa de castanha de caju, 2 colheres de sopa de azeite de oliva, 1/2 copo (1/8 de litro) de azeite de dendê.

Retire as pontas dos quiabos e corte-os em pedaços, refogue no azeite de oliva as cebolas e os alhos picados. Adicione o suco de limão para evitar que os quiabos babem. Adicione o caldo de galinha, os tomates cortados em pequenos pedaços, o leite de coco e o pimentão cortado em pedaços. Bata no liquidificador os camarões, o amendoim e as castanhas de caju. Adicione essa mistura aos quiabos quando eles estiverem quase cozidos. No final, acrescente a salsinha, o coentro e a pimenta (opcional). No momento de servir, adicione o azeite de dendê. Atenção: ele não deve cozinhar."

O açaí não figura no dicionário francês *Le Petit Robert*. Até encontramos um assai, mas não é uma palmeira. Eis o que o dicionário diz: "Assai: adv. 1834 'muito' → suficiente (quadro) ♦ Mus. (depois de um termo indicando movimento) Muito. Allegro assai: muito rápido".

Essa ausência do açaí é legítima. Mesmo sendo conhecido das populações amazônicas desde a pré-história, ele penou muito para alcançar a fama internacional. Só começou a ser vendido no exterior a partir do ano 2000. No entanto, recuperou o atraso: em 10 anos, esta palmeira frágil e tímida tornou-se uma celebridade.

Os índios da Amazônia consumiam seus frutos. Então, um belo dia, os surfistas do Rio de Janeiro o descobriram. Na praia chique, ou ultrachique, de São Conrado, depois de dançarem sobre as ondas e de combatê-las, eles mastigam as bagas de cor escura para recompor suas energias. Farmacêuticos, nutricionistas, químicos, laboratórios e comerciantes aprovaram com entusiasmo e lucros. E o açaí partiu à conquista do mundo.

Ele é rico em antioxidantes. Até mesmo o mirtilo, famoso por suas qualidades, ao lado do açaí, deixa a desejar. O açaí contém três variedades de antioxidantes: antocianina, flavonoides e polifenóis. Associados, eles neutralizam os radicais livres. O açaí tem também vitaminas, minerais e proteínas. Com suas dezenove variedades de aminoácidos, ele favorece o crescimento e a reparação dos tecidos.

Em Belém, são fabricados bombons e sorvetes de açaí. Duas cadeias de sorveterias, a Cairu e a Ice Bode, oferecem sorvetes à base de açaí. Mas a maioria dos amazonenses teima em consumir a baga prodigiosa à maneira de seus ancestrais, sem acompanhamentos, como saboreamos morangos ou framboesas.

Há alguns anos ocorreu uma cisão. Os que comiam açaí se dividiram em duas facções: uns recomendavam adicionar açúcar e os outros gritavam que isso era um sacrilégio. O combate foi rude. E durou várias temporadas. Hoje, a paz voltou, mas é uma paz armada. O *New York Times* enviou uma equipe para esclarecer o assunto.

"Alguns habitantes", escreve Seth Kugel, "acham que não se deve adoçar o fruto. As variedades mais carnudas possuem uma textura muito agradável, mas o sabor é mais – como dizer? – terroso.

Os visitantes que aceitam deixar o açúcar de lado descobrem um sabor mais complexo, que, mesmo ainda relativamente terroso e próximo da erva, é muito mais fresco e puro do que o do fruto pasteurizado, congelado e modificado pelo acréscimo de bananas ou de cereais".

O açaí espalhou seus benefícios para os vilarejos da floresta. Para Tomé-Açu, por exemplo, conhecido por seus lenhadores e suas serrarias. Antes da guerra, uma colônia de japoneses se estabeleceu em Tomé-Açu. Eram duzentos. Cultivavam hortaliças. A sua energia e habilidade foram recompensadas. O vilarejo produziu uma quantidade enorme. No entanto, infelizmente, naquele tempo as populações amazônicas não comiam hortaliças. Os japoneses organizaram cursos noturnos para ensinar às populações o gosto de consumi-las. Foi em vão. A empreitada quase desapareceu. Para salvá-la, eles se modificaram. Abandonaram as hortaliças e as substituíram pela pimenta-do-reino. E o sucesso chegou.

A partir disso, Tomé-Açu ampliou o leque de suas atividades. Os camponeses da floresta, até então muito pobres, comercializaram suas produções de açaí. "Antes do *boom*", diz um produtor, "nossas colheitas não valiam quase nada. Aqui, ninguém tinha barco a motor nem televisão. Hoje, muitos têm eletricidade em casa. A vida das populações ribeirinhas realmente se transformou".

Bala, o homem da floresta

José Edisto Gonçalves Ribeiro é um homem alto, entusiasmado e com um belo rosto duro. Ele chegou a Machadinho D'Oeste, em Rondônia, há quinze anos. Vinha do litoral, da região da Bahia. Tinha vivido até então como um trabalhador da terra. Recebeu um lote no norte de Rondônia. Levou-me para visitar sua propriedade e a casa que ali construiu. Em pé, de jeans e camiseta, glorioso, mostra-me seu pedaço de terra como um castelão mostra seus domínios, faz admirar seus móveis de época, suas matilhas de cães, seus massacres de cervos, sua árvore genealógica.

Quase não consigo acompanhá-lo quando ele salta sobre os troncos de árvores que abarrotam o solo inclinado; são troncos gigantescos. Há um rio. José colocou uma prancha por cima. Essa prancha não é larga, ela se mexe um pouco e, além do mais, há os jacarés que moram no rio. Ele me espera, encorajando-me e tranquilizando-me. Se tivesse coragem, daria meia-volta, mas não tenho. José é "uma força que vai" e eu vou também.

Ele é forte. Conta-me que tem um apelido. Chamam-no "Bala", porque é mais rápido do que uma bala de fuzil. Eu lhe digo: "Quando você vai a algum lugar, José, acaba chegando antes e tem que esperar por você mesmo?". E isso o faz rir, seu Bala.

Bala é forte. Sua voz é tão extensa quanto a floresta. Ele me narra seus dias. Conta-me como tomou uma floresta e a transformou em uma plantação. Nós nos enfiamos entre os cipós e as árvores até um laguinho muito claro, brilhante. O sol cintila entre as folhas. Bala queria me mostrar as borboletas. Eu lhe disse: "Não são borboletas, seu Bala. São as suas borboletas. Você é um grande proprietário. É o senhor das borboletas".

Ele fica contente. Agita os braços no meio delas. Está cercado de cores, de silêncios. Orgulha-se de ser um homem livre. Possui um pedacinho de nada sobre a crosta terrestre. Ele me diz: "Você tem razão. Essas borboletas são as minhas borboletas. Tudo isso é meu. Essa formiga, aqui, é minha formiga".

Poderíamos jurar que o céu e as nuvens esgarçadas, as névoas e os dourados das névoas e a penumbra pálida da floresta, o grito dos macacos e as pulgas que moram nos pelos dos macacos, sim, poderíamos jurar que as abelhas e os mosquitos, os excrementos dos mosquitos, o grito das araras, as tempestades e o Sol em pessoa, tudo isso pertence ao grande Bala, tudo isso que ele civilizou.

Ele para diante do pé de copaíba. Vinte metros de altura. Uma casca escura, rude. Bate no tronco com suas mãos e o acaricia, como se fosse o dorso de um puro-sangue. "Uma copaíba. Esta dá de dez a quinze litros." Retira a rolha de madeira com a qual tampou o buraco e vejo escorrer um óleo amarelo, muito fluido, o óleo de copaíba que cura tudo, os hematomas e a sífilis, as vias urinárias, as articulações enferrujadas...

– E as tendinites?

– Ela trata tudo. Vou lhe dizer: você se corta, passa um pouco de copaíba e pronto.

Bala leva a rolha de madeira até o nariz. Ele a cheira, como se faz com um bom vinho, mas com menos caretas. "Isso lava o corpo, todo o interior dele, todo o interior dos intestinos. Algumas gotas e basta. Esse óleo de copaíba é tão bom, que no dia seguinte você ainda está arrotando!" E me dá um pouco. Na manhã seguinte, ele me pergunta se eu ainda estou arrotando. Eu o tranquilizo e digo: "Sim".

Voltamos para a casa. Estamos no meio das galinhas e dos porcos. Um cão dá saltos. Seu Bala me cansa, pois ele nunca se cansa. Ele exibe seu corpo forte e pula no ar para pegar alguns cocos. Corta-os, eu nunca bebi tanta água de coco na minha vida, e depois bebi leite de vaca. Antes, quando atravessamos um pequeno cafezal, mais embaixo, perto do laguinho, ele me disse: "Quando os pés de café florescem, é uma beleza, fica tudo branco, como uma nuvem ou uma espuma branca, como um sudário, e depois também parece com a neve. Conheço um velho plantador de café que estava muito doente, mas que era também muito esperto, um velho muito astuto, e ele deu um jeito de não morrer antes dos pés de café florirem, antes do dia em que sua plantação ficou toda branca". Digo-lhe que minha mãe morreu na primavera e que ainda viu as roseiras florirem, era em um pequeno vilarejo de montanha na França, em Digne, e eu quase chorei e seu Bala quase chorou também.

Todos os dias, ele se levanta às seis horas da manhã. Na véspera, "coloca na cabeça" todo o seu cronograma. Às sete horas já está trabalhando. Ao meio-dia, almoça com sua mulher e suas filhas e, à noite, às sete horas, ele dorme. Quando o tempo está bom, ele dorme ao ar livre, de frente para a floresta.

– Você trabalha todos os dias?

– Menos aos sábados e aos domingos. Enfim, esses dias, o mínimo. Nossa...

– E as borboletas?

– As borboletas? Elas precisam aprender a se virar sozinhas.

O riso dele é como seu nome, como uma bala que parte a toda velocidade. A sua mulher diz:

– Nos dias em que não trabalha, ele trabalha. Você sabe o que ele faz? Em vez de descansar, vai para a floresta.

Bala é orgulhoso. No domingo, passeia na floresta. Ele olha. Ouve os pássaros. A passagem da capivara, dos tamanduás, e os cães querem o tempo todo atacar os tamanduás, mas "não deixo eles fazerem o que querem".

O que Bala gosta na natureza, o que o cativa e o enfeitiça, é a abundância, os renascimentos, a decomposição, as floradas, a profusão, a vida. É a fertilidade. O inesgotável da terra. A floresta é igual a um ventre. A floresta é um ventre de mulher.

"Você está vendo? A folhagem, lá em cima, está 'coalhada' de macacos. [Não sei o que significa essa palavra "coalhada", sem dúvida cheia, recheada de macacos.] O que é certo é que ouvimos sua gritaria. São os barrigudos... e eu juro que eles enchem bem a barriga com todos esses frutos que estão por todo lado. Quando vejo de longe os galhos sacudindo, como se fosse um furacão, isso quer dizer que estão se enchendo de frutos e de carnes. Comem até não poder mais todas as delícias do mundo, e é isso o que me alegra, que a floresta se mexa e que ela seja boa; tem todas essas coisas que estão lá no seu interior e todas aquelas que eu não vejo. Os gritos dos barrigudos quando transam, e eles transam o tempo todo, são uma maluquice, e isso é bom. Parece que há uma tempestade na floresta quando eles fazem isso, à noite, de manhã. Posso ficar aqui horas, à noite, ouvindo, sentindo o vento que corre pela floresta."

Bandeirantes

Em 1553, os padres jesuítas José de Anchieta e Manuel da Nóbrega criaram juntos o Colégio de Piratininga na capitania de São Vicente. Esse colégio era bem simples, algumas cabanas e espaços em volta, mas um dia ele se tornaria a imensa cidade de São Paulo. Os dois religiosos são homens eminentes. José de Anchieta (1534-1597) vive entre os índios, dos quais ele adota o idioma tupi. O Pai Nosso, traduzido por ele para o tupi, esforça-se em conciliar a teologia cristã e as tradições sagradas dos índios. Manuel da Nóbrega (1517-1570), em seu livro *Informação da terra do Brasil*, esboça uma política indigenista jesuíta baseada na confiança, no compartilhamento e na proteção.

São Paulo de Piratininga está a setecentos metros de altitude. O clima ali é salubre. O vilarejo escapa da ameaça dos corsários europeus que infestam o mar. O local está separado das praias por oitenta quilômetros de picadas de difícil acesso. A sua posição estratégica é boa: o vilarejo foi construído às margens do rio Tietê, que nasce na serra da Mata Atlântica, mas avança para o interior em vez de correr diretamente para o mar. Algumas centenas de quilômetros mais adiante, o Tietê se lança no rio Paraná. Ele possibilita o acesso à bacia hidrográfica do Paraguai e forma uma via de penetração para as terras do oeste.

Os jesuítas são próximos dos índios guaranis. Eles os acolhem nos acampamentos e nas aldeias. Em um primeiro momento, São Paulo de Piratininga está destinada à amizade dos índios e à sua proteção. Mas isso não dura muito. A partir do final do século, o vilarejo terá mudado seu destino. Ele fornecerá escravos índios a todos os fazendeiros e plantadores de açúcar do território.

A necessidade de trabalhadores agrícolas é grande. As sociedades indígenas foram enfraquecidas e desmanteladas pela irrupção dos portugueses. A agricultura exige braços. Os habitantes de São Paulo, que em sua grande maioria são mamelucos, dedicam-se a capturar índios que serão vendidos aos colonos, tanto em Assunção (no Paraguai) quanto no Peru, nas plantações do Nordeste ou ainda na região de São Paulo de Piratininga.

Os paulistas são homens enérgicos, violentos e audaciosos. Gostam da pólvora e das balas, da batalha e da glória. E do ouro também. Nada faz com que baixem o olhar. Várias vezes por ano, eles armam tropas de cavaleiros que partem em busca de aventura. Como essas tropas são precedidas de grandes estandartes, as bandeiras, escrupulosamente abençoadas pelos capelães, eles são chamados de bandeirantes. A essas expedições dão o nome de entradas.

Esses iluminados que, montados em seus cavalos, penetram os ventos desconhecidos, são os verdadeiros descobridores do Brasil. Eles inventam o país. Distanciam-se das praias às quais os portugueses "se agarram como caranguejos", sem ousar enfrentar os mistérios e os monstros do interior. Avançam para o perigo, estandartes ao vento. Traçam caminhos. Fabricam o Brasil à medida que o percorrem. Eles descem o rio Tietê. Percorrem a região do Paraná e do Paraguai. Mais tarde, tomam a direção do norte. Descobrem o Rio São Francisco, que corre para o norte da Bahia, e o Amazonas. Exploram o planalto desolado do Brasil central. Escalam as sombrias montanhas do interior. Abrem picadas na direção das regiões mais afastadas, para o Mato Grosso, Goiás. Desfraldam o Brasil como se desfralda um mapa. Eles constroem vilarejos, mas não é a valorização do país que os preocupa. O que buscam é a violência. Na ausência desta, procuram o ouro. Se não o encontram, procuram escravos.

Os espanhóis haviam descoberto uma montanha de prata, o Potosí. Entretanto, de nada lhes adiantou, pois os lingotes de prata arrancados do chão enriquecem os artesãos europeus e arruínam a dinastia espanhola dos Habsburgo; mas os bandeirantes de São Paulo de Piratininga acham que também podem descobrir um Potosí. Por que não encontrariam minas de esmeraldas, cavernas de ouro e de diamantes? Eles galopam, lutam, metem o nariz em todo lugar, mas o ouro é uma miragem e nenhuma esmeralda brilha nesses desertos. Entregam-se então à sua atividade favorita: a caça ao homem. Os índios serão o seu Potosí. Os bandeirantes lançam seus cães ao encalço dos índios. As feras pulam na garganta de homens, mulheres, crianças. Dilaceram, massacram e os entregam aos seus senhores. Os bandeirantes gostam dessas caçadas tonitruantes.

Os oficiais do rei lutam como podem contra essas crueldades. Os missionários consideram, como o papa Paulo III em sua bula, que os índios são homens e que têm uma alma, e ficam indignados. O padre Anchieta fulmina: "A este gênero de gente não há melhor pregação do que espada e vara de ferro". No entanto, os bandeirantes dão de ombros. A sua reputação os precede: ninguém tem a audácia de mexer com esses guerreiros trágicos. Eles não se intimidam com bulas papais. Adoram seu ofício: essas caçadas humanas são um prazer real e podem render muito, pois as moendas têm uma necessidade urgente de escravos para girá-las. Mesmo depois que os navios negreiros começaram a despejar nos cais de Salvador milhares de africanos, os índios, que são chamados de "negros da terra", continuam sendo "peças" procuradas, pois são bem menos caros do que os angolanos ou os bantos.

Às vezes, entretanto, os índios também revidam. Em 1590, grupos de guaianás e de tupiniquins massacram uma tropa de cinquenta guerreiros paulistas em Mogi das Cruzes. No ano seguinte, nova vitória indígena no vale do rio Tietê. Seria necessário muito mais para intimidar os paulistas. Ao contrário, esses ataques legitimam rapinas e crueldades. Como os bandeirantes, também chamados de sertanistas, foram atacados pelos índios, têm portanto o direito e o dever de se defender e de lançar expedições punitivas.

Começa o tempo das grandes bandeiras. Os guerreiros paulistas estão cada vez mais violentos. Em 1628, Antônio Raposo Tavares forma uma tropa de novecentos paulistas e mamelucos e de 2 mil guerreiros tupis. Ele ataca as reduções jesuítas dos guaranis, na província espanhola de Guairá, entre o Iguaçu, o Paraná e o Paranapanema, com uma crueldade que "não parecia vir de cristãos", lamentam-se os missionários. A bandeira fez inúmeros prisioneiros: 60 mil, estimam os historiadores. Os cativos são conduzidos a São Paulo. A longa caminhada dos vencidos é um calvário e uma matança. Os velhos e as crianças são abatidos, pois atrasam o movimento. Antônio Raposo Tavares destruiu treze das quinze reduções de Guairá.

Tantas infâmias acabam provocando uma reação. Os jesuítas, protetores dos índios, denunciam os crimes dos bandeirantes. Em 1640, um breve pontifical prevê a excomunhão de todos aqueles que comercializam escravos indígenas. Os bandeirantes e as autoridades de São Paulo se enraivecem. "O que o papa tem a ver com isso?" A municipalidade decreta a expulsão da Companhia de Jesus e o confisco de seus bens no município. Assim, são banidos os jesuítas que um século antes criaram, no tempo de Anchieta e de Nóbrega, o vilarejo de São Paulo de Piratininga.

Os batalhões paulistas alargaram a superfície do país, partindo da região de São Paulo para o sul e até o Paraguai, isto é, para o território atual do Rio Grande do

Sul. Contudo, os jesuítas obtêm do rei da Espanha a autorização para armar os índios, e estes se tornam um perigo para os predadores paulistas, em particular durante a grande batalha de M'bororé, um afluente do Uruguai. Os paulistas trocam então de alvo. Em 1648, o mesmo Antônio Raposo Tavares, junto com várias centenas de guerreiros, chega até os Andes e o Alto Peru, antes de tomar a direção da Amazônia. Ele explora os rios Guaporé, Mamoré, Madeira e alcança Belém do Pará. Esse implacável aventureiro traçou as fronteiras do Brasil moderno.

Os bandeirantes jamais esqueceram sua obsessão pelo ouro e pelo diamante. No final do século, em 1674, Fernão Dias Pais explora o planalto central e o ataca durante sete anos. Como não encontra as minas de prata, aprisiona índios cataguases, bons para a escravidão. A grande época das bandeiras chega ao seu fim, mas, durante mais alguns anos, aventureiros se dedicam a vasculhar os rios em busca do metal precioso. Em 1693, alguns bandeirantes sobem o rio das Velhas. Eles descobrem pepitas de ouro. Em 1698, a bandeira de Bueno de Siqueira explora a Serra da Mantiqueira. Essa montanha é fabulosa. A corrida ao ouro começa.

A novidade se espalha. Salvador, Rio de Janeiro, São Paulo tremem. Essas pepitas enlouquecem o Brasil. No litoral, as moendas de açúcar são abandonadas. Senhores partem em direção ao milagre. Eles chegam com seus cortejos de escravos. Vasculham e escavam. No litoral brasileiro, o que resta da Mata Atlântica é destruído para expedir material de construção para as cidades que se erguem nas montanhas – Vila Rica (Ouro Preto), Vila Real ou Vila Albuquerque.

O Brasil torna-se o maior fornecedor mundial de ouro e de pedras. Uma sociedade ávida invade as montanhas. Os recém-chegados defendem seu tesouro com armas em punho. Os representantes do rei separam os combatentes e restabelecem a ordem. Fortunas se constroem. O Brasil produz três quartos do ouro mundial. A febre e o luxo duram muito pouco. Contudo, menos de um século mais tarde, quando os filões começam a se esgotar, os antigos garimpeiros de ouro mudam de profissão. Em vez de recomeçarem a aventura, em busca de outro milagre, eles per-

manecem. Tornam-se agricultores nos belos vales de Minas Gerais. Pela primeira vez, uma província do interior próximo desperta. O Brasil se distancia de suas margens. Ele se descobre. E os reis de Portugal, que durante muito tempo trataram a colônia com condescendência, creem que apesar de tudo esse país, mesmo que não valha uma Índia ou uma China, poderá se tornar um dia uma das joias da Coroa.

Os bandeirantes alimentam a lenda do Brasil. A sua brutalidade e suas vilanias são esquecidas. Os habitantes de São Paulo se orgulham de serem os seus herdeiros, mas, graças a Deus, eles empregam sua esfuziante energia mais para construir arranha-céus ou criar manufaturas do que para roubar, pilhar, matar índios. É bem verdade que hoje, depois de cinco séculos de humanismo e civilização, o índio tornou-se um tanto raro.

Os escritores e os historiadores paulistas gostam de seus ancestrais. Em 1936, Alfredo Ellis Júnior lhes consagrou um estudo com o incrível título: *Raça de gigantes* (a expressão é emprestada do francês Auguste de Saint-Hilaire, que era fascinado pelos bandeirantes). Em sua obra *Brésil: une géohistoire* (PUF), a geógrafa Martine Droulers escreve: "Na historiografia brasileira, a imagem do conquistador tem uma força maior do que a do fazendeiro ou do comerciante e, naturalmente, isso tem uma consequência no momento da instauração de uma sociedade urbana e industrial. O mito do bandeirante permanece forte, em toda parte no Brasil; ele simboliza a conquista, o sucesso e 'sua eficácia psicológica é garantida', nos lembra Pierre Monbeig. Esse ideal permanece bem presente na vida nacional e 'todo brasileiro é inconscientemente dividido entre os impulsos do caçador da bandeira e as aspirações estáveis do patriarcado' (Vianna Moog, em *Bandeirantes e pioneiros*). No sul, a imagem do colono nunca suplantou verdadeiramente a do bandeirante que, tornado estancieiro, impõe sua lei aos novos colonos europeus". (O livro de Martine Droulers é excelente; sem dúvida, o estudo mais poderoso, mais engenhoso, mais sutil publicado recentemente sobre o Brasil.) "Paradoxalmente", diz Stefan Zweig, "os bandeirantes que não querem pilhar e roubar completam a obra civilizatória da construção do Brasil: sua marcha, selvagem e sem objetivo, favoreceu o desenvolvimento geográfico do país".

Para o povo indígena, as bandeiras foram uma longa calamidade. Para o Brasil, elas foram uma oportunidade e são uma quimera. Graças a ela, o Brasil se dilatou. Ele recenseou seus mistérios e suas riquezas. Nas barbas dos espanhóis, que nele viram apenas o azul, estendeu-se para muito além dos limites estabelecidos em 1494 pelo papa Alexandre VI Bórgia, alguns anos antes de a Terra da Vera Cruz entrar para a história do Ocidente. Se o Brasil é hoje um dos gigantes do mundo, ele deve isso ao sonho heroico e brutal dos bandeirantes.

Borracha

A cidade de Manaus ainda não existe. O que existe é uma floresta imortal, toneladas de formigas e de onças, cem mil nuvens, sóis e nevoeiros, jacarés, araras e lontras gigantes, tucanos cujo bico amarelo é tão volumoso que sempre achamos que o pássaro vai cair para frente, sapos venenosos, mosquitos, macacos de todos os tipos, rios.

Entre esses vários rios, existem dois que se encontram a 2 mil quilômetros a oeste da costa atlântica, em pleno coração da selva. O primeiro é o Solimões. Ele desce dos Andes, é imponente e se tornará o Amazonas. O outro chega do noroeste. Receberá um dia o nome de rio Negro, pois suas águas são ácidas e negras. Na junção dos dois cursos de água, uma vasta praia é frequentada pelos índios manaós. As crianças manaós divertem-se com estranhas bolas moldadas com o látex, essa seiva pegajosa que escorre dos cortes infligidos a uma árvore; elas pulam e é divertido. Os índios maias chamam a árvore de cahuchu (em língua quéchua, "árvore que chora"). Para os acadêmicos, é denominada *Hevea brasiliensis*, a seringueira.

Estamos no final do século XVII, e os portugueses ainda estão ausentes. Eles não gostam muito da floresta. Essas selvas não lhes agradam. Eles não as compreendem. Elas são cheias de árvores. É uma estufa. A luz ali é suspeita, esverdeada, morna. Há uma quantidade de animais, aranhas, capivaras e toupeiras, cobras, insetos, formigas, abelhas, sombras, reflexos, fantasmas. Os soldados portugueses se perdem entre os cipós e os índios são ameaçadores. Os espanhóis também são ameaçadores. Eles vagam pelas redondezas. Gostariam de expulsar os portugueses e guardar o paraíso para eles.

Enfim, em 1669, os portugueses reagem e marcam seu território. Constroem o forte da Barra na confluência do rio Negro e do rio Solimões. Alguns soldados se revezam. Eles protegem a selva. Alguns milhares de miseráveis instalam-se na Barra, indígenas, caboclos. Eles vivem da generosidade da natureza. Fazem um pouco de comércio. Vendem castanhas do Pará, tartarugas, peixes. Os dias transcorrem tranquilamente. O tempo não avança.

As crianças que correm nas várzeas, durante a estação seca, atrás das pequenas bolas elásticas de cahuchu (às vezes se fala cao tchu, ou então cahutchu) não se dão conta de que chutam com as pontas de seus pés um tesouro. Esse tesouro está trancado em um cofre. No dia em que alguém conseguir quebrar o cadeado, será o mais rico do mundo, pois as bolas das crianças manaós contêm lingotes de ouro, diamantes e orgias, uma ópera, palácios barrocos, uma Sarah Bernhardt, um belo pedaço da história do século XIX, sofrimentos sem fim, exploração do homem pelo homem, milhões de cópulas, bilhões de automóveis, a felicidade da Amazônia e sua derrocada. No entanto, para que as bolas de cahuchu liberem todas as delícias que guardam, antes será necessário que os cientistas e os engenheiros façam sua parte.

No século XVIII, o francês La Condamine estuda as propriedades mágicas desse látex que escorre das héveas (essa palavra é peruana). "Cresce na província de Esmeraldas uma árvore chamada heve. Dela escorre, por meio de uma única incisão, um licor branco como leite que, em contato com o ar, pouco a pouco endurece e escurece." La Condamine vê logo que esse látex, ao qual dá o nome de "caoutchouc", pode ter outros usos além da alegria das crianças. "Os portugueses aprenderam com os omáguas a fazer com esse material bombas de seringa que não precisam de pistão: elas têm a forma de peras ocas, com um pequeno furo em sua extremidade, onde se adapta uma seringa. Esse utensílio é muito usado entre os omáguas."

Um pouco antes da Revolução Francesa, um químico inglês, Joseph Priestley, mostra que a borracha tem a propriedade de apagar as marcas de lápis. Ele nomeia sua invenção "indian rubber". A borracha da hévea começa uma segunda carreira nas escolas e nos colégios. Ela destrói bilhões de solecismos, barbarismos, impropriedades e erros de cálculo. Ela faz a alegria de quem erra.

A borracha tem outros talentos, mas, para expressá-los, é preciso que o tempo passe. Em 1819, o escocês Charles Macintosh fabrica um casaco feito de um tecido emborrachado. É um sucesso. O nome de Macintosh ascende à dignidade de substantivo comum. Todo impermeável é um macintosh. Na Inglaterra, nos Estados Unidos, na França, assim que começa a chover, milhares de macintosh saem como lesmas.

Belo início para a pequena bola das crianças indígenas. Ela já tem em sua conta três invenções: uma bola para chutar, uma borracha que apaga as besteiras dos últimos da classe e um casaco impermeável que protege da chuva os senhores de Londres e de Boston. Mas o grande milagre está por vir. Ele acontece em 1839. Um engenheiro americano, Charles Goodyear, aperfeiçoa um método que estabiliza a borracha e lhe permite resistir a altas temperaturas. Ele dá a essa operação o nome de "vulcanização", pois Vulcano é o deus do fogo. Esse alto patronato revela a nobreza da invenção. A borracha aperfeiçoada por Goodyear chega na hora certa: nos Estados Unidos, na Europa, os primeiros automóveis circulam. As pequenas bolas das crianças indígenas encontraram seu destino: elas calçarão as rodas de todos os automóveis do mundo.

E isso não é tudo. Em 1888, um veterinário escocês, John Boyd Dunlop, estabelecido na Irlanda, tem um filho, Johnnie Dunlop, de dez anos. Ele lhe dá uma bicicleta (ou um triciclo, segundo alguns estudiosos) com pneus de borracha, mas evidentemente maciços, o que é desconfortável nas ruas irregulares da época. John Boyd tem uma intuição. Ele já utiliza a borracha sob a forma de luvas de veterinário. Ele pega a bicicleta ou o triciclo de Johnnie e substitui os pneus maciços por tubos de borracha cheios de ar e munidos de uma válvula. Sucesso. Pela terceira vez, o látex manifesta suas afinidades com a infância (a bola, a borracha de apagar e o triciclo). Quatro anos depois, o francês Michelin fabrica o primeiro pneu desmontável e o planeta entra na idade do automóvel.

A Amazônia está estupefata. Ela esfrega os olhos. O que está acontecendo? O mago Merlin passou por ali. Sua varinha tocou as seringueiras e as transformou em ouro. O rio Pactolo não corre mais na Pérsia, como acreditavam Heródoto e Alexandre, o Grande, mas nos troncos das seringueiras da Amazônia. Fortunas se amontoam ao longo do rio. As capitais da floresta despertam sobressaltadas. Os farrapos que as escondiam são substituídos pelas joias do marquês de Carabas. Hordas de Cinderelas se livram de suas roupas velhas e surradas e calçam sapatinhos de cristal. Os vendedores de tartarugas e de castanhas-do-pará olham-se nos espelhos do rio. Eles não se reconhecem. Veem pajens vestidos de seda, tafetá e renda.

Um grupo de dândis invade Manaus, Belém, Santarém. Eles vêm de muito longe. Sobre os mármores de Carrara dos cafés em *modern style*, eles fazem soar seus escudos, seus luíses, seus táleres e seus napoleões. A dois passos do neolítico, eles edificam uma cidade de quimeras. Manaus é o luxo do mundo. Bondes elétricos trafegam pela capital da borracha, quando Boston ainda utiliza cavalos. Os nababos de Manaus, e os de Belém também, gordos com o sangue dos 500 mil miseráveis que morrem para que a seiva fantástica escorra, mandam lavar suas camisas em Paris, Londres. Nos palácios da selva, mordomos importados de Londres ou de Roma organizam as noites amazonenses. Lindas mulheres instalam suas atividades na selva. Quando elas não acariciam os senhores da seringueira, exibem seus alvos ombros na ópera de mármore e de mau gosto onde os cantores de Viena ou de Paris, os maiores atores da Europa, Sarah Bernhardt em pessoa, desafiam os murmúrios da floresta.

Manaus é insaciável. Ela quer desfrutar, divertir-se, fartar-se e ser sempre mais e mais feliz. Em Londres, os empresários pensam. Uma ideia germina nos cérebros: por que não ligar por uma estrada de ferro a Bolívia, grande produtora de borracha, e o Brasil? Dito e feito. Uma sociedade inglesa começa os trabalhos. A estrada de ferro Madeira-Mamoré vai ligar as Amazônias boliviana e brasileira. Ela reunirá a província do Acre (que na época ainda é boliviana e só se tornará brasileira em 1903, pelo Tratado de Petrópolis, depois de uma pequena guerra) à cidade de Porto Velho, no Brasil. Dali, as bolas de borracha descerão o rio Madeira e atingirão o Amazonas, isto é, a Europa e a América, um pouco abaixo de Manaus.

O canteiro de obras é aberto em 1872. Depois de alguns meses, é fechado. Vinte engenheiros ingleses e centenas de trabalhadores foram mortos pelas flechas dos índios caripunas, pela disenteria e pela malária. Só que o capitalista britânico é obstinado como o diabo, e não desiste nunca; em 1907 o canteiro é reaberto. Milhares de pobres são contratados. O trem da borracha coleciona apelidos: "a Maria louca", "a ferrovia do diabo", "a estrada de trilhos de ouro" ou "Maria-fumaça". Os operários morrem como moscas ao longo dos 360 quilômetros de trilhos. Por sorte, a Belle Époque possui um grande estoque de mendigos. Os mortos são substituídos pelos vivos.

Os historiadores dizem que a estrada de ferro do diabo consumiu entre 20 mil e 30 mil trabalhadores, recrutados primeiro na Ásia, depois, já no final, nas Caraíbas. Todos esses mortos aumentam o orçamento da estrada Madeira-Mamoré. Os investidores de Londres, associados a alguns flibusteiros bolivianos ou brasileiros, estão aborrecidos, pois as mortes são muito numerosas. Logo, não haverá mais gente viva suficiente. Por isso, eles abrem às margens do rio Madre de Dios uma cidade na qual seiscentas índias são colocadas. Os operários podem brincar com elas e têm o direito de engravidá-las, pois é preciso pensar no amanhã. Esses modos nos surpreendem um pouco, mas Gilberto Freyre, em *Casa grande e senzala*, nos ensinou que os soldados portugueses, no início da colonização, tinham o dever de povoar o vazio engravidando as índias, e depois as africanas e se dedicavam de todo o coração a essa obra.

Depois de longos sofrimentos, os capitalistas vão enfim obter a recompensa. Em 30 de abril de 1912, o trem Madeira-Mamoré apita várias vezes e atravessa a floresta, puxado por magníficas locomotivas trazidas de Manchester. Contudo, o destino é brincalhão e nem sempre elegante. No dia em que a floresta é finalmente vencida por 20 mil mortos chineses ou caraíbas, descobre-se que essa obra faraônica é estúpida e inútil. É preciso se render às evidências: os vagões ingleses não têm nada para transportar, pois enquanto os operários morriam no canteiro de obras, a borracha amazônica desapareceu. Ou melhor, não valia mais nada. Foi destronada por outra borracha.

Mais um golpe dos ingleses! Alguns anos antes, um homem tinha se instalado em outra cidade da Amazônia, Santarém, na confluência do Amazonas com o Tapajós. Ele se chamava Henry Alexander Wickham. Tinha um ar simpático. Era doce e inofensivo. Um lunático. Não estava nem aí para a borracha e a "ferrovia do diabo". Wickham era um poeta, amava as flores. Fazia grandes passeios na selva, pois colecionava orquídeas. Seus vizinhos em Santarém gostavam muito dele.

O fato é que Wickham enganava todo mundo. Esse homem legal era um hipócrita e sua paixão pelas orquídeas, um engodo. De seus passeios pela floresta, ele trazia algumas orquídeas para despistar o inimigo e muitas mudas de seringueira. Ele as expedia para a Inglaterra, onde jardineiros virtuosos aperfeiçoavam sua qualidade e garantiam sua multiplicação. Em seguida, as mudas eram encaminhadas para uma colônia britânica, a Malásia, que em poucos anos se recobriu de imensas plantações de seringueiras tão bem organizadas quanto uma horta.

Como as seringueiras da Amazônia poderiam ter vencido o desafio? Era bem difícil para elas. Por um lado, as mudas transportadas para a Malásia tinham sido selecionadas e aperfeiçoadas pelos botânicos mais talentosos. Por outro, e sobretudo na floresta primitiva da Amazônia, as seringueiras não estavam dispostas em linha reta, como na Malásia, mas semeadas ao acaso pela trêmula mão dos deuses. Contam-se apenas dez árvores por hectare. Os seringueiros da Amazônia devem abrir trilhas na inextricável vegetação para chegar até a árvore maravilhosa. Os trabalhadores medievais do rio Negro e do Solimões não poderiam lutar contra os engenheiros e os operários da Ásia britânica.

A Amazônia deriva. O seu naufrágio é tão brusco quanto fora, cinquenta anos antes, sua fortuna. Manaus, Belém, Santarém, todas as cidades da borracha desmoronam. Os palácios e as loucuras, as pretensões e os monumentos que os senhores da seringueira edificaram se desfazem. O tempo corre ao contrário. Como o rio Alfeu dos antigos gregos, ele remonta em direção à sua fonte e rebobina os cinquenta anos precedentes. Os frontões dos palácios se deformam e o musgo invade os palácios. Os colonos ricos desaparecem. As cidades da borracha que foram o prazer e o sonho do mundo silenciam. A morte se instala.

As doze badaladas da meia-noite soaram e Cinderela se encontra realmente abandonada. Ela está despojada de seus cetins, de seus veludos. Perdeu seu sapatinho de cristal e voltou para as vassouras e os panos de chão. Ela retoma seu lugar na cozinha, perto do borralho. O conto de fadas acabou. As cidades estão destruídas. A Amazônia desapareceu. Como a Branca de Neve, ela espera, em seu caixão de vidro, que outro beijo a desperte de seu sono.

Em 1964, alguns generais anticomunistas tomam o poder em Brasília. Eles decidem, sob os conselhos do general Golbery do Couto e Silva, um iluminado da geopolítica, que o futuro do Brasil se esconde na Amazônia. Todos os ditadores gostam de deixar sua marca realizando grandes obras. Mussolini secou o pântano pontino e Stálin construiu centrais hidrelétricas. Os generais brasileiros vão fabricar a Amazônia. A floresta será sua Grande Pirâmide. Ela é impenetrável? Vamos penetrá-la. Exércitos de trabalhadores constroem duas estradas, as transamazônicas. Os militares brasileiros são espíritos geográficos, racionais e utopistas. Eles recortam o espaço amazônico em fatias iguais. A floresta está em desordem. Vamos organizá-la, limpá-la. Em todo canto se constroem vilarejos iguais que serão o ponto de partida do Brasil Grande. O inferno verde entrevê seu destino: ele será o Eldorado do Brasil e até mesmo da América do Sul.

Mas a Amazônia é rebelde. Ela não se verga às ordens dos militares. As duas estradas transamazônicas são devoradas pela formidável vegetação, pelas chuvas intermináveis do verão. As árvores apodrecem. As transamazônicas formam uma espécie de vasta clareira aberta na selva e muitas vezes uma cloaca, pois as águas da estação úmida as tornam inutilizáveis. A corrupção se espalha e arruína a maioria dos projetos concebidos por Brasília. Depois de vinte anos de fervor patriótico, sofrimentos e decepções, Manaus, como as outras cidades da floresta, se apaga e morre mais uma vez. Entretanto, ela já está acostumada. As cidades do Brasil estão acostumadas às mortes e ressurreições. Manaus sabe que vai renascer. Ela se lança em uma nova aventura: é transformada em zona franca. A medida é eficaz. A atividade retorna. Manaus conhece outra sobrevida: nas margens do belo rio, ela se torna um estoque gigante no qual se empilham riquezas vindas do mundo todo. Os três mil miseráveis de Manaus dos anos 1600 são substituídos por um milhão de negociantes, merceeiros, controladores, mercadores, mas essa atividade desvairada permanece um pouco artificial. Manaus não desapareceu, está novamente ganhando dólares. No entanto, onde foi parar aquela linda cidade louca da Louca Época? E o que foi feito de seus sonhos?

Boto cor-de-rosa

Os golfinhos são mamíferos do mar, cetáceos carnívoros cuja cabeça se prolonga por uma espécie de bico. Eles gostam dos homens e das marcas que os barcos deixam na água. Alguns ebanistas dos séculos passados esculpiram "braços de poltronas em forma de golfinhos". No Brasil, conhecemos os golfinhos rosa. Os cientistas os nomeiam *Inia geoffrensis*. Os habitantes os chamam de botos.

O boto, mamífero da ordem dos odontocetáceos, nada nos rios da Amazônia. O que não lhe falta é perseverança, pois, originalmente, como todos os golfinhos do mundo, ele só poderia subsistir nas águas salgadas. Todavia, os mares e os continentes ainda não se tinham fixado e, no mioceno, isto é, entre 24 e 5 milhões de anos antes de nossa era, a Amazônia foi inundada pela água do mar em alguns períodos. Alguns grupos de golfinhos se perderam na Bacia Amazônica. Então, após alguns outros movimentos geológicos, a água do mar se retirou da Bacia Amazônica e os golfinhos se surpreenderam quando constataram que sua água era doce. Eles resistiram e se adaptaram até se tornarem cetáceos de água doce. Os cientistas dizem que a mesma aventura aconteceu a inúmeros peixes de mar que também tinham se extraviado na Amazônia. Eles conseguiram se manter ali e prosperar, depois que as águas salgadas se retiraram.

Hoje, ainda que os cursos de água da bacia amazônica sejam desprovidos de sal, o boto se porta bem. Ele é enorme: tem 150 quilos, às vezes até 250 quilos. Quase dois metros de comprimento. Ele tem um primo muito menor, o tucuxi, que frequenta os mesmos rios e que é um animal encantador, brincalhão e alegre como um palhaço. Os jovens botos e os jovens tucuxis se gostam, se procuram e formam pequenos grupos. Nas praias, eles brincam de esconde-esconde, como os gatos, como os jovens macacos da floresta vizinha, como as garotas de *Em busca do tempo perdido.*

O boto é pacífico. Ele divide seu tempo entre as águas negras, deliciosas, decompostas dos rios e o prazer dos longos repousos nas praias. Quando ele nada nas águas escuras, com sua cor cinza no início da vida, rosa na idade adulta, e depois branco como um lençol em sua velhice, achamos que cruzamos com um fantasma, com um sudário. As suas nadadeiras se parecem com asas. Ele é muito lento.

Seis meses por ano, na estação das chuvas, ele passeia pela floresta. Nada e patina delicadamente na lama, insinua-se entre os galhos das árvores submersas, come frutas. Contudo, isso não o satisfaz. O seu corpo grande precisa de alimentos mais consistentes. Ele caça os peixes. Quando percebe um, ele o ataca emitindo alguns "clics" bem barulhentos. Se um peixe tem a pele bem grossa como uma couraça, o que é frequente, o boto rosa utiliza seu bico como um martelo. Ele o esmaga e come. Os seus alimentos preferidos são a piranha e, principalmente, o peixe-gato.

O homem não precisa ter medo. O boto, ainda que na maior parte do tempo viva escondido nas águas ou nas florestas inundadas, gosta da companhia dos humanos. Como seu primo de água salgada, ele é prestativo, pois salva os pescadores que caíram no mar. Ele gosta de pregar peças, rouba os remos das canoas só para provocar os marinheiros. À noite, torna-se um homem e passeia pelas praias vestido com um terno branco e com um lindo chapéu na cabeça. Ele banca o elegante, pois gosta de seduzir as mulheres. Quando uma delas sucumbe ao seu teatro, ele tira o chapéu, inclina-se e leva a garota para dentro da água, para o seu palácio de conto de fadas.

As obsessões sexuais do boto são comprovadas. Vou dar meu testemunho. Uma noite, no rio Machadinho, amigos brasileiros propuseram que víssemos alguns deles. Fomos até uma várzea. Choveu muito. Depois da chuva, alguns botos apareceram. Eles nos observaram por algum tempo e mergulharam. Nós não os interessávamos. A praia ficou novamente vazia. Decidimos ir embora. Naquele mesmo momento, um grupo de garotas chegou. Elas eram lindas e falavam muito. Nós pensamos em jogar um pouco de charme, mas os botos foram mais competentes que nós. Cinco deles saíram da água, um para cada garota. Eles se alçaram até a praia. E elas gritaram.

Por mais amável que seja, o boto é responsável por muitos dramas. Os homens da Amazônia sentem ciúmes dele. Assim que perdem de vista sua namorada ou esposa, eles compreendem que um boto passou por ali e que fez amor com ela em suas úmidas moradias. E, para eles, esta é uma boa ocasião para lutar um pouco por sua mulher. Tudo tem seu lado bom. Outras vezes, ao contrário, o boto presta bons serviços às mulheres amazonenses. Se uma garota de repente fica grávida e não sabe quem é o pai, porque ela não tem boa memória, coloca a culpa no boto. Eu conheci vários homens e mulheres amazonenses que eram filhos de botos. Eles se orgulhavam disso, assim como, na Islândia, várias garotas me disseram que deviam a vida aos amores escaldantes, no século XIX, entre uma senhora islandesa e um dos pescadores de bacalhau de Pierre Loti.*

* N.T.: Pierre Loti (1850-1923), pseudônimo de Julien Viaud, foi oficial da marinha, um grande viajante e escritor. A sua obra de maior sucesso foi *Pescador da Islândia*, na qual narra as aventuras dos pescadores de bacalhau da cidade de Paimpol.

Um rico folclore se desenvolveu em torno das aventuras eróticas do boto. Em São Sebastião, no Sul, uma associação cultural coleta todos os contos relativos a ele. Algumas senhoras vão às cidades desse litoral e narram as histórias do boto. Eu assisti a uma dessas sessões. As contadoras se empenham muito para relembrar os amores estranhos do golfinho rosa e as cizânias que sua paixão pelas mulheres causa nas famílias, às vezes até a terceira geração. Essas contadoras eram senhoras cultas, burguesas de comportamento casto, cristãs rígidas. Eu as observei enquanto narravam suas indecências. Elas estavam muito alegres. Os seus rostos brilhavam.

O boto é inteligente. É verdade que se adaptar a uma água doce quando se é um animal de água salgada exige bom senso. O cérebro do golfinho rosa é pré-histórico, mas extremamente grande e pesado. Ele é quase duas vezes mais volumoso do que o do homem.

Cães

A chegada dos portugueses no início do século XVI mudou os hábitos dos índios: a cultura europeia instala bruscamente, sem avisar, um "posto avançado" no neolítico. Os indígenas, ainda que conhecessem o fogo, não sabiam produzir nem forjar o metal. Por isso, os povos do Brasil (como mais tarde os da Polinésia) ficaram fascinados pelas facas, pelos machados e as machadinhas que as caravelas da Europa transportavam em seus porões. As grandes conquistas traziam a Terra da Vera Cruz para a "idade do prego".

Os soldados portugueses não ofereceram apenas pregos e facas aos índios. Trouxeram-lhes outro presente, ainda mais luxuoso: o cão. Para o pesquisador e ecologista Evaristo de Miranda, a chegada do cão nas sociedades brasileiras representa "um salto tecnológico comparável ao domínio do fogo".

O cão, o cão comum, sem *pedigree*, o cão vira-lata, mudará a vida cotidiana

dos índios. Até então, as tribos viviam no terror, no perigo e na angústia. Elas estavam sempre alertas. À noite, não tinham sossego. Dormiam mal e seus sonhos eram sinistros. Tinham um medo sem fim, pois as guerras entre as tribos eram constantes. Essas guerras eram ainda mais desagradáveis porque os vencedores gostavam de comer os vencidos. As vítimas mais cobiçadas eram as mulheres e as crianças. Buscar água ou se divertir na floresta era uma aventura. A vida desses povos está sempre ameaçada e é sempre inquieta. As noites são de pesadelos. É preciso que os cães europeus cheguem para que as aldeias encontrem o sono e tenham sonhos bons.

Os brancos desembarcam. Os jesuítas introduzem o cão. Um novo tempo se inicia. Mulheres, crianças e mesmo guerreiros podem, enfim, dormir. Eles sabem que, em caso de ataque, os cães darão o alarme e atacarão os inimigos. O cão sabe fazer tudo. Ele vigia. Alerta. Desafia os ladrões. É de uma inacreditável coragem. Ele late, faz um barulho terrível. Morde. Acompanha seus donos. Ele obedece às suas ordens. Presta-lhes inúmeros serviços. Compreende a linguagem dos homens, pois o cão é dos raros animais poliglotas. Mesmo sem treinamento, ele é ao mesmo tempo capaz de se comunicar com seus congêneres e de gravar cem palavras da linguagem dos homens, ao passo que os chimpanzés, ainda que considerados prodigiosas máquinas intelectuais, só obtêm o mesmo resultado depois de um longo aprendizado.

Um pouco mais tarde, os índios se apercebem de que o cão é um excelente caçador. Novas estratégias cinegéticas se desenvolvem. Antes da "idade do cão", eles só conseguiam capturar as onças usando um buraco recoberto de galhos. No entanto, o cão é capaz de perceber a onça, persegui-la, amedrontá-la, ficar ao pé da árvore onde o animal se refugiou.

Em poucos anos, o cão, graças a seu apetite sexual, invade todo o território brasileiro, inclusive as regiões mais distantes. Os cães vindos da Europa já estão estabelecidos nas regiões mais recuadas um ou dois séculos antes que os brancos os alcancem.

O cão brasileiro tem vários nomes: vira-lata, rasga-saco, pé duro. Para os veterinários é o SRD (Sem Raça Definida). Enquanto os cães de raça são "especialistas" e, por isso, mal adaptados, o SRD é um "generalista". Ele sabe responder aos desafios mais variados, mais inesperados. Aprende rapidamente e melhor do que os cães com *pedigree*. Essa superioridade se explica: os genes do vira-lata lhe garantem uma grande flexibilidade intelectual e, além do mais, as excursões que faz ainda pequeno com sua mãe na floresta ou na caatinga lhe abrem o espírito, pois o expõem aos acontecimentos mais estranhos.

Os brasileiros dizem que o vira-lata é tão inteligente que poderia jogar pôquer. Infelizmente, nenhum cão jamais ganhou uma partida de pôquer, pois se ele recebe boas cartas, o vira-lata, muito espontâneo, não esconde sua alegria e balança o rabo.

Depois de cinco séculos de companheirismo, o cão faz parte da vida familiar dos indígenas. Não é raro ver, nos vilarejos, uma mulher amamentando um jovem vira-lata que, claro, balança o rabo.

Café

O café nasce na Etiópia, quando um pastor chamado Kaldi observa que suas cabras, depois de comerem os grãos vermelhos de um arbusto desconhecido, ficam muito agitadas, saltando e subindo nas árvores. O pastor come um desses grãos e também fica agitado. Ele sobe nas árvores. Ele se vangloria de sua descoberta. A novidade chega ao Iêmen e depois às tribos nômades da Arábia Feliz*. O grão também se torna nômade. Ele recebe o nome de *kahwa,* que significa "revigorante". Esse episódio fundador também é nômade. Ele atravessa o tempo e o espaço. Uns dizem que aconteceu na Etiópia, na cidade de Bonga, perto de Djimma. Outros, no Iêmen. E será que um dia saberemos se o pastor Kaldi viveu há 2 ou 3 mil anos? E saberemos se a Bíblia se refere ao café quando o Livro de Samuel diz: "Havia o trigo, a cevada e os grãos torrados"?

Depois de estabelecido na Arábia, o café sai para descobrir o mundo, mas essa descoberta é lenta, complicada e irregular. Ela se choca com obstáculos políticos e religiosos. Em Meca, os chefes religiosos se angustiam, pois muitos fiéis preferem degustar um café bem forte a fazer suas preces. Por volta do século XVI, o grão é introduzido no Império Otomano, em Alexandria e em Constantinopla. Os imãs se perguntam se o café é compatível com o Islã. Criam então um colégio de eruditos e de juristas. Ele reflete. E admite que a bebida não ofende o Corão.

Veneza, que é um ponto de junção entre o Oriente e o Ocidente, fareja uma oportunidade e introduz o café na Europa. Em Roma, os cardeais se agitam. Imploram ao papa Clemente VII que proíba essa bebida com sabor de impiedade, pois ela vem da Turquia. O papa manda preparar um *kahwa*. E é obrigado a concordar que esse *kahwa* é excelente. Por isso, não vê nenhuma incompatibilidade entre o café e o bom Deus. Os monges regulares apoiam o papa, pois observaram que a bebida os mantém acordados. Eles podem então rezar mais um pouco, à noite, o que agrada a Deus, pois as noites de Deus são longas e obscuras. Alguns séculos antes, os sufis, místicos muçulmanos, já tinham mostrado o caminho. Eles bebiam

* N.T.: Tradução literal de Arabia Felix, em latim, parte que corresponde ao Iêmen e ao Omã atuais, que possuem terrenos muitos férteis.

muito café para girarem mais rápido sobre eles mesmos e prolongar suas preces noturnas.

O café desembarca na Inglaterra. Em 1650, são abertos alguns cafés em Londres e em Oxford. O procurador do rei constata que os amantes do *kahwa* são na maioria das vezes "livres pensadores". Manda então fechar todos os cafés. O rei se mete na história e contradiz seu procurador. E, em 1700, a Inglaterra conta com quase 2 mil cafés.

No final do século XVII, em 1683, os turcos de Kara Mustafá atacam a Áustria. A Europa aguarda o momento em que os infiéis vão engoli-la e isso será o fim do mundo. Felizmente, as tropas austríacas de Ernst Rüdiger Starhemberg são poderosas. Os exércitos da Sublime Porta batem em retirada. Eles abandonam no campo de batalha sacos cheios de grãos. Os soldados recolhem, experimentam esses grãos e se apaixonam. Além do mais, como foi depois dessa batalha de 1683 que os padeiros de Viena tiveram a ideia de criar um pão de massa folhada na forma da lua crescente otomana, o *croissant,* temos então os elementos essenciais do café da manhã dos tempos modernos já reunidos desde o final do século XVII: o café e a especialidade vienense.

Na França, o café chega por intermédio do Procope*. Os libertinos, os franco-maçons, os enciclopedistas, os agnósticos, os jogadores de xadrez e os filósofos gostam muito dessa bebida estimulante do cérebro. Alguns eruditos pretendem, não sem alguma ironia, que a filosofia do Iluminismo foi um "dano colateral" da moda do café.

E no Brasil? O café, que um dia será sua fortuna e seu tormento, tem dificuldade para se estabelecer. Assim como para muitas flores, especiarias e drogas, os Estados protegem ferozmente suas plantações do arbusto. Os países se espionam, roubam sementes, trancam seus tesouros em estufas, reforçam a segurança nas fronteiras.

* N.E.: Café Procope, o mais antigo restaurante de Paris ainda em funcionamento, abriu suas portas em 1686.

Em 1690, um pé de café é exibido em Amsterdã. Foram os colonos holandeses estabelecidos na Batávia que o ofereceram ao burgomestre da cidade. O café indonésio não fica na Holanda. Ele atravessa o Atlântico. Os holandeses o aclimatam em sua colônia do Suriname, na Guiana. Como a França também possui um entreposto comercial na Guiana, ela vigia as estufas do Suriname. O governador da Guiana Francesa, auxiliado por um homem chamado Morgues, um de seus subordinados, apodera-se de uma coleção de mudas que ele aclimata no pomar de sua residência, em Caiena. O café vai e vem, aparece, desaparece. O Brasil assiste a esse jogo de gato e rato, mas não consegue interceptar o grão mágico. Ele se enfurece, pois possui na Amazônia, bem perto da Guiana Francesa, vastas áreas provavelmente propícias à cultura da maravilha vinda da Etiópia.

Uma ideia germina nos escritórios brasileiros. Como o Tratado de Utrecht acaba de ser assinado, colocando um ponto final à Guerra de Sucessão da Espanha – pois Felipe V da Espanha renuncia à coroa da França e esta recupera suas fronteiras de antes da guerra –, os negociantes devem se engajar entre Portugal e a França para fixar os limites entre os reinos franceses, portugueses e holandeses na América do Sul. O governador do Estado do Maranhão, João da Maia da Gama, é o responsável por essa negociação. Ele envia para a Guiana Francesa uma missão. Para comandá-la, nomeia o sargento-mor Francisco de Melo Palheta.

Francisco de Melo Palheta, nascido em Belém, é considerado o homem mais bonito do exército brasileiro. Ele se apresenta em Caiena. É recebido generosamente. O governador desse entreposto comercial é d'Orvilliers e sua mulher é muito bonita. Os dias e as noites se sucedem. E, depois de alguns meses, o belo brasileiro volta para a sua guarnição em Belém. Ele praticou um pequeno furto. Em suas bagagens, escondeu alguns pés de café surrupiados das estufas de Caiena e que são replantados pelos jardineiros amazonenses. O destino do Brasil se transforma. O do café, também. Em cem anos, o Brasil será o principal produtor mundial de café. Em duzentos anos, ele colherá quantidades tão grandes que será obrigado a queimá-las nas locomotivas.

O que o sargento-mor Palheta fez para subtrair as plantas de café? Mistério. Contudo, os brasileiros sabem a resposta. Eles estão convencidos de que laços muito carinhosos uniram a esposa do governador e o belo militar. A crônica brasileira escreve com bom senso: "*É lícito pensar que o aventureiro português recebeu não só os frutos, mas os favores mais doces de madame*".

Compartilho dessa ideia dos brasileiros. Não duvido nada de que o café penetrou no Brasil aproveitando-se dos desejos do corpo da Madame d'Orvilliers. Tenho várias provas disso. Eis a primeira: há alguns anos, observei que havia em algumas prateleiras dos supermercados brasileiros pacotes de café da marca Palheta. A segunda prova é ainda mais rigorosa, mais científica, quase "epistemológica": há poucos meses, fui convidado pelo meu excelente amigo Laerte Fernandes e seus amigos a um restaurante de São Paulo, delicioso por sinal, chamado Café Colón, e o café nos foi servido em xícaras nas quais estava gravada a palavra d'Orvilliers. Significa dizer que a história de amor entre o sargento Palheta e a sublime Madame d'Orvilliers é tão autêntica, aos olhos dos brasileiros, quanto podem ser, aos olhos dos europeus, a paixão de Heloísa por Abelardo, os encontros de Luís XIV e da Madame de Montespan ou o amor louco de Romeu e Julieta nas noites perfumadas de Verona.

Estamos no século XVIII. É o século do amor, do divertimento, das ruelas e das moscas, da insolência, das galanterias, de Veneza e dos desmaios. Do desafio à moral e aos deuses. Sem dúvida, as jovens de condição continuam frequentando as igrejas, mas suas genuflexões são completadas pela leitura dos textos libertinos que invadem os salões da Europa. Ora, sabemos que essas narrativas voluptuosas inflamam os sentidos e acabam criando modelos que os leitores, e sobretudo as leitoras, gostam de experimentar.

A noite escaldante de Caiena é um cenário de romance um pouco erótico. Tudo é propício para que ali, na França equatorial, se represente, alguns anos antes, um trecho de *Manon Lescaut*, inclusive com as camisas de musselina e o exotismo. Nessas latitudes, as noites são lentas, langorosas e lascivas. Nas transparências do mosquiteiro, os seios das belas adormecidas palpitam. Em uma noite, como a escuridão se aproxima, a bela d'Orvilliers procura o sono desaparecido. Ela vai até o balcão, pois o concerto dos papagaios e dos passarinhos a deixa irritada. Ela observa a noite. O voo das grandes mariposas com asas de lã e veludo lhe fazem sonhar. No labirinto dos jardins da residência, ela percebe a silhueta do mais belo dos militares brasileiros. E por que ela não se aproveitaria disso para cometer enfim um desses adultérios que os folhetins vindos de Holanda dizem que são muito agradáveis e que passam por refinados, ainda que a Igreja os tenha como anátemas e os considere pecado? A senhora d'Orvilliers ultrapassa o limite e está nas nuvens. Ela deu um golpe de mestre. Insultou ao mesmo tempo Deus, a honra de seu marido, a autoridade do rei e os preceitos de moral que antes lhe foram inculcados por uma governanta provavelmente mal-humorada. Ela não deixou pedra sobre pedra. Além do mais, ao introduzir em seu corpo o corpo do brasileiro, a mulher do governador não fez de seu ventre uma gruta mágica no fundo da qual estão empilhados milhares de sacos do grão fabuloso e uma grande quantidade de lingotes de ouro que, por alguns séculos, serão produzidos pelas terras vermelhas do Brasil? Aquela noite é uma noite do destino. O corpo de Madame d'Orvilliers fixa o rumo de dois séculos de história brasileira. Ele esboça os futuros mapas-múndi e as imagens do país da brasa e do açúcar.

O café está, enfim, na Amazônia. Estamos em 1727. Ele começa sua carreira. Durante meio século, limita-se à capitania do Pará, mas ele é insaciável e, como a Europa o aprecia cada vez mais e os cafezais destroem os solos, deve sempre sair em busca de novas terras. Ele corre em direção ao sul. Em 1761, está no Rio de Janeiro, primeiro em torno da Baía da Guanabara, depois no Vale do Paraíba, entre duas serras, a da Mantiqueira e a do Mar. A primeira economia cafeeira do país de brasa ocupa essa região durante um século. As superfícies cultivadas se estendem até por volta de 1860. Mas a mão de obra diminui e a destruição da Mata Atlântica resseca os solos. As formigas atacam, arruínam os campos. Enfim, em 1888, a Lei Áurea decreta a emancipação total de todos os escravos. Uma violenta crise atinge a mercadoria milagrosa.

Logo acontece um segundo ciclo. As sociedades burguesas da Europa adoram a bebida. A França consumia 10 milhões de quilos em 1830. No final da época de Napoleão III, ela absorve 70 milhões de quilos. O Rio de Janeiro sozinho não pode mais honrar a demanda. O café avança na direção de São Paulo. A partir de 1892, São Paulo produz tanto café quanto o Rio (4 milhões de sacas, aproximadamente).

Em 1905, o café tornou-se paulista. São Paulo colhe 16 milhões de sacas, ao passo que o Rio se contenta com 5 milhões. A crise mundial atinge violentamente a economia cafeeira. Entre julho de 1931 e o final de 1937, o país queima ou afunda 34 milhões de quintais de café. Passada a crise, a demanda pelo café recomeça. No Brasil, o pé de café continua suas viagens. Ele avança na mesma velocidade que os trilhos do trem. Por volta de 1930, o trem chega ao rio Paraná. Vinte anos mais tarde, todo o Estado do Paraná planta e colhe café. Cidades nascem. A partir de 1940, Marília conta com 28 mil habitantes. Em 1920, a cidade de Londrina é fundada. Por que esse nome, Londrina? Porque ela foi criada pela Companhia de Terras do Norte Paraná, que é britânica. Em 2007, a cidade de Londrina tem 497.833 habitantes.

Eu estava em São Paulo na década de 1950. Todo sábado, prostitutas paulistas fretavam aviões especiais para exercer seu ofício em Londrina. Nunca fui a essa cidade, mas encontrei muitos de seus habitantes que vinham fazer compras em São Paulo. Aprendi a reconhecê-los. Não era muito difícil. Eles eram fortes. Falavam alto. Tinham ares de valentões. Eram trabalhadores e brutais. Os bolsos de seus paletós, e até mesmo os das calças, sempre volumosos. Eles estavam cheios de notas, de cruzeiros. Esses cruzeiros estavam cobertos de uma leve película vermelha, pois os cafezais do Paraná gostam principalmente das terras roxas.

Cangaceiro

Virgulino Ferreira da Silva é o mais célebre dos cangaceiros. É um homem terrível. Usa pequenos óculos e, como o Napoleão de Raymond Queneau e de Zazie, um "chapéu esquisito" sobre o qual fixou moedas de ouro. O seu sorriso é raro, seco. Magro. Ele é instruído, audacioso e trágico. Chamam-no Lampião, em alusão ao brilho de morte que sai de seu fuzil. O fogo de sua arma ilumina a noite. Alguns dizem que seu apelido é uma referência à sua brilhante inteligência.

Durante quase vinte anos, de 1922 a 1938, Virgulino faz reinar a justiça ou a injustiça no sertão, uma região árida cujo coração incandescente é o Estado do Ceará e que invade os estados vizinhos, Piauí, Rio Grande do Norte, Paraíba, Pernambuco, Alagoas e Sergipe. O sertão – palavra que tem sua origem em *desertão* – também está presente no interior do Estado da Bahia e em algumas regiões de Minas Gerais.

Quando Lampião morre, em 28 de julho de 1938, junto de sua amante Maria Bonita e de seus últimos companheiros, todos abatidos por soldados, a notícia se espalha por todo o planeta. Nova York e Hong Kong, Buenos Aires e Londres ficam sabendo no mesmo instante que o maior assaltante do século caiu. Na França, essa morte é capa do *Paris-Soir*. Nos Estados Unidos, o *New York Times* "abre" com Lampião. É a glória.

Quando vivo, ele era uma lenda, a do bandido intratável, com muito do diabo e um pouco do bom Deus. A morte o engrandece. Ela o transforma em um mito. Hoje, oitenta anos depois de o exército tê-lo caçado e abatido como a um cão, a sedução de Lampião continua intacta. Ele fascina até mesmo as autoridades que o abateram. O matador do sertão é uma grande figura romântica. A sua mulher, Maria Bonita, inflama os sonhos das senhoritas. Os seus vestidos de pele e de couro ainda podem ser vistos nas ruas brasileiras.

Lampião era um homem instruído. O seu destino não era o de se tornar um bandoleiro. Ele é filho de Ferreira da Silva, um pequeno criador. A família é feliz, até o dia em que uma disputa a opõe a um vizinho. O pretexto é mínimo: o roubo de um sino utilizado para identificar o proprietário de um rebanho de bois, mas a moralidade no sertão é uma coisa séria. A querela entre os dois clãs aumenta. A família Ferreira da Silva acaba arruinada. Ela se vira como pode. A polícia mete o bedelho no assunto e mata o pai. Virgulino e seus dois irmãos se enraivecem. Eles abraçam a carreira de matadores. Tornam-se bandoleiros. Entram para um bando de cangaceiros.

(O dicionário oferece as seguintes definições: *Cangaceiro*: bandido do sertão que sempre anda fortemente armado. A palavra *cangaço* quer dizer: "O conjunto das armas do cangaceiro", ou ainda, "gênero de vida do cangaceiro". Entre os sinônimos, podemos citar: *assombra-pau, bandoleiro, cabra, cabra-de-chifre, capixaba e capuava.*)

Lampião sobe na hierarquia. Como sabe ler e escrever e é violento, controlado e intrépido, acaba se impondo a seus companheiros de aventura. O seu bando multiplica as proezas. Ele intimida a polícia. A reputação de Virgulino se espalha. Em 1926, o Ceará está ameaçado por uma tropa de revolucionários, a Coluna Prestes, que mais tarde dará origem ao poderoso Partido Comunista Brasileiro. O governador do Ceará tem medo. A "longa marcha" de Luís Carlos Prestes (bem anterior à de Mao Tsé-Tung na China) o aterroriza. Pede então ajuda a Lampião para combater o futuro secretário-geral do Partido Comunista. Ele aceita dar uma força às autoridades legais. No comando de seus 49 cangaceiros, ataca os futuros comunistas e faz uma entrada mirabolante na cidade de Juazeiro. A sua fama está no auge. Ele a explora e investe contra os grandes proprietários e os políticos que os protegem. Os cangaceiros estão em toda parte. Lampião não se deixa capturar.

Em 1930, um golpe de estado leva ao poder Getúlio Vargas, que forma um governo forte, inspirado em Mussolini. A caça ao cangaceiro se intensifica, aumenta em crueldade. Em julho de 1938, Lampião, Maria Bonita e seus últimos companheiros se refugiam nas cavernas de Anjico. Eles são massacrados. As suas cabeças são cortadas e enviadas ao instituto de antropometria, para verificar se eles têm a "fácies" do criminoso. E eles têm.

Inúmeros são os livros, os filmes, as canções, os estudos universitários consagrados a Lampião. Uns o descrevem como um bandoleiro, um Robin Hood dos trópicos. Ele rouba dos ricos para dar aos pobres. Outros o veem como um sórdido assassino, um mercenário de Satã que só pensa em incendiar, ferir, humilhar, esquartejar. Outros, enfim, descrevem-no como um desses milenaristas que prosperam nas terras ressecadas do sertão e que se dedicam a apressar o fim do mundo e o retorno do Messias, acumulando as infâmias. Por mais contrárias que elas sejam, todas essas imagens concordam em um ponto: elas veem Lampião como um personagem fantástico, uma anomalia ou um monstro.

Um olhar sobre a história do Nordeste retifica essas ideias. Lampião não é nem monstro, nem um objeto teratológico. Ele é um homem do sertão. É semelhante a todos os homens do polígono da seca. A sua fúria inscreve-se em uma longa tradição libertária cujas manifestações são observadas desde o século XVII. Todos os grupos históricos e étnicos que compõem o Nordeste compartilham a mesma paixão pela liberdade. Se os índios do litoral são pacíficos e disciplinados, os do interior, os do sertão, os tapuias, são os guerreiros do apocalipse. Toda autoridade lhes provoca náuseas. A sua crueldade é infame. Testemunhas viram guerreiros tapuias invadir o vilarejo de seus inimigos, pegarem seus bebês e jogá-los contra as paredes até seus crânios explodirem.

Quanto aos negros que labutam nas plantações de cana-de-açúcar, ainda que finjam abraçar a religião cristã e se dobrar à lei do senhor, eles não se resignam jamais. Assim que podem abrir uma brecha nas barreiras do inferno, eles fogem. É comum que reagrupem suas forças e que fujam todos juntos, dispostos a massacrar algumas sentinelas, para formar, em lugares inacessíveis, um quilombo, uma República negra.

Índios ou negros, todos eles se alimentam de uma mesma esperança e da mesma palavra de ordem libertária: "Em algum lugar existem homens *sem lei e sem rei*, e esses homens são felizes".

Os brancos, os caboclos, esses mestiços oriundos de três ou quatro sangues, esses vaqueiros meio índios, meio portugueses e meio negros, não ficam nada a dever. O Nordeste arde com tantas revoltas. No Ceará, assinalam-se brutais abalos sociais em 1819 e em 1850. Em Pernambuco, desde o século XVI, denunciam-se bandos que perseguem as autoridades. Um pouco mais tarde, no século XVII, no tempo da colonização holandesa, os bandos rebeldes aterrorizam os campos, e alguns deles eram comandados pelos holandeses. São chamados de "batedores de bosques".

Esses rebeldes não são nem ideológicos, nem revolucionários. Eles não propõem uma contrassociedade. A sua única palavra de ordem é: "Não me toquem! Deixem-me em paz. Sou um homem livre". A inesgotável cólera do sertão é mais romântica do que política. Se for absolutamente necessário filiá-los a uma ideologia, é do lado dos libertários que se deve colocá-los. No Recife, no século XVIII, um iluminado semeia o terror. Ele cai sob a mira do exército e é aprisionado. A sua aura é tal que ele consegue seduzir, do fundo de sua cela, a filha do capitão que o prendeu. Ele é condenado à morte. É enforcado. E transformado em objeto de culto.

Lampião situa-se exatamente nessa tradição. Ele é igual à maioria dos sertanejos. Compartilha de sua insatisfação. Simplesmente, ele é mais radical do que seus congêneres e bem mais dotado. A sua inteligência é fulgurante. Estranhamente, esse bandido arcaico conduz seu combate com os meios mais modernos. No fundo de sua solidão, ele já avaliou a importância da *comunicação*. A sua revolta é uma pequena "sociedade do espetáculo", e luta para torná-la conhecida tanto pelos seus inimigos quanto pela imensa multidão de seus espectadores, usando as técnicas mais sofisticadas.

Ele utiliza todos os recursos da imprensa. É amigo de muitos jornalistas. Concede-lhes entrevistas. Pavoneia-se. Gosta de ser fotografado e de ver sua foto nas revistas. Esses retratos são muito bem elaborados. Os momentos mais grandiosos de sua epopeia são regularmente reproduzidos nas revistas do Rio de Janeiro ou de São Paulo. Em 1935, um filme feito por Benjamin Abrahão lhe é consagrado. Esse bandido é um personagem público, uma celebridade, um homem de teatro.

As imagens que ele distribui ao mundo, ao longo de sua carreira, são cuidadosamente selecionadas. Lampião não deixa nada ao acaso. Muito já foi dito sobre o uniforme que ele usa e que impõe a seus companheiros, em especial sobre o chapéu em forma de meia-lua, enriquecido com moedas de ouro. Os críticos trataram-no com condescendência, vendo ali apenas o gosto de um espírito "primitivo" pelos objetos vulgares e brilhantes. Nada é mais falso e ninguém é menos primitivo do que Lampião.

Essas moedas de ouro, esses amuletos, esses penduricalhos que ressoam sobre as roupas dos bandidos, os lenços de cores vivas em volta do pescoço, os cintos incrustados de prata e os perfumes com os quais se inundam não são escolhidos ao acaso. Esses enfeites têm um sentido, mesmo que não seja percebido de imediato.

Cada objeto é anódino. É preciso associá-los, compará-los, organizá-los como se organizam as palavras de uma frase ou as figuras de um brasão, para que confessem sua significação. Não é ao acaso que os uniformes e os chapéus são cobertos de símbolos esotéricos, inclusive os de certas sociedades secretas, como a cruz de Davi.

Felizmente, o chapéu de Virgulino foi preservado por seus assassinos. Estes pressentiam sem dúvida que aquele pedaço de couro ornado com moedas de ouro era um tesouro nacional, um pouco como os soviéticos reverenciam o corpo embalsamado de Lênin ou como os franceses conservam, na catedral de Reims, o vaso contendo o óleo que sagrou os reis da França. O chapéu de Lampião é o de um rei. Ele era enfeitado com setenta moedas de ouro. O chapéu de seu adjunto, José Baiano, tinha um pouco menos: 65 moedas de ouro, apenas.

De sua vida de proscrito, de seu exílio, de suas cavalgadas e de suas dores, Lampião pretende fazer uma obra-prima, uma grande ópera da vingança, da justiça e da morte. Durante vinte anos, ele apresenta o espetáculo de si mesmo, de seu heroísmo e de seu suplício, para os pequenos bois intrépidos do sertão, para os campos de espinhos e de poeira, para os insetos e as abelhas mortais. Sob os céus imutáveis, ele foi o museu de si mesmo. A um jornalista que perguntava sobre os objetos e as ricas moedas de ouro com os quais ele se decorava, respondeu mais ou menos o seguinte: "Nas cidades, você pode visitar museus. Mas nós, os nômades, as pessoas do cangaço, as pessoas que não moram em lugar nenhum, somos obrigados a levar nossos tesouros, nossas obras de arte, conosco. Nossas moedas de ouro são a nossa casa. Fazemos de nosso próprio corpo uma obra de arte. O meu corpo, meu uniforme, minhas moedas de ouro, meu chapéu, minha cartucheira, meus ferimentos, minhas pistolas, tudo isso é meu museu".

O cangaceiro, e em especial Lampião, é um homem muito preocupado com sua aparência. Ele é vaidoso. É um dândi. Esse traço é comum nas sociedades revoltadas ou marginais. Os piratas do Caribe, nos séculos XVII e XVIII, cuidam minuciosamente de sua elegância. Em alguns casos, seu uniforme é utilizado como uma arma. Ele visa a "atordoar" o inimigo, amedrontá-lo. Se o pirata Barba Negra se veste e se penteia de maneira bárbara, é para aterrorizar seus adversários, para hipnotizá-los, um pouco como alguns animais incham suas peles, babam, mostram suas garras ou gritam com o objetivo de paralisar a presa. Outros piratas são mais simples: fazem-se magníficos pela simples volúpia de ser admirados e de reconstituir, no seio de sua solidão, um universo dedicado à beleza e à adoração de si mesmos. Esse é o caso do mais dândi dos matadores piratas, Bartholomew Roberts, personagem de sangue e de beleza.

Há outras características de Virgulino que se destacam. As mulheres ocupam um lugar privilegiado em seu bando. A mulher de Lampião, Maria Bonita, é tratada como uma rainha. As outras mulheres são igualmente consideradas com respeito, o que normalmente não acontece no sertão nem de uma maneira geral no Brasil. Como explicar tais reverências? Talvez Lampião tenha sido influenciado pelo seu encontro, em 1926, antes da conquista de Juazeiro, com os "comunistas" da coluna de Luís Carlos Prestes. Nessa ocasião, ele espantou-se com o fato de que as mulheres da Coluna Prestes, longe de serem animais de carga e empregadas, eram revolucionárias por inteiro e atiravam junto com seus camaradas.

O cangaço de Virgulino dá uma importância extrema à arte da costura. São os homens que a exercem. Os grandes chefes, o próprio Lampião, mas também o Português e José Severo, utilizam a máquina de costura, que se torna, assim como o fuzil, um dos símbolos do bando de revoltados. É uma das condições para fazer sua candidatura: o impetrante deve realizar um exame de "máquina de costura". Às mulheres cabem as tarefas nobres: elas desenham os modelos e cortam o couro. Talham as peças que em seguida serão costuradas pelos homens.

Essa inversão dos papéis tem sentido. O mundo do cangaço é um mundo ao contrário: as regras morais, os valores que ordenam a sociedade citadina, a hierarquia da sociedade tradicional ali estão invertidos. Eles se encontram de cabeça para baixo. O mal e o bem trocam seus lugares: honra, coragem, fidelidade, intransigência, solidariedade formam o cimento que une os homens do cangaço. E esses valores expulsam os que governam o mundo da lei: civismo, respeito ao bem alheio, submissão aos poderosos, aos proprietários cruéis, aos banqueiros caprichosos, aos traidores e aos governantes ignóbeis.

Uma última singularidade: não se brinca com o amor no bando de Lampião, mesmo que as mulheres sejam iguais ao homem. As relações sexuais não são muito bem consideradas. Essas relações devem se submeter a prescrições tão numerosas que o jovem cangaceiro pode se considerar feliz se conseguir fazer amor com uma dama. A mulher do cangaceiro Sereno conta suas lembranças eróticas. Elas são poucas e antigas. Um "deserto do amor". As proibições são inúmeras. Por exemplo, se você é um cangaceiro, não acalente a esperança de fazer amor com uma cangaceira no leito de um rio quando esse rio está seco. É proibido. Ora, o mais comum é que os rios do sertão estejam secos. O cangaceiro reza continuamente para que chova. Já se sugeriu que essas complicações vinham das superstições ou das doutrinas esotéricas. O que se conhece sobre o caráter de Lampião descarta essa hipótese. Ele não é um místico, ainda que dê importância às sociedades secretas. Ele é um realista. E, então, por que esses obstáculos ao ato sexual? Talvez Lampião, afinal de contas, não seja um homem muito voluptuoso.

Canibais

Hans Staden é um soldado alemão nascido por volta de 1525 e morto em 1579. Esse soldado tem o coração aventureiro. Em 1547, ele "toma a decisão" de visitar as Índias. Por causa de uma tempestade, seu barco naufraga perto da ilha de São Vicente e indígenas, tupis-guaranis, o capturam. Hans Staden não tem sorte. Foi recolhido por canibais. Ele permanece prisioneiro durante nove meses aguardando a morte. Inteligente e corajoso, ele consegue, com a ajuda de seu deus, o deus dos protestantes, alterar sua relação com seus carcereiros. Pouco a pouco, se transforma em um sábio, um feiticeiro, um profeta e quase um deus. Os tupis-guaranis compreendem que Staden tem o apoio de um aliado ainda mais poderoso do que os deuses dos indígenas. Por isso, aceitam vendê-lo a um navio francês e a vida de Hans Staden continua.

Ele retorna à Alemanha depois de dez anos de aventuras. Narra sua estadia entre os canibais em um livro publicado em 1557.

"Verdadeira história e descrição de um país habitado por homens selvagens, nus, ferozes e antropófagos, situado no novo mundo chamado América, desconhecido no país de Hesse, antes e depois do nascimento de Jesus Cristo até o ano passado. Hans Staden de Hombourg, em Hesse, conheceu-o por sua própria experiência e o faz conhecer atualmente pelo meio da expressão. Marbourg, André Kolben, 1557."

Esse texto excepcional conhece um sucesso imediato. É traduzido em latim e em várias línguas da Europa. Na Alemanha e nos Países Baixos, ele tem setenta edições. O texto de Hans Staden é enriquecido com gravuras que mostram, de maneira realista e contundente, o calvário de Staden, bem como os rituais de antropofagia. Claude Lévi-Strauss admira essa obra e seu autor: "Um dos testemunhos mais sensacionais e certamente o mais pitoresco que possuímos do Novo Mundo na época de sua descoberta". O documento de Hans Staden foi reeditado em 1979 e em 2005 pela editora Métailié com o título: *Nus, ferozes e antropófagos*.

Hans Staden é capturado pelos selvagens na ilha de São Vicente: "Eu rezava enquanto esperava o golpe mortal; mas o rei, que me aprisionou, tomou a palavra e disse que queria me levar vivo para poder celebrar sua festa comigo, me matar e *kawewi pepicke*, isto é, fazer sua bebida, celebrar uma festa e me comer junto. Eles colocaram quatro cordas em volta do meu pescoço, me fizeram subir em uma canoa antes que estivesse na água e, em seguida, empurraram-na até o mar para retornar para casa".

A chegada do comboio ao vilarejo chamado Uwatibi (Ubatuba), composto de sete cabanas, não melhora as coisas. "Nós desembarcamos em uma ponta de terra, perto da qual suas mulheres estavam ocupadas arrancando mandiocas em uma plantação; forçaram-me a gritar: *A Junesche been ermi pramme* – Eis a comida que acaba de chegar."

Hans Staden passa muito tempo nas mãos das mulheres e essas mãos não são gentis. "As mulheres recomeçaram a me bater e a me maltratar, dizendo que logo me comeriam [...]. Elas me transportaram, umas segurando-me pelos braços, outras pela corda, que apertava tanto que mal conseguia respirar. Não sabia o que elas desejavam fazer comigo, mas me consolava pensando nos sofrimentos de Nosso Senhor Jesus Cristo e em como ele foi tratado pelos judeus."

A sorte de Staden é ainda mais sombria porque os selvagens o tomam por um português, isto é, um inimigo de seu povo, ao contrário dos franceses, que são aliados. Os ídolos dos tupinambás já os tinham prevenido. Disseram que eles iriam capturar um português. Hans Staden coloca os pingos nos is: "Seus ídolos não têm poder e não podem falar. Eles mentiram; pois não sou português. Sou amigo dos franceses e de um país chamado Alemanha".

Pouco depois, um francês, que morava a quatro milhas dali, chega. Que sorte! Os tupinambás vão poder verificar que seu prisioneiro realmente é um alemão e, portanto, um amigo dos franceses, como ele conta, e não um idiota português.

"Os selvagens chegam gritando: 'Eis um francês; vamos saber se você é ou não seu compatriota'. Essa notícia me alegra muito; pois eu me dizia: 'É um cristão, que vai tratar de me tirar daqui'."

O exame começa. Staden continua: "Eles me conduziram até ele, nu como eu estava. Era um jovem rapaz: os selvagens o chamavam, em sua língua, *Karwattuware*. Ele me falou em francês, e me era difícil compreendê-lo: e os selvagens que nos cercavam ouviam com muita atenção. Vendo que eu não o compreendia, ele disse em sua língua: 'Mate-o e coma-o, pois esse celerado é um verdadeiro português, seu inimigo e meu'. Isso eu compreendi muito bem, e lhe supliquei, em nome de Deus, que lhes dissesse para não me comer; mas ele me respondeu: 'Eles querem te comer'. Isso me lembrou essa passagem de Jeremias, capítulo XVII, em que está dito: 'Maldito seja o homem que conta com os homens'."

Segue uma entrevista com o rei Konyan Bebe, um grande guerreiro e um tirano maior ainda. Ele logo coloca as coisas em ordem: "Já peguei e comi cinco portugueses e todos pretendiam ser franceses, e no entanto eles mentiam". Em seguida, o filho do rei entra em cena; é um jovem rapaz um tanto teimoso.

"O filho do rei se diverte amarrando minhas pernas e me fazendo saltar com os pés atados. Eles começaram a rir e me disseram: 'Venha comer conosco, saltador'. Perguntei ao meu senhor se iriam me matar. Respondeu-me que não, mas que era o hábito tratar assim os escravos. Eles me desamarraram e me tocaram de todos os lados: um dizia que queria minha cabeça, outro o braço, outro a perna. Em seguida me fizeram cantar, e comecei a cantar um salmo: depois me ordenaram que traduzisse o que eu tinha cantado. Disse que tinha cantado meu Deus; mas eles me responderam: 'Teu deus é um *tavire* (um lixo)'. Essa palavras me machucaram, e pensei: 'Ó Deus, como tu és bom por sofrer tudo isso'."

Mais tarde, o deus de Staden deixará claro que não apenas ele não é um *tavire*, mas que ainda por cima não lhe faltam nem talento, nem engenhosidade. Ele vai dar um jeito de transformar a condição do soldado alemão. Ele o alçará ao posto dos feiticeiros, dos demiurgos, a tal ponto que os tupinambás decidirão por fim libertá-lo.

"Fiz uma cruz de madeira e a coloquei diante de minha cabana; com frequência, ia ali fazer minha prece. Disse aos selvagens para não virá-la, pois algo de ruim poderia lhes acontecer: eles desprezaram minhas advertências. Um dia, enquanto pescava com eles, uma mulher a arrancou e a deu ao seu marido para polir as conchas com as quais os selvagens fazem colares, e isso me entristeceu muito. Logo depois, começou uma chuva que durou vários dias. Os selvagens vieram então me pedir que eu pedisse ao meu Deus que a chuva parasse, pois do contrário, como era época de semeadura, suas colheitas estariam perdidas. Respondi-lhes que haviam irritado meu Deus quando arrancaram a cruz perto da qual eu dizia minhas preces. Acreditando que essa era a causa da chuva, o filho do meu senhor apressou-se em me ajudar a fabricar outra. Isso foi por volta de uma hora da tarde. Nem bem a cruz foi colocada, o tempo abriu, mas antes houve uma violenta tempestade, o que os espantou muito; e eles gritaram que meu Deus fazia tudo o que eu queria."

Jean-Paul Duviols acrescentou ao texto de Hans Staden alguns esclarecimentos sobre essa antropofagia que tanto chocou os europeus e, por um tempo tão longo, que Jean de Léry e depois Michel de Montaigne não puderam explicar que essas maneiras, obviamente desagradáveis, devem ser vistas como expressões culturais e sagradas. "A expressão mais original e mais espetacular de sua vida religiosa e social", diz Jean-Paul Duviols, "era o rito do sacrifício dos inimigos capturados e o festim sangrento que se seguia [...]. Os tupis-guaranis estavam praticamente o tempo todo em guerra com seus vizinhos. Ligado de maneira indissociável à guerra, o canibalismo era sistemático, uma vez que todos os prisioneiros, sem exceção, capturados individualmente, eram mortos e depois comidos segundo um rito teatral invariável". Duviols relembra que os tupis-guaranis não devoravam seus inimigos para satisfazer uma necessidade biológica: "Eles agiam de acordo com um ritual que reconhecia a vingança como a expressão suprema da justiça".

Hans Staden descreve minuciosamente o período durante o qual o prisioneiro espera para ser morto e depois comido. O cativo não é maltratado. Ele trabalha para o seu senhor (caça e pesca). Tem o direito de ter relações sexuais com as mulheres solteiras da tribo, de forma que às vezes as crianças nascem de um pai comido. O cativeiro pode durar vários anos.

Jean de Léry nos apresenta esses rituais. O sacrificado manifesta uma profunda satisfação. Ele expressa que seu destino é invejado. No final, um jogo de guerra e de sangue coroa a festa. O prisioneiro tenta evitar os golpes de maça de seus carrascos. Ele não tem nenhuma chance de escapar à morte, pois é mantido amarrado.

Jean-Paul Duviols descreve o festim: "Logo depois de morto, o cadáver era ressecado sobre uma grelha, depois cortado antes de ser assado, como mostram as gravuras que acompanham a narrativa de Staden. Todos os membros da comunidade, sem exceção, das crianças aos velhos, tinham sua parte no festim". Duviols cita em seguida Alfred Métraux, que estudou os ritos antropofágicos: "Os cuidados culinários eram confiados às mulheres mais velhas, que manifestavam sua alegria por meio de uma agitação frenética. Elas lambiam a gordura que escorria sobre as grades da grelha repetindo sem parar *ygatou*, 'é bom'. Algumas mulheres chegavam até mesmo a untar o rosto, a boca e as mãos com a gordura do morto e a lamber todo o sangue que encontravam. Nada era desperdiçado: as entranhas eram cozidas na água e comidas pelos homens, o caldo era tomado pelas mulheres. A língua, o cérebro e algumas outras partes do corpo eram reservadas aos jovens, a pele do crânio, aos adultos e os órgãos sexuais, às mulheres".

Métraux observa uma estranheza: só uma pessoa não participava dos festins. O homem que o matou. Este tem como missão vomitar, depois disso jejuar durante uma lua. Ele carrega o luto de sua vítima. Ele muda de nome.

No início do século XIX, o pintor Jean-Baptiste Debret, em sua *Viagem pitoresca e histórica ao Brasil*, fornece mais elementos sobre a antropofagia praticada pelos botocudos que formam, assim como os puris, a população mais terrível dos terríveis tapuias. Na época de Debret, os botocudos ocupavam terras que se estendiam paralelamente à costa oriental, entre o rio Prado e o rio Doce, ao longo das fronteiras de Minas Gerais. Os botocudos, como os pataxós, os buris ou os macharis, têm o costume de desfigurar seus rostos para torná-los medonhos. Fato que é deplorado por Debret, pois a conversação com esses homens – com os puris, por exemplo – torna-se muito difícil.

"Para fazê-los falar", diz Debret, "perguntamos seus nomes, e compreendemos alternativamente buris e puris em sua resposta mal articulada, porque esses homens horrivelmente desfigurados, para expressar uma letra labial, eram obrigados a juntar na palma da mão as partes carnudas meio rasgadas e pendentes de seu lábio inferior, para aproximá-las do lábio superior; foi-nos difícil distinguir a diferença entre *p* e *b*; sobretudo pronunciadas em voz baixa".

Debret dá alguns detalhes sobre os ritos antropofágicos dos botocudos: "Cada prisioneiro de guerra está, portanto, destinado a ser comido, e proporciona um dia de festa a seus inimigos, tornados canibais pelo abuso da vitória. No momento escolhido, a vítima é amarrada a um poste para ali ser morta com uma flechada ou com um bastão; uma vez morta, cortam-se todas as partes carnudas, enquanto se acende uma fogueira que deve servir para assá-las. Toda a população esfomeada se reúne e o festim começa com as mais turbulentas demonstrações de uma atroz alegria".

"A cabeça cortada permanece intacta e é logo pendurada a um poste com cordas introduzidas pelo buraco das orelhas, repassando pela abertura de sua boca; tudo acontece de forma a fazê-la executar, ainda que artificialmente, um movimento de aprovação que é repetido muitas vezes enquanto todo o grupo alegre dança em torno dela, atirando-lhe flechas e insultando-a covarde e impiedosamente."

Debret descreve a sequência das festividades. Aquele que venceu o sacrificado recebe a cabeça ensanguentada e ela se torna sua propriedade. Dela ele extrai os olhos e o cérebro, com muito cuidado, para não estragar a pele. A cabeça seca ao sol. Depois, no lugar dos olhos e das pálpebras fechadas, colocam-se pequenas tiras brancas, retiradas de conchas talhadas, de modo a substituir os olhos e as pálpebras. No final, o proprietário da cabeça instala um sistema para, nos dias de festa, ajustar seu troféu à cintura: uma grossa corda de algodão trançado, fixada na abertura da boca, servirá para isso.

Jean-Baptiste Debret esclarece em uma nota que nem todos os botocudos são assim tão maus. "Algumas hordas, mais civilizadas, contentam-se em cortar a cabeça de seus prisioneiros de guerra. O corpo é abandonado aos animais selvagens carniceiros."

Capitais: Salvador, Rio, Brasília

De tempos em tempos, o Brasil muda de capital. Nos primeiros anos, a capital é Lisboa. A Terra da Vera Cruz, mesmo rebatizada Brasil, é tão decepcionante! Um continente indistinto, só o vazio, índios e poeira. Não vamos nomear um funcionário para governar desertos. Portugal gerencia a colônia à distância, preguiçosamente. Todos os pensamentos dos monarcas e todas as cobiças são para a Índia, para seus nativos catequizados por jesuítas, para seus tecidos preciosos e seus milênios. O Brasil aborrece Portugal. Ele não rende um centavo e os índios são às vezes desagradáveis. Em 1530, o rei João III, o Piedoso, aquele que estabelece a Inquisição em Portugal, se limita a retalhar o continente em quinze capitanias donatárias, de um comprimento de trinta a cem léguas portuguesas. O feliz donatário possui sobre seu território uma autoridade soberana. Ele nomeia os juízes, os funcionários. Distribui terrenos de acordo com sua vontade. Fixa os impostos.

O monarca português privatizou a colônia. Uma preocupação a menos. No entanto, a preocupação volta a galope. Os candidatos donatários não se animam. São encontrados apenas doze para as quinze capitanias, e olhe lá; entre esses doze, nenhum aristocrata, nenhum comerciante de envergadura. Os lotes são então distribuídos um pouco ao acaso. Os candidatos donatários não são numerosos. Vários ficam decepcionados com seu território e o abandonam. Vasco Fernandes Coutinho, no Espírito Santo, por exemplo. Na Bahia, Francisco Pereira Coutinho renuncia, pois foi comido ao longo de um festim de canibais.

Vinte anos mais tarde, em 1549, Portugal começa a se questionar. Essa terra sem fim não parece grande coisa, mas podemos tentar explorá-la e transformá-la em dinheiro. Lisboa institui Tomé de Souza como governador-geral do Brasil, com a responsabilidade de fundar uma capital na capitania da Bahia. Como esta só conta então com 45 portugueses, Tomé de Souza traz um reforço. Ele vem acompanhado do padre jesuíta Manuel da Nóbrega, o futuro criador do colégio de São Paulo, de mil soldados e também de funcionários, bem como de seiscentos artesãos – pedreiros, carpinteiros, telheiros. Ele traz tudo da Europa, pedras, madeiras, pranchas, metal, martelos, em suma, uma capital em peças separadas. Ele funda a cidade de Salvador.

Esses artesãos muitas vezes são condenados de direito comum. Eles se põem a trabalhar. Constroem, em um relevo muito complicado, casas e palacetes. Um ano depois desembarcam as cabeças de gado e, em seguida, as mulheres brancas. Depois chega o primeiro bispo do Brasil, dom Pero Fernandes Sardinha. Em 1533, o governador-geral Tomé de Souza é substituído por Duarte da Costa. Ele é mal-humorado. Sardinha lhe faz essa observação. Duarte diz que não. Sardinha insiste.

Duarte se irrita. Sardinha vai para seu barco, levanta velas para obter o apoio do rei. Naufraga e é comido pelos índios.

Salvador da Bahia começa. A capital dispõe de um porto protegido por um cinturão de recifes. Ela reina sobre uma baía magnífica. À beira desse espelho cintilante, a cidade se aninha como pode, metade à beira-mar e metade na alta falésia, em um labirinto de morros, proeminências, gargantas, colinas e vertigens. Ela não parece uma capital. É rudimentar e parece que as casas caíram lá por acaso. Elas se penduram nas rochas. Têm a cor de ferrugem.

Dois séculos se passam. Em 1759, os jesuítas são expulsos do Brasil e as últimas capitanias hereditárias são suprimidas. Em 1763, Lisboa transfere a sede do vice-reino para o Rio de Janeiro, pois essa cidade é o escoadouro natural para as minas de ouro e de diamantes que são exploradas nas Minas Gerais. Cinquenta anos mais tarde, Napoleão e o general Junot cercam Lisboa e ela se assusta. O príncipe regente de Portugal, João, e sua mãe, a rainha Maria, que é louca, cercados por 10 ou 15 mil oficiais, funcionários, nobres, capelães e parasitas, cortesões, cortesãs e brasões, vaidades e tabeliães, fogem. A monarquia é empilhada em vinte navios e transportada da Europa para a América. O regente hesita. Vai se mudar para Salvador? Ele escolhe o Rio.

Ali ele reconstitui, de forma idêntica, as instituições de Lisboa: Tesouro Real, Tribunal Superior de Justiça, Intendência Geral de Polícia, etc. O Brasil era até então, em virtude do pacto colonial, fechado como um cofre-forte. O príncipe regente o abre aos quatro ventos. Ele convida os cinco maiores portos do país a comercializar com o resto do mundo. Esse resto do mundo é constituído principalmente da Inglaterra, que fica com a parte do leão graças a uma série de alianças e de tratados de comércio bem ajustados. O ensino da medicina é criado no Rio de Janeiro e em Salvador da Bahia.

Com a morte da rainha Maria, o regente se torna rei D. João VI. E, uma vez que Napoleão e o general Junot não estão mais lá para aborrecê-lo, ele volta para casa. Chega a Portugal em 3 de julho de 1821. O seu filho, o príncipe regente D. Pedro, não tem nenhuma vontade de deixar o Rio de Janeiro. Ele ama demais sua infância. O rei D. João VI e Lisboa exigem que retorne a Portugal. D. Pedro não cede. O povo brasileiro o adora e suplica para que fique. Ele hesita se deve obedecer.

Tudo é inútil. Ele não tem vontade de retornar. E, em 9 de janeiro de 1822, já que era para o bem de todos e para a felicidade geral da nação, ele diz: "Digam ao povo que fico". Mais tarde, em 7 de setembro do mesmo ano, quando está às margens do rio Ipiranga, ele dá um grito, o grito do Ipiranga: "Independência ou morte!", que se tornará uma das grandes frases da história brasileira. Em 1824, outorga uma Constituição ao Brasil e, no ano seguinte, Portugal reconhece a sua independência. Eis uma raridade: a independência de uma colônia – e que colônia! – foi reclamada e obtida pelo filho do rei da potência colonizadora. A partir de então, o Rio não é mais a sede do vice-reinado, mas a capital do reino do Brasil. Mais tarde, ela se tornará a capital do império. Depois de 1889, será a capital da República do Brasil.

O Rio de Janeiro leva seu papel a sério. Ele se vira bem. Cresce rapidamente. A presença do rei, a liberdade do comércio e a chegada de muitos estrangeiros e de intelectuais estimulam a economia. O Brasil possui sob o Pão de Açúcar uma das mais belas capitais da época, mas essa capital engana o mundo. Ela oferece a imagem de um país encantado, mas é um truque de mágica, uma ilusão e quase um engodo. Ela forma o cenário de uma ópera fabulosa; contudo, quando olhamos por trás da cortina, descobrimos um país esquecido por Deus e um povo cheio de dores, mesmo que algumas prosperidades provisórias despertem e enriqueçam, um por vez e apenas temporariamente, Pernambuco (cana-de-açúcar), Bahia (açúcar, cacau, algodão), Minas Gerais (ouro e pedrarias), Rio Grande do Sul (trigo e carne), São Paulo e Paraná (café) e a Amazônia (borracha).

Administrar um espaço tão grande e com tantas diferenças não é algo simples. O Rio de Janeiro tinha perfil para esse trabalho de Hércules? Essa cidade tem muitos talentos, mas não o da organização. As suas paisagens de primórdios do mundo e seus céus de cetim convidam ao sonho, às delícias, e frutas pendem das palmeiras e das bananeiras. Se cada lugar tem sua personalidade, o Rio cultiva a do ócio mais do que a da boa gestão e da energia. Os soberanos portugueses, e depois brasileiros, se esforçam. Eles gostariam de corrigir as carências de suas gentes. Eles lhe recomendam trabalho, obstinação e respeito às leis. Desenvolvem uma administração confusa que repousa nos inúmeros escritórios do Rio de Janeiro. A capital se parece com o gabinete de um notário ao mesmo tempo apático, tropical e meticuloso, esmagado sob séculos de papéis, bolores, prescrições, minutas e decretos, formulários, ordens e livros.

Os cidadãos se adaptam a essa burocracia sonâmbula. Esgueiram-se entre as ordens e os palimpsestos. Brigam com os decretos e as alíneas. Eles adoram isso. Brincam de gato e rato com a lei. Toda vez que uma nova regulamentação os ataca, eles se dedicam a desviar dos efeitos. Utilizam a corrupção, a astúcia, a malícia, as meias verdades, perífrases, apócopes, catacreses, pleonasmos, metonímias e litotes. O humor resignado, cruel e gentil ao mesmo tempo, que faz do Rio uma das cidades mais caprichosas do mundo, é sem dúvida o filho natural da malícia carioca e desses burocratas sinistros, preguiçosos e vestidos de preto que povoam a capital. Da mesma forma, a eloquência, que o Brasil pratica com entusiasmo, deve ter amadurecido secretamente durante o longo combate dialético que os cidadãos travam com os funcionários do Rio. A Administração nem sempre vence. Ela fecha os olhos, seja porque prefere fulminar leis a controlar sua aplicação, seja porque suaviza voluntariamente seu peso em razão de sua preguiça. O Brasil parece um romance de Gogol ou *O castelo* de Kafka em versão tropical.

E chegou a vez de Brasília, a terceira capital. Ela começa a funcionar em 21 de abril de 1960, mas foi imaginada muito antes. Desde o início do século XIX, José Bonifácio, um dos pais do Brasil independente de 1822, propõe deslocar a capital, ou melhor, criar uma nova, no coração do território. Longe do mar. Esse grande homem de Estado acha que o país deve se instalar do meio dele mesmo, distanciar-se de seus limites. Ele estava correto em sua visão. Os portugueses não tinham olhado além do pedaço de seu oceano. Tinham se empilhado no litoral. Esse país era só fachada e aparência. Não tinha interior. Estava na beira de si mesmo. No mais, essas distâncias, essas florestas perdidas, essas savanas e esses animais, eles nem mesmo os conheciam. Jamais se arriscaram no labirinto. Estavam tão bem nas praias.

A ideia de José Bonifácio não foi aceita, mas ela caminha. Ela será completada por uma segunda ideia que os intelectuais e os militares defenderão em meados do século XIX: para governar um país tão vasto, tão desordenado e diverso, ao mesmo tempo pré-histórico e moderno, é preciso lhe injetar uma boa dose de racionalidade. A dificuldade é que o Brasil não possui um grande estoque de racionalidade. Portanto, eles vão procurar no estrangeiro. Importam a lógica. É o início do extravagante destino do filósofo francês Augusto Comte. Que o positivismo de Comte tenha engendrado essa excrescência tropical, no país menos positivo do mundo, é um enigma ou então uma fatalidade. Um contraveneno.

Os intelectuais de 1850 se empanturram de Augusto Comte. Os discursos inflamados que preparam, anunciam e celebram a República (1889) parecem saídos das páginas do *Curso de filosofia positivista*. Fala-se de "anarquia mental", de "pedantocracia", de "sistema" e de "integração", de "incorporação" e de mil outros dispositivos oriundos das obras de Augusto Comte. O *Tratado de geometria analítica* é a bíblia da Academia Militar Brasileira, da Escola Naval, da Escola Politécnica, da Faculdade de Medicina do Rio, das faculdades de direito de São Paulo.

A divisa adotada pelo país, "*Ordem e progresso*", sai diretamente de uma fórmula de Augusto Comte. "O *amor* por princípio, a *ordem* por base, o *progresso* por objetivo." Da sentença de Augusto Comte, é curioso que o Brasil só tenha retido os dois últimos termos, *ordem e progresso*, e que tenha escamoteado a primeira palavra colocada pelo filósofo, o *amor*, mas essa negligência se justifica: em relação ao amor, o Brasil não precisa de ninguém. Ele conhece todos os seus desvios e o pratica com ardor. Ele domina todas as suas variedades: amor ao céu, ao próximo e ao distante, amor pelas mulheres e pelo sexo, amor pela poesia, pelo mar e amor pelo amor. O mesmo não acontece com a ordem e o progresso, que são mercadorias pouco comuns entre os rios Tocantins, Amazonas, Tietê, São Francisco e da Prata.

Brasília nascerá, assim, dessas duas convicções que o Brasil acaricia e aperfeiçoa ao longo do século XIX. A primeira é que não se pilota um país tão grande a partir de sua periferia. A capital deve mergulhar nas entranhas do território. É preciso empurrar sua capital, o centro nervoso do país, em direção ao oeste, uns mil quilômetros, para os desertos, os cerrados e as florestas. A segunda ideia procede de Augusto Comte: esse país inspirado precisa de uma administração pragmática. Ele deve fazer "da política uma ciência positiva e física". Os estágios "teológico e militar" de Comte estão concluídos. Os estágios "metafísico e legista" envelheceram. A humanidade inaugura o estágio "positivo e industrial". O Brasil não deve perder o trem da política e da razão.

Eis um esboço rápido de como será a futura capital: não apenas ela será fixada no centro do Brasil, mas ainda sua arquitetura será funcional, equilibrada e submetida às necessidades da matemática e da lógica. A futura cidade, em vez de ser "secretada", por assim dizer, pela paisagem, como são Paris, Salvador, Roma, Veneza ou Rio de Janeiro, será um ato voluntário. Ela nascerá de uma decisão, de um cálculo. Sairá das pranchetas de seus engenheiros e arquitetos. Longe de ser uma criação da história, ela será um artefato, um maquinário cujas engrenagens foram calculadas pelos engenheiros e que fornecerá aos funcionários a ferramenta apta a dominar o caos, a submeter o destino aos rigores da lógica.

Em 1889, o visconde de Ouro Preto é nomeado presidente do Conselho do Último Gabinete do Império. A República do Brasil é proclamada. Uma Assembleia Constituinte é instalada. Ela retoma a proposição de José Bonifácio. Ela preconiza a criação de um "distrito federal", situado em um novo centro geográfico nas terras altas. A Constituição de 1946 reafirma o princípio. Dez anos mais tarde, em 1955, chega o momento da ação. A aventura de Brasília começa.

Para construir uma capital, geralmente são necessários mil ou 2 mil anos. Em sua fabricação devem ocorrer guerras, revoluções, sagrações e júbilos, angústias, revoltas e vitórias. Poderíamos compará-la a "arquivos de pedra" onde cada rua e cada palácio, cada praça e cada casa seriam a cicatriz do longo combate da cidade. Uma capital é um livro de história.

Não encontramos nada semelhante em Brasília. Essa cidade não está nem aí para a história. Não precisa dela. Não a ama. Joga fora os calendários. Uma cidade voluntária negligencia as lentas manobras do tempo. Deve sair de uma só vez, e bem depressa, já toda equipada e armada, como Minerva, dos cérebros e das mãos de seus demiurgos. Brasília não foge a essa regra que preside toda cidade "utópica". É uma criação precipitada, quase instantânea.

Juscelino Kubitscheck é eleito presidente em 1955. Ele rapidamente começa a batalha contra o tempo: "Cinquenta anos de progresso em cinco", esse é seu programa. Em setembro de 1956, um concurso é aberto para determinar a estrutura da cidade. O projeto do urbanista Lúcio Costa é escolhido em março de 1957. Lúcio Costa confia a seu aluno preferido, Oscar Niemeyer, ao mesmo tempo superdotado e vaidoso, a realização dos prédios oficiais da capital. Os tratores convergem para o Planalto Central. Em 21 de abril de 1960, 41 meses depois da colocação da primeira pedra, a capital é inaugurada. Ela existe. Está ali, completa, matemática e resplandecente. Uma "cidade de cristal", para retomar a palavra dos antigos utópicos.

O lugar foi bem escolhido. Está situado no coração do país, a mil quilômetros do mar e das grandes cidades do sul, no Planalto Central, a mil metros de altitude. Mas o que é o Planalto Central? É uma savana. Árvores magras, magras. Rebanhos de bois magros e algumas cabanas de tropeiros magros. O lugar onde será implantada a capital não existe. É um ponto matemático, a intersecção de duas linhas imaginárias, uma longitude e uma latitude. Portanto, é um desses espaços matemáticos que tanto agradam os jovens oficiais de 1850 apaixonados por Augusto Comte. Eis uma capital que não terá o peso de seu passado e não será empesteada pelos eflúvios de sua memória. Os engenheiros encontraram um bom lugar: um pedaço de vazio.

Vamos organizar esse vazio e povoá-lo. Vamos começar dando-lhe uma geografia. Quatro rios passam por ali. Eles são belos, largos e se encontram em uma garganta estreita. Uma barragem será criada nesse lugar para que se forme um vasto lago artificial de quatrocentos quilômetros quadrados, envolvendo a futura capital. Brasília será desenhada em volta de dois eixos que se cortam. O primeiro é consagrado aos prédios oficiais. O segundo, curvo como uma asa de pássaro, é reservado às moradias. Essas duas linhas evocam um "sinal da cruz", ou um avião. Ao mesmo tempo, desenha-se uma constelação de estradas que ligam o lugar ausente a todas as regiões do Brasil. Brasília ocupará o centro da imensa teia de aranha que compõe o país. O coração geográfico do Brasil deslocou-se mil quilômetros para o oeste.

Para edificar essa cidade imensa, o Brasil sangra por todos os lados, mas é com entusiasmo que ele se sacrifica. Milhares de rapazes e moças correm para os canteiros. Brasília é, ao mesmo tempo, a nova fronteira e a utopia do Brasil. Três homens vão realizá-la. Eles seguram o leme com mão firme: o presidente Juscelino Kubitscheck, o urbanista Lúcio Costa e o arquiteto Oscar Niemeyer.

Os três homens começam a construção de uma arquitetura harmoniosa, lógica, funcional e própria para impor aos brasileiros novas maneiras de viver, pensar, trabalhar e de se amar. A lógica que conduz a cidade comunicará seu modelo aos cidadãos que a habitarão. É o projeto prometeico de toda utopia. À sua disposição, Juscelino e seus amigos têm todos os materiais necessários, dinheiro (mesmo endividando o país, dramaticamente, por muito tempo), energia, talento, aço, vidro, cimento, uma mão de obra entusiasta, o gosto pela geometria e o domínio de todas as técnicas da época. O que lhes falta é o passado, o acaso, as incertezas, os pesadelos e o aleatório.

Este é o infortúnio de todas as cidades utópicas imaginadas pelos filósofos e legisladores ao longo da história, desde Platão e sua república perfeita, até Thomas More e sua ilha de *Utopia*: elas são belas, igualitárias, justas, eficazes e suas proporções são divinas, uma vez que reproduzem as simplicidades do céu, não as confusões da Terra. Elas têm apenas um (enorme) inconveniente: a vida e suas incertezas, a vida com suas paixões e suas tragédias, suas incoerências e suas maravilhas, não encontra um depósito, uma edícula, um minúsculo beco do tempo perdido, uma ínfima desordem nesses entrelaçados de linhas. E como é respirar um ar sempre puro? Cioran diz: "Hostil à anomalia, ao disforme e ao irregular, a utopia tende à submissão do homogêneo, do típico, da ortodoxia".

Sérgio Buarque de Holanda escreveu um belo livro, *Raízes do Brasil*. Esse livro é de 1930. A construção de Brasília é algo ainda muito distante. Ele compara as cidades dos países espanhóis da América Latina com as do Brasil. De um lado, entre os espanhóis, uma geometria voluntária. Do outro, no Brasil, uma entrega à personalidade do lugar.

Sérgio Buarque de Holanda demonstra o quanto a ideia de uma arquitetura utópica é contrária ao estilo das cidades brasileiras. Enquanto os urbanistas espanhóis desejam dobrar a natureza a seus desejos, domá-la, impor seu selo à geografia "fazendo do passado tábula rasa", os arquitetos brasileiros, ao contrário, dialogam com o lugar, ouvem seus murmúrios, obedecem-lhe, dão atenção aos sussurros dos arquivos, levam em conta os dois ingredientes que para a cidade utópica são proibidos: o tempo e o espaço (a palavra "utopia" significa "não lugar", e é evidente que a ausência de lugar conduz à ausência do tempo).

Eis como ele descreve as cidades espanholas: "O traçado dos centros urbanos na América espanhola denuncia o esforço determinado de vencer e retificar a fantasia caprichosa da paisagem agreste: é um ato definido da vontade humana. As ruas não se deixam modelar pela sinuosidade e pelas asperezas do solo; impõem-lhes antes o acento voluntário da linha reta [...]. É o triunfo de uma aspiração que deseja ordenar e dominar o mundo conquistado. O traço retilíneo, em que se exprime a direção da vontade a um fim previsto e eleito, manifesta bem essa deliberação. E não é por acaso que ele impera decididamente em todas essas cidades espanholas, as primeiras cidades *abstratas* construídas pelos espanhóis em nosso continente".*

O Brasil é o contrário: por causa de sua paixão pela liberdade, seus dons mais mercantis que colonizadores, mais intuitivos que lógicos, e talvez também por causa de seu gosto pela saudade, ele segue caminhos opostos. Fabrica suas primeiras cidades às cegas. Colocando-as em qualquer lugar. Feitas de qualquer jeito. Aninhadas nos caprichos da natureza. As suas construções, aos olhos de um urbanista diplomado, merecem um zero. E por isso elas são tão belas.

Sérgio Buarque de Holanda descreve as cidades brasileiras: "Pouco importa aos nossos colonizadores que seja frouxa e insegura a disciplina fora daquilo em

* Buarque de Holanda, Sérgio. *Raízes do Brasil*. 26ª edição. São Paulo: Companhia das Letras, 1995, p. 96.

que os freios podem melhor aproveitar, e imediatamente, aos seus interesses terrenos. Para isso também contribuiria uma aversão congênita a qualquer ordenação impessoal da existência, aversão que, entre os portugueses, não encontrava corretivo na vontade de domínio, sujeita aos meios relativamente escassos de que dispunham como nação, nem em qualquer tendência pronunciada para essa rigidez ascética a que a própria paisagem áspera de Castela já parece convidar os seus naturais e que se resolve, não raro, na inclinação para submeter esta vida a normas regulares e abstratas".*

Eis a bela descrição dos dois modelos urbanísticos implantados na América do Sul: de um lado a cidade voluntária, a cidade geométrica dos utopistas e dos conquistadores espanhóis. Do outro, as cidades imprevisíveis, improvisadas e calorosas que, de São Luís a Salvador da Bahia, fazem a graça do urbanismo brasileiro.

Assim se medem o desafio de Brasília e a violência da experiência que foi imposta a Lúcio Costa e a Oscar Niemeyer: exigir dos arquitetos brasileiros a aplicação de um modelo utópico (ou espanhol), voluntário, é o mesmo que lhes pedir para trabalhar contra o gênio caprichoso do Brasil. O documento com as condições impostas a Lúcio Costa e a Oscar Niemeyer teria merecido um subtítulo: "Missão impossível".

O milagre é que Niemeyer e Costa desempenharam essa missão impossível com louvor. A concepção urbanística e arquitetural de Brasília é um sucesso. Sobrevoe Brasília à noite ou durante as alvoradas e o encantamento surgirá. A cidade brilha em todas as suas luzes, em todos os seus vidros e em todas as suas águas. O seu plano é arejado, claro, voluptuoso. André Malraux estava certo quando, bem à sua maneira, extasiou-se e saudou "a audácia, a energia e a confiança". Lúcio Costa e Oscar Niemeyer souberam evitar o vício de todas as cidades utópicas: a deles não obedece ao sinistro modelo ortogonal, quadrangular, com ruas que se cruzam em ângulo reto como em um tabuleiro. Como toda cidade utópica, é claro que essa cidade sem passado também é uma cidade geométrica, mas, de seu arsenal de figuras geométricas, os dois amigos não retiraram as linhas retas, os ângulos retos e os triângulos equiláteros tão apreciados pelos utopistas, mas círculos, ovais, elipses, trapézios, hipérboles, cicloides, cardioides. Eles souberam inventar uma cidade geométrica inesperada, composta de uma variedade de formas estonteantes e que consegue ser harmoniosa sem se sacrificar à simetria. Do concreto, o material mais simples, mais grosseiro, mas também mais maleável, associado à frieza do vidro e à indestrutibilidade do aço, eles criaram uma pele leve e quase flexível, sensual e

* Idem, p. 109.

terna, voluptuosa. É justo deixar claro que Lúcio Costa e Oscar Niemeyer receberam uma ajuda considerável: a de Burle Marx, o maior paisagista de sua época, que soube absorver e dar vida às maquetes de Niemeyer, envolvendo-as com cipós, cores e plantas exuberantes.

Mais do que alinhar monumentos e casas quadrangulares, fortalezas cúbicas, abrigos, paredes retilíneas, fachadas impecáveis, eles sujeitaram seus materiais aos princípios da incerteza. Os seus monumentos e o desenho de seus palácios e de suas ruas, insensíveis aos assédios da racionalidade, desafiaram a lei da gravidade. Em alguns momentos, quando iluminada pelo Sol ou pela Lua, a cidade parece flutuar como flutuam os sonhos. A linha reta, que ofende todas as arquiteturas contemporâneas, aqui é reduzida, torcida, pervertida, suavizada pelas falsas perspectivas, ligeiramente arredondada e inevitável. Com seus artifícios, Niemeyer conseguiu até mesmo atrair a passagem das nuvens. A cidade move-se com os seus céus. As cidades outrora imaginadas pelos filósofos utopistas são cidades duras e quadradas. Brasília é uma canção.

Niemeyer, virtuoso, soube aplicar sua técnica refinada ao projeto mais contrário à técnica. É nesse sentido que seu produto é uma obra-prima, um paradoxo. Ele soube conciliar e associar os incompatíveis, compor a ordem com o acaso, o rigor com a desordem, as perfeições das geometrias com as fissuras do aleatório, a rigidez do vidro, do aço e do concreto com langores, abandono e suavidades. Enquanto todas as cidades utópicas, desde Platão até Cabet, parecem realizar um sonho viril, Brasília é uma mulher. Pela primeira vez, uma "cidade de cristal" tira sua glória da ternura do corpo das mulheres. Oscar Niemeyer diz:

Não é o ângulo reto que me atrai,
nem a linha reta, dura, inflexível,
criada pelo homem.
O que me atrai é a curva livre e sensual,
a curva que encontro nas montanhas do meu país,
no curso sinuoso dos seus rios,
nas ondas do mar,
no corpo da mulher preferida.
De curvas é feito todo o universo,
*o universo curvo de Einstein**

O problema, e a decepção, é que Brasília é uma cidade para ser admirada de um avião. Ali, reduzida às suas linhas, a seus desenhos, ela é bela como um museu Guggenheim, como um croqui das estranhas máquinas de Leonardo da Vinci. Ela não

* Niemeyer, Oscar. *As curvas do tempo. Memórias*. Rio de Janeiro: Editora Revan, 1998.

se intimida diante do olhar dos turistas que passeiam e admiram a catedral que se parece com uma flor, a Praça dos Três Poderes, o Palácio da Justiça ou do Itamaraty, o Palácio das Relações Exteriores, em seu espelho d'água.

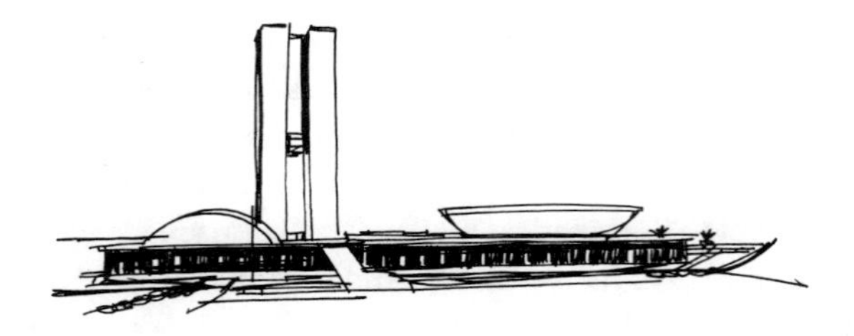

No entanto, quando se é uma cidade, ela deve ter habitantes e eles devem ser felizes. Os de Brasília não demonstram alegria. É verdade que a maioria deles é de executivos, políticos, funcionários administrativos, pessoas que se vestem bem e com cores sóbrias. E nada foi feito para que fossem alegres. Como passear e viver em uma cidade sem calçadas, uma cidade que detesta os pedestres, que nos obriga ao uso do carro, e na qual não existem nem bairros nem ruelas, nem becos nem escadas, mas somente ruas sem nome? Andamos entre "setores", "lados", "blocos", "asa sudoeste" e "asa norte", "conjuntos". É preciso imaginar o pesadelo dos acessos à Grande Biblioteca François-Mitterand, em Paris, mas nas dimensões de uma cidade. O jornalista Jean-Pierre Langellier, que trabalhou como correspondente no Rio de Janeiro, exemplifica esse pesadelo com um poema erótico do poeta brasiliense Nicolas Behr:

O porteiro do bloco I da 103 Sul
pegou a filha do síndico do bloco
O da 413 Norte com o cara do
302 do bloco D da 209 Sul
dentro do carro do zelador do
*bloco F da 314 Norte**

Cinquenta anos envelheceram a suntuosa maquete. Construída com muita rapidez, e mal finalizada, como todos os edifícios brasileiros, ela se desfaz. A catedral é um eterno canteiro de obras; quanto à residência do presidente, o Planalto realiza sua restauração. Em toda parte encontra-se essa chaga das arquiteturas modernas: sobre seus aços e suas pinturas, o tempo já provocou desgastes que jamais aconteceriam com a madeira ou a pedra milenares.

* Behr, Nicolas. *Vinde a mim as palavrinhas*, Brasília: LGE Editora, 2005.

No entanto, há coisas bem mais graves. Lúcio Costa e Niemeyer eram comunistas e jamais questionaram sua ideologia da igualdade. Brasília era um sonho comunista. Os dois homens quiseram fundar uma arquitetura sem classes, homogênea, e na qual nunca houvesse lugar para a miséria, mas o concreto e o aço não obedeceram. Nem a miséria. Ela se convidou. Ela surgiu. Prosperou nas cidades-satélites. Ali, permanecem os pobres; aqueles que, todo dia, dirigem-se ao coração suntuoso da cidade para fazer girar as engrenagens e facilitar a vida dos funcionários, dos políticos, dos diplomatas e dos homens de negócios. Eles se deslocam de suas casas até os palácios nos quais está concentrada a renda mais alta de toda a federação, indecentemente alta.

"Comunistas", dizem os pobres, "vocês esqueceram os pobres!". E, mais uma vez, Jean-Pierre Langellier resume de forma brilhante: "Niemeyer venceu o ângulo reto, mas não o capitalismo".

Chica da Silva

Ela é uma mulher do Brasil barroco. E Chica ou Xica da Silva é o seu nome. A sua vida é como um conto. Ela é escrava e é negra. O seu amante é um branco muito rico. E também muito submisso. Um dia, Chica da Silva lamenta que nas montanhas escarpadas de Minas Gerais não haja um lago, pois ela ama o mar e sua alma é romântica. Imediatamente, seu amante manda cavar um lago. Ele lhe dá de presente um barco que pode receber vinte pessoas.

Tudo isso se passa no século XVIII. Chica da Silva surge no interior do Brasil, longe das praias, nessa zona muito inculta que os primeiros conquistadores evitaram e que se tornou Minas Gerais, depois de os bandeirantes paulistas terem descoberto, em 1694, que as minas de ferro de que são recheadas essas montanhas contêm ouro. A notícia se espalhou rapidamente. O Brasil entra em ebulição. Uma corrida do ouro enlouquece essa região, dois séculos antes da que aconteceu no rio Klondike, no noroeste do Canadá. E os pés-rapados, miseráveis, deserdados começam a chegar. Depois afluem os traficantes, e então as cortesãs, os ricos e os empreendedores. As cidades nascem. Elas ganham nomes de minérios. É um gesto de gratidão mínimo, pois a opulência do lugar depende da geologia. O nome da capital, Ouro Preto, associa o ferro e o ouro. As fortunas se fazem, vão e vêm e se perdem. O ciclo do ouro substitui o do açúcar.

Chica da Silva nasce um pouco mais tarde, entre 1732 e 1735, em Tijuco (atual Diamantina) ou então na cidade de Serro Frio. Ela morre em 1792, no ano em que, nessa mesma região de Minas, o líder da Inconfidência Mineira, o revolucionário Tiradentes, é condenado à morte, executado e esquartejado. Primeira incerteza: segundo alguns documentos, ela teria vivido até 1796.

São inúmeros os testemunhos sobre a vida de Chica da Silva, mas eles se contradizem a ponto de se anularem e a figura dessa mulher permanece nebulosa. Jamais saberemos se ela foi uma mãe exemplar, uma romântica ou então uma cortesã impudica cujo corpo insaciável soube subjugar o homem mais rico do século do ouro, João Fernandes de Oliveira, o contratador de diamantes do distrito de Tijuco. Chica é um peixe. Desliza entre nossos dedos como uma carícia, como uma água-viva. Ela é mais instruída do que qualquer outra mulher de seu tempo e caminha nas sombras.

Essas incertezas favorecem a sua glória. Em sua vida póstuma, ela emprega a mesma agilidade, entrega-se aos mesmos desregramentos que em sua vida real. Enquanto viveu, ela alimentou uma lenda dourada, uma *success story* cujas imagens eram repetidas nas negras montanhas de Minas. Em seguida, no século XIX, jornalistas e arquivistas tentam fazer uma triagem entre o fantástico e o real. Chica da Silva muda então de *status*. Ela se torna um enigma da história. Contudo, os retratos realizados por esses pesquisadores são tão ridículos que ela retorna à sua primeira condição, a de mito. Ela é real e imaginária ao mesmo tempo.

Hoje, cada um possui sua Chica da Silva. Ela é flexível. Aceita todo tipo de admiração. Algumas mulheres celebram a força dessa mãe irrepreensível. Outras a veem como uma irmã das feministas, como uma revolucionária que derrubou com um só golpe três poderes: o poder do macho, o poder escravista e o poder branco. Os homens são mais cândidos. Alguns detestam sua imortalidade, sua luxúria e sua ambição. A maioria, no entanto, se contenta em cobiçar eternamente o corpo negro de Chica. São loucos por ela. Gostariam de saber o que essa mulher fazia para enfeitiçar seus amantes e reduzi-los à sua mercê. Poderíamos compor um monumental *Kama Sutra* ocidental se reuníssemos todas as práticas eróticas atribuídas a Chica da Silva por seus adoradores, nos últimos dois séculos.

Chica é filha de Francisca da Silva (ou de Maria da Costa), uma escrava baiana nascida na Costa do Marfim, e de um espanhol, ou de um português, chamado Antonio Caetano de Sá. Jovem, ela é vendida como escrava a um médico, Manuel Pires de Sardinhas, que foi educado na Europa e possui propriedades em Minas Gerais. Chica tem apenas o tempo de lhe dar um filho e é revendida a José da Silva e Oliveira Rolim, dito padre Rolim. Esse padre Rolim não pertence à boa sociedade: mais tarde, ele viverá com uma das filhas de sua antiga escrava.

Chica é uma mulher impaciente. Com 21 anos, ela troca mais uma vez de senhor. Ela tem sorte. Vai parar nas mãos de João Fernandes de Oliveira, recém-nomeado contratador de diamantes do distrito de Tijuco pelo poderoso marquês de Pombal. É um bom ofício. Milhares de diamantes passam (e às vezes param) pelas mãos de João Fernandes de Oliveira, de forma que esse notável logo será mais rico do que o rei de Portugal.

Chica não se casa com o contratador, mas lhe dá muito filhos. Em quinze anos de vida comum, ela tem quatro meninos e nove meninas, quase um bebê por ano, todos com boa saúde e todos registrados em seu batismo como filhos de João Fernandes de Oliveira, procedimento pouco habitual em um tempo em que os bastardos de um homem branco e de uma mulher escrava nunca levavam o nome do pai. Em 1770, João Fernandes de Oliveira é chamado a Lisboa, pois a Administração real acha que está na hora de meter o nariz em suas contas. A Administração real tinha razão. E os amantes se separam.

Ela fica com a propriedade de Tijuco. E leva uma vida e tanto. Quando vai à Igreja, coberta de joias, ela é acompanhada por um grupo de mestiças extremamente vistosas e que causam impacto. Às vezes, prefere rezar em sua capela particular de Santa Quitéria. Essa sólida posição mundana não impede Chica de cuidar de seus filhos. Ela lhes garante a melhor educação. As meninas estudam no Recolhimento das Macaúbas, uma escola seleta reservada aos filhos da aristocracia branca, uma espécie de gaiola dourada. Elas aprendem a ler, escrever, contar, bordar e se casar. Algumas de suas filhas escolhem a vida religiosa.

Chica morre em 1792 – ou em 1796. É enterrada na igreja de São Francisco de Assis, o que também representa uma nova proeza. Em geral, para ter direito a essa igreja, é preciso ser branco e rico. Esse belo funeral tem um efeito sobre os despojos de Chica: o jornalista Antônio Torres nos informa que, alguns anos depois de sua morte, o corpo de Chica da Silva estava intacto. Ele tinha conservado "a pele seca e negra".

Essa pele incorruptível intriga. Esse tipo de privilégio é geralmente reservado às pessoas de alta linhagem, a alguns santos escolhidos a dedo, a guerreiros implacáveis, a profetas ou a anacoretas, aos reis de copas ou de espadas, às belas adormecidas. Que uma escrava negra de Minas Gerais e, além do mais, uma cortesã impudica se beneficie dessa graça é algo que merece explicação. O historiador alemão Ernst Kantorowicz nos fornece a chave desse mistério. Ele nos informa que os monarcas europeus, os capetíngios, os habsburgos, têm habitualmente dois corpos: um corpo de passagem, simples invólucro prometido às inconveniências do sepulcro, e um "corpo radioso, imortal e inalterável". Chica da Silva é uma rainha. Ela tem dois corpos.

O primeiro, seu corpo habitual, seu corpo putrescível, é o de uma mulher respeitável, conveniente e bem-educada. A sua biografia é edificante. Ela revela a vida de uma simples escrava negra do século XVIII no tempo do ouro. Claro, Chica foi mais esperta do que qualquer outra, já que se tornou companheira de um dos grandes do reino, mas essa ascensão social fulgurante não comprometeu sua modéstia e essa mãe fecunda foi exemplar.

No entanto, sob essa imagem terna, outra se adivinha. Basta raspar um pouco o lindo quadro e vemos aparecer do fundo da tela cores diferentes, um corpo diferente, o de uma cortesã fantástica que tomou posse de seu senhor e o submeteu a seus loucos desejos.

A sua necessidade de festas, prazeres e triunfos não tinha limites. Como seu amante era muito apegado e muito rico, ela o obrigou a construir um palácio com 21 quartos, cercado de um jardim luxuoso no qual foram plantadas flores importadas das regiões mais exóticas, inclusive da Europa. Engenheiros foram chamados a Diamantina. Eles criaram cascatas artificiais, como em Versalhes.

A jovem tinha uma tristeza. Ela gostaria que a província de Minas Gerais fosse à beira-mar. E conversa sobre isso com seu amante. O amante diz que é uma questão de geografia. Chica não se conforma. Ela objeta que a geografia pode ser modelada e remodelada. João Fernandes de Oliveira decide construir um mar. E escravos cavam um lago. Sobre esse lago, flutua uma caravela como a das grandes descobertas. Chica gosta de seu barco. Ela oferece festas galantes à aristocracia local. Toda noite, enquanto são acesos os fogos de artifício, eles embarcam pra Citera. Damas e cavalheiros, vestidos esvoaçantes e escarpins, jabôs e rendas rodopiam sobre os gramados enquanto orquestras de escravos instalados sob a folhagem interpretam as músicas barrocas de Minas. A noite está radiante. Em um soberbo teatro construído sob as ordens de seu amante, Chica oferece a seus amigos espetáculos apresentados por atores vindos do Rio.

Temos de admirar a energia de Chica. Eis uma mulher que tem um filho por ano, que cuida da educação deles, dirige uma fazenda, submete o corpo de seu amante a seus ardores, constrói um palácio, fabrica um lago em uma montanha e encontra tempo para administrar um exército de escravos, organizar festas, fazer suas devoções nas melhores igrejas e reinar sobre a aristocracia do ouro.

Ela é cruel com seu contratador de diamantes. Ele é seu brinquedo. Ela o mantém em rédeas curtas. As pessoas a chamam de Chica Mandona. Será que ela possuía um filtro? Conhecia unguentos e pós, alquimias e abracadabras, obscenidades esgotantes, movimentos de seios, carícias que envergonham, magias brancas? Qual era o segredo dessa amante superlativa? Há três séculos inúmeros investigadores se lançam na pista do Graal.

Talvez fosse a sua beleza. Contudo, os testemunhos divergem. Os seus contemporâneos a veem bela como a noite. Dizem que sua pele era de âmbar e de seda. No entanto, seu primeiro biógrafo não tem a mesma opinião. Ele destrói nossos sonhos. Esse biógrafo é um advogado. Joaquim Felício dos Santos foi encarregado, um século depois da morte de Chica, de colocar em ordem a herança do contratador de diamantes. Joaquim fez uma longa pesquisa. Na propriedade da neta de João Fernandes de Oliveira e de Chica da Silva, ele teve bastante tempo para consultar todos os documentos da família e todos os testemunhos da época. Em 1868, ele publica suas conclusões em *Memórias do distrito diamantino*. O diagnóstico é impiedoso: "*Chica da Silva era uma mulata alta, corpulenta, boçal e careca*" (a palavra boçal não foi escolhida ao acaso, uma vez que ela é comumente reservada àqueles que acabaram de desembarcar da África e ainda não falam português).

O livro de Joaquim Felício dos Santos entristeceu os admiradores de Chica. Ele humilhava suas lembranças. Deixou-os sem fala: o que iriam fazer agora, em suas noites insones, com um objeto de culto tão fora dos padrões e, ainda por cima, careca? Felizmente, depois de um momento de desespero, eles se revoltaram. E contra-atacaram. O testemunho de Joaquim não se sustentava. Como essa senhora gorda sem cabelos pôde reduzir seu amante, o poderoso contratador de diamantes, à condição de marionete? Uma única certeza: o advogado Joaquim dos Santos tinha mentido a esse respeito. Ele escrevia no século XIX, um século depois da morte de Chica, na época em que a emancipação próxima dos escravos irritava o racismo da burguesia brasileira. O advogado Joaquim dos Santos detestava os negros. Era necessário que Chica fosse abominável.

A fama de Chica da Silva sobreviveu aos maus modos do advogado. E mais, ela saiu incensada. Vamos supor, diziam não sem sutileza os devotos de Chica, que essa mulher tenha sido alta, gorda, boba e careca. Então ainda mais não conseguimos entender como o contratador de diamantes se prosternou diante desse corpo, deslumbrado, e obedeceu aos seus desejos. Seria necessário que Chica possuísse uma artimanha. O Brasil inteiro começou a procurar essa artimanha, de forma que o testemunho do advogado teve efeitos inesperados: em vez de arruinar a reputação erótica da mulata que se tornou feia, ele a colocou nas alturas.

A partir de então, o corpo extraordinário de Chica, como o dos antigos reis taumaturgos de Kantorowicz, acabou dividido em dois. Havia esse corpo deteriorável, sombrio e disforme, do qual falava Joaquim Felício dos Santos. Quanto ao outro corpo, o corpo essencial, o corpo erótico, o invulnerável corpo da rainha, esse permanece intocável e é incólume às degradações da morte. A sua sedução aumenta proporcionalmente às luxúrias que milhões de devotos lhe dirigem. É um corpo infinito, impalpável, em constante metamorfose, e incomensurável. Chica é ao mesmo tempo a "doméstica de bom coração" e a "feiticeira com ancas de ébano" de Baudelaire. Chica é uma mulher da noite e de ouro.

Os escritores franceses não cruzam com frequência os caminhos de Chica da Silva. Claude Lévi-Strauss não lhe deu atenção, mas Blaise Cendrars não podia perder a oportunidade. Agarrou-a com unhas e dentes. Ouvira falar sobre ela em 1924, quando fez uma excursão em Minas Gerais com seus amigos modernistas, especialmente Paulo Prado. Ele a cita em uma carta a seu amigo t'Serstevens em 1945. Ele está em transe. Como sempre, a preocupação com a verdade não o paralisa. O que lhe agrada, no destino rocambolesco da mulher negra, é que nele tudo é duplo, metade real, e que sua vida beira o imaginário. Ele enche as mãos nesse estoque de depravações, de nobreza, de excesso, de ternura e de fausto. Entretanto, Cendrars não mente. Ele é apenas generoso. Não inventa, só completa a fábula. Ele já não escreveu um poema magnífico sobre o trem transiberiano no qual ele nunca subiu? Por que se preocupar com essa cortesã cuja existência é certa, mas cuja memória é meio apagada, ali, em seu século de ouro, entre o sonho e o desejo?

Ele começa se enganando de nome. Ele não fala de Chica da Silva, mas de certa Monia Florestão. Mas talvez Chica usasse vários nomes. Em seguida, ele vai com muita sede ao pote. Narra as brincadeiras à beira do lago. Ele as aperfeiçoa. Doze dançarinas são colocadas no barco com a mulher negra. Os funcionários de Lisboa se irritam e dão ordens para interromper o baile, mas o contratador de diamantes logo envia ao rei de Portugal uma carta acompanhada de um diamante e o rei de Lisboa o perdoa. Os dois amantes passam uma nova camada de ouro sobre a fachada de seu palácio, e depois disso podem recomeçar a fornicar e Cendrars não se queixa.

Em 1976, um belo filme ressuscita Chica da Silva. Ele é feito por Cacá Diegues. Agora é a vez do cineasta de se fascinar por ela. Ele não economiza com as festas, o lago, os delírios de luxo, mas faz da cortesã uma figura da luta social e racial. O poder erótico de Chica é um poder político. O seu corpo de negra domina o corpo do branco, domina portanto o próprio rei de Lisboa na pessoa de seu representante. Eros é um deus negro. Chica se aproveita da alta posição à qual sua luxúria a levou para ajudar os humildes e os negros. Ela protege os escravos fugitivos. Como não faz as coisas pela metade, ela funda um convento no qual os abriga. E nesse lugar ela também acolhe José, um jovem adepto das ideias revolucionárias. Portugal se irrita e envia imediatamente o conde de Valadares, que aprisiona João Fernandes de Oliveira, o amante de Chica. A cortesã escapa dos vigias. Corre para o convento e faz amor com o jovem José.

O filme é fiel à verdade de Chica da Silva? A questão é vã: a meio caminho entre o real e o sonho, Chica da Silva foi, ao longo dos séculos, diabólica ou santa, revoltada ou frívola, puta ou devota, uma Pompadour ou uma Louise Michel. Ela é principalmente uma das figuras do inconsciente brasileiro.

Quando desembarcam na Terra de Vera Cruz, em 1500, os marinheiros avistam jovens índias praticamente nuas, muito belas, muito semelhantes à idade de ouro, e que correm pelas praias. Os portugueses as julgam cândidas e voluptuosas. Mais tarde, quando os escravos africanos substituírem os índios, outras mulheres ocuparão as noites dos portugueses: as negras.

Nas fazendas dos grosseiros plantadores de cana-de-açúcar ou nos casarões dos funcionários ou dos comerciantes, as mulheres negras cuidam das crianças. Estas são amadas, acariciadas. São alimentadas, e se embriagam com "esse perfume mistura de almíscar e de tabaco". Essas mulheres desempenham o papel da verdadeira mãe, da mãe branca e ausente muitas vezes. Podem se tornar, quando o garoto crescer, sua iniciadora sexual.

Como os ecos da idealização dessas Vênus negras, amamentadoras e amantes, não reinariam, mesmo depois de alguns séculos, sobre os violentos desejos dos brasileiros? Chica é uma dessas mulheres negras, talvez mais aperfeiçoada que outras, ocupando um lugar mais inacessível que suas irmãs, um lugar ao mesmo tempo ausente, proibido, inexistente e vencedor. Ela usa o poder aterrador de sua cor, de sua condição e de seu sexo para conduzir um combate quase político e talvez metafísico. Ao dominar o corpo do representante do rei em Minas Gerais, não é o poder branco que ela escraviza? A carne enigmática de Chica da Silva subjuga o corpo do rei branco de Lisboa. Assim, a negra Chica da Silva se situaria no mais secreto da inacessível identidade brasileira, no coração de seus enigmas, de seus silêncios e de seus conflitos: Chica é uma mulher. Chica é uma escrava. Chica é uma negra e, com todas essas supostas insuficiências, Chica, pelo poder mirabolante da feminilidade, se alça milagrosamente ao topo da sociedade. Sobre o tabuleiro invertido, o corpo do rei branco levou um xeque-mate.

Mas, pelo amor de Deus, qual é essa artimanha sexual de Chica da Silva? Vamos, diga-nos afinal!

Chuva de Belém do Pará

Procuro uma chuva. Eu a perdi já faz alguns anos, talvez vinte. Como eu fazia uma reportagem na Floresta Amazônica, passei alguns dias na cidade de Belém. É uma cidade enorme. Ela foi grandiosa na época da borracha, no início do século XX. Entrou em decadência, e depois ressurgiu. À noite, os rapazes batem nos galhos das mangueiras com pedaços de pau e cai sobre suas cabeças um monte de frutas maduras e açucaradas, e eles se divertem com isso. Da grandeza e da decadência de Belém, tudo foi conservado. Podemos ler a história da cidade nas fachadas das casas. Os anos, o calor e a umidade desfazem lentamente os antigos palacetes. Há belas avenidas, belos prédios. Às vezes, os detalhes em ferro dos tempos antigos pendem no vazio. O céu, através dos arabescos de bronze e de aço, parece aprisionado.

Naquele ano, eu lutava contra o tédio que, junto com o medo, acaba sendo o companheiro das longas reportagens. E como uma reportagem pode ser aborrecida! Hoje, se um jornal me pedisse uma reportagem, eu proporia uma sobre o tédio. "De nosso enviado especial ao tédio." A vantagem é que eu poderia ir a São Paulo ou a Singapura, a Irkoutsk ou a Vancouver, para a floresta ou para a planície, mas de todo jeito teria de tratar do assunto. Quando sabemos como fazer, podemos encontrar toneladas de tédio, até mesmo no *Crazy Horse Saloon*, até mesmo em Roma. E até mesmo em Belém.

Eu ia à floresta. Depois de andar por ela, voltava para a cidade. E saía então para dar umas voltas. Depois de alguns finais de tarde sem nada para fazer, consegui despertar o interesse de uma moça, que aumentou quando ela soube que eu vinha de Paris. Ela queria notícias do costureiro Castelbajac. Depois perguntou o que eu fazia andando por todas essas ruas. Disse-lhe que eu passeava sem rumo. Ela achou estranho morar em Paris e passear em Belém. Respondi-lhe: "Justamente, são sempre os viajantes que passeiam assim". Ela concordou e parecia contente. Fiz-lhe companhia por alguns instantes. Ela era graciosa, e até mesmo travessa. Tomei coragem. Confessei-lhe que eu não era apenas uma pessoa que passeava, também era jornalista e estava fazendo um artigo sobre Belém. E que seria um prazer revê-la, já que ela estava em Belém, e isso vinha a calhar. Ela caía como uma luva em minha reportagem. "É verdade", ela disse.

Ela marcou um encontro comigo para o dia seguinte, depois da chuva. Por aqui, é assim que os garotos e garotas se viram para se amar. Eles nunca se enganam, pois as chuvas equatoriais são muito disciplinadas e obedecem a protocolos tão rigorosos quanto as marés da Bretanha. Contudo, é preciso conhecer esses protocolos, que são bem mais complicados do que um vestibular. Quanto a mim, como não tinha muitas informações sobre as nuvens da Amazônia, pensei em perguntar a um funcionário do meu hotel como as chuvas funcionavam, mas fiquei como medo de parecer ridículo.

No dia seguinte, saí à procura da minha chuva. E fui ao encontro do primeiro aguaceiro que passava por ali. Era o começo da tarde. Por precaução, e com medo de perder a moça, penetrei imediatamente nesse aguaceiro. Abriguei-me sob os galhos de uma castanheira. Depois de um tempo, a chuva parou e a jovem não estava lá. De certa forma, achei bom, pois eu não estava nem um pouco apresentável. Estava molhado como um pinto. Dava para torcer minhas roupas e ela provavelmente morreria de rir vendo-me naquele estado. E lembrei-me então de uma frase de não sei mais que autor, segundo a qual o melhor meio de levar uma moça para sua cama é fazê-la rir, mas o riso provocado por um cara que veio de Paris para tomar um banho de chuva amazônica provavelmente não é um bom riso.

Saí à caça das chuvas seguintes. Passei duas longas semanas explorando as fantasias do céu e suas regularidades. Assim que o Sol se escondia, rapidamente eu punha um grande chapéu de palha e corria para minha chuva. Explorei cada pancada. Esperei pacientemente sob chuvinhas inofensivas. Vi chuviscos, tempestades, cataratas. Consagrei longas horas na compreensão da mecânica das chuvas e em organizá-las em categorias, assim como classificamos os herbáceos, as resinas e as unhas. Esse tempo não foi absolutamente perdido, pois fiz progressos. Quando prestamos bastante atenção nas chuvas, percebemos que existem vários tipos. Por exemplo, elas são de diferentes cores. Para matar o tempo que não passava muito rápido sob minhas palmeiras, minhas mangueiras ou minhas castanheiras, eu me divertia determinando a idade das chuvas. Preferia as antigas e até mesmo as fora de moda. Uma tarde, perdi-me em uma tempestade da idade barroca. Não me esquecia da moça. Para mim, cada nuvem era uma promessa. Caminhava nas chuvas como se caminha no campo e a jovem não morava em nenhuma. Em meu desespero, imaginei que ela percebeu meus truques e que me espiava de longe. Talvez zombasse de mim com suas amigas amazonenses e os jovens pré-colombianos.

Enquanto as gotas caíam sobre meu grande chapéu, eu criava hipóteses. Sem dúvida, a jovem decidira zombar de um cara que não compreendia nada dos climas

da Amazônia e que tinha a audácia de fazer uma reportagem sobre a floresta. Ou então ela sofria, como diz-se de todas as moças do mundo, de uma ligeira inconstância. Ou ainda ela preferia as premissas da paixão à sua consumação e escolheu encerrar nossos amores antes mesmo de começarem. Contudo, o mais provável era que eu não soubesse me guiar no labirinto das tempestades amazônicas. Fui eu quem deu o cano. Ela me esperou em outra chuva. E ali encontrou um rapaz, um amazonense, e agora estavam se amando em uma umidade vizinha; um bonitinho, certamente, que conhece muito melhor do que eu os céus equatoriais. E, por isso, dissimuladamente ele se introduziu na chuva que o destino previra para mim.

Concordei. O céu se pronunciou. Aceitei seu veredito. Nós não residíamos, a jovem tão bela e eu, nas mesmas chuvas. Minha dor era grande, mas minha surpresa, pequena, pois há muito tempo me convencera de que um homem e uma mulher só poderiam se amar de um amor extremo com a condição de frequentar as mesmas monções, as mesmas neves ou os mesmos sóis.

Gosto bastante dessa lembrança. Não faço muita coisa com ela. De tempos em tempos, eu a pego. Levo-a para passear, para respirar. Tiro a poeira. Dou um brilho. Divirto-me por um momento com ela e a coloco no sótão, sob sua capa.

Em algumas noites, ela sussurra. Por exemplo, ela me diz que os cenários do céu são não apenas espetáculos belos, emocionantes ou terríveis, mas também personagens da história de cada um de nós ou até mesmo da história dos povos, assim como o luto, uma batalha ou uma sagração. E, afinal, por que a chuva de Belém ficou por tanto tempo agarrada à minha lembrança? Outras tempestades, de igual beleza, desapareceram sem deixar rastro. Se a tempestade da moça perdurou, foi certamente porque ela era uma das protagonistas da comédia, da tragédia que é uma existência.

Claude Lévi-Strauss

Claude Lévi-Strauss faleceu em 31 de outubro de 2009. Tinha cem anos. Os anos o abandonaram. No entanto, a verdade é que ele também não gostava dos anos. Entre Lévi-Strauss e o tempo, as relações sempre foram glaciais. Ele não se interessava muito pelo tempo que passa. Preferia o tempo que não passa. Por isso se especializou na ciência antropológica. Instalou seu acampamento longe desses povos ocidentais que se esforçam para entrar para a história. Ele preferia interrogar os povos cuja história é pesada, arrogante e de certa forma cataléptica.

Um dia ele me disse que, de tanto decifrar os mitos e as fábulas dos povos primitivos, tornara-se um homem do neolítico. Não era uma frase de efeito. Ainda mais extremista que seus colegas historiadores da Escola dos Anais, não era sobre as longas durações que ele se debruçava. Era sobre as durações intermináveis. A sua ciência preferida não era nem a filosofia, nem a história, nem a geografia, nem mesmo a antropologia. Era a geologia que recorta o tempo em largas fatias.

Quanto menos um objeto é sensível aos estragos do tempo, mais Lévi-Strauss se sente à vontade. Ainda que goste das tribos indígenas, como os bororos do Mato Grosso ou os nhambiquaras, e se interesse também pelos cipós ou coqueiros, pelos lobos e pelos líquens, pelos mitos, pelas flores e pela distribuição de suas peneiras, creio que o seu objeto preferido é a pedra. Quando percebe no acaso de suas caminhadas uma massa de basalto ou um platô de argila, ele fica contente. Ainda jovem, de férias no Maciço Central, ele observa a montanha. Sob seus olhos surgem diferentes estratos entrelaçados uns aos outros do cretáceo com o cambriano e ele está exultante. Essa paisagem o enfeitiça. Há ali, ao alcance das mãos, centenas de milhões de anos, um enorme pedaço do tempo. Lévi-Strauss se vangloria. Dê-lhe alguns milhões de anos petrificados e ele se regozijará.

Foi no Brasil que se deu o encontro com os povos esquecidos pela história, e muito satisfeitos em sê-lo. Ele chega em 1935, não como antropólogo, mas como professor de filosofia na Universidade de São Paulo. Aos domingos, faz excursões em companhia de sua mulher, Dina, que é etnóloga e sedutora, e de um casal amigo, o excelente geógrafo Pierre Monbeig e sua esposa. Esses passeios na natureza brasileira libertarão o antropólogo existente no filósofo. Em 1938, ele participará de uma grande expedição em Rondônia. Em 1939, retorna à França e logo deverá se exilar para escapar das perseguições antijudaicas de Hitler. Ele se refugia na América, onde convive com André Breton, alguns surrealistas, Denis de Rougemont e o linguista Jakobson, que lhe oferece, junto com sua ciência da linguística, uma ferramenta que sustentará a teoria estruturalista. A partir desse momento, os livros se sucedem: *As estruturas elementares do parentesco*, *Tristes trópicos*, *Raça e história*, *O totemismo hoje*, *O pensamento selvagem*, os quatro imensos volumes das *Mitológicas*, *O olhar distante*, etc.

"Cheguei ao Brasil pelo mais puro dos acasos. Poderia ter ido para qualquer outro país. Não conhecia nada do mundo [...]. E, de repente, o Brasil. O Brasil era os trópicos com tudo o que essa palavra evoca de poesia, mistério, literatura [...]. Esperava uma grande aventura, tomar contato com uma natureza ignorada e que sempre me fascinou."

Depois de seu retorno para a França, em 1948, Lévi-Strauss nunca mais colocará os pés no Brasil, salvo por uma breve visita em 1985, que aliás não deu certo, pois o pequeno avião no qual ele sobrevoava as aldeias bororos quase foi engolido por uma tempestade e isso não o agradou. Na realidade, no entanto, ele nunca deixou o Brasil. Ele até podia fazer de conta que era um velho professor do século XIX caminhando entre as bibliotecas e o College de France, mas era nas geologias do Brasil e entre os povos geológicos do Brasil que ele residia. O Brasil foi a oportunidade de Lévi-Strauss. A porta de entrada de seu destino.

Quando morreu, todos os jornais franceses celebraram sua genialidade. Eles nos disseram que Lévi-Strauss era uma "lenda" e que o "último etnólogo" tinha partido (um pouco como morrem obstinadamente o *último* grande pintor, o *último* grande repórter, o *último* grande gênio do futebol ou o *último* bandido mítico). Jean d'Ormesson quis fazer melhor do que os outros, divulgando uma informação exclusiva: "Lévi-Strauss foi o maior erudito do século XX", ele nos informou, o que deve ter surpreendido Freud, Einstein ou Max Planck.

Esse comunicado monumental foi acompanhado, em todos os jornais e até mesmo em revistas como *Elle*, ou talvez *Gala* ou *Jours de France*, e em jornais esportivos como *Le parisien*, de pequenos manuais de etnologia bem temperada e de estruturalismo ao alcance dos idiotas. Podemos pesquisar na *Marie Claire* e assim não precisaremos citar aqui o curso elementar sobre os mitos, o totem, as estruturas de parentesco, o modelo linguístico, o pensamento selvagem e a racionalidade irrepreensível que a acompanha.

Por causa do Brasil, tive o privilégio de encontrar Lévi-Strauss algumas vezes. A última foi em 2004. Fui vê-lo em sua residência na Rue des Marronniers, perto do Trocadéro, a dois passos do Museu do Homem do qual ele foi vice-presidente quando voltou do Brasil, em 1948. Ele me recebeu no hall, no quarto andar, acho. Cortesia. Sorriso gentil, frio e seco. Ninguém nunca tratou Lévi-Strauss por "você". A sua polidez refinada era uma parede de vidro através da qual eu podia ver esse homem como se vê uma constelação em uma luneta ou uma bactéria sob uma lâmina de microscópio. Eu buscava vagamente, como em um museu, uma etiqueta identificando o objeto: "Maior antropólogo francês do século XX".

Ele tinha encolhido. Estava "gasto" como um antigo tecido da China ou da Índia, uma seda ou um cetim com filamentos de ouro velho. O perfil de pássaro. Os cabelos raros e leves, como uma plumagem espalhada pelo vento dos milênios. A

carne frágil. O olho arregalado, um olho de águia. Ele usava um terno cinza muito bem cortado. Contudo, no lugar da gravata, um cordão metálico com motivos bororos ou nhambiquara; não ousei lhe perguntar.

Eu imaginava o jovem rapaz cheio de energia que, na década de 1930, ensinou na USP e depois explorou o Mato Grosso para ali colher a matéria que iria alimentar uma obra monumental e quebrar ao meio, como diria Jean d'Ormesson, a história da antropologia e até mesmo a história do espírito humano. Através da silhueta graciosa e de alguma forma transparente, eu revia o jovem professor de 1935, belo homem taciturno e meditativo, projetado ao centro do grande país vertiginoso.

É em 1938 que Lévi-Strauss elabora o projeto de conduzir uma ambiciosa expedição pelo Mato Grosso. Na época, o Brasil é praticamente uma ditadura. O presidente Getúlio Vargas não vê com bons olhos que um etnólogo estrangeiro xerete com suas sujas mãos democráticas os segredos dos bororos. O Rio de Janeiro recusa o seu aval a Lévi-Strauss. Homens de peso – entre os quais principalmente o poeta, escritor e musicólogo Mário de Andrade – liberam o dossiê, mas com a condição de que a expedição Lévi-Strauss seja acompanhada e vigiada por um antropólogo brasileiro, Castro Faria. A imponente caravana se coloca em movimento. As bagagens são levadas por 31 bois, aos quais se adicionam, segundo as etapas, caminhões ou barcos.

Cinquenta anos mais tarde, Castro Faria confiou a um jornal do Rio (*O Globo* de 28 de novembro de 1998) suas lembranças. Estas são apaixonantes. Elas nos mostram o avesso ou os primeiros passos da obra monumental – suas estruturas e suas fundações, seus materiais, suas hesitações. Castro Faria admira a mecânica intelectual de Lévi-Strauss, mas, entre os dois homens, a corrente nunca passou. "Era um homem educado e distante [...]. Uma figura difícil. Silencioso, ele assumia um ar típico de 'pensador'." A etnóloga Dina, sua bela mulher, era mais agradável e, de acordo com Faria, "muito extrovertida, muito sexy". O casal se separa em 1939. (Mais um traço neolítico de Lévi-Strauss. Um dia, ele me confessou que era polígamo, mas que, por causa das leis francesas, em vez de reunir todas suas mulheres no mesmo momento, ele as juntava ao longo dos anos, "como um colar de pérolas".)

Segundo o testemunho de Castro Faria, Lévi-Strauss foi um "homem de campo" bem desajeitado, sobretudo no terreno escolhido e percorrido então pelas tribos nhambiquara: "Fomos aconselhados a cancelar a expedição, pois os índios nhambiquaras eram considerados violentos e agressivos. Eles tinham dizimado uma família inteira de protestantes... Enviamos telegramas a cada posto que se encontrava em nossa rota para pedir informações sobre eles, e as respostas eram péssimas. No entanto, Lévi-Strauss se interessava por esses índios, pois eles tinham um nível cultural extremamente baixo".

"O grupo aprendeu rapidamente que a única maneira de ser respeitado pelos nhambiquaras era sempre mostrar o pequeno arsenal que Lévi-Strauss trouxera da França. Um equipamento que ele não dominava muito bem."

A falta de jeito de Lévi-Strauss provocava risos em seus companheiros. A expedição se descontrolou no dia em que o francês se perdeu ao tentar pegar um atalho. A tensão foi geral. Os carregadores nhambiquaras temiam que a equipe suspeitasse que eles tinham eliminado e até assassinado Lévi-Strauss.

"Quando se perdeu", continua Castro Faria, "ele fez o que se deve ser feito. Deu um tiro para o alto. Simplesmente se esqueceu de descer de sua mula. Resultado: a mula correu para um lado e ele caiu do outro". Todos começaram a procurar, nos bosques e no crepúsculo, uma mula e um antropólogo. Encontraram os dois, mas não juntos.

Essas zombarias não são maldosas, principalmente porque Faria deixa claro seu carinho pela potência intelectual de Lévi-Strauss. Esse carinho é, contudo, temperado pelo seu julgamento dos resultados desses seis meses no Mato Grosso: "No plano científico", diz ele secamente, "foi um fracasso". E ainda mais grave: o testemunho de Faria confirma as críticas feitas por alguns antropólogos a Lévi-Strauss, principalmente os americanos. Ele foi um gênio, mas um "gênio de gabinete", um homem que, depois de seus seis anos no Brasil e depois nos Estados Unidos, deixou poucas vezes sua biblioteca, seu College de France, sua Academia Francesa e sua Rue des Marronniers.

A palavra desse taciturno era magnífica. Radiante. Clareza, economia, rapidez, estrutura. Nem um arranhão. Nem uma retomada. Nesse sentido, ele não era eloquente. Para ser eloquente, é preciso balbuciar, se perder, se atrapalhar, brigar com os verbos e os adjetivos, fazer caretas como André Malraux, ou imitar a dor do pensamento se desfazendo, como o dr. Lacan. Claude Lévi-Strauss não era desse jeito. Não! Mesmo quando você lhe fazia uma pergunta incorreta, ele respondia com um discurso perfeito, dourado e ao ponto, como uma carne quando sai do forno. Nós sempre desejávamos brincar um pouco com suas palavras, ou seus conceitos, para fazê-lo se mexer, tropeçar, se embaralhar ou se entusiasmar.

Quando desejo me lembrar dele, é a voz que me serve de veículo escolhido. Uma voz grave, sem brilhos, uma voz como um silêncio, como um tremor do silêncio.

Depois que retornou para a França em 1948, Lévi-Strauss viaja pouco. O Japão de tempos em tempos, a Índia e o percurso entre o Trocadéro e o College de France. Vida solitária, laboriosa. Música. Museus. Alguns amigos distantes. Ele escrevia seus livros como um artesão faz marchetaria. Uma primeira versão à máquina. Depois, infinitas correções, diferentes cores entrelaçadas (como gostaríamos de ver esse "*work in progress*"!). E a versão final, irretocável. No College de France, e quase no final, ele vinha duas vezes por semana para ver seus estudantes, iluminá-los.

Quando jovem, militou ao lado dos estudantes socialistas. Mais tarde, tornou-se um espectador distante. Falava apenas para defender os "povos nus", os povos ameaçados. As revoltas de maio de 1968 primeiro o divertiram, e depois passou a detestá-las. Elas atacavam todo o sistema ritualístico da sociedade francesa. E para ele, como se sabe, não se deve brincar com os ritos. Caso contrário, é o caos e "tudo explode". A esse respeito ainda, ele se parecia com os povos que analisava, os bororos, os nhambiquaras, os tupis-guaranis, cujas sociedades são organizadas como brasões e tatuagens ou cerimônias e músicas.

Um dia, perguntei-lhe sobre sua presença na Academia Francesa. Fiquei surpreso. Ele era tão superior a essa companhia. Respondeu-me, com um de seus sorrisos tão raros, tão suaves: "Mas tem a cúpula, a tradição, os protocolos, os uniformes... tudo isso que protege do tempo".

A sua modéstia era extrema e orgulhosa. Por volta de 1970, a revista *L'Express* pediu-me um dossiê sobre os "grandes pensadores": Jacques Lacan, Roland Barthes, Michel Foucault e Claude Lévi-Strauss. Ele declinou do convite. Não era um "grande pensador". Era um especialista dos povos brasileiros, dos mitos e das máscaras. Gostava de geografia, estruturas, geologia, linguística, poesia, música, "mas um grande pensador, que ideia!". Mesmo assim fiz o dossiê, mas a revista não o achou bom e não publicou.

Os últimos anos de Lévi-Strauss foram melancólicos. Acho que ele já estava cansado dessas sociedades destrutivas, insensíveis à "beleza do mundo", e que desfazem cipó por cipó, tribo por tribo, erva por erva, costume por costume, o esplendor e a glória. Aos tumultos das sociedades, às suas desordens, aos seus infortúnios, bem como aos seus próprios cansaços e misérias, às suas doenças, ele respondia com esse estoicismo heroico que opunha à injustiça das coisas.

Ele esperava, sem dúvida, que o soberbo e também miraculoso e luminoso tecido da vida se desfizesse. Habitava um mundo ultrapassado cujos mecanismos, estruturas, constâncias, regularidades e racionalidades, harmonias, ele continuava a desmontar, mas não via muito bem por que ele ainda vivia. Sonhava com outras sabedorias que não as da Europa. Sonhava com "pensamentos selvagens" e em seu esplendor, com os tupinambás, o budismo, mas permanecia "ocidental". Não era desses intelectuais que um belo dia se esquecem do Ocidente para esposar de repente a sabedoria dos brâmanes ou dos bororos. Eu me dizia que algumas noites ele pensava no odor das florestas, nesse Brasil do qual se lembrava, segundo me dissera, "como de um perfume queimado", nas cintilâncias dos rios da Amazônia, talvez nas grossas nuvens que andam acima do Planalto Central ou do Mato Grosso.

Cordel

Era bem comum, e isso não faz muito tempo, ver poetas itinerantes nas cidades e nos vilarejos do Nordeste. Eram chamados de cantadores ou repentistas. Eles comercializavam poesia. Esse comércio era pequeno. Uma corda estendida entre duas árvores e à qual estavam pendurados, uns sobre os outros ou com um pregador, folhetos de pequeno formato e impressos no papel mais ordinário, mas ilustrados com gravuras em madeira ou em cobre. A instalação se parecia com essas cordas sobre as quais as mulheres secam as camisas e as meias. Por isso, era chamada de literatura de cordel. Esses bardos não desapareceram. São um pouco menos numerosos que no século anterior e evoluíram.

Esses cantores eram homens simples, oriundos desse povo de vaqueiros e de pequenos lavradores magníficos que subsiste há séculos nas adversidades do ser-

tão. Alguns eram analfabetos e outros muito instruídos, até mesmo eruditos. A sua poesia não era vulgar. Ela cobria um campo enorme da literatura.

Havia para todos os gostos – epopeias que inflamavam todos os corações valorosos, romances repletos de lágrimas, lendas e fábulas, por exemplo a da moça transformada em serpente; notícias de preferência abomináveis, poemas em glória dos sanguinários cangaceiros, especialmente de Lampião e de sua companheira Maria Bonita, que até hoje fazem sonhar as jovens de São Paulo e de Campo Grande.

Alguns folhetos cantavam as revoltas do passado, as vidas de santos ou de profetas, os grandes acontecimentos contemporâneos, como a chegada do homem à Lua, o assassinato de Kennedy ou as proezas de Pelé.

Eu gostava bastante desses cantores. O seu virtuosismo me deixava sem fala. Às vezes, em vez de um, eram dois cantores que se entregavam a um combate feroz. Eram os repentistas. Um tema era proposto. O primeiro desafiante improvisava uma estrofe à qual seu rival devia responder no ato, e sem perder um segundo. Aquele que hesitasse se desonrava. O público apreciava o talento, o sangue-frio dos duelistas e seu respeito pelas regras poéticas. Uma rima incerta, uma prosódia inexata, um erro de gramática ou uma impropriedade, uma repetição, um vacilo e o candidato estava acabado. O seu adversário vencera.

Algumas celebridades se divertiam aumentando a dificuldade e obrigando-se a proezas formais, um pouco como os franceses Raymond Queneau e Georges Perec complicavam as regras tradicionais da poética adicionando-lhes novas dificuldades bastante arbitrárias, duras e absurdas, como, por exemplo, nunca utilizar a vogal *e*. A música que acompanhava esses textos estava também sujeita a protocolos impiedosos.

Eu assistia a essas justas. Gostava dessas vozes de pedra e de terra. Participava do jogo. Gritava com eles se um poeta errava um subjuntivo. Era tão malvado quanto um espectador de rinha de galos. Pedia sangue a cada rima, a cada estrofe.

Nos mais pobres mercados do mundo, e enquanto as galinhas cacarejavam e as velhas vociferavam, eu me transportava por um instante ao passado mais opaco da Europa. Os camponeses da velha Grécia, os da Albânia, da Cornuália ou da Bretanha deviam escutar com o mesmo respeito as peripécias de Aquiles, de Merlim ou de Percival. Eles deviam urrar se, por inadvertência, o bardo tivesse comido uma cesura. Eu também urrava.

Gostava dos cantos históricos. Eles eram ricos e variados, muitas vezes de uma origem inesperada, árabe, por exemplo, ou mesmo africana em memória das incursões de Portugal na África, antes de as caravelas do infante Henrique encontrarem o Brasil. A maioria do repertório era europeu, hispânico, claro, mas também francês.

Voltávamos ao tempo das canções de gesta. As vozes admiráveis e sua monotonia eram uma viagem nos séculos. E eu, atormentado pelo calor, colado contra o

tronco de uma mangueira, escutava um homem que me contava em versos simples e muito bonitos a história verídica, poética, dessa França da qual ele nem mesmo sabia se reinava na América ou na Ásia, os amores loucos e as proezas do imperador Carlos Magno, a morte de Rolando, as desilusões de Dom Quixote ou de Amadis de Gaule. Esses momentos eram abençoados. Bem melhores do que os livros de história da universidade ou do que as enciclopédias, bem melhor do que os romances históricos ou os filmes de Hollywood, os imutáveis cantos dos poetas sertanejos traziam para a poeira vermelha dos vilarejos os exércitos de Aladim, as feiticeiras da Inquisição ou as senhoritas lúbricas das *Mil e uma noites*.

Um dia, uma senhora me descobriu. Ela percebeu que eu era estrangeiro, quem sabe até mesmo um francês. Quando lhe confirmei, ela exultou. Ela procurava um francês há anos, mas poucos passavam por ali. Ela não me largou mais. Havia algo que a incomodava. Ela se perguntava como tinham terminado as histórias dos amores entre Rolando de Roncevaux, o sobrinho de Carlos Magno, e a irmã de Olivier, a bela Aude. Os cantores nunca davam o epílogo desses belos amores. Disse-lhe que a história tinha acabado mal. Ela ficou triste. Eu deveria ter mentido.

Com os anos, com a televisão, os CDs, o papel dos cantores de cordel diminuiu. Eles existem ainda, mas são cada vez mais raros. Em 2006, ouvi a história do imperador Zetius e da princesa Porcina. É uma história esplêndida, ainda que meio longa. Não se deve lê-la nos folhetos. É melhor ouvi-la em uma dessas feiras. A pobre Porcina, que é bela, apaixonada e generosa, não tem sorte. A sua vida é uma sequência de vilanias e de horrores. Felizmente, depois de uma centena de estrofes, ela tem a sorte de encontrar a Virgem, que lhe estende sua misericórdia, protege-a de todas as armadilhas e lhe garante algumas alegrias. Aprendi todos esses acontecimentos há alguns anos. Um cantor narrava os infortúnios de Porcina e sua redenção. Era lento e magnífico. Estava na praia de Porto Seguro e o céu e as nuvens passavam.

A arte do cordel se transformou. Se ainda floresce no sertão, é porque soube se adaptar a seu século e às técnicas modernas. É preciso acrescentar que, há uns cinquenta anos, um grande número de habitantes do Nordeste abandonou seus miseráveis vilarejos para recomeçar sua vida nas cidades do Nordeste ou da Amazônia, como Fortaleza, Belém, Machadinho do Oeste ou João Pessoa, ou nas grandes e vibrantes cidades do Sul – São Paulo, Teresópolis...

Vários milhões de nordestinos se estabeleceram na distante cidade de São Paulo. É a cidade que tem a maior concentração desse Nordeste que reina e que sofre a 2 mil quilômetros dali. Como esses camponeses são muito duros, hábeis, inteligentes e se beneficiam da solidariedade dos outros nordestinos (como os córsicos, os chineses, os judeus, os húngaros, os armênios das diásporas), eles obtiveram belas vitórias. Em São Paulo, criaram várias estações de rádio, dedicadas à glória da cultura do sertão. O sucesso desses canais se deve aos programas dedicados aos poetas que antes cantavam nos mercados do Nordeste e que agora vêm apresentar seus repertórios diante de um microfone. Nostalgia sem fim. Tive a honra de ser convidado a um desses programas. Cheguei à noite, por volta das vinte horas, ao prédio da Rádio Nacional. A noite era consagrada aos repentistas. Duas celebridades da Paraíba se enfrentavam. O animador apresentou seu programa. Ele tinha uma voz possante. Sem dúvida, não perdera o hábito de chamar os bois ou os vaqueiros nas imensidões do Nordeste. Essa voz gigantesca me apresentou. Eu era um jornalista francês, e seria o tema do duelo entre os dois poetas do sertão.

O primeiro repentista me adulou. Disse que eu era um bom jornalista e um bom escritor. Como ele sabia disso? Mistério, mas era um bom sinal. Cada um dos meus livros era melhor que o anterior. Se continuasse escrevendo por mais cem anos, eu estaria no topo. Mesmo sem ser uma verdadeira fábrica de *best-sellers*, era necessário reconhecer que minha pequena empreitada literária era próspera. Que ninguém se engane: eu estava construindo um monumento.

O segundo repentista pegou sua viola. Ele não concordava com seu rival. De forma alguma. Ele colocou as coisas em ordem. Meus livros não vendiam muito na França, e isso era triste, mas justo, pois eles não mereciam ser vendidos. As histórias que eu contava em meus romances eram convencionais. Quanto ao meu estilo, mesmo não sendo completamente medíocre, ele era comum. Como falar de um monumento, quando cada tijolo desse monumento cai de suas mãos? Será que eu não estava construindo uma ruína?

Fiquei um pouco triste. Podemos até negar, mas essas coisas são desagradáveis. Com certa dificuldade, disse a mim mesmo que isso fazia parte do gênero. Pois como os dois poetas faziam uma *disputatio*, como dizia Buridan, o orador da Sorbonne, eles eram obrigados a se contradizer. Esse combate era retórico. Eu pensava fugitivamente, para recuperar o moral, naquele orador grego que toda manhã se apresentava na Ágora e que defendia da mesma maneira, e com a mesma eloquência, tanto uma tese quanto o seu contrário. Era assim que ele ganhava sua vida.

Disse que um repentista é apenas um sofista da Grécia antiga, com o gênio de Homero, e essas pequenas intuições me reanimaram. Recuperei minha segurança.

O primeiro cantor retomou. Ali, eu me regalei. Ele estava descontente. Não tinha falado ao acaso. Ele não era "um filhote de vira-lata que se atrapalha com as próprias orelhas". Ele confirmava que eu era um bom escritor francês. Tinha a estatura de Pierre Loti, de Edmond Rostand e até mesmo de Anatole France, os três ao mesmo tempo.

Um acorde raivoso anunciou a réplica do outro. Meu Deus! Não, aquele não foi um momento muito agradável. Como tinham ridicularizado suas opiniões, o segundo repentista agora ia colocar "os pingos nos is" e dizer umas verdades que, por sentimento cristão, ele tentara amenizar. Eu não era um escritor medíocre. Era um escritor detestável. Pensei comigo: "O que é isso?". E continuou. Comparar-me ao grande Anatole France só podia ser uma brincadeira, uma piada. Pobre Anatole! Eu era um pequeno mestre e até mesmo um mestre insignificante.

Meu defensor subiu o tom. Lançou-se na controvérsia depois de ter convocado grandes reforços. Desta vez, não se tratava mais de Pierre Loti ou de Anatole France. Eu era o Émile Zola do século XXI, o próprio Gustave Flaubert. O meu inimigo respondeu com ironia: "E por que não Victor Hugo?". A réplica voou: "Justamente, Victor Hugo também não escreveu *A lenda dos séculos*?". Deixei de fazer uma objeção e confessar que eu simplesmente não escrevi um *A lenda dos séculos*, mas me disse que quem sabe um dia... O duelo estava cada vez mais acirrado e até mesmo desonesto. Gostaria de ter acalmado os ânimos dos dois. Lembrei-me de que essas controvérsias são sempre longas e, se essa continuasse, onde eu iria parar? Seria cortado ao meio: metade analfabeto e metade Shakespeare.

Vi desfilar diante de mim Dante, Dickens, um asno, uma águia, Homero, o pobre Eugène Sue e o grande Camões. Estava procurando uma saída. Observava cada verso na esperança de que um dos dois, se possível aquele que não gostava de mim, tropeçasse em uma rima, ou perdesse um heptassílabo. Contudo, os dois homens eram bardos e atletas de primeira linha. Nem um pleonasmo, nem um erro de concordância ou de versificação, e o debate não acabava mais. Paralisado depois da disputa, tive o consolo, em seguida, de saborear algumas caipirinhas em companhia do animador, dos dois duelistas e de senhoras nordestinas.

Tinha acalentado a esperança de que meu inimigo colocasse água na fervura e que, longe do duelo, confessasse que tinha maculado um pouco meu retrato literário. Não foi o que aconteceu. Esse homem, que de manhã nem mesmo sabia meu nome, que nunca lera uma linha minha, provavelmente acabara se convencendo disso quando colocou minha insignificância em heptassílabos, aliás muito bem feitos. Ele se mostrou gentil, mas distante, condescendente, como se fosse uma caridade beber uma caipirinha comigo. O seu rival foi mais franco: ele logo reconheceu que sobre mim não sabia muito mais do que seu colega. E mais, tinha consciência de que eu não chegaria aos pés de Victor Hugo. Se ousou fazer esse paralelo sacrílego entre Hugo e eu, foi por causa da rima, pois muitas palavras em português terminam com o som "o", e isso facilita o trabalho. Esse pequeno segredo de fabricação poética me entristeceu. Fui comparado a Victor Hugo apenas por acaso.

O virtuosismo desses poetas é algo prodigioso. Os desafios acontecem a toda velocidade e não toleram uma hesitação. É uma proeza se lançar assim sobre um assunto do qual não se sabe nada e desfiar heptâmetros sem fim, melodias e rimas. Fala-se de um duelo memorável que durou três dias, no final do século XIX.

Essas sessões deixam o público muito satisfeito. As palavras sempre caem no lugar certo e não há um erro de gramática. Nem uma rima aproximativa. O número de versos é sempre respeitado. Perguntei aos meus dois repentistas qual era o segredo. Eles falaram de virtuosismo.

Insisti. Eles compararam suas memórias a vastos arquivos nos quais acumularam, classificaram, organizaram dezenas de milhares de versos, milhões de palavras e de rimas, pedaços de frases e até mesmo versos inteiros. Eles fazem poesia como as crianças criam objetos com peças de Lego. Possuem uma reserva fabulosa de peças de todas as cores, de todos os formatos, da qual se alimentam. A força do grande repentista reside menos nessa improvisação do que em sua habilidade em explorar instantaneamente o estoque de todos os antigos cantos.

Aquele que me colocou entre Dante e Dickens disse: "Afinal, o que é um grande jogador de xadrez? É um homem que conhece de cor mil partidas jogadas desde o século XVIII pelos maiores mestres e é nesse arquivo que ele busca. Nós somos como ele. Inspiramo-nos nos antigos poetas. O difícil é o tempo. É preciso fazer essa busca no mesmo instante e não se enganar de pasta".

O outro, o que me colocava entre Delly, Bernard Werber e Marc Lévy, esclareceu, com certo desprezo, pois seu caráter era provavelmente vingativo, que, até o Renascimento, o exercício da memória era assunto nobre nas grandes universidades europeias. O pobre Giordano Bruno, que foi queimado em Roma em 1600, era um "mestre da memória".

Não perdi a oportunidade de me valorizar diante de meu repentista. Dei a ideia audaciosa de que Giordano Bruno teria sido um bom cantor de cordel. Se os juízes tivessem tido à sua disposição a ferramenta da literatura de cordel, se tivessem podido organizar um duelo cantado entre Giordano Bruno e um repentista, provavelmente ele teria ganhado e salvado sua pele. Isso nos fez rir muito. Acho que subi um pouco no conceito de meu inimigo.

Cordialidade

O Brasil é um país amável. Pelo menos, assim se considera. Gosta de alardear suas virtudes e suas graças. Não suporta que sua bondade passe despercebida e gosta que gostemos dele. Se alguém duvida de sua cordialidade, ele fica bravo, insulta e inicia uma batalha. Também se irrita se confundimos sua gentileza com polidez, pois as duas posturas lhe parecem contrárias.

A polidez é boa para os outros povos, para os japoneses, que são protocolos em miniatura, para os castelhanos, que são vaidosos como pavões, para os argentinos, que nem deveriam ter nascido, ou para os franceses e os ingleses, enfim, para todos aqueles que não tomaram o cuidado de um bom nascimento.

Como essas sociedades não encontraram um sortimento de amabilidades em seus berços, elas foram obrigadas a se equipar com próteses e suplementos. A polidez é uma dessas próteses. Ela fez da cortesia um dever e uma regra, um artefato, um dogma, que são ensinados em suas igrejas ou em suas faculdades. Ela passa os seus segredos a seus filhos. É a bondade congelada. Bondade "sob medida" e que respeita programas. Ela está sob vigilância. Controladores, conselheiros, treinadores, carcereiros, governantas e juízes a controlam. Mecânicos e socorristas estão prontos para intervir. Para qualquer circunstância da vida, é possível ao homem polido recorrer ao serviço pós-venda, trocar um parafuso, um eixo, ou então reler o manual para saber como deve se comportar para ser bom.

Já o brasileiro, ele não precisa de bilhetinhos para se lembrar de que ama seus semelhantes, seus irmãos, de que é tolerante, doce, amigável, generoso, modesto e aberto. Ele é bom como a grama é verde. Para disfarçar e deixar claro que sua gentileza não é efeito de um código, de uma lei, de um catecismo ou de uma filosofia, o brasileiro às vezes finge ser mal-educado. Ele grita, empurra, não segura a porta, cospe, urina na rua, fala palavrões, ignora e discute com as pessoas. Não devemos nos chocar com esses excessos. É uma farsa e serve para mostrar que é um homem espontâneo. O brasileiro é verdadeiro. Ele segue as inclinações de seu coração, não os preceitos de um código de honra. Obedece sua verdade, não um catecismo ou um código civil. Se ele o acaricia, você deve acreditar nessa carícia. Seu sorriso vem do fundo do coração. Não é o sorriso sem vida do homem polido. Sua amabilidade não é calculada. Não é o fruto de um aprendizado. Na rua, raramente as pessoas brigam. Elas sorriem uma para as outras. Elas gostam das vozes suaves.

Na década de 1920, os intelectuais exaltaram esse traço do caráter brasileiro. Eles conceitualizaram o tema do "homem cordial". É possível que essa expressão tenha sido lançada pelo escritor Ribeiro Couto em uma carta a Alfonso Reyes. Em seguida, em 1936, Sérgio Buarque de Holanda teorizou esse conceito do "homem cordial" de forma vigorosa.

"Daremos ao mundo o 'homem cordial'. A afabilidade no trato, a hospitalidade, a generosidade, qualidades tão gabadas por estrangeiros que nos visitam, representam, com efeito, um traço definido do caráter brasileiro, na medida, ao menos, em que permanece ativa e fecunda a influência ancestral dos padrões de convívio humano, informados meio rural e patriarcal. Seria engano supor que essas virtudes possam significar "boas maneiras", civilidade. São antes de tudo expressões legítimas de um fundo emotivo extremamente rico e transbordante [...]. Nenhum povo está mais distante dessa noção ritualista da vida do que o brasileiro. Nossa forma ordinária de convívio social é, no fundo, justamente o contrário da polidez. Ela pode iludir na aparência – e isso se explica pelo fato de a atitude polida consistir precisamente em uma espécie de mímica deliberada de manifestações que são espontâneas no 'homem cordial': é a forma natural e viva que se converteu em fórmula."*

Sérgio Buarque de Holanda ilustra a cordialidade do homem brasileiro com algumas anedotas. Ele se questiona sobre o gosto desenfreado do brasileiro pelo diminutivo. "A terminação em *inho*, aposta às palavras, serve para nos familiarizar mais com as pessoas ou os objetos e, ao mesmo tempo, para lhes dar relevo. É a maneira de fazê-los mais acessíveis aos sentidos e também de aproximá-los do coração. Sabemos como é frequente, entre os portugueses, zombarem de certos abusos desse nosso apego aos diminutivos, abusos tão ridículos para eles quanto o é para nós, muitas vezes, a pieguice lusitana, lacrimosa e amarga."

O Brasil prefere antes falar de um rapazinho do que de um rapaz, e pouco importa se o *rapazinho* tem cinquenta anos e dois metros de altura. Se seu carro que-

* Op. cit., p. 146, 147.

bra, é um "defeitinho". Isso não significa que ele está consertado, mas você fica contente de descobrir, com um diminutivo, que seu carro só está um pouco quebrado. É preciso "desdramatizar". No final, tudo dá certo. Sem crise! Se uma mulher, mais do que ser *chata*, é apenas *chatinha*, ela é novamente tolerável. O diminutivo é uma vasta "circunstância atenuante". Quando falam não de um *ladrão* mas de um *ladrãozinho*, ele já está meio perdoado. O diminutivo é uma diminuição da pena.

Encontrei no Rio de Janeiro, cidade sonhadora, malandra, voluptuosa e letrada, um diminutivo paradoxal: *devagarzinho*. O psicanalista Jorge Forbes propõe o seguinte exemplo: "Se eu chegar um pouquinho atrasado, vá tomando uma cervejinha com um salgadinho, ou então me dê um alozinho pelo telefone". E ele comenta: "É a maneira de tornar tudo mais acessível, menor, mais próximo; uma vida que se poderia segurar na palma da mão; uma vidinha".

Outra mania da linguagem oriunda da "cordialidade brasileira" é a importância dada ao nome. Sérgio Buarque de Holanda diz: "À mesma ordem de manifestações pertence certamente a tendência para a omissão do nome de família no tratamento social. Em regra é o nome individual, de batismo, que prevalece. Essa tendência, que entre os portugueses resulta de uma tradição com velhas raízes – como se sabe, os nomes de famílias só entram a predominar na Europa cristã a partir do século XII –, acentuou-se estranhamente entre nós".

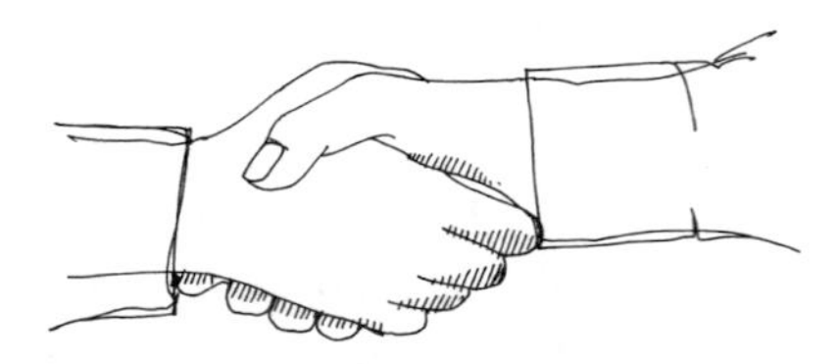

Surpreende o fato de que os intelectuais da Belle Époque tenham empregado tantos talentos para demonstrar que o brasileiro é um "homem cordial". Essa cordialidade salta aos olhos. Basta passar alguns dias no Recife, em Porto Alegre ou em um vilarejo do sertão para colher toneladas de cordialidade. Quando deixamos a casa que nos acolheu, temos pedaços de cordialidade em todos os lugares, nos cabelos, no casaco, nos olhos. É agradável, mas não sabemos mais onde guardá-la. Parece grudar como papel mata-moscas.

A cordialidade é um produto tão comum que consegue até mesmo atenuar, às vezes escamotear, as diferenças que, sob outros céus, opõem as classes sociais, as etnias, os povos, as religiões e os temperamentos. Tolerância eterna, esta é a lição da rua brasileira.

Claro que em um estádio brasileiro você verá hordas de torcedores praticamente loucos, tão loucos pelo seu Corinthians ou seu Botafogo quanto os marselheses o são pelo Olympique de Marseille ou os holandeses pelo Ajax, mas eles não são tão maus como os cretinos de Liverpool, de Paris ou de Amsterdã. Todos os homens são filhos do bom Deus. Que eles sejam negros ou quase negros, cinzas ou marrons, dourados, vermelhos ou brancos, loiros ou escuros, que venham do Benin, da Bielorrússia, da Alemanha ou da China, o que importa? Cada um com sua cor.

A rua do Rio de Janeiro ou de Salvador insinua que esse povo jamais cedeu ao racismo nem ao preconceito de classe. Eles se cruzam, se sorriem, se falam, brincam. Um empregado, assim que encontra um meio de sair do protocolo, toma coragem e se dirige a seu chefe com desenvoltura. O chefe deixa claro seu contentamento. Ele fica até mesmo encantado, pois a vaidade é uma das guloseimas preferidas do brasileiro. Essas familiaridades não são a prova de que a posição elevada do patrão não vem de seus diplomas, de sua fortuna ou de sua posição, mas de sua estonteante e humilde superioridade? Podemos falar com um ministro como se fosse um homem comum. O Brasil tem a mesma opinião de Montaigne: "Mesmo no mais alto trono do mundo, estamos sentados sobre nosso rabo".

O escritor austríaco Stefan Zweig abandonou a Europa em 1938 ao fugir do regime nazista. Judeu, culto, infeliz com o fato de as delicadezas da velha Europa terem sido destruídas pela crueldade e pela vulgaridade nazistas, estabeleceu-se no Brasil em 1940 com sua jovem esposa inglesa, Lotte (Charlotte Elisabeth Altmann), o que era uma decisão estranha e até mesmo idiota, pois o Brasil, naquela época governado por Getúlio Vargas, estava tão fascinado pela Alemanha que por pouco não se aliou às potências do eixo. Stefan Zweig, espírito no entanto agudo, não parece ter consciência desses perigos. O amor que sente pelo Brasil o cega. Ele escreve um livro sobre o país onde acredita ter encontrado a esperança. Essa obra é famosa: *Brasil, país do futuro*. É um texto caloroso.

"O tipo pesado", diz Zweig, "corpulento, alto, com poderosa ossatura, falta ao Brasil, assim como também falta aos costumes a brutalidade, a violência, tudo o que é veemência e ruído, tudo o que é grosseiro, pretensioso e arrogante. Como é agradável constatar esse fato mil vezes ampliado em uma nação! O brasileiro é um ser silencioso, sonhador e sentimental, muitas vezes com um leve toque de melancolia que já em 1585 Anchieta e o padre Cardim acreditavam sentir no ar quando diziam que esse país era '*desleixado e remisso e algo melancólico*'. Mesmo nas relações exteriores, os hábitos são de doçura. Raramente ouvimos uma pessoa falar alto ou se dirigir a outra com raiva e é principalmente quando estamos diante de uma multidão que observamos mais claramente esse silêncio, tão surpreendente para nós".

Magoado pelas sórdidas violências que testemunhou na Europa antes de sua partida, Stefan Zweig oferece o Brasil como exemplo: "O brasileiro conserva sempre sua flexibilidade e suas boas maneiras. As classes mais variadas se tratam com uma polidez e uma cordialidade que sempre espantam os homens de uma Europa cruelmente voltada para a barbárie".

Ele recoloca essa afabilidade a longo prazo: "A principal e a mais real característica desse povo é ser amável por natureza. Cada um que você questiona repete o que já foi dito por outros que aqui chegaram: '*É a mais gentil gente*'. Aqui, nunca ouvimos falar de crueldade contra os animais, touradas ou rinhas de galo, nunca; mesmo nos dias mais sombrios, a Inquisição não ofereceu autos da fé à multidão; tudo o que é brutal enoja o brasileiro".

Stefan Zweig, claro, sabe que o Brasil, na época em que era colônia de Portugal, retirou da África entre três e seis milhões de humanos, para fazer girar suas moendas de cana-de-açúcar e limpar o penico das repugnantes senhoras e dos brutais senhores de engenho, mas ele acredita que esses negros foram tratados com tato. "Em nenhum país", ele esclarece, "os escravos foram, relativamente, tão bem tratados".

E acrescenta: "É tocante ver as crianças andando de braços dados, em todas as nuanças da pele humana, chocolate, café com leite, e essa fraternidade se mantém até os mais altos graus, até nas academias e nas funções do Estado. Não há nenhuma barreira de cor, nenhuma delimitação, nenhuma casta orgulhosa, e nada caracteriza melhor o natural dessa convivência do que a ausência na linguagem de qualquer expressão degradante. Ao passo que na Europa, cada nação inventou para o outro uma palavra de ódio ou de zombaria. Não encontramos aqui o 'Katzelmacher' ou o 'Boche', não há na língua nenhuma palavra que corresponda ao desprezo pelo 'negro' ou o 'crioulo'".

Caro Stefan Zweig! É difícil escrever tantas bobagens em tão poucas palavras. Ele não entendeu nada do Brasil. Não viu nada. Nada sentiu. Passou alguns meses nesse paraíso de candura que acredita ter descoberto nos antípodas da Europa. O seu erro é perdoável: os odores macabros que pairam sobre a Europa não deixam sua alma em repouso. Eles entopem seu nariz e o impedem de sentir os perfumes do ódio racial que empesteiam o Brasil.

Stefan Zweig se suicidou em Petrópolis, junto com sua mulher, em 1942.

Crueldade

Que se danem Stefan Zweig e os adeptos da "cordialidade". O Brasil é um país violento. Em relação a assassinatos, ele não tem rival. Produz mais mortes a bala e a faca ou facão que qualquer outro país. Ele mata no atacado, não no varejo, e de bom grado ao acaso. A leitura do livro de Paulo Lins, *Cidade de Deus*, provoca náuseas. Nessa favela de nome reconfortante, mata-se como se ri, e o assassinato é uma distração, um passatempo ou uma mania. Ora, o autor do romance é ele mesmo um antigo moleque da Cidade de Deus. Certamente exagera, mas não inventa. Ele se lembra.

Dam mata Francisco com uma única bala, depois atira três vezes no cadáver. Bem feito. Inho admira e comenta: "Ele o mandou ver Jesus!". Um cara detesta sua amante porque ela o enganou. Essa mulher tem um filho. O seu amante esquarteja o bebê e entrega os pedaços para a mulher. Outro decide assassinar uma vez por semana, pois é preciso dar um objetivo à vida. Entretanto, um dia ele se esquece de sua resolução e, no sábado, enquanto toma uma cachaça com seus colegas, de repente se lembra de que não matou ninguém. Fica confuso. Pede a seus amigos que o desculpem. Explica-lhes seu problema. Pega sua arma e sai correndo, pois deve matar alguém antes da meia-noite.

O Rio de Janeiro aparece no topo das pesquisas. O Rio assassina de manhã até a noite 23 cadáveres, em média, por dia, mas as outras cidades mantêm uma disputa acirrada. São Paulo às vezes se iguala ao Rio. Salvador, Campinas ou mesmo Porto Alegre matam. No Recife, jornalistas do cotidiano da cidade, enojados pela litania do sangue, colocaram no centro da cidade, na rua Joaquim Nabuco, um pêndulo gigante que não marca as horas, mas o número de assassinatos, como se o tempo, nessas regiões, fosse medido não pelo movimento do cosmos ou pela taxa do dólar ou do yuan, mas pelos massacres. Nas favelas, jovens embrutecidos passeiam com seus cães. Eles estão armados com facas ou revólveres. O seu destino oscila entre a prisão, a droga e o cemitério.

Os sociólogos, os psicólogos e os criminologistas tentam explicar essa infâmia. Não explicam. Eles não conseguem compreender: esse país tão claro é ilegível. Os brasileiros formam um povo brincalhão e carinhoso. Eles riem muito. Amam os corpos, o amor, o bom Deus, a família e a vida; eles dançam e choram, são divertidos, compassivos e sorridentes, eles tirariam sua camisa e lhe dariam de bom grado, sim, mas essa serenidade é um engodo, ou então uma lembrança, é um painel sobre o qual desfilam efígies do assassinato e do horror.

O Rio de Janeiro é como a Cidade de Deus, de Santo Agostinho, uma cidade dupla, metade paraíso e metade danação, metade noite e metade céu. Nos bairros nobres, sucedem-se mansões e loucuras, piscinas, celebridades, Porsches blindados e protegidos por milicianos cheios de revólveres, alarmes e matilhas de pitbulls. Se você consegue vencer todos os controles, é recebido de braços abertos por pessoas belas, cultas, inteligentes, calorosas e sensíveis – e duras como insetos. E, assim que você deixa esse éden, encontra a dor já na primeira esquina.

Essas injustiças, essas selvagerias devem ter alguma razão. Elas alimentam teses. A ditadura, que durou vinte anos, de 1964 a 1984, deixou infâmias e maus hábitos, mesmo que não tenha nunca rivalizado em ignomínia com as da Argentina ou do Chile. A miséria e o "horror econômico" também são invocados. As desigualdades são extremas. Apesar de Lula, as diferenças entre os mais ricos e os mais pobres permaneceram. No final do século XX, os 10% mais pobres se contentavam com 0,7% da riqueza nacional, enquanto os 10% mais ricos possuíam 50%.

Essas explicações são razoáveis, mas não convencem. A miséria é velha como o Brasil e os governos do passado nem sempre foram ternos. A ditadura e a precariedade não explicam, portanto, toda a violência. Como compreender que o Brasil, considerado tão gentil durante quatro séculos, tenha de repente percebido, na década de 1970, que na realidade ele era mau, que tomara o caminho errado, e que o melhor seria se consagrar ao *mal* e não ao *bem,* ao inferno e ao sangue mais do que à leveza das coisas? A história age nas longas durações. Os soldados da tirania moderna e as barbáries do século XX não inventaram a crueldade brasileira. Eles a revelaram, desembalaram, desenvolveram e levaram ao máximo; mas o crime e o castigo moravam nesse país desde sua descoberta.

A questão é controversa: a violência já estava aqui, emboscada nas florestas entre os papagaios da Terra da Vera Cruz, ou foi um produto importado? Será que ela desembarcou nessas praias com as caravelas europeias, a partir de 1500? Ou já existia nessas paragens?

Os primeiros portugueses acham que os índios são homens puros, cândidos e incapazes de cometer pecados, mas a ilusão não dura muito. Rapidamente, eles aprendem que, sob essas inocências e nudez, existem vícios. Os missionários, o padre Manuel da Nóbrega, o padre José de Anchieta e mais tarde o padre Antônio Vieira, mesmo defendendo generosamente a causa dos indígenas e protegendo-os contra as sevícias e os desprezos, não conseguem nada; os colonos asseguram que esses índios são bestas selvagens e pérfidas e que formam um "povo do diabo". O primeiro governador de Minas considera essa terra "um inferno". Pero de Magalhães Gândavo, em sua *História da província de Santa Cruz*, diz que os índios são *diabólicos* e que seus desvarios os assemelham às "bestas brutas". São "tigres humanos", resume um jesuíta.

Em contrapartida, outra tese pretende que o diabo chegou pelo mar e encontrou no Brasil um terreno fértil aos seus projetos. Para frei Vicente do Salvador, eis o que aconteceu: Satã, decepcionado com a Europa e expulso pelos inquisidores, achando que não havia mais nada a ganhar no Velho Continente, teria feito as malas e decidido se isolar na América. Tudo bem. Contudo, por que o Brasil? Porque os índios, muito mais os do interior do que os do litoral – Amazônia, sertão ou Mato Grosso –, já cometiam pecados mais mortais: nudez, incesto, traições, poliamor, antropofagia. Certamente uma mistura bem explosiva, esse encontro entre o *mal civilizado* dos portugueses e o *mal selvagem* dos índios. Em suma, os europeus teriam incendiado as toneladas de vilanias que já se acumulavam, antes de seu desembarque, no país de brasa.

As duas opiniões se sustentam. Os índios não eram ternos – sobretudo os tapuias do interior. Quanto aos primeiros portugueses, alguns eram assustadores, os degredados. Além do mais, os soldados tinham por missão povoar o imenso continente vazio que Portugal tinha inventado. Eles se entregam com entusiasmo à tarefa. Todas as carnes nuas os enlouquecem. É um ataque às mulheres índias e depois às mulheres africanas escravas.

Ainda hoje, as vítimas preferidas dos furiosos e dos assassinos são as mulheres e as crianças. Rebanhos de crianças alucinadas assombram as favelas e as grandes cidades. Eles fazem o que querem. Dizem que alguns são mutilados pelos bandidos para mendigar melhor, mas não é verdade. Talvez tenha havido um caso, e foi na Bolívia. Toda manhã, os cadáveres são recolhidos. Há muitos corpos de mulheres entre eles. E também corpos de crianças. Essas práticas resultam em crianças tão más quanto os adultos. Uma foto famosa mostra um bando de garotos jogando futebol com a cabeça de um homem que acabara de ser executado. Às vezes, percebemos num beco um monte de corpos de homens e de mulheres seminus, abraçados e cobertos de sangue.

Hoje, como ontem, há a possibilidade de se descobrir em uma área distante, no Norte, em um deserto, uma terra rica em minerais preciosos ou em diamantes. Multidões ávidas deslocam-se em poucos segundos. Improvisam uma espécie de mina, isto é, um grande buraco na montanha. Forma-se um formigueiro de desesperados no poço maldito, que cava e tortura e se entremata. Não é uma exploração de ouro e de diamantes. É um combate de agonizantes. Um capítulo de *O inferno* de Dante.

Na Amazônia, no Mato Grosso, em todo canto, os proprietários travam um luta sangrenta contra os camponeses moribundos que reclamam um lote. O Movimento dos Sem Terra, criado em 1984, se espalhou pelo território brasileiro. Ele não obteve muitos resultados, pois os proprietários sabem há muito tempo como lidar com esses pobres sempre descontentes, que sempre querem mais. Por isso, mantêm esquadrões de matadores que conhecem bem sua profissão e rapidamente limparam a Terra de Vera Cruz desses parasitas. Nem mesmo Lula conseguiu que essas bestas recuassem. E a "cordialidade", onde fica? Mas, enfim, qual é a relação? Por que os assassinos não seriam cordiais?

Sim. O país mais carinhoso do planeta dá um jeito de ser tão brutal quanto qualquer outro, e igualmente sórdido. "Meu país não é gentil", dizia-me pouco antes de morrer meu amigo, o grande jornalista Claudio Abramo, "meu país não é gentil. Meu país não é mau. Ele é trágico".

Imagino que a violência não cometeria tais crimes hoje se quatro séculos não tivessem criado e adulado uma cultura da morte, cujos brasões se repetem de geração em geração. Um pouco como se, por trás de cada morte do ano 2010, se agitasse o fantasma de uma morte original. Hoje, como ontem, caixões dos assassinados são fabricados em série. E, desde o início da Terra da Vera Cruz, uma mesma conivência se renova com a morte dada e com a morte recebida. E persiste, sobre a terra encantada, sobre o radiante futuro esboçado pelo excelente Stefan Zweig, uma semelhante resignação à indiferença das coisas.

Culinária

Como todas as cozinhas, a do Brasil é ao mesmo tempo uma geografia, uma história, uma luta contra a fome, uma volúpia e uma sociologia. Como o país é muito grande, o clima é bem diverso e sua população vem da América, da Europa, da África e do Oriente Médio ao longo dos séculos, sua gastronomia é extremamente variada. Ela evoca tanto a suavidade dos escravos negros enrolando seus doces deliciosos e enjoativos entre seus longos dedos carinhosos quanto a avareza carniceira dos bandeirantes e o êxtase dos aventureiros portugueses quando encontraram em 1500 a Mata Atlântica. Sendo o brasileiro um campeão do mundo da saudade, será que não podemos considerar sua gastronomia como uma imensa "madaleninha" de Marcel Proust?

Em um ponto, a cozinha desse país não tem sorte. Por um curioso arranjo das coisas, a feijoada acabou sendo o prato mais famoso do Brasil, essa mistura de feijão e de porco que, mesmo acompanhada de couve e de laranja, é uma preparação um tanto pesada. Acompanhada de farofa e do clima quente, essa receita derrubaria um exército por uma tarde inteira.

Por muito tempo, houve uma explicação para essa escolha. Os folcloristas garantiam que esse prato tinha sido inventado pelos escravos, que adicionavam ao seu prato de feijão preto ou vermelho as partes da carne de porco desprezadas pelos senhores de engenho. Essa fábula me prestou grandes serviços. Sempre que uma dona de casa me servia uma feijoada, acompanhada geralmente de história sobre a feijoada feita por sua avó ou por uma de suas primas, eu imaginava uma plantação de açúcar da região de Recife, o sol a pino e os cortadores de cana enfiando em sua barriga faminta essa pesada iguaria. O meu coração antiescravista e afeito à compaixão se enternecia com o destino desses homens e dessas mulheres e, assim, eu suportava comer um prato ao qual não era particularmente afeiçoado.

Os historiadores modernos desconstruíram essa história. Eles nos ensinam que a feijoada, longe de ter sido imaginada pelos angolanos e deportados, é uma receita portuguesa que surgiu no Brasil. E tem mais: a feijoada não dataria dos séculos clássicos. Seu destino teria desabrochado no início do século XX, apenas. Daí que nós nos extasiamos com a antiguidade de uma preparação apenas um pouco mais velha que nós mesmos, assim como por muito tempo acreditamos que os chapéus das velhas bretãs datavam da época do mago Merlim, e na realidade eles não vão além de Théodore Botrel ou Bécassine.

Que banho de água fria! O prato símbolo do Brasil, não contente em ser um flagelo, seria um mal-entendido. E não teria a profundidade histórica que nos ajudava a mastigar suas carnes. Tantos desgostos e um constante infortúnio tornam esse prato comovente. E acabamos sendo indulgentes. Vamos lá, amigos do Brasil, façam um esforço! Se a feijoada sofrer mais algumas decepções, acabaremos proclamando que esse prato é delicioso.

Confesso, no entanto, que o Brasil ainda não se decidiu entre as duas teses. Uma batalha cortês e pacífica, mas virulenta, opõe aqueles que acreditam na origem negra e venerável da feijoada e aqueles que não acreditam nisso. Teses acadêmicas, comissões de pesquisa, exames de laboratório se sucedem e se chocam. Para mim, como não tenho à minha disposição nem o uso do carbono 14, nem o DNA dos primeiros que a experimentaram, nem os resíduos das primeiras gamelas de feijoada, suspendo meu veredito. Contento-me com uma convicção rústica: a chegada de uma feijoada à mesa acaba com meu entusiasmo.

A fama mundial que ela adquiriu é ainda mais absurda porque a cozinha brasileira é de uma riqueza rara. Ela é variada, inventiva, generosa, sutil, saudável e paradoxal. Tem a arte de associar receitas ou ingredientes vindos de civilizações distantes: as sociedades pré-colombianas, os vilarejos da velha África ou da velha Europa, as sociedades refinadas do Oriente Médio, os acampamentos dos boiadeiros ou dos cangaceiros do Nordeste. Impossível descrever todas as variedades. Lembro-me de um vatapá, em Salvador, composto de camarões pilados e de pedaços de peixes, frutos do mar, amendoins, cajus tostados, gengibre fresco, coentro e cebolinha, leite de coco. Também em Salvador, não se deve perder a moqueca, um cozido de peixes e camarões, com azeitonas, cebolas, tomates sem pele, leite de coco, pimentões e outros ingredientes cozidos em uma panela tampada. Esses dois pratos do Nordeste marítimo levam azeite de dendê, que só no final é adicionado.

No interior do Nordeste, a cozinha usa principalmente a carne seca, os miúdos e o melaço, acompanhados, claro, de farinha de mandioca. Em Minas Gerais, será servido o tutu, composto de feijão, linguiça, banha de porco e cebolas, acompanhado de carne de porco, de boi, de tatu ou de cotia. O frango, que por muito tempo foi desprezado pelos brasileiros, hoje é consumido por todos. Cada região tem sua receita. O xinxim de galinha mistura galinha, camarões, amendoim, caju e tomates. O virado é uma galinha cortada em pedaços com vários acompanhamentos: limão, alho, cebola, azeite de oliva, tomates maduros, louro e, evidentemente, um pouco de farinha de mandioca.

Já faz alguns anos que as churrascarias começaram a se multiplicar no Brasil. Elas confirmam que a carne produzida no país, além de abundante e variada, é de boa qualidade. Os brasileiros, que, como os franceses, são muito vaidosos, deixam bem claro que seus bois e seus porcos são os melhores do mundo. É possível. Não podemos deixar de reconhecer que a carne brasileira é de primeira qualidade. As churrascarias comprovam. Ali, todas as carnes imagináveis, depois de assadas em uma churrasqueira a carvão e passadas em um grande espeto, são apresentadas aos clientes por garçons vestidos como marechais ou camareiros e provavelmente saídos de uma escola de *commedia dell'arte*.

Um capítulo deveria ser dedicado à cozinha amazonense. Ela é escrupulosamente fiel às suas origens indígenas, e na maioria das vezes recorre aos peixes do rio, como, por exemplo, na caldeirada de pirarucu ou de tambaqui. Uma de minhas melhores lembranças é uma casquinha de caranguejo, com cebola, limão e farinha, consumida às margens do rio em Belém.

Talvez se deva à Amazônia a invenção da churrasqueira, cuja paternidade é geralmente atribuída aos flibusteiros da ilha da Tartaruga, nas Caraíbas. Foi Alain Gheerbrant quem levantou essa hipótese, em seu livro: *L'Amazonie, un géant blessé* (Gallimard, "Découvertes"). "Na estação seca, quando os rios estão muito baixos, os índios fazem barragens com galhos secos, e um pouco mais adiante eles espalham ramos de barbasco, uma erva soporífera. Os peixes adormecem e a corrente os leva, com a barriga para cima, até a barragem, e então é só recolher e encher os cestos. É a pesca ao barbasco. Ela deu origem ao uso de longos galhos de madeira verde, colocados por cima das brasas, sobre os quais os índios grelham e defumam as provisões de peixes coletados nessa ocasião, que serão usados durante a estação das chuvas, quando a caça se torna escassa. Depois de capturados, pecaris e antas serão cortados e preparados da mesma maneira. Essa invenção era chamada de *barbacoa* entre os índios do Haiti e esse termo foi adotado pelos espanhóis; é também a *barbecue* francesa, que é muito mais americana do que se pensa, e era o *boucan* dos bucaneiros."

Não se poderia falar da gastronomia brasileira sem homenagear a caipirinha. Essa batida feita com limão, açúcar e gelo picado suaviza a adstringência da cachaça. O seu nome remete à origem dessa bebida, pois o caipira é alguém meio rude e um pouco desajeitado; poderíamos dizer que é uma espécie de camponês rústico. Talvez seja por isso que a caipirinha agrada tanto os paladares refinados da velha Europa.

Éden

Até hoje não sabemos onde fica o paraíso terrestre. No início, ele era situado na Ásia, para os lados da manhã tranquila, na direção do nascer do Sol. Para a Bíblia, ele se localizava entre o Eufrates e o Tigre. O Preste João o transportou para a Índia. As águas do Indo e às vezes as do Ganges espelhavam suas pradarias.

No Renascimento, o jardim começa a se deslocar. Ele muda de continente. Dirige-se para o pôr do sol. Atravessa os mares. Os grandes navegadores o seguem. Contudo, eles se enganaram: o jardim das delícias não se estendia para o Oriente, mas para o Ocidente. Escondera-se na floresta amazônica. Era um paraíso paciente: desde o início do mundo, ele esperava silenciosamente os conquistadores.

Cristóvão Colombo o descobre nas Antilhas. Ele anuncia a "boa nova" na carta dirigida a Fernando e Isabel, a Católica. Ele exulta. E anuncia ter chegado "em outro mundo", no "lugar abençoado onde viviam os primeiros pais".

Ele não está realmente tão surpreso assim, pois já esperava fazer uma grande descoberta. A sua cabeça estava repleta de miragens. Munido da incorreta geografia de Ptolomeu, ele não sabia muito bem com o que ia se deparar, mas sabia que seria algo extraordinário. Talvez desembarcasse nas ilhas do mar oceano onde as amazonas de Homero e de Heródoto se estabeleceram depois de um longo périplo no Cáucaso, na Capadócia e na África. Ou então veria o país no qual os ciclopes da *Odisseia* se refugiaram. Uma coisa era certa: ele colocaria os pés nas regiões fabulosas exploradas dois séculos antes por Marco Polo, em Catai (a China). É claro que nessas terras distantes ele encontraria chineses e mongóis, mas também muitos cristãos nestorianos e a tribo perdida de Israel. É por isso que o genovês tomara o cuidado de colocar em sua tripulação um rabino.

O que ele entrevê no azul das ilhas Caraíbas confirma suas fantasias. Normal. Todos os textos sagrados, a Bíblia, a Cabala, as glosas e os rabiscos esotéricos colocam o jardim das delícias a leste. Podemos contrapor que as Antilhas situam-se a ocidente da Europa, não a oriente, mas como já faz algum tempo que a Terra tornou-se redonda, graças a Erastótene e Ptolomeu, e como atesta o *Imago mundi* de Pierre d'Ailly, cujo exemplar fazia parte da bagagem de Colombo, era fatal que depois de certo tempo de navegação o Ocidente Extremo acabasse se tornando o Extremo Oriente. Essa é a vantagem das esferas e dos círculos. Quanto mais nos distanciamos da origem, mais nos aproximamos dela. De tanto navegar em direção ao oeste, acabamos no leste, e o fato de o Éden brilhar nessas paisagens de mistérios onde o pôr do sol se mistura com o nascer do Sol acaba não sendo tão estranho.

Logo que a boa notícia foi divulgada na Europa, um segundo paraíso saiu das sombras. Em 1500, os portugueses armam dozes ou trezes navios, sendo que sete caravelas chegam, em 22 de abril, para a festa da Páscoa, em uma terra indeterminada, nos limites do mar. Eles avisam seu rei, mas à maneira portuguesa, com uma voz sussurrada, quase silenciosa, sem envolvimento e sem alarde. Parecem não acreditar em sua sorte. Não clamam aos quatro ventos. A euforia não é o forte dos portugueses. Sim, eles encontraram uma terra, ali, mas há tanta terra, meu príncipe, e o mar é tão grande!

Eles não se vangloriam. Apenas informam. São fiéis ao caráter desse povo: discreto, um pouco triste, melancólico, prático e astuto. O lirismo trovejante de Castela, a apocalíptica estrela Absinto, as auroras e os incêndios do milênio, as epifanias e os profetismos, as anunciações ruidosas, esse realmente não é o gênero deles. Sentem-se mais à vontade nas mercearias do que nos sonhos. Navegam no real, nos oceanos, não nas fantasias. E, se avistam um bom pedaço de terra, um monte de ouro ou um jardim das delícias, não são assim tão tolos para rufar os tambores e alertar a vizinhança.

O exemplo vem de cima: a Coroa portuguesa fez do sigilo um modo de governar. A mentira é um de seus instrumentos preferidos. Ela ama, acalenta, lustra e relustra essa mentira, transformando-a em uma obra de arte, uma joia, e impondo-a a seus súditos. Até mesmo a geografia precisa ser travestida e camuflada. Para os reis de Lisboa, os seus mapas são como a menina dos olhos. Eles os protegem dos curiosos. Um capitão português que emprestasse um planisfério ou um portulano a um navegador espanhol seria um capitão traidor. Seria imediatamente cortado, esquartejado, desossado, limpo, pendurado em um gancho de açougueiro e admoestado.

Essa mania do sigilo se aplica até mesmo às informações mais banais. Um marinheiro falante pode acabar na prisão por ter citado uma montanha inesperada, um pássaro estranho ou uma praia de algas. Agora, imaginem se eles encontram um paraíso terrestre completo, um Éden completo, com inocência, frutos saborosos, plantas milagrosas, Adões, Evas e homens sem escrita – o melhor é não contar vantagem.

Apesar dessa cautela, a informação acaba vazando. No ano seguinte à proeza do almirante Cabral, outra frota portuguesa, comandada por Gonçalo Coelho, explora a costa do novo país de maio de 1501 a setembro de 1502. Ela faz uma parada nas embocaduras do Amazonas. Faz parte de sua tripulação um excelente geógrafo, Américo Vespúcio, que "dá com a língua nos dentes". Américo fala que o paraíso situa-se nessas paragens.

"O que é certo", escreve Américo a Lorenzo di Pierfrancesco de Médici, "é que, se o paraíso terrestre se encontra em algum lugar da Terra, acho que ele não deve estar longe dessas terras cuja localização, como já disse, encontra-se ao sul, com um ar tão temperado, que ali não se conhecem os invernos gélidos nem os verões escaldantes".

O geógrafo de Médici é categórico. Ele está no paraíso. No entanto, seu entusiasmo é acompanhado de um pouco de moderação. Vespúcio, primeiro, confessa que, se os selvagens são "doces, amáveis, todos nus e de grandes dimensões", se seus cabelos são abundantes e seus rostos francos e belos, se vivem de bom grado até 150 anos, deve-se no entanto reconhecer que eles comem uns aos outros:

"Vimos um pai comer seus filhos e sua mulher, e conheci um homem, com o qual falei, de quem se dizia já ter comido mais de trezentos corpos humanos. Eu mesmo passei 27 dias em um vilarejo onde vi nas casas a carne humana salgada, suspensa nas vigas, assim como fazemos em nossas terras com o toucinho e a carne de porco. E iria ainda mais longe, dizendo que eles se surpreendem por não co-

mermos nossos inimigos depois de tê-los matado, pois dizem que essa carne é das mais saborosas."

Talvez seja por isso que Vespúcio suaviza sua opinião. Ele não diz que o paraíso é o rio Amazonas. Contenta-se em supor que o paraíso está nessas paragens. Além do mais, esse Américo Vespúcio não é um português. É um italiano, na realidade um toscano, e os toscanos são assim, meio loucos!

Quanto aos portugueses, eles não baixam a guarda. Não são tão bobos para dizer que perceberam ali o paraíso. Aliás, são desconfiados, prudentes e não estão tão certos assim de terem encontrado o Éden. Raros e tardios são aqueles que o afirmam. Um século depois, no início do século XVII, um jesuíta, Simão de Vasconcelos, pretende que o Éden esteja em país português, mas ele é econômico nos detalhes. Ao Éden sul-americano, ele consagra apenas sete parágrafos. Mais um século se passa e um segundo vazamento acontece: Sebastião da Rocha Pitta confirma a notícia em sua *História da América portuguesa*. E dá uma explicação sobre isso. Em sua opinião, não é por acaso que o Brasil possui um fruto chamado maracujá, também conhecido como fruto da paixão, "dom misterioso da natureza que, com os mesmos elementos com os quais compôs uma flor, forjou os instrumentos da santa Paixão". O padre Rocha Pitta detalha sua demonstração: a maravilhosa flor do maracujá celebra a tragédia do Monte das Oliveiras, pois, além de ter a forma de uma cruz, ela reproduz as cinco chagas de Cristo.

Rocha Pitta bem que poderia ter fornecido outras provas. A primeira é de bom senso: há seis mil anos existem homens e eles migram, e eles nunca percebem um traço sequer do jardim das delícias. E, como a Bíblia não mente, o paraíso terrestre deveria então continuar sua voluptuosa existência do outro lado dos mares, nas terras que os homens ainda não tinham reconhecido. Na América.

Essa América assemelha-se ao início do mundo. Ela é rica em frutos, legumes, pássaros, animais estranhos, peixes brilhantes. Nas florestas incompreensíveis, borboletas luxuosas fazem amor com flores nunca vistas. "O Brasil", diz Vicente do Salvador, "é mais bem fornecido em alimento do que as outras regiões do mundo, pois ali encontramos as de todos os outros países".

Os homens que ali vivem são belos e não conhecem a escrita. Falam a língua dos pássaros, dos cipós e das nuvens. É um sinal. Todo o mundo sabe que os habitantes do Éden não precisam de um alfabeto para serem felizes e bons: "As narrativas da idade de ouro", diz Ernst Jünger, "concordam em um ponto: foi uma era inocente. Portanto, ela deve ter sido não apenas sem teologia, mas ainda sem ciência, sem alfabeto e também sem escrita figurativa. O homem completo tem o saber. Não tem nenhuma ciência. Conhece menos as propriedades das pedras, das plantas e dos animais do que suas virtudes. Elas falam com eles".

Além do mais, os indígenas que os portugueses descobrem estão nesse estágio de natureza que é a marca da inocência. Como ainda não cometeram o pecado original, eles não trabalham. São seres cândidos. Não foram eles que desobedeceram aos planos de Deus ao comerem o fruto proibido. De toda maneira, frutos é o que não lhes falta, de todas as cores e de todos os sabores. Teriam de ser bem idiotas para colher justamente aquele que Deus reservou para si. E, aliás, mesmo que quisessem mordiscar o fruto, por provocação, por prazer da desobediência ou gula, eles nem mesmo saberiam em que árvore ele cresce, já que não sabem nem ler e não possuem nem teólogos, nem padres da Igreja, nem Bíblia. Assim, por que seriam castigados pelo Eterno e obrigados a trabalhar a terra e a ocultar seus corpos?

É preciso admitir então que há muitas e muitas provas. Finalmente, estava próximo esse paraíso que os homens deixaram passar na Babilônia, e os portugueses, no entanto, não estão lá muito contentes. Esse suposto éden não lhes diz nada. Com algumas raras exceções, eles não dão com a língua nos dentes. Talvez temam entregar o ouro a seus concorrentes, os ingleses, os holandeses, os franceses. Eles não desejam colocar a raposa no galinheiro. Eles fazem lembrar esses pescadores que prefeririam cortar a língua a dizer a seus companheiros a localização de um lugar cheio de peixes.

É preciso acrescentar que os portugueses são *blasés*. O paraíso não é uma ideia nova em Lisboa. Há cem anos que os marinheiros do Tejo vasculham todos os mares do globo, e já encontraram muitos édens, na África, na Ásia, e que são suntuosos. E entre os tesouros que eles percebem nesse começo do século XVI, Calecute ou Goa estão bem mais próximas do paraíso do que as florestas de Porto Seguro! A Índia possui pepitas de ouro, diamantes e rubis, marajás, palácios imaculados, intelectuais, tecidos brilhantes, sábios, especiarias que são uma perdição, jogadores de xadrez, deuses complicados e muitos zeros, ao passo que essa Terra de Vera Cruz é bastante alegre, tudo bem, mas tirando os papagaios, as cores, as mulheres nuas e o maracujá, ela é pobre em delícias. E não tem tecidos. Não tem ouro e diamantes, canela e especiarias. E é isso que vocês consideram um paraíso! É verdade que as florestas são imensas e as terras são férteis, mas para começar a explorar a Ilha de Vera Cruz e, portanto, o Brasil, seria necessário escavar, cavar, aplainar, colher, cortar as árvores; e essas atividades são cansativas. Os portugueses preferem o comércio ao labor da terra. Além do mais, um paraíso no qual os homens trabalhassem com o suor no rosto seria realmente um paraíso muito estranho, o contrário daquele do Gênesis, o contrário do paraíso e quase um inferno.

Os portugueses jamais deixaram de lado essa desconfiança, esse realismo. O descobridor do Brasil, o almirante Cabral, tinha se contentado em dar uma espiadela na Terra de Vera Cruz. Em seguida, seus capelães celebraram uma missa. Cabral fez um pouco de cerimônia. Pegou algumas coisas ao longo da costa, procurou uma enseada, um lugar com água doce para se reabastecer, e passou alguns dias em Porto Seguro. Achou tudo demorado demais. Por isso, mandou um de seus navios, o de Gaspar de Lemos, a Lisboa para narrar tudo isso ao rei Manuel. Nesse barco, estava o escrivão de bordo, Pero Vaz de Caminha, que redigiu uma longa carta para apresentar ao rei Manuel, o Venturoso, a ilha de Vera Cruz. Pero Vaz de Caminha é um bom escrivão. A sua carta é bela. Ela forma a base, o germe, de toda a futura literatura brasileira e durante muito tempo é seu principal texto, pois as primeiras obras escritas no Brasil ou sobre o Brasil são feitas não por escritores portugueses, sempre intimidados pela regra do sigilo, mas por estrangeiros – o alemão Hans Staden, alguns corsários ingleses, e sobretudo franceses: André Thevet, Jean de Léry, os padres Claude d'Abbeville e Yves d'Évreux...

Pero Vaz de Caminha faz uma bela descrição. Ele é sensível à beleza e às promessas dessa Terra de Vera Cruz. Ele elogia suas delicadezas, as cores, os pássaros, a doçura de seus habitantes, mas não se permite esclarecer e anunciar a seu monarca que estavam de posse do paraíso. A pretensão e os heroísmos, os profetismos e os triunfos, tudo isso é bom para a Estremadura, de onde vêm Cortez, Orellana, Pizarro, Aguirre e outros fidalgos malucos, bom para Castela e para Aragão. Não para Portugal. Em Lisboa, as bocas estão fechadas e as confidências, dificultadas.

Da *terra incógnita*, o escrivão do almirante Cabral oferece uma descrição sóbria, amigável e redigida com elegância. Ele assinala os papagaios, as árvores. Observa que todos os selvagens estão nus. A nudez o impressiona. Dela faz essa descrição: "Os homens são morenos e todos nus, sem que nada lhes cubra suas vergonhas... As mulheres são bem gentis com longos cabelos negros sobre seus ombros e o sexo tão alto, tão apertado, tão desprovido de pelos que poderíamos olhá-los sem experimentar nenhuma vergonha". Os homens não são circuncidados. Os corpos são harmoniosos, pois levam uma vida saudável. Como ornamentos, plumas, pequenos ossos e pedras. Homens e mulheres, todos pintam o corpo de preto, amarelo e vermelho. "Presumo", conclui Pero, "que eles não têm nem casa nem domicílio fixo".

Essa é a primeira descrição da Terra de Vera Cruz. Não é um cântico à glória de Deus ou um salmo sobre o jardim das delícias. É um relatório de um notário. Pero Vaz de Caminha é um escrivão delicado, mas sem exaltação. Ele fornece o estado da nova propriedade que acaba de ser adicionada ao império de Portugal. E o faz com uma pena ardente, às vezes encantada, mas sem as considerações edênicas, adâmicas ou apocalípticas que fazem o charme ruidoso dos descobridores espanhóis. Os portugueses mais exaltados não dizem que chegaram ao paraíso. Dizem que a Terra da Santa Cruz é "como" um paraíso. Essa é a diferença com os alucinados que seguiram Cristóvão Colombo. Para os espanhóis, é realmente o paraíso terrestre, o verdadeiro, o da Bíblia, o de Adão e de Eva, que se estende na Amazônia. O mesmo não se passa com os portugueses: é como uma metáfora que eles falam do Éden.

Em Lisboa, o rei Manuel lê a carta de Pero Vaz de Caminha. E a guarda no lugar preferido dos portugueses: no sigilo. Ele a esconde nos cofres-fortes do reino. Ela fará parte da montanha de documentos, papeladas e papelotes, manuscritos, cinzas e velinos, minutas e arquivos, pergaminhos, *in-octavo* e incunábulos, poeiras, excrementos de moscas e de vermes que compõem a história de Portugal. O "paraíso" é colocado em sigilo. A notícia da descoberta de um dos mais vastos países do mundo é colocada "em espera". Essa espera vai se prolongar. Portugal, saturado de história, extenuado de história, ameaçado de não ser mais que seus próprios arquivos, que sua própria memória, coloca o capítulo americano de sua epopeia em uma câmara fria. Ele o mantém na reserva, esperando que chegue o dia de reabrir a porta blindada do imenso cofre-forte. A carta fundadora do Brasil vai dormir por dois séculos. Essa carta só é exumada dos arquivos da Torre do Tombo em 1773. Ela é então recopiada e só será publicada em 1817, em uma versão parcial, depois integral em 1854 pelo Instituto Histórico e Geográfico Brasileiro. Assim, Portugal e o mundo só serão informados oficialmente de que existe um país entre o Amazonas e o rio da Prata em 1817, ou seja, apenas alguns anos antes de a colônia obter sua independência.

O almirante Cabral é como o rei de Lisboa. Ele não se comove com a nova joia da Coroa. Não fica ali por muito tempo. Não se esquece de que o objetivo de sua viagem é a Índia e que seus barcos só se chocaram com a ilha de Vera Cruz por distração e porque os alísios se embaralharam. Ele volta ao mar. Pega a direção de Calecute, contornando o sul da África pelo Cabo das Tormentas (rapidamente reba-

tizado como Cabo da Boa Esperança), obedecendo ao seu plano de navegação. A missão que lhe é designada pelo rei Manuel, o Venturoso, é clara: ligar Portugal à Índia seguindo a rota marítima aberta por Vasco da Gama três anos antes, em 1497, e que dera ao reino uma vantagem comercial decisiva sobre todos os povos que se dispunham a se alimentar dos tesouros da Índia.

Para Portugal, essa expedição de Vasco da Gama ao redor da ponta sul da África foi o grande acontecimento da época. Se a descoberta do Brasil foi tratada como uma anedota, de forma negligente e quase condescendente por Lisboa, a notícia de que o Oceano Atlântico se comunicava com o Oceano Índico, contrariando a narrativa de Ptolomeu, saciou os desejos dos soberanos portugueses, de seus oficiais e de seus negociantes. Eles não estavam errados. Muito mais do que a invenção das Américas, o périplo de Vasco da Gama mudou o mapa do mundo, o dos espíritos. O doge de Veneza foi o primeiro a medir os efeitos disso: em 1498, ele convocou em caráter urgente seus chanceleres. Anunciou-lhes que a história acaba de entrar em uma nova província. Os cortesãos zombam. Será que o doge se refere a essa América que Colombo encontrou seis anos antes? Nada disso, diz o doge. O grande acontecimento é que Portugal, graças a Vasco da Gama, conseguiu abrir uma rota direta para as Índias, pela ponta sul da África. A proeza de Vasco da Gama atinge Veneza no coração. A partir de agora, todo o comércio entre o Ocidente e as Índias, do qual Veneza tinha as chaves, passa para Portugal. Vasco da Gama faz da Cidade dos Doges uma rainha morta, revestida de ouro, de esmeraldas e de sedas, cuja suntuosa agonia ainda não acabou.

O fim do périplo de Cabral é uma sequência de contrariedades. O almirante é azarado. O seu caráter é amargo. Qualquer coisa o tira do sério. De passagem pelo Cabo das Tormentas recentemente reconhecido por Vasco da Gama, metade de seus

navios afundam. Nas paragens de Calicute, ele briga com os índios. Um ano mais tarde, em 1501, é uma frota em frangalhos que revê as águas do Tejo. Cabral se apresenta na Corte. Ele deixou de encantar. O rei não o ama mais. O homem que consolidou a rota marítima para as Índias e no caminho colheu um continente é um inútil. Até sua morte solitária, em 1521, ele conservará a reputação de não ter sorte para as coisas do mar. Se Portugal não tivesse sido indiferente, taciturno e frio, será que o homem que inventou o país magnífico seria descrito como um asno?

Antes de retomar a rota da Índia, Cabral deixou sobre a Terra de Vera Cruz, segundo o costume, dois marinheiros de sua tripulação. Mas não qualquer um: alguns degradados, ou seja, proscritos, condenados à morte. Eles se misturaram aos povos selvagens, estabeleceram amizade com eles, aprenderam sua língua e seus costumes. E foram utilizados pelos futuros viajantes portugueses como tradutores. Eis o que confirma que Cabral não pensou em um paraíso terrestre. Se tivesse se abastecido de água doce no éden, teria deixado no lugar, para garantir as trocas entre os habitantes do paraíso e os da Terra, não demônios, mas anjos, querubins, correndo o risco de designar, caso não dispusesse de anjos, alguns marinheiros gentis. É preciso reconhecer que Cabral, ao confiar a terra nova a ladrões, desempenha o papel de precursor. Aos dois desocupados deixados nas areias de Porto Seguro logo se juntarão soldados, missionários e banqueiros do Velho Continente, entre os quais se misturarão alguns santos e muitos espertinhos.

Nem os escritores portugueses dão muita importância ao novo apanágio da Coroa portuguesa. Em 1572, o poeta Luís de Camões publica um canto, *Os lusíadas*, para celebrar o gênio de Portugal, a grandeza de seu império, o heroísmo de seus marinheiros, de seus capitães e de seus reis. Ele narra com orgulho a viagem fundadora de 1498, a de Vasco da Gama, que ofereceu o Oriente a Portugal. Elogia as regiões que Portugal arrazoou um pouco em toda parte, Moçambique, Índia, as ilhas do Oceano Índico...

E o Brasil? O Brasil aparece na monumental epopeia, mas de forma medíocre. Tem direito a alguns versos. Essa província do império, explica Camões, é conhecida por "sua madeira vermelha". Camões não gastou muita energia. Poderia ter se esforçado mais. Normalmente, os poetas épicos não economizam seu talento. Eles embelezam tudo o que tocam. Em suas epopeias, uma simples mosca parece um dragão e um resfriado transforma-se em cólera. Adoram falar. Os versos caem de sua boca como neve ou geada. *Os lusíadas* tem milhares de versos. Camões poderia ter feito uma estrofe ou duas em honra, se não de Cabral, que merece ser criticado, pois errou o caminho, pelo menos de sua descoberta. Mas não, nada. E por que esse grande silêncio sobre os alísios que empurraram a frota portuguesa, sem dúvida a mando do Eterno, para um lugar que ainda não existia? Será que esses ventos loucos e esses ventos milagrosos não mereciam um soneto, uma redondilha, um haicai, um terceto ou um hemistíquio? Mas não. Da suntuosa Terra de Vera Cruz, Camões cita apenas uma coisa: ela produz madeiras vermelhas.

Será que Camões, em sua pressa de fornecer a Portugal uma das "epopeias fundadoras" sem a qual um grande país permanece sendo um pequeno país, não teve tempo? A desculpa não se sustenta: Camões nasceu por volta de 1524. Escreve versos desde a idade de vinte anos e sua grande obra, *Os lusíadas*, terminada em 1556, só foi editada em Lisboa em 1572. Então não foi tempo o que lhe faltou. Além do mais, ele certamente era guiado por um terrível entusiasmo; os poetas épicos são assim, inspirados e insaciáveis. Logo, devia trabalhar febrilmente de manhã até a noite. Talvez nem almoçasse! E, durante esses longos anos, ele não encontrou uma horinha para dizer algo de bom sobre o Brasil?

É verdade que, durante esses 35 anos, Luís de Camões não ficou parado. Ele pertence à família dos poetas agitados, provocadores, fortes e briguentos. Nasceu em uma família da pequena nobreza. Como é hábil nos estudos, entra na Universidade de Coimbra, depois de ter fornecido, como a regra exigia, um certificado atestando sete gerações de *limpeza de sangue*. Ele escreve poemas. Vende-os a cavalheiros, que os oferecem às suas damas. Frequenta as tavernas e os bordeis. Ele agrada às senhoritas, o que lhe vale ser expedido ao Marrocos, a Ceuta. Ali, luta com o punho e espada e, quando retorna, está caolho. Esse inconveniente não o impede de brigar com um oficial do palácio, no dia da festa do Santo Sacramento. Condenado a um ano de prisão, é despachado para as Índias, para Goa.

Em Goa, alista-se em uma expedição militar. Escreve poemas nem sempre delicados e a administração o manda para Macau. Ali, ele desempenha um ofício obscuro: cuidava para que os bens dos defuntos e ausentes fossem entregues aos seus legítimos herdeiros. Ele se apaixona por uma jovem chinesa. É preso e depois expulso junto de sua chinesa para Goa. O navio naufraga na embocadura do Mekong. Ainda bem que Camões sabe nadar. A chinesa, porém, não sabe. E se afoga. Tanto pior. Um barco recolhe Camões e o reconduz a Goa, onde é encarcerado. Quando é posto em liberdade, a sociedade local o acolhe amavelmente, pois sua reputação de poeta se espalha. No entanto, a Inquisição, que ainda não tinha maculado essas terras, se aproxima. Camões não quer encontrá-la. Em 1567, ele embarca para Portugal, acompanhado de um empregado javanês. Todavia, quando o barco chega a Moçambique, na África austral, o capitão percebe que o poeta não pagou o fim da viagem. O escravo javanês começa a esmolar diante da fortaleza de Moçambique. Depois de dois anos de óbolo, Camões pode voltar ao mar.

Em 1572, *Os lusíadas* é impresso em Lisboa. A obra é dedicada ao rei Sebastião, então com treze anos. Na imensa epopeia do povo português, o Brasil é apresentado como "um figurante" quase mudo. É preciso se resignar: o novo país não atrai nem os reis, nem os militares, nem os colonos portugueses, nem os poetas. Eles preferem a costa de Malabar. Além de não ser um paraíso terrestre, a Terra de Vera Cruz é principalmente uma região mal-amada.

Os soberanos de Portugal não se empenham muito no gerenciamento dessa nova glória da Coroa. Eles fazem o mínimo. Quando outra nação se esforça para roubá-la, aí sim eles abandonam sua indolência. E então se tornam terríveis. Os seus capitães se irritam. E matam os intrusos franceses, holandeses, espanhóis que rondam como urubus em volta de uma carcaça. A Coroa envia ao Brasil alguns soldados e muitos degredados, pois os portugueses não são numerosos (800 mil) e os jovens que procuram aventura preferem as Índias. Portugal usa então seus marginais. Livra-se da "canalha". A eles se juntam alguns cristãos-novos, que são os judeus, e muitos monges. Mas os reis hesitam em nomear bispos, em cobrir a nova região com todas essas dioceses, episcopados, conventos, igrejas que os espanhóis rapidamente implantam em seus feudos. Somente em 1551 é que o primeiro bispo português, dom Pero Fernandes Sardinha, é nomeado, meio século depois da descoberta. É verdade que os clérigos portugueses não têm muita pressa em ir para o Brasil. Para um jovem seminarista de Lisboa, Goa, nas Índias, é uma melhor atribuição.

Para administrar a colônia, em 1530, o rei João III recorta o país em quinze capitanias hereditárias, entre as quais divide o território do Brasil. Ele privatiza o domínio e somente em 1549 é que Lisboa institui um governador-geral do Brasil, em Salvador, sendo Tomé de Souza o primeiro. Os reis administram o Brasil com inteligência e escrúpulo, mas de longe, sem lirismo, sem impaciência. Eles permanecem aconchegados em Lisboa. Essa ausência de curiosidade é chocante: os marinheiros do rei adicionaram ao minúsculo reino um espaço infinito, e aos monarcas não surge a ideia de subir em uma caravela e atravessar o Equador para ver com o que se parece essa nova joia da Coroa. É preciso chegar o ano 1807 para que um soberano português se dirija ao país do qual todo o mundo fala há três séculos. E mais, para que a monarquia lusitana subisse em um barco, foi preciso que Napoleão invadisse Portugal.

Os espanhóis são melhores do que os portugueses em matéria de paraíso. Além do entusiasmo, a sorte os acompanha. Para eles, o paraíso está em toda parte. Cristóvão Colombo já havia dado o tom. Os seus sucessores compartilham de sua animação. Os conquistadores de Castela se lançam nessa Amazônia que os portugueses não ousam afrontar. Eles penetram na floresta maravilhosa, não a partir do Atlântico, mas do Pacífico, do Peru. Apesar dos obstáculos da Cordilheira dos Andes, eles se colocam em marcha.

Expedições gigantes se formam, com soldados vestidos de aço como insetos, cavalos encouraçados, milhares de carregadores indígenas, milhares de cães raivosos adestrados para estripar os índios, milhares de lhamas, milhares de porcos, e capitães delirantes: Gonzalo Pizarro (irmão de Francisco Pizarro, que será assassinado em seu palácio em Quito), cuja cabeça será cortada, o tenente-general Francisco de Orellana, dez outros, e o basco Lope de Aguirre, o mais louco de todos, aquele que assassina seu chefe, Pedro de Ursúa, "governador e capitão-geral do Dourado", a fim de se apoderar do título de "rei da Amazônia", e mata sua própria filha para impedir que algum homem a tocasse. Estandartes ao vento, espadas ensanguentadas em punho, preces e anátemas na boca, essas brigadas do fim de mundo buscam a entrada do paraíso.

Eles não cobiçam apenas o paraíso do céu. Os prazeres da terra também lhe agradam. Gostariam de encontrar canela, mas a Amazônia não possui. Precipitam-se sobre o ouro, os diamantes, o sangue, a dominação, a volúpia e a morte. Para os seus violentos cérebros, as riquezas daqui e as do outro mundo são a mesma coisa. O metal fabuloso abre o caminho dos dois paraísos ao mesmo tempo, o daqui e o do além, o do Mercador de Veneza e o dos alquimistas. O ouro americano, mesmo que seja arrancado do pescoço cortado dos imperadores astecas, é também um ouro filosofal.

Mesmo que no início o paraíso lhes escape, eles não se preocupam. Percebem que estão no caminho certo, pois encontram criaturas que frequentam ordinariamente o entorno do belo jardim. Como é o caso das amazonas, cuja existência conhecíamos desde o fim da Antiguidade. O encontro acontece em 1542. Ele é relatado por uma testemunha acima de qualquer suspeita, pois se trata de um religioso, um dominicano, o reverendo padre Gaspar de Carvajal.

De tanto vasculhar a floresta, os aventureiros espanhóis dão de cara com o Éden, ou mais exatamente com o Eldorado. Um tal de Martinez tem a sorte de se perder nessa região inacessível, muito distante, ao norte do rio Negro, na região do lago Parime, que é imenso, mais vasto do que o mar Negro. Com o passar dos anos, esse lago vai mudar de *status*. Depois da passagem do grande geógrafo e explorador Humboldt, em 1880, ele se tornará a serra Parima, onde nasce o poderoso rio Orenoco, mas, por enquanto, no tempo dos primeiros conquistadores, ele é ainda um lago, e suas águas se agitam no Éden.

Nas margens do Parime, Martinez descobre a imensa cidade de Manoa, capital do Eldorado. O rei de Manoa é afável, o que é insignificante quando se é soberano do paraíso. Ele convida Martinez para conhecer suas propriedades, seus palácios de mármore, de esmeralda e de ouro, e se mostra amável, mas Martinez prefere voltar para os seus. O rei de Manoa não se opõe aos seus desejos. Despede-se e lhe fornece uma escolta.

Conhecemos a expedição de Martinez graças a um inglês notável, Walter Raleigh, um aristocrata muito inquieto, meio poeta, meio corsário que, ao retornar da América e do Eldorado, passará treze anos trancado na Torre de Londres.

O testemunho de Martinez, retomado por Raleigh, é precioso. Martinez é o único homem que viu, com seus próprios olhos, o paraíso terrestre. Ele nos dá água na boca. A cidade de Manoa é sedutora. Ela é imensa, no meio de uma paisagem de colinas e de vales, ao longo de um rio margeado de praias de areia fina. Em suas pradarias saltitam muitos cabritos que devem ser realmente belos, pois, como nos diz Raleigh, eles são "como superfícies estreladas" e rebanhos de vicunhas. A região também possui garças, cegonhas e uma brisa oriental. Os habitantes de Manoa trazem pedras ao rei do Eldorado. Algumas dessas pedras são de ouro e as outras, de prata. Claro, algumas amazonas moram no Eldorado. Elas usam vestidos de fina lã e grandes coroas de ouro. Às vezes, elas matam seus filhos machos. Outras vezes, elas os entregam aos homens.

Walter Raleigh ama tanto o país do Eldorado que retorna assim que é libertado da Torre de Londres, em 1616. E não encontra o caminho. O paraíso desapareceu, mas Raleigh vasculha um pouco a Amazônia antes de voltar para Londres. Melhor seria se tivesse ficado em seu paraíso terrestre: quando chega à Inglaterra, ele volta a ser preso, provavelmente a pedido da Espanha, pois destruiu algumas de suas propriedades no Novo Mundo, e é decapitado em 29 de outubro de 1618 na Torre de Londres.

Cinquenta anos mais tarde, um dos conselheiros dos reis de Castela, Antonio de Léon Pinelo, publica uma súmula: *O Paraíso no novo mundo.* Ele é um personagem considerável. A sua erudição é universal. Sabe tudo. Possui uma quantidade enorme de livros. É o primeiro cronista do reino. O manuscrito de *El Paraíso en el Nuevo Mundo* conta com mais de oitocentas páginas.

Pinelo retifica algumas incorreções da Bíblia. Os rios que cercam o Éden não são de forma alguma o Tigre, o Eufrates, o Indo e o Ganges, mas o Madalena, o Orenoco, o rio da Prata e o Amazonas. Outro erro: o fruto proibido não é a maçã, nem mesmo o figo, mas o maracujá, esse fruto da paixão que já tinha atraído a atenção do português Rocha Pitta. Pinelo também se questiona sobre a arca de Noé. E é uma boa ideia, pois essa arca confirma que a Espanha certamente encontrou o paraíso. Eis seu raciocínio: são incontáveis os animais que a Terra abriga. Alguns, como os elefantes, são enormes. Outros, como os leões, são ferozes. Para alojar esse grupo, para fornecer o necessário a todas as bestas, o barco de Noé deveria ser bem grande. E onde naquela época poderíamos encontrar árvores tão altas para carenar tal embarcação? Pinelo fornece a resposta: na América do Sul. Noé construiu sua arca com os cedros gigantes que crescem no lado oriental da Cordilheira dos Andes.

A demonstração de Pinelo é convincente. À primeira vista, esse continente parece um quebra-cabeça desordenado, que passou pelas mãos de uma criança boba. Não compreendemos nada. Para que sua coerência se torne visível e que suas imagens se encaixem umas às outras, bastava descobrir a peça que faltava – aquela que tem a forma do Eldorado. A partir desse momento, tudo fica claro. O quebra-cabeça se completa. Cada elemento encontra sua razão no conjunto. Os seres e as coisas inacreditáveis encontradas por Colombo, por Cortez ou Pizarro, por Aguirre e Carvajal, as fadas e os dragões, as gentes nuas e as gentes emplumadas, tudo isso encontra o seu lugar. São os reflexos da idade do ouro. E se por acaso alguns leitores ainda permanecessem insensíveis à demonstração, Pinelo oferece um argumento definitivo: se o homem não tivesse sido criado na América do Sul, por que diabo esse continente se apresentaria no mapa-múndi com a forma de um coração?

Diante de todos esses paraísos, desses Eldorados, desses édens e dessas fontes da juventude que pululam no país castelhano, Portugal não se sobressai. A sua colheita é medíocre. Ele não consegue competir. E também não deseja fazê-lo. Todavia, isso não quer dizer que se rebaixa. Ele faz de conta que não vê nada. Meu filho, se ele se faz de bobo, é para melhor triunfar! É o sigilo, como eu te disse!

O paraíso português não é vistoso, brilhante e lírico como o dos castelhanos, mas não deixa de existir. Ele se esconde. Esquiva-se. É um passageiro clandestino. Não é citado. Mora nos porões. É um "paraíso recalcado". Freud nos ensinou que as coisas que recalcamos, que guardamos no inconsciente e jogamos nos fundos falsos de nossa memória não se evaporam. Elas estão mudas e falam. Nós não as conhecemos e, no entanto, elas nos governam. Elas são inexistentes e são nossa existência. Mesmo em estado de morte aparente, elas se agitam, e um belo dia retornam com força; elas nos dão ordens absurdas, nos obrigam a gestos agradáveis ou então proibidos. É o que se nomeia o "retorno do recalcado". É o que acontece com o paraíso português: é um "paraíso recalcado", que jamais deixará de "retornar". Esse paraíso recalcado colore com suas luzes misteriosas toda a história do Brasil.

Antes mesmo de o Brasil ser inventado, o mito do paraíso já obcecava a Europa. Uma lenda já falava misteriosamente da terra a ser descoberta um dia por Cabral. Sobre os planisférios e os portulanos da Idade Média, percebe-se no Oceano Atlântico uma ilha que traz o nome de Ilha Brazil, ou Ilha Bresail, ou Brazill. Essa ilha não é imóvel. Ela se desloca com os ventos e as marés. Parece uma enorme baleia. E vem de uma lenda medieval à qual o irlandês São Brandão garantiu uma imensa fama. Todos os marinheiros da Europa, bem antes do Renascimento, sabem que na direção do oeste nadam "ilhas afortunadas", terras livres das infelicidades da condição humana, terras sem morte, sem dor e sem declínio, sem castigos.

O estranho é que o mito da "terra sem dor", que persegue os marinheiros europeus, é retomado na América não pelos colonos portugueses, que preferem cortar o pau-brasil e cultivar a cana-de-açúcar, mas pelos índios. Desde a chegada dos europeus, as tribos tupis-guaranis relembram suas antigas lendas da "terra sem dor", sem pecados nem remorsos. Essa terra se estende para o norte, nas imediações da grande floresta. Os tupis não se contentam em ouvir, durante as vigílias, as fábulas da "terra sem dor". O que acontece é que eles começam a caminhar, todos juntos, como lemingues, com a vontade não de morrer, mas de se reinstalar na idade do ouro.

Essas informações iluminam toda a aventura brasileira. Os profetas e os messias, cristãos ou tupis, negros, caboclos, cafuzos, mamelucos, angolanos, beninenses pululam na terra brasileira. De tempos em tempos, um inspirado se levanta e ergue as multidões. O padre Cícero, no início do século XIX, reúne em suas preces milhares de pobres sertanejos à espera da felicidade. Utopistas brasileiros ou europeus, como os da Cecília, escolhem o Brasil para ali conduzir seus projetos de felicidade, de justiça ou de igualdade social. Esses anunciadores de epifanias ou de apocalipses nascem de preferência nas terras martirizadas, no deserto do Nordeste, no sertão, que as secas massacram e que despeja nas estradas os pobres vaqueiros e suas trouxas de cóleras e de mágoas. É claro que esses êxodos, que cadenciam o tempo do sertão e o tempo do Brasil, são principalmente marchas da fome. Mas mesmo assim: não podemos perceber nessas fugas, nessas vagas, uma ressurreição dos mitos esquecidos, o dos tupis e da "terra sem dor", o da ilha bem-aventurada de São Brandão?

Encontros

Pasolini morreu em 1º de novembro de 1975 nos arredores de Roma. Quando morreu, eu estava na Amazônia, em Belém. Soube da notícia em um bonde. Eu estava em pé. Agarrava-me a uma dessas alças de couro que permitem amortecer os solavancos do bonde. Eu lia vagamente o jornal que uma viajante sentada à minha frente decifrava. No pé da primeira página, um boxe anunciava: "O cineasta italiano Pasolini morreu assassinado". Dez linhas.

Eu gostava dos poemas de Pasolini, de seus filmes, Teorema e Medeia, principalmente, e aquele sobre Jesus Cristo e um que se chama Saló. Tentei adivinhar se a mulher do bonde de Belém se emocionara com essa morte. Eu a observei. Seus olhos passaram pela notícia e não se detiveram. O nome de Pasolini não lhe dizia nada. Até parecia que esse box estava destinado especialmente a mim. Comecei a criar uma cena de teatro. Eu imaginava os telegrafistas, os tipógrafos, os vendedores ambulantes de jornais que espontaneamente se tinham mobilizado para que a morte de Pasolini me atingisse como uma bala perdida em um bonde de Belém.

Sem querer, a mulher do bonde também representava um papel na inextricável cadeia das casualidades. Aquele encontro em um mesmo dia e em uma mesma cidade já era bem extraordinário, pois habitávamos dois continentes diferentes e não tínhamos nem os mesmos programas nem as mesmas preocupações. Ou seja, sem saber e sem nos conhecermos, marcamos um encontro nesse bonde. Como fizemos, sem ser de propósito, para chegar até esse bonde, naquela manhã, exatamente no mesmo minuto? Além do mais, eu estava em pé bem atrás dela no momento em que ela abria o jornal que anunciava a morte de Pasolini. Tantas coincidências davam o que pensar. Lembrei-me de uma lenda russa ou judaica, não sei mais, que fala dos encontros marcados pela morte em Samarcanda ou em Samara. A mulher do bonde estava tranquila. Não percebia nada. Era como um desses mensageiros que devem entregar uma carta selada a um desconhecido e que não sabem se ela anuncia algo bom ou ruim. Ela não demonstrava nada. Mantinha-se discreta. Eclipsava-se diante da grandeza da informação que segurava sem a conhecer.

Ela era como um desses atores surdos, inocentes, mudos, idiotas ou cegos que fazem circular o mal ou o bem nas tragédias e que atiçam os incêndios sem nem mesmo se darem conta. O destino. Ela me olhou. E realmente tinha olhos vagos de destino. Acho que se perguntava por que eu estava tão perturbado. Seguiu meu olhar e observou o artigo. E então o leu. E soube de uma só vez que Pasolini tinha nascido e morrido. Fez uma pequena careta. Eu a compreendia. Era muita coisa para um único dia: saber ao mesmo tempo do nascimento e da morte de uma pessoa cujo nome jamais ouviu! Ela deu de ombros com doçura ou tédio. Não era sua culpa. Ela me pareceu comovida.

Em 1975, viajei pelo sertão durante três meses. Eu não ia de cidade em cidade. Ia de palavra em palavra. Como se fosse um colar de pérolas, eu desfiava essas palavras que gostava tanto de dizer em voz baixa quando folheava o atlas: João Pessoa, Recife ou São Luís, Pernambuco, Salvador, Alcântara, Aracaju. Eu viajava de ônibus. Com um boné americano, poderia passar por um brasileiro, por exemplo, por um vendedor de utensílios domésticos, de cosméticos ou de serras elétricas.

Este é o meu objetivo, quando eu viajo. Ser invisível. Sem qualidade. Ser absorvido pelo país que eu percorro. Tornar-me semelhante a ele, tornar-me um de seus habitantes, uma dessas colinas ou rios, para poder à noite entrar em uma dessas casas que vejo e até mesmo, no caso mais favorável, poder acompanhar os passos de uma mulher. Um homem também pode fazer isso, mas uma mulher é mais prática. O problema é que não posso cortejá-la, ainda menos lhe oferecer dinheiro para desempenhar por alguns momentos o papel de esposa. Não. Eu desejaria passar meu braço sob o seu naturalmente, como se fizesse isso há anos, e retornar com ela para nossa casa na qual os filhos nos esperam.

Em seguida, nós jantaríamos – espero me lembrar onde guardei o sal e a lata de cerveja – e veríamos a novela. Brigaríamos um pouco, mas tranquilamente, sobre a escolha dos atores e o desempenho das atrizes, pois não podemos sempre concordar. Iríamos nos deitar e na manhã seguinte eu sairia para o escritório. Controlaria o número de caixas de laranjas que no dia anterior foram entregues ao comprador irlandês. Em suma, gostaria de me introduzir através de uma brecha silenciosa em um país, em um destino, em uma vida onde tudo estaria no lugar e no qual até esse dia eu seria o único ausente. Preencher o vazio que ocupava o meu lugar. Retornar para a minha sombra.

Acho que um dia isso vai acontecer. Se acontecer, terei feito uma verdadeira viagem. A viagem absoluta. Não uma dessas viagens mambembes que nos arrastam durante quinze dias de cidade em cidade, tangenciando um país em vez de mergulhar nele. Uma verdadeira viagem que me permitiria fazer parte da região que visito. Como se a passarela invisível que religa os países aos países, as existências às existências, o verdadeiro ao falso, o amanhã à véspera de repente descesse, me permitindo entrar, atravessar o limite. Afinal, as maiores religiões detêm em suas reservas um "imã oculto", como os xiitas, um "Deus desconhecido", como Mestre Eckart. Por que, como qualquer um, eu não poderia ter um destino oculto?

Navegar de vida em vida. Ter sido uma criança na floresta do Congo, no porto de Oakland, perto de São Francisco, no deserto de Kalahari, perder essa floresta, esse porto e esse deserto, esquecê-los, e me contentar durante cinquenta anos com outro destino, retirado ao acaso ou por erro, de uma cidade dos Alpes, para no final me tornar um habitante de Alagoas ou de Sergipe, continuar minha vida com minha mulher e meus dois ou três filhos brasileiros, abrir minha loja de manhã na cidade de João Pessoa ou na periferia de Recife. Eis minha viagem: fundir-me à paisagem e me insinuar, como um ser invisível, em uma das existências que fazem parte dessa paisagem. Acabaria visitando a mim mesmo, para perguntar a mim mesmo quem sou eu. Seria inebriante. Mudar para o lugar que me esperava como me esperam milhões de lugares que jamais conhecerei, pois, enfim, não podemos viajar para sempre.

Uma vez, por pouco o sonho não se realizou. Vi meu destino passar diante de mim. Poderia tê-lo tocado. Poderia tê-lo penetrado. Ele estava diante de mim. Era como uma pessoa que desfila do outro lado de um vidro transparente. Era ainda no Brasil. Em São Paulo, no hall de um grande edifício. Eu estava no térreo. Esperando o elevador. Ele chegou. E meu destino estava lá dentro. Umas dez pessoas desceram. Vi uma mulher com seu filho, uma criança de oito anos, dez, simpática. Essa criança pulou nos meus braços e me disse: "Ah, papai". Eu tremi. A mulher explicou calmamente ao menino que não era seu pai, que ele se enganara. Hesitei. Por que ela não queria reconhecer que eu era o pai? E se, por uma vez, eu contradissesse minha mulher, e confirmasse a essa criança que realmente sou seu pai? Mas fiquei com medo das complicações. Sim. Foi assim que estive a dois passos de ser o pai dessa criança desconhecida e, na confusão, o marido da mulher, mas às vezes somos tímidos demais.

Naquela época, eu percorria o deserto do Nordeste. Os dias eram duros. Os ônibus começavam a rodar por volta das quatro ou cinco horas da manhã. Viajávamos durante o dia todo, sem mudar de paisagem. Eu fazia como o sertão. Adormecia e ficava monótono. Tínhamos uma pausa para o almoço em um restaurante e chegávamos ao destino no início da noite. Quando era realmente tarde, eu não ia para o quarto de um hotel. Passava algumas horas na rodoviária até de manhã, aguardando a partida do ônibus que deveria me levar para mais longe. Gostava desses inícios de dia cansados. Eu me sentava sobre minha mala, sobre uma caixa de laranjas, sobre um banco, em qualquer lugar, se possível perto de uma dessas potentes lâmpadas da rodoviária e lia. Li em uma rodoviária de Imperatriz "A canção de amor e de morte do porta-estandarte Cristóvão Rilke". A rodoviária era barulhenta. Os motoristas chegavam. Bebiam um cafezinho. Propunham desafios ou brincadeiras. Grosserias. Histórias de mulheres. Caminhões manobravam, faziam roncar seus motores. As rádios espalhavam toneladas de músicas à maneira nordestina, ou seja, bem alto. Todos esses barulhos estavam em torno de mim, em minhas orelhas. Eu os ouvia. Estava envolto em um silêncio, no meio da gritaria. Isso não quer dizer que eu possa ler em qualquer lugar. Isso quer dizer que leio quando estou perdido.

A algumas horas de avião de São Luís, no Maranhão, se estende uma vasta região de areia. Ela é chamada de Lençóis. A palavra lençol é um desses falsos cognatos que dão tanto sabor a uma língua estrangeira. Ela se parece com a palavra francesa "linceul", que quer dizer "mortalha". Mas lençol em português não é uma mortalha, claro que não! Ela designa o tecido que cobre uma cama ou então um depósito de água ou de petróleo. Lenço é outra palavra bem parecida, e em francês se diz "mouchoir", mas em português também pode ser "écharpe".

Portanto, passei um dia em Lençóis. Vi dunas tão belas quanto as do grande Erg ocidental, no Saara; um pouco mais belas, pois há pequenos lagos azuis aninhados na areia e a areia é muito dourada. Esse deserto é impressionante. Andei por muito tempo. Estava cansado. E enfim encontrei um restaurante minúsculo, com três ou quatro mesas. Estava feliz. As folhas de palmeiras nos protegiam do sol. A luz era verde, parecida com a de um restaurante no qual, durante a guerra, almocei com meus pais, em Aïn Séfra, na Argélia. Naquele dia, minha mãe usava um chapéu de palha comprado em 1937. Eu zombei um pouco dela. Havia moscas.

A minha mulher, meus dois filhos e eu éramos os únicos clientes no restaurante de Lençóis. Em seguida, três pessoas chegaram. Brasileiros. Um homem e duas mulheres. Os brasileiros falam alto, sobretudo nos desertos. Eles se dirigem ao horizonte, é inacreditável! Não precisava esticar as orelhas para ser invadido por seus segredos. Eles falavam de Marguerite Yourcenar. O homem dizia que o imperador Adriano não tinha as virtudes que lhe são dadas pela escritora francesa. Ele até mesmo se perguntava se essa Yourcenar escrevia um francês tão bom assim.

Minha vontade foi de lhes dizer que um dia eu vi Marguerite Yourcenar em uma livraria da Rue de la Convention na qual eu entrara por acaso, pois precisava ir ao hospital Boucicault, onde uma enfermeira trocaria o curativo feito no dia anterior por um médico. Cortei a mão tentando espalhar manteiga sobre uma fatia de pão, a faca escorregou, pois a manteiga, que tirei da geladeira, estava bem dura, e Marguerite Yourcenar também folheava alguns livros nessa livraria, mas disse a mim mesmo que era muito complicado contar essa história se quisesse ser completo.

Logo depois, começaram a atacar outro cachorro grande, Albert Camus. A brasileira disse que Camus morou em Alger e também em Oran. Ela conhecia Oran. Passou três dias ali. E até procurou a casa onde Camus morou antes da guerra, em 1937, na rua d'Arzew. Por um instante, senti a tentação de me juntar a essa conversa, pois também morei em Oran, na rua Monge, não muito longe da rua d'Arzew, e talvez até tenha encontrado Camus, pois deixamos Oran em 1937 justamente e nesta rua havia uma loja chamada Ao paraíso das crianças, na qual eu mostrei para minha irmã que era capaz de torcer o pé esquerdo como se fosse um palhaço – mas me contive de contar tudo isso à mulher brasileira.

Esse momento era muito bonito: estávamos juntos, por acaso, sem nos conhecermos, sem nos falarmos, em um deserto brasileiro, e bebíamos uma caipirinha. Existências e lembranças, livros, paisagens, anos, melancolias deslizando umas sobre as outras sem tumulto. E nada, realmente nada, agitava a superfície do tempo. Lembro-me daquele instante.

Escravos

Os Estados Unidos e a África do Sul foram cruéis com os negros. Quando acabaram de tratá-los como escravos, impuseram-lhes o *apartheid* ou a segregação. O Brasil, ao contrário, sempre foi gentil. Graças ao espírito português que é carinhoso, tranquilo e impróprio ao racismo, os africanos e as africanas descarregados pelos navios negreiros em Salvador e Recife tiveram sorte.

No entanto, essa sorte revelou-se uma faca de dois gumes, pois foram enforcados, espancados e assassinados. A verdade é que não foram mais bem tratados no Brasil do que em Nova Jersey. Alguns acadêmicos pretendem que no Brasil foi pior. Vamos nos abster de distribui medalhas de racismo a este ou aquele. O certo é que os negros capturados na África e vendidos em Salvador ou no Rio de Janeiro foram infelizes como negros. O Brasil aguardou até o ano de 1888 para abolir a escravidão por meio da Lei Áurea, e a Inglaterra ainda teve de ameaçar. Ele libertou bruscamente esses milhões de presos. E nada previu para ajudá-los a serem livres. Foi uma catástrofe. O sociólogo brasileiro Thales de Azevedo fulmina: "Lincoln abriu 4 mil escolas para os escravos libertos. O Brasil não abriu nenhuma".

Na "belle époque" da servidão, quantos negros foram recebidos nos portos brasileiros? As estatísticas são vagas. E quantos cadáveres foram lançados ao mar? A mortalidade nos navios malditos é muito alta. As condições de vida a bordo são impiedosas. São necessários de 40 a 45 dias de navegação entre Angola e Salvador. Muitos cativos sucumbem à provação. O navio e seus porões malcheirosos produzem, por indiferença ou cinismo, uma primeira seleção. Chegar vivo ao final da viagem é uma proeza e uma espécie de garantia, um selo de qualidade. Aquele que sobreviveu a semelhante tratamento é "bom para o serviço". Ele resistirá à atroz vida das plantações. Pelo menos por alguns anos.

Em Salvador, os recém-chegados eram vendidos a um senhor desconhecido, separados de suas famílias e de seus camaradas, isolados de seus congêneres que falam o mesmo dialeto que eles, obrigados a deixar de lado seus antigos deuses e a adorar um novo e, por fim, submetidos a um trabalho extenuante. O trabalho co-

meça no mês de julho e os engenhos giram sem parar durante oito meses, vinte horas por dia. Um engenho de boa dimensão emprega entre sessenta e cem escravos, dos quais a metade é designada para as tarefas agrícolas e a outra metade para a manutenção do engenho.

A palavra engenho merece uma explicação. Ela significa comumente "habilidade", "sutileza". Por extensão, designa uma pessoa que possui talento e saber. Aplica-se também a qualquer máquina, desde moinho de farinha até o canhão ou o equipamento mecânico. É dessa maneira que ela designa um estabelecimento agrícola e industrial destinado à cultura de cana-de-açúcar e à produção de açúcar. Às vezes, a terra onde é cultivada a cana também é chamada de engenho.

No engenho, quer seja na moenda ou nas plantações de cana, o calor é sufocante. A expectativa de vida dos escravos é pequena. Os infelizes sobrevivem algumas temporadas, de cinco a oito anos. A taxa de mortalidade oscila entre 5 e 10% por ano. O destino dos escravos domésticos, aqueles que habitam a casa-grande ou que garantem o serviço dos ricos moradores das cidades, é menos cruel do que a dos cortadores de cana que vivem na senzala.

Por sorte, os proprietários são egoístas e avarentos. O escravo é um investimento. Convém tratá-lo de forma a obter um melhor rendimento. É por isso que, explica Kátia de Queirós Mattoso em seu importante estudo (Ser escravo no Brasil, Brasiliense, 2001), os senhores têm o cuidado de substituir a violência física por "uma manipulação de caráter patriarcal e paternalista". Não se deve estragar a "ferramenta de trabalho". Eles cuidam, garantem uma alimentação abundante e saudável, muitas vezes melhor do que a do homem livre, assim como faz o proprietário de um carro que sempre troca o óleo a cada 1.500 quilômetros e verifica o bom funcionamento dos freios.

Apesar desses cuidados, um negro permanece sendo um negro. Ou seja: é um inferior. O excelente jesuíta Manuel da Nóbrega (1517-1570) se pergunta por que os negros são escravos com tanta frequência. Ele acha isso surpreendente e mesmo lamentável, injusto, de alguma forma. Felizmente, a teologia, a história e o Dilúvio fornecem a resposta. No Diálogo sobre a conversão dos gentios, ele nos tranquiliza: "Esse destino [a escravidão] lhes vem de seus ancestrais, porque acreditamos que descendem de Cam, filho de Noé, que viu seu pai bêbado em uma postura indecente. Vêm daí as maldições, sua nudez e suas outras misérias". Essa explicação vale como um alerta. Imaginemos que um novo dilúvio inunde a terra; se o seu pai ficar nu, abstenha-se de zombar dele: seus descendentes seriam colocados a ferros por mil gerações.

Um espírito esclarecido como Joaquim Nabuco (1849-1910), sem negar a inferioridade dos negros, justifica-a pelas humilhações por eles sofridas. Ele declara que, se os negros são deficientes, não é porque são negros, mas, sim, porque são escravos: "O pior elemento da população", diz ele, "não foi a raça negra. Mas essa raça reduzida à escravidão". J. P. de Oliveira Martins, que também escreve no final do século XIX, é mais radical: o negro é um chimpanzé. "É certo, e os documentos abundam nesse sentido, que o negro é um tipo antropologicamente inferior, muitas vezes próximo do antropoide, e bem pouco digno do nome de homem."

A língua não facilita a integração do escravo. Como as línguas vernaculares da África não têm mais serventia, o português faz a função de língua universal. Então, uma fronteira surge no próprio seio do povo africano: os antigos escravos, os "crioulos", aqueles que nasceram no Brasil, dominam o português. Ao contrário, os recém-chegados que foram amputados de seu dialeto natal e que ainda não aprenderam o português, estão perdidos; o escravo é um homem sem linguagem.

No entanto, um dia a ferramenta quebra. Alguns escravos têm estados de alma. Eles estão tristes ou então querem morrer. Alguns correm para o mar. Nadam em direção à África. Eles se afogam.

O escravo é muitas vezes punido. Como nos mostra o pintor Jean-Baptiste Debret, em sua Viagem pitoresca e histórica ao Brasil. Ele desenha o instrumento de tortura chamado tronco, calculado para domesticar os mais teimosos. "O tronco", diz J. B. Debret, "é um antigo instrumento de tortura, formado por duas peças de madeira, reunidas em uma das extremidades por uma dobradiça de ferro, e na outra por um trinco e um cadeado, e a chave fica com o feitor". As duas peças de madeira são talhadas para que, quando as aberturas forem ajustadas uma à outra, o feitor possa inserir os tornozelos ou então o pescoço do escravo.

Outros escravos escolhem comer terra como forma de suicídio, pois, nunca se sabe, talvez nas "verdes pastagens do lado de lá" a escravidão tenha sido abolida. Felizmente, os senhores colocaram um ponto final nessa história: quando percebem que um escravo pretende se suicidar comendo terra, eles fixam no rosto do desesperado uma máscara de ferro que o impede de mastigar. Mais uma vez é Debret, no início do século XIX, quem desenhou esses horrores. Uma de suas aquarelas representa uma enorme matrona branca, muito à vontade e refestelada em uma

grande poltrona. "Atrás da dona da casa", comenta Debret, "uma de suas jovens escravas encarregada da aborrecida tarefa de expulsar as moscas agitando dois galhos de árvore que ela segura na mão, oferece aqui ao europeu o exemplo de um excesso de infelicidade em seu cativeiro, no espetáculo aflitivo da máscara de ferro branco que envolve o rosto da vítima, sinistro indício da resolução que ela tinha de acabar morrendo comendo terra".

Todo o horror do destino do escravo é expresso por essa máscara de ferro branco, uma espécie de funil preso ao rosto e que lembra os longos bicos de pássaro com os quais se muniam na Idade Média os barbeiros ou os boticários em tempo de peste e de cólera. Esse bico de rapina ou de corvo é uma focinheira. Ele impede o suicida de comer terra e de morrer. Alguns senhores têm outra tática: trancam o escravo triste em uma gaiola de ferro e o amarram ao galho de uma árvore.

As imagens apresentadas por Debret são confirmadas pelos viajantes e antropólogos. Em Travels in Brazil, o viajante inglês Henry Koster escreve: "Uma das formas de suicídio que esses infelizes [os escravos índios] empregam é comer terra e cal. Estranho hábito encontrado às vezes entre os africanos, também entre

os negrinhos nascidos aqui e que não é considerado uma doença, mas um vício que pode ser vencido vigiando as crianças sem recorrer à medicina. Pude verificar em diversas ocasiões que nenhum tratamento médico era empregado e que as crianças se curavam de tantas punições e vigilâncias que recebiam".

O grande antropólogo brasileiro Gilberto Freyre, em Casa-grande e senzala, corrige o testemunho ameno de Henry Koster. Ele diz: "Parece que Koster não teve a ocasião de observar o tratamento dos servidores ou dos negrinhos comedores de terra pelo emprego de máscaras de estanho. Ainda menos o daquela cesta de cipós, enorme cesta na qual o negro era içado até o telhado de um leprosário, improvisada com a ajuda de cordas passadas entre as vigas e amarradas nas portas por anéis". Esses leprosários existiam ainda em meados do século XIX nos engenhos do Norte. Felante da Câmara os viu quando era criança. "O paciente", diz ele, "era isolado em um leprosário ou hospital especializado onde lhe era completamente impossível satisfazer seu vício abominável de 'geofagia'. Posto em uma cesta e suspenso acima do chão, impunha-se ao infeliz uma quarentena prolongada durante a qual lhe davam leite de jaracatiá para lutar contra a anemia e era submetido a um regime substancial de alimentação que lhe chegava em horas determinadas, na ponta de um bastão quando não se podia descer o aparelho diante de uma pessoa de confiança".

Os pelourinhos são colunas de pedra ou de madeira erguidas em lugar público, e às quais o escravo indócil é amarrado quando sua conduta merece o chicote. Às vezes, eles são majestosos. O de Salvador, que foi o principal mercado de escravos da colônia, é uma das atrações da cidade velha. Ele é visitado. Admirado. Em sua História do Brasil, João Ribeiro explica: "Procede-se à consagração de um novo município, segundo o velho costume português, plantando na praça principal o pelourinho, símbolo da autoridade e da justiça".

Em setembro de 2009, estava em Alcântara, no Maranhão. O pelourinho se ergue perto de uma igreja em ruínas, no centro de uma vasta esplanada. Naquele dia, três crianças negras de uns dez anos, uma menina e dois meninos, chegaram. A menina amarrou um de seus irmãos no pelourinho e bateu nele com uma pequena corda. O menino se torcia, gritava. Era uma brincadeira.

Em Recife, há vinte anos, um brasileiro me convidou para jantar em um restaurante da praia de Boa Viagem. Era um estabelecimento seleto, a julgar pela decoração, inspirada nos suntuosos interiores dos palacetes dos grandes feudatários, com grandes móveis escuros. Uma jovem negra usando um vestido longo branco e com rendas refinadas se aproximou de nossa mesa. Ela começou por nos lavar as mãos. Quando se distanciou, percebi que se locomovia com dificuldade. Ela saltitava. Seus pés estavam travados por braceletes de aço. Tanto o maître do hotel quanto meus anfitriões me explicaram, rindo, que era um simulacro. Procurei outro restaurante. Expliquei a meus anfitriões que eu preferia trocar de simulacro.

Os primeiros senhores de engenho, na região de Recife ou de Salvador, usam os índios como mão de obra. São abastecidos de braços índios pelos bandeirantes, esses aventureiros paulistas que todo ano organizam expedições guerreiras no interior da colônia. Desde meados do século XVI, no entanto, os proprietários dos engenhos começam a refletir. Esses índios não valem nada. São frágeis, caem doentes, trabalham muito mal e desobedecem. Além do mais, eles têm uma alma. Confirmada em uma bula do papa Paulo III, já em 1537.

Foi então que os senhores do açúcar pensaram na África. Claro, os africanos custam caro. Um homem da Guiné ou de Angola vale três vezes o preço de um indígena (às vezes, um índio é chamado de "negro da terra"). Os negros têm a virtude de serem robustos. São dóceis, pelo menos aparentemente. A partir de 1580, eles constituem um terço do efetivo das plantações de cana-de-açúcar. Em seguida, o comércio das "peças da Índia" cresce. Em 1600, o número de escravos negros nas 130 plantações é de 15 mil. No início do século XVII, o Brasil recebe todo ano 4 mil negros. Depois, a partir de 1650, 7 mil por ano. Estima-se que, ao longo do século XVII, 542 mil escravos africanos tenham sido importados, cifra à qual é preciso acrescentar um bom número de escravos mortos durante as operações do tráfico. Em três séculos, quantos africanos foram deportados para o Brasil? As estatísticas são vagas: 3 milhões, 4, 5 milhões? Enfim, foram muitos.

Nas plantações, o senhor cuida para que seus escravos sejam formados na religião cristã. Às vezes, ele próprio se encarrega da catequese, com o capelão contentando-se em distribuir os sacramentos. Ele valoriza muito a conversão de seus escravos. Um negro cristão vale mais do que um negro pagão, pois a religião de Cristo ensina a paciência, a resignação, a resistência e a obediência. Os mulatos se saem melhor do que os negros. O jesuíta Giovanni Antônio Andreoni, conhecido sob o nome de Antonil, diz que "o Brasil é o inferno dos negros, o purgatório dos brancos, o paraíso dos mulatos".

Felizmente, às vezes os missionários – jesuítas, franciscanos – mantêm discursos mais variados. O padre Antônio Vieira (1608-1697), grande escritor, grande pregador, grande amigo dos índios, é um homem generoso. O destino dos índios reduzido à escravidão o indigna. Ele o diz. Infelizmente, a defesa que faz dos índios legitima o tráfico dos negros e a escravidão dos africanos. É verdade que Vieira também toma a defesa dos negros, mas não o faz da mesma maneira: ele jamais questiona o fim da escravidão. Não denuncia a servidão dos africanos. Contenta-se em lamentar a maldade dos senhores. Denuncia o tráfico negreiro, descreve-o como uma "imigração desumana e diabólica". Muito eloquente e muito polêmico, ele consagra inúmeros sermões, pronunciados às vezes nos próprios engenhos, à longa dor dos escravos arrancados de seu chão, de suas famílias e destinados a morrer no trabalho. Ele fustiga a desumanidade dos senhores de engenho que chicoteiam escravos, que os colocam nos ferros ou no pelourinho. Contudo, nunca ataca a instituição da escravidão. Ele admite a sua necessidade. Apenas gostaria que ela fosse mais gentil.

Como explicar as incoerências desse homem brilhante e generoso que foi o padre Vieira? Estamos no século do pensamento barroco. O padre Vieira é extremamente barroco. Ele se entrega às vertiginosas acrobacias lógicas, metafísicas e teológicas. Sua ideia é que os escravos negros sofrem a mesma sorte dos israelitas quando foram deportados para a Babilônia, mas que se saem melhor. Com efeito, nas plantações de açúcar, os escravos são apenas meio cativos. Se seus corpos são subjugados pelas necessidades e pelos caprichos do senhor, em contrapartida, suas almas são livres. Por que a alma de um negro escravo é mais livre do que a de um judeu da Babilônia? Mistério. Sem dúvida devemos considerar que os judeus, naqueles tempos antigos, não podiam ser cristãos, ao passo que esses negros afortunados foram convertidos pelos missionários jesuítas.

Aos olhos de Vieira, os negros não estão satisfeitos por terem se tornado cristãos, mas por terem conseguido, com a ajuda involuntária dos senhores de engenho, endossar os destinos de Cristo, o que é muito inteligente. E não é que isso tem um quê de verdade! Se refletirmos bem, as similitudes entre um negro e um Cristo são inúmeras: "O Cristo está nu", diz Vieira em um grande sermão pronunciado em Salvador, "e vocês também estão nus. O Cristo era maltratado e vocês são maltratados".

No entanto, é preciso gerenciar com habilidade a situação de todos esses Cristos. Com habilidade, pode-se transformar um mal extremo em um bem supremo. O padre Vieira, que é bem esperto e dialético, fornece a receita. Uma vez que o escravo é uma espécie de Cristo, os tormentos que ele padece podem lhe abrir as portas da salvação eterna. O lance está em não perder essa chance. "As chicotadas e os castigos são a graça do escravo, pois seu fim é a salvação eterna." Todavia, tem algo ainda mais gratificante: Vieira não teme dizer que o negro tem a missão, como Cristo outrora, de salvar a humanidade por seu sacrifício.

Nesses labirintos barrocos do pensamento religioso da época, caímos em argumentos ainda mais suntuosos. Giovanni Antônio Andreoni confirma que "o Brasil é o inferno dos negros", mas acrescenta que esse inferno pode não ser inútil. O jesuíta desenvolve uma metáfora poética. Ele estima que o negro é "como o açúcar". E nos descreve todos os padecimentos sofridos pelo açúcar desde seu nascimento na cana até sua saída do Brasil. "A vida suportada pelo açúcar", diz o jesuíta, "é carregada de tantos martírios que nem mesmo aqueles inventados pelos tiranos conseguem suplantá-los". Andreoni está bem contente de ter achado essas equivalências entre o açúcar e o negro. O açúcar apaga os insultos, mas, no final de seu purgatório e ao sair de sua prisão, ele está revestido da cor da inocência: ele é branco. Será que o jesuíta quer encorajar o africano representando-lhe que ele também se tornará, de tanto ser chicoteado, bem branco? Não seria de todo ruim, mesmo assim.

E o jesuíta Giovanni Antônio Andreoni confirma o que Vieira tinha visto: os escravos têm um destino de Cristo. Uma vez lavados de seus pecados, sairão vencedores da provação.

O delicado Stefan Zweig extasia-se com a ausência de racismo de rua. Em Copacabana, Maceió, Olinda, os negros e os brancos passeiam de braços dados. Zweig não acredita. Existe então um lugar sobre nossa pobre Terra que escapa à vergonha do racismo. As peles são de todas as espécies e todos estão bem contentes com a sua.

Mas o veredito de Zweig é estúpido. É apenas um acaso que em sua imensa maioria a população das favelas seja negra ou mulata? Alguns até mesmo se questionam se a integração sutil, à brasileira, não é mais perversa do que os rigores que reinaram na América do Norte. Charles Vanhecke escreve no Le monde:

"A comparação com os Estados Unidos se impõe. Por muito tempo, opuseram o modelo de integração brasileira, com sua mistura de sangues, sua hospitalidade racial, à segregação de que eram vítimas os negros americanos. Porém, a integração foi mais aparente do que real, e o negro brasileiro constata que ele deixou-se anestesiar pela cordialidade das relações sociais. Ele não foi levado a se defender, a se rebelar, contrariamente aos seus congêneres dos Estados Unidos cujo combate serviu, no final das contas, a lhes assegurar uma promoção social da qual são privados os negros brasileiros. Há nos Estados Unidos embaixadores, prefeitos, homens políticos importantes de raça negra. Não no Brasil, onde os diplomatas têm uniformemente a pele clara."

Esse texto é bastante antigo. Tem vinte anos. Desde então, as melhorias são reais. E insuficientes.

A língua fala. No Brasil, um "serviço de negro" é um trabalho feito de qualquer jeito. Se um negro em busca de trabalho olhar as páginas dos jornais, não escolherá uma oferta que peça "boa aparência". Na praia, basta ouvir uma brasileira branca – geralmente munida de seu guarda-sol, pois o bronzeamento não convém ao seu esplendor – pronunciar a palavra negrinha, como se cospe uma semente de uva, para compreender que o Brasil, mesmo que seja muito inteligente, muito cordial, muito esperto, é um país igual a todos os outros, igual à França, à Lituânia, à China, ao Tibete, à Arábia Saudita e ao principado de Andorra, a qualquer município francês e à Bósnia Herzegovina: um país racista.

Estação de São Luís

Há meio século, fiz uma reportagem sobre o Brasil. Cismei de atravessar os estados do Nordeste de trem. Para conhecer um país, esse meio de locomoção parecia-me mais prático do que o avião. Fiz algumas anotações:

"Saio de São Luís, faço uma parada em Teresina, no interior do Piauí, antes de subir em direção ao litoral até Fortaleza. Dois dias para fazer esse percurso, talvez cinco, e também muitas lembranças: essa grande terra em demolição, o torpor das tardes no ruído das rodas de ferro, as conversas sonolentas com lenhadores e lavradores, e de tempos em tempos uma parada nas pequenas estações modorrentas, e depois o silêncio, como se tivéssemos chegado ao final dos tempos, ao ponto final do tempo.

O problema é que a estação de São Luís é inóspita. Ela não se revela facilmente e, quando a descobrimos, é bem difícil perceber, nessa espécie de abrigo, algo que se assemelhe a uma porta. Em seguida, basta uma espiadela para compreender que essa estação é desconfiada. Não lhe agrada o seu destino. Ela detesta os trens, os mecânicos, os condutores e os viajantes. Detesta as estações. Tem vergonha. Dá as costas para as suas plataformas e seus trilhos, como uma pessoa enraivecida não fala mais com o seu vizinho. Ela dissimula tudo o que pode revelar sua condição de estação: trilhos e guichês, balanças e sinalizações, cartazes turísticos, nada disso é visível. Ela faz de conta que é outra. Se ousasse, colocaria na sala de espera um pouco de grama, um monte de abacaxis, ou então bicicletas ou barcos de pesca para nos fazer pensar que só por distração os trens passam ali.

É preciso compreendê-la. Para uma estação, cair em um país que adora o cavalo, a canoa, o ônibus e o avião, mas detesta as estradas de ferro, não é exatamente uma glória. Aqui a estrada de ferro não se sente em casa. Sente-se deslocada; em seus horizontes sem fim e sem relevo, ela não sabe onde se enfiar. É uma exilada. E então entendemos que essas estações sonhem com países que foram desenhados para elas. A Suíça, por exemplo, cuja geografia foi talhada, como todos sabem, sobre o modelo de uma rede de estradas de ferro. O Nordeste não tem essa sorte. A sua geografia não previu o necessário para as estradas de ferro: montanhas e desfiladeiros, barreiras rochosas para que os túneis passem. Mesmo assim, como um país deve ter estradas de ferro, as do Nordeste foram postas em qualquer lugar, às cegas: jogaram um monte de trilhos à direita e à esquerda, parece que derrubaram uma caixa de fósforos e não pensaram mais nisso, foram cuidar das rodovias.

De tanto xeretar a estação de São Luís, acabei descobrindo um funcionário. Ele se mostrou amigável, quando descoberto. Reconheceu minha vitória e se rendeu. Exagerou tanto no realismo que até colocou sobre a cabeça um boné com galões, instalou-se atrás do guichê e fez de conta que consultava os horários. Comuniquei-

-lhe meu desejo: ir até Teresina e depois, Fortaleza. Ele riu, sem maldade. Assobiou. Depois, fez várias objeções. Observou que em determinado lugar a distância entre os trilhos mudava, pois outra rede era tomada. Disse-lhe que costumava viajar sobre trilhos de todos os formatos, que essa diferença não me incomodava, e me arrisquei a perguntar sobre os horários. Ele respondeu que nos vagões o calor era horrível e que a viagem seria longa, muito longa, dois ou talvez três dias; tudo bem, a duração não me assustava. Eu só queria saber quando o trem partiria, disse-lhe, olhando com um ar severo, através do vidro quebrado, os trilhos que brilhavam ao sol e uma locomotiva que não estava nem um pouco enferrujada. O funcionário reconheceu então que o trem para Teresina partira dois dias antes.

Deixei-me intimidar. Abandonei meu plano. Se tivesse insistido, acho que o funcionário acabaria admitindo que havia outro trem. Provavelmente não teria me confessado em que momento esse outro trem passaria, mas bastava eu me instalar na plataforma, bem pertinho dos trilhos, com minha bagagem, e esperar pacientemente até que um trem aparecesse. Sim, posso até dedicar algumas boas horas para encontrar um trem, mas esperar, sozinho, nessa estação sombria e até mesmo descontente, como um lorde, um marajá ou um presidente, um trem construído só para mim, um trem especial, talvez com um tapete de veludo vermelho para subir nele, não, isso já é pedir muito, e foi de ônibus que acabei percorrendo o deserto, esse belo e sublime deserto do Nordeste."

Etanol

Lula tem muitas virtudes, é uma cornucópia, mas de acordo com alguns, tem um inconveniente. Ele é obcecado pelo etanol. É seu vício. Ele vira uma fera sempre que alguém quer lhe roubar o etanol, ou limitar os seus efeitos. Jean Ziegler, o amigo suíço de Lula, é um homem de esquerda um tanto exaltado, mas generoso e enérgico, e tentou colocar o presidente no caminho certo. Todavia, Lula não está nem aí. Ele não ouve Ziegler e muito menos todos esses ecologistas moles que, depois de terem pensado de forma bem idiota que o etanol iria salvar os pulmões mofados do planeta, agora o veem como um flagelo. Lula se obstina. Ele ordena aos pobres que continuem cortando a cana-de-açúcar; aos usineiros que construam em todo lugar esses grandes cilindros metálicos de onde todos os dias saem toneladas

de etanol ou de biodiesel que farão rodar milhões de carros ou de caminhões não apenas no Brasil, mas também nos Estados Unidos, na Europa e na Lua.

O Brasil lançou o etanol antes de todos os outros países, há trinta anos. Um golpe de mestre. Ele tem um enorme avanço e não quer desperdiçá-lo. Lula sonha em se tornar o primeiro fornecedor mundial de energia não fóssil. Ele quer transformar o seu Brasil em uma Arábia Feliz, nadando em um oceano desse etanol que antes era chamado de "verde" e que hoje alguns consideram "negro". Em alguns anos, o carburante milagroso tornou-se um desastre ecológico e humano. Dizem que ele destrói o país que o fabrica. E provocaria em todo o mundo uma penúria alimentar e um aumento dos preços do trigo, do milho e até mesmo do leite. Ele anuncia uma escassez nas regiões pobres da América ou da África, e quem sabe até mesmo a fome. Os trabalhadores do etanol estariam destinados a uma condição degradante, tão mortal, tão imoral quanto aquela, outrora, dos africanos trazidos para aqui trabalhar nos engenhos de Pernambuco.

Primeiro efeito do etanol: a cana-de-açúcar, que fez a fortuna do Brasil no século XVII antes de se tornar seu pesadelo, conhece hoje um boom. No Estado de São Paulo ou nos antigos feudos do açúcar, no Nordeste, e também em largas faixas litorâneas antes chamadas de Zona da Mata, da nobre Mata Atlântica já há muito tempo dizimada, imensas paisagens são atacadas e de certa forma apagadas por essas monoculturas que o Brasil sempre amou.

A monocultura retomou o seu trabalho. Graças ao etanol, uma economia ultramoderna e absolutamente arcaica se abateu sobre vastas áreas. Poderíamos dizer que o Brasil quer encontrar suas lembranças. Ele reemprega um modelo que já o agradou: o trabalho forçado, a exploração da força dos homens fracos, os feitores impiedosos, os capangas que rodeiam os explorados como moscas treinadas para morder os carneiros indisciplinados, e finalmente os ricos, os capitalistas, que

transformam o "sangue dos pobres" em lingotes de ouro. Uma única diferença, e de peso: no século XVII, aqueles que morriam eram escravos negros. Hoje, são homens livres que cortam a cana, pobres, caboclos, abandonados, que vivem à beira do destino. No entanto, graças a Deus, mesmo que sofram e morram, eles não são mais escravos! Agora, os homens livres são escravos. Ou, como diria George Orwell, os escravos são homens livres.

O jornalista alemão Clemens Höges descreve no Der Spiegel a jornada de trabalho dos cortadores de cana. "Estamos em Araçoiaba, no Nordeste, na região do etanol. É de madrugada e as plantações queimam. Na hora da colheita da cana-de-açúcar, a região entra em guerra: as chamas colorem o céu de vermelho, o vento faz girar a fumaça sobre a terra; o fogo expulsa as cobras, mata as aranhas, queima as folhas cortantes da cana-de-açúcar. Na aurora, quando apenas algumas brasas espalhadas queimam aqui e ali, centenas, milhares de trabalhadores chegam de toda parte. Com seu facão, eles cortam as canas que se erguem sobre o solo carbonizado. Elas servirão para fabricar o etanol."

Quando se é um cortador de cana, é prudente não ficar doente. Os patrões não têm o que fazer com um trabalhador que não dá 3.500 golpes de facão nas brasas e nas cinzas, que não coleta suas 3,5 toneladas de cana-de-açúcar entre o incêndio da manhã e o pôr do sol. O pouco de sono que resta não é um repouso. Os trabalhadores são amontoados em barracos feitos de tábuas, plásticos e galhos, algumas camas de campanha, algumas cadeiras. O esgoto não existe. As doenças são muitas. Alimentam-se com farinha de milho e água. Ganham alguns reais todo mês, mas, como a colheita é sazonal, precisam economizar, pois durante os próximos seis meses não haverá mais dinheiro. Também não é aconselhável se ferir com o facão. Mesmo feridos ou extenuados, eles vão para a colheita, pois cem infelizes invejam o seu lugar. E será que se pode chamar de acidente de trabalho essas mortes súbitas que derrubam os trabalhadores sob o Sol?

O apego de Lula se compreende: ele é responsável por um país gigante, dividido entre o luxo sórdido dos empresários do Sul e o martírio dos pobres. Ele jurou a si mesmo alimentar aqueles que têm fome. E já garantiu a todo brasileiro aquele mínimo vital, minúsculo, mas benéfico se comparado ao que prevalecia antes dele. Somente para dar um pouco de vida a milhões de agonizantes, ainda é necessário que o país aumente sua riqueza. O etanol é essa riqueza. Em seus momentos líricos, Lula explica por que o etanol vai salvar o Brasil: "Se focamos nessa produção é para ajudar os pobres". E mais: "Comparado ao trabalho nas minas, o trabalho de cortar cana é o paraíso!".

No início, o etanol representou um orgulho para o Brasil e sua salvação. O país não possuía muito petróleo. (Depois as coisas mudaram. A Petrobras é uma empresa poderosa e acabou de descobrir, no fundo do mar, reservas colossais de petróleo, mas elas estão tão no fundo do mar que a viabilidade de sua exploração é incerta, sobretudo depois da recente catástrofe do Golfo do México.) A transformação das plantas em hidrocarboneto tinha um quê de magia, ainda mais que os ecologistas viam no etanol uma arma absoluta contra o aquecimento climático, a poluição, a corrupção do planeta pelo petróleo, o carvão ou o átomo. Contudo, em alguns anos, o etanol mudou de status. Revelou suas vilanias. Hoje ele é denunciado como algo horrível, que só tem defeitos: exploração dos cortadores de cana, retorno à escravidão, penúria de terras cultiváveis, empobrecimento das paisagens, criação de territórios lunares consagrados às queimadas das canas, etc.

Mesmo a Floresta Amazônica, ainda livre de qualquer plantação de cana-de-açúcar, seria destruída, como dizem, pelo etanol. Por que essa mudança? No poderoso Estado de São Paulo, que se tornou um estábulo e um abatedouro gigantes nos quais viviam e morriam hordas de bois, as pastagens foram inelutavelmente substituídas pela cana. O que fazer então com esses milhões de bois sem pasto? A resposta é simples: os rebanhos são empurrados para a Amazônia. Eles comem a floresta.

Outra singularidade explica que o Brasil tenha se lançado na produção do etanol. Essa escolha obedece às tradições do país. Os indígenas já agiam da mesma forma: eles desmatavam um pedaço da floresta, muitas vezes pelo fogo, plantavam milho ou mandioca. Depois de alguns anos, o solo estava esgotado, e a tribo partia em busca de outro pedaço de floresta para recomeçar a operação. Os portugueses imitaram os índios. O país é tão grande! Vá lá que um inglês, um francês ou um italiano faça uma horta, vigie seus rendimentos, economize seus espaços que são pequenos, cuide de seus solos, mas quando o bom Deus fez a gentileza de o instalar em um país ilimitado e sem habitantes, por que se incomodar? O Brasil cultiva o infinito, não esses espaços mesquinhos que a Europa encarcera atrás de muros, grades, portões e cães raivosos. O Brasil "pensa grande". Ele sempre cultivou o infinito. E assim ele foi varrido por uma série de monoculturas, das quais algumas, como o café, cobriram 4 mil quilômetros entre a Amazônia, de onde ele saiu no século XVII, até o Paraná, onde se deteve, deixando atrás de si solos destruídos.

É claro que, a partir do século XX, um pouco de juízo entrou no cérebro brasileiro e a economia se diversificou, tanto no setor agrícola quanto no desenvolvimento de inúmeras indústrias poderosas e diversas. Mesmo assim, a lembrança dos tempos misericordiosos em que as culturas eram ao mesmo tempo hegemônicas e errantes continua a iluminar suas esperanças. Por isso, os brasileiros evocam a imensidão dos espaços disponíveis para justificar sua paixão pelo etanol: "Compreendemos muito bem que Liechtenstein ou o principado de Andorra, que são minúsculos, não possam fazer gasolina com seu trigo ou suas beterrabas, mas essa questão não se coloca para o Brasil. Somos grandes, muito grandes. Somos intermináveis. E por isso mesmo nossas manufaturas não se contentam em fazer rodar apenas os carros do Brasil. Elas têm vocação para fabricar hidrocarbonetos 'verdes' (etanol, mas também, cada vez mais, biodiesel obtido a partir do rícino, da soja ou de outras oleaginosas, consideradas menos poluidoras do que a cana-de-açúcar) e vender esse petróleo verde em uma grande parte do planeta".

Em 2008, o Brasil produziu 26 bilhões de litros de etanol. Ele deve chegar em 2017 a 53 bilhões de litros. Rezemos pelos pobres cortadores de cana.

Evangélicos

Por muito tempo, o Brasil foi o maior país católico do mundo, mas ele está cada vez menos ligado a essa religião. A Igreja de Roma cedeu muitas partes do mercado aos protestantes, primeiro aos luteranos que chegaram aqui com os colonos alemães no início do século XIX, em Nova Friburgo, no Rio de Janeiro, ou em São Leopoldo, no Rio Grande do Sul, e mais tarde, no final do mesmo século, aos batistas, aos presbiterianos e aos metodistas.

Em 1970, novos atores se misturaram ao jogo. A grande invasão das seitas começava. O Evangelho se precipita sobre os corações brasileiros, destruindo tudo em seu caminho, menos o pequeno Jesus, a Santa Tereza do Menino Jesus, Santo Antônio de Pádua, alguns outros santos e as delícias do negócio.

A fortuna do *born again* se explica pelas mudanças da pastoral católica. Na década de 1960, a Igreja católica era generosa, caridosa e muito audaciosa. Os padres, conscientes da miséria de suas ovelhas, tinham forjado uma ferramenta eficaz: a "teologia da libertação". A Igreja aderia à infelicidade dos humilhados. Lutava ao lado daqueles que estão nus. Claro, os militares de Castelo Branco, de Costa e Silva e de Garrastazu Médici detestam esses padres, que consideram comunistas. Muitos padres participam, às vezes com as armas na mão, da luta contra a tirania. Em 1985, os militares devolvem o poder aos civis, mas os padres continuam o combate.

Alguns anos antes, João Paulo II tornou-se papa. Ele é muito bonito, muito moderno e muito conservador. Esses "teólogos da libertação" o irritam. Eles estão sempre citando Karl Marx. João Paulo II começa a atormentá-los. Ele os dispersa e os ameaça.

Os evangélicos, com o apoio das seitas americanas, aproveitam-se. Agarram a oportunidade. Avançam sobre o Brasil. Os seus chefes têm uma ideia genial. Para atrair os milhões de católicos desiludidos, basta mudar de teologia. Essa da libertação é triste e empoeirada. É a teologia do pobre. Ela é posta de lado. Uma nova doutrina toma seu lugar: uma "teologia da prosperidade", que é novinha em folha, otimista, gulosa e acessível a todos. "A pobreza é obra do diabo", ela ensina. "O enriquecimento é a obra de Deus." Esse discurso seduz. Os brasileiros são muito pobres. Como repudiariam uma teologia que lhes entrega um Deus de ouro? Em 15 de junho de 2006, 3 milhões de evangélicos se reuniram na Avenida Paulista, em São Paulo. Hoje, estima-se que as seitas agrupem 50 milhões de brasileiros. A teologia da prosperidade é uma desgraça. O grande jogador de futebol Zé Roberto anuncia que não vê a hora de se aposentar e de se tornar pastor. Os "atletas de Cristo", esportistas de alto nível, contam com 4 mil adeptos. Os desempregados, as mulheres, as crianças, os infelizes, os doentes e as domésticas adoram a teologia da prosperidade. Em Manaus, contam-se quinhentas capelas da Assembleia de Deus.

Para galvanizar os pobres, as seitas dispõem de armas poderosas. Seus pastores são muitas vezes bonitos e sempre eloquentes. A sua boca é de ouro. De passagem por São Paulo, há alguns meses, me proibi de dar ouvidos a esses profetas de cruzamento: suas vozes são tão melosas e seus argumentos tão vigorosos que eu teria, sem nem mesmo perceber, embarcado em um cisma, talvez relapso, e me curado de dores morais ou fisiológicas que não sentia, mas que esses pregadores certamente teriam detectado no fundo de mim.

Dizem que esses profetas aprendem o ofício em espécies de Actors Studios. Eles distribuem a Bíblia, o que orgulha os pobres, pois como são analfabetos ficam ainda mais felizes de possuir um livro, como aqueles coitados que nunca viram uma escola ficam contentes de deixar entrever no bolso do casaco uma caneta, se possível prateada e sem tinta. A ideia da Bíblia dada aos infelizes é genial: é um primeiro passo no caminho da igualdade. Quanta diferença em relação aos católicos! Estes últimos ignoram o Antigo Testamento ou então o reservam apenas aos padres, aos iniciados, aos cultos.

Os evangélicos não distribuem apenas Bíblias. Oferecem também balas para as crianças. Montam ambulatórios, pequenas escolas. Em um piscar de olhos, eles o livram das dores desagradáveis, como a obstrução dos corpos ou o olho gordo. Não se assustam com os milagres. Eles os praticam "no atacado", muitas vezes na televisão, com fausto, gritos, canções e histeria. Assisti a essas sessões. A sua organização é perfeita e racional: cada reunião é dedicada a uma determinada doença. Em tal noite, por exemplo, serão tratadas a cegueira e a surdez. Na semana seguinte, será a vez dos cardíacos ou então dos paralíticos. Na noite indicada, sob grandes capitéis, centenas de pessoas que enxergam mal, cegos ou surdos se reúnem. Seguem os cultos, as predicações, depois o encarregado do milagre entra em cena. Com a ajuda de músicas estridentes, de alto-falantes, raios e gemidos, preces frenéticas, ele consegue muito rapidamente mergulhar a assembleia em um transe generalizado. Também falam mal do diabo. Às vezes, o curador não tem êxito. Ninguém se cura. Na maioria das vezes, contudo, um "não vidente" começa a ver. Ele não acredita. Ele o proclama. Choros, choros, choros de alegria, lágrimas e gritos, gritos e sussurros, medo e tremor, etc.

Os pastores oferecem faixas que trazem felicidade. Uns dizem que Deus é amor e que tudo acabará dando certo, com o apoio dos anjos. Outros preferem lutar com o diabo. Eles batem duro. Não escondem que o Demo é um adversário inteligente e que é melhor ser um profissional para enfrentá-lo. Eles bradam o Apocalipse e anunciam que o Armagedom, a batalha final entre o Bem e o Mal, está a caminho. No entanto, ninguém deve se apressar. Pelo contrário, vamos nos alegrar, uma vez que o Bem vai vencer.

Um dos trunfos das seitas evangélicas é sua flexibilidade, o fato de que se pode mudar à vontade. Elas são abertas aos quatro ventos, ao contrário de um católico que está colado à sua Igreja Apostólica e Romana e não tem o direito de trocar por outra Igreja, mesmo que o papa seja um pouco tonto. São como um grande self-service. E ainda podem devolver um produto defeituoso. Os fiéis entram ali e saem quando desejam. Nós sempre abandonamos um padeiro quando ele faz um pão ruim. Por que não procurar o pastor que nos trará o melhor Deus? Assim como no supermercado, ou na boa economia liberal, calcula-se a relação custo/benefício.

Atualmente, cinco seitas lideram a corrida: a Assembleia de Deus, a Congregação de Deus, a Igreja Universal do Reino de Deus, Deus é Amor e a Igreja do Evangelho Quadrangular. Mas o Oscar sempre pode mudar de mãos. Uma seita hoje pequena pode vencer amanhã.

A Universal vai de vento em popa. Ela foi criada no Rio de Janeiro em 1977 por Edir Macedo, na época um funcionário de uma casa lotérica. Ele falava bem e calculava muito melhor. A partir do momento de sua iluminação, ele começou a distribuir com entusiasmo a teologia da prosperidade. E ele prosperou. Graças, temos de dizê-lo, aos dízimos e aos óbolos de suas ovelhas, ele construiu uma fortuna de 2 bilhões de dólares. A casa onde mora perto de São Paulo tem dezoito suítes. Ele e sua mulher são donos da rede de televisão Record. A sua Igreja, a Universal, controla 24 canais de televisão, 41 estações de rádio, dois jornais diários, uma agência imobiliária, 600 veículos, perto de 5 mil templos e 8 milhões de adeptos.

O governo brasileiro não gosta de meter o bedelho nos assuntos dos evangélicos. Ele não ignora que a potência dessas organizações é aterradora. Caso sejam contrariados, pode-se perder uma eleição praticamente ganha. O próprio Lula, que é, no entanto, católico, teve de compor com a Universal. Apesar de tudo, o fausto e a insolência de Edir Macedo começam a indispor a justiça. Pela primeira vez, esta ousa levantar a mão contra esse curioso pastor. Em agosto de 2009, a procuradoria de São Paulo inculpou Edir Macedo e nove outros dirigentes da Universal, entre os quais três bispos. A acusação é pesada: lavagem de dinheiro e formação de quadrilha.

Edir Macedo devolve na mesma moeda. Ele decide formar junto com seu deus e seus milhões de fiéis uma "frente dos aflitos". E explica que sua Igreja é vítima de um complô. É o diabo em pessoa que está no comando. Normal: segundo Edir Macedo, o diabo está aborrecido, pois ele compreendeu que a Universal está "pisando em sua cabeça" com a ajuda do doce Jesus.

Esperando que a Justiça dê seu veredito, a Universal continua de pé. E sempre próspera. Ela alimenta seus fiéis oferecendo-lhes um texto premonitório de Malaquias: "Tragam integralmente o dízimo ao tesouro para que em minha casa tenha alimento. E coloque-me à prova para ver se não abrirei em seu favor as comportas do céu e não espalharei em seu favor a bênção em superabundância".

Esse Malaquias é um achado. Tem um nome de profeta da Bíblia, mas não vem da Bíblia. Ele não tem a antiguidade de um Jeremias ou de um Oseías, e nem mesmo nasceu em Samaria. É um bispo irlandês que viveu no final do século XVI. As suas premonições foram publicadas em 1705 por um beneditino italiano. A Igreja de Roma nunca as levou a sério, mas são muito apreciadas pelas seitas brasileiras.

A Amazônia é a "terra prometida" das seitas, ou porque essa floresta do início do mundo, cheia de insetos e de venenos, leva ao êxtase, ao terror e à fé, ou porque os homens e as mulheres pobres que se perderam precisam muito de deuses.

Há quinze anos, Ricardo da Costa é um desses colonos instalados na cidade nova de Machadinho d'Oeste. Ele tem uma família numerosa, composta de uma mulher, Sueli, de dois meninos, Josué e Osias, e de quatro meninas, Raquel, Edineia, Érica e Vânia. A sua casa é um começo de casa. Um começo e um fim ao mesmo tempo, pois desde o seu nascimento ela já está extremamente deteriorada. Ricardo é muito mais um metafísico do que um pedreiro. Quando chego para visitá-lo, a sua família está disposta em círculo. As meninas usam vestidos azuis que escondem o tornozelo, cabelos longos e chapéus de palha, como naquele filme americano O mensageiro do diabo. Entramos na sala principal. Ela é repleta de santos, anjos e

profetas. Ricardo é jovem, simpático, inteligente, falante e calmo. Deus é seu aliado, e essa é a razão de seu bom humor. Desde sua chegada, no entanto, as provações não lhe faltaram. Ele não é agricultor. No Sul, ele era mecânico. Aqui, em Rondônia, suas plantações de café não deram certo. "Com-ple-ta-men-te per-di-da!" Ele tem dívidas. "Tenho uma dívida monstruosa." E esclarece: "Minha dívida é imensa como um Leviatã. Talvez até mesmo como um Melmoth. Preciso matar esse Leviatã". Ele desfia a série de seus infortúnios. Sua mulher, Sueli, concorda com a cabeça. Ricardo não tem nem mesmo uma motosserra. Tem apenas seus braços para cortar as árvores. Ele está "esquartejado, quebrado", mas não se deixa abater por causa disso, pois, felizmente, ele pensa em Jó. Jó, porém, era bem diferente.

No início, a família fazia parte da Assembleia de Deus. No ano passado, ela mudou de igreja. Foi para o Tabernáculo da Fé. Ricardo da Costa explica. Sem dúvida, o texto da Bíblia é sempre o mesmo, mas cuidado! "A palavra falada é a semente original." Essa semente dá frutos, e portanto é preciso também estudar os frutos, isto é, a interpretação do texto. Ora, para a interpretação da Bíblia, o Tabernáculo da Fé é o que há de melhor.

Essa igreja foi fundada há cinquenta anos por um americano chamado Brahms, "como o grande músico alemão". Esse Brahms encontra Deus. Desde os catorze anos, ele vê o inferno, que se parece com o de Dante, o que mostra que além de gênio, o velho escritor italiano era um "inspirado". Dezesseis anos mais tarde, Brahms faz suas compras no supermercado e percebe os mesmos personagens de sua primeira visão, mas em carne e osso, desta vez. Havia mulheres que pintavam seus olhos.

Deus aconselha Brahms a ler Malaquias, o profeta do século XVI, pois seu livro anuncia a próxima vinda de um profeta. Malaquias diz: "Vou enviar Elias, o profeta, antes que chegue o importante e terrível dia de Javé". Ricardo da Costa comenta: "É curioso que essa passagem já tinha sido citada por Jesus Cristo quando ele disse que Elias viera na pessoa de João Batista".

Enquanto Ricardo fala, Sueli, Josué, Osias, Raquel, Edineia, Érica e Vânia aprovam. Eles também aprovam quando Ricardo expõe a sua visão sobre a mulher. Essa visão, ele a encontrou na Epístola a Timóteo, de São Paulo, o "apóstolo dos gentios". Essa epístola ensina que as mulheres não devem cortar seus cabelos, pois "a honra do marido são os cabelos da mulher".

Depois de ter feito essas considerações sobre o problema do cabelo feminino, Ricardo me explica que o papel da mulher é capital. Pergunto-lhe por quê. Ele é paciente. Creio que me considera um bobo, mesmo assim me explica gentilmente: "Porque Cristo é a cabeça do homem. Ora, o homem é a cabeça da mulher". Sueli aprova. Penso nas feministas. Meu Deus, claro que eu deveria me opor a Ricardo, mas não encontro argumentos. Espero que as feministas nunca saibam da minha conduta vergonhosa.

Ricardo continua. Ele me dá um pequeno livro, caso eu não me lembre muito bem da Epístola de Timóteo, que de fato é bastante vaga em minha memória. Então leio Timóteo: "Que as mulheres se vistam de uma maneira decente; que sua indumentária, modesta e reservada, não seja feita de cabelos trançados, de ouro, de pedras, de roupas suntuosas, mas sim de boas obras. Durante a instrução, a mulher deve permanecer em silêncio em toda submissão. Eu não permito à mulher ensinar e fazer a lei ao homem. Que ela guarde o silêncio. Adão foi feito primeiro. Eva em seguida. E não foi Adão que se deixou seduzir, mas Eva".

Decido não contradizer Ricardo, São Paulo e Timóteo. A rigor, eu gostaria de atacar, mas é preciso atacar um por um, como fazia Horácio contra os Curiácios. Se devo lutar contra os três ao mesmo tempo, eles se apoiarão, serão fortes demais para mim e serei esquartejado. Além do mais, Ricardo me tranquiliza. Essa história acaba bem, uma vez que a mulher, a despeito de tantas imundícies acumuladas em seu corpo e em sua alma, "será salva ao se tornar mãe". Sueli concorda. Creio que Ricardo deixou a Assembleia de Deus por causa do status da mulher. De fato, a Assembleia de Deus é um pouco moderna. As mulheres têm o direito de falar. O Tabernáculo da Fé é mais austero: a mulher se cala, e pronto. Um pouco desamparado, espero que Sueli faça um comentário, uma objeção qualquer, mas não: ela se cala. Tem um sorriso plácido.

Compreendo melhor por que, nessas florestas alucinadas, as seitas mais ascéticas, as seitas obcecadas pelo mal, por Satã, pelo fim do mundo, progridem a passos largos e comem a audiência das seitas mais razoáveis. A palavra do Tabernáculo da Fé, mais do que a da Assembleia de Deus ou da Universal, é adaptada ao caos da Amazônia, a essa floresta em delírio que nos fala de uma só vez do inferno e do paraíso. "A Amazônia", escrevia Euclides da Cunha, "é a última página do Gênesis que está por ser escrita".

Excelência

A excelência (ou incelença) é um canto fúnebre, monótono e sem acompanhamento musical, que glorifica os funerais. Ele dirige um adeus àquele ou àquela que parte. É cantado exclusivamente pelas mulheres. Nos tempos antigos, os homens não podiam ouvi-lo. A mulher é a serva – ou a senhora – da morte, como ela o é do nascimento.

O canto acolhe o defunto no país da morte. Ele se dirige àquele que está diante das portas do vazio: "Entrai, Excelência!". Sim, Excelência, porque todos, homens ou mulheres, quando morrem, merecem ser nomeados respeitosamente de Vossa Excelência. Todos são príncipes, excelências, mesmo os pobres e os sem-terra, mesmo os escroques e os malvados, mesmo as putas e mesmo os reis, e os soberanos pontífices e os bêbados e os despojados, todos recebem o mesmo convite solene e respeitoso: "Entrai, Excelência!".

A mesma lição era expressa, de uma maneira bem diferente, pelos ritos funerários outrora reservados aos reis da França. O cortejo fúnebre se apresentava diante das portas da basílica de Saint-Denis. O bispo, ou o cardeal, batia na alta porta fechada. Uma voz perguntava: "Quem és tu?". O prelado respondia: "Sou o rei da França". A porta permanecia fechada. Do interior da basílica, a voz perguntava mais uma vez: "Quem és tu?". O condutor da cerimônia dava algumas informações: "Eu sou o rei da França e príncipe de Navarra, príncipe de Andorra e duque de Bourbon, delfim de Viena, conde de Valentinois e de Diois, conde de Provença, de Forcalquier e terras adjacentes, senhor de Nouzon".

A porta continuava fechada. A voz se elevava pela terceira vez: "Quem és tu?". "Sou um cristão", respondia o príncipe da Igreja. E a porta da basílica se abria, e o corpo do rei era acolhido na morte.

Estranho encontro: o canto brasileiro da Excelência faz eco ao ritual dos reis da França. Ele diz que o mais derrisório dos cristãos mortos é um príncipe, uma Excelência. O rito fúnebre francês diz que o rei, às margens da morte, não é mais um príncipe, e sim, um simples cristão.

Uma vez eu pude ouvir, em um vilarejo do Maranhão, o canto "Excelência". Ele era belo como o deserto.

Falsos cognatos

Encontrei o primeiro dos meus falsos cognatos alguns dias depois da minha chegada ao Brasil. O consulado da França oferecia uma recepção. Eu começava a falar português. Uma moça sorriu para mim. Em seguida, perguntou-me se eu ficava sempre constipado. Disse que não. Eu não sofria desse incômodo. Não era o meu estilo. A moça deu um sorriso jocoso para manifestar sua incredulidade. Eu me defendi. Ela não desistiu. Com certeza eu estava constipado. Decidi interromper a conversa. Ainda que ela fosse bastante bonita, não dava para continuar! Além do mais, uma relação que começa dessa maneira não me parecia ter um futuro brilhante.

Alguns dias depois, um amigo do jornal me confirmou que eu estava constipado. Fiquei preocupado. Será esse um efeito do exotismo? Um dano colateral e mesmo paradoxal da diarreia do viajante? Deveria sair correndo e ir ao médico? Eu tentava me tranquilizar. Mesmo não sentindo cólicas, começava a me preocupar: minha constipação não era perigosa na mesma proporção de sua invisibilidade, do silêncio no qual ela se desenvolvia? Era uma constipação disfarçada, uma constipação "essencial", platônica e inalcançável. Ela progredia em minhas vísceras sem fazer alarde, sem soar o alerta, instalando-se assim no centro do palco sem cometer o mínimo dano, de forma que eu acabaria morrendo sem nem mesmo perceber, o que sempre me pareceu uma saída desagradável.

A minha doença pertencia à família repugnante dos "assassinos silenciosos". Como expulsar um invasor que não dá nenhum sinal de desarranjo? Passei maus dias. O meu desembarque na terra equinocial começava mal. Pensava em me repatriar. A minha carreira de escritor-viajante ia terminar como começara. Uma bela e fugaz glória de aventureiro.

Fui salvo por um padeiro da rua General Jardim, onde eu então morava. Ele confirmou que eu estava constipado, mas completou seu diagnóstico com considerações otimistas. Deixou-me mais tranquilo. Não era grave. Não era nada. Além do mais, o meu caso não era assim tão raro. O padeiro já observara que os jornalistas estrangeiros ficam logo constipados. De tanto ultrapassar paralelos e oceanos, corrente do Golfo e linhas isóbaras, eles tendem a ficar constipados, a se resfriar.

Paguei meu pão com alegria. A vida refluía em minhas veias, em minhas artérias. A vida era bela e o Brasil também! Procurei uma farmácia. Comprei algumas pastilhas contra o resfriado. Também me dei ao trabalho de abrir um dicionário. Ali verifiquei que a constipação designa prisão de ventre, isto é, o que o francês nomeia *"constipation"*, mas que, na linguagem popular, a mesma palavra que dizer "resfriado e até mesmo gripe".

O segundo falso cognato, eu o encontrei alguns dias mais tarde em uma mercearia, ou melhor, na porta de uma mercearia. Pensei em comprar arroz, algumas bananas e um pouco de doce de leite, mas dei de cara com uma porta fechada e um cartaz que anunciava em letras imponentes: "Fechado por motivo de luto familiar".

Traduzi do meu jeito. Como "fechado" em francês é *"fermé"*, para mim o cartaz dizia o seguinte: *"Fermé pour cause de lutte familiale"*. Eu admirava esse país. Esse comerciante não era qualquer um (ou então sua mulher, como saber?). Esses dois seres tinham brigado na véspera. Devem ter levado a coisa bastante longe, pois não apenas tinham resolvido (pelo menos tinham concordado nesse ponto) fechar a loja, mas ainda deixar claro para toda a vizinhança a um só tempo seu desentendimento, a profundidade deste e a firmeza de suas almas.

Estava estupefato. Lamentava pelo meu arroz e meu doce de leite, mas não podia deixar de admirar a nobreza desses comerciantes e a maneira como enfrentavam seu destino e mantinham as pessoas a par de seus últimos aborrecimentos. Essas pessoas eram bastante orgulhosas. A sua disputa se alçava, por meio desse cartaz, ao nível das grandes cenas da história, e eu esperava que Édipo com seus olhos perfurados surgisse a qualquer momento ali, na pequena rua, ou então o rei Renaud segurando suas tripas na mão, ou Aquiles puxando em seu carro o corpo extenuado de Heitor. Buscava marcas de sangue na calçada. Essa triste história de "luto familiar" tinha chegado a um ponto em que se podia esperar exageros e assassinatos.

Na manhã seguinte, a mercearia estava aberta. Comprei meu doce de leite e fiquei sabendo que, em português, a palavra luto não significa "lutte", ou seja, "luta", mas "recolhimento pela morte de alguém".

Estava progredindo em meu português. O jornal enviou-me para fazer uma reportagem em Santos, pois os operários do porto ameaçavam entrar em greve. Chovia muito naquele dia e, como tive de correr de escritório em escritório, acabei minha reportagem em um estado deplorável: molhado e com os cabelos grudados na cabeça. Mesmo assim, causei certo impacto em duas moças que também se aventuraram naquele dilúvio. Uma delas deu uma cotovelada na amiga e disse em voz bastante alta: "Olha, olha aquele rapaz. Ele tem uma cara esquisita". Fiquei contente. Pensei: pois é, nunca se sabe... Aproximei-me delas e elas foram embora.

Alguns dias mais tarde, encontrei uns amigos, professores franceses da Aliança Francesa que na época ficava na praça Bráulio Gomes (ou então Largo Bráulio Gomes). Contei vantagem sobre o meu sucesso com as mulheres. E não é que duas moças de Santos tinham achado meu rosto esquisito? A minha pretensão me custou algumas zombarias. Fiquei sabendo que a palavra esquisito não tem o mesmo sentido da palavra em francês "*esquis*". Se às vezes ela é empregada no sentido de "raro", "fino", seu uso comum não é propriamente um elogio. É até mesmo decepcionante. E fiquei sabendo de outras coisas, também. Por delicadeza ou perfídia, brincaram comigo por mais um tempo e acabaram me angustiando. À noite, em meu quarto da Pensão Americana, abri meu Pequeno Dicionário da Língua Portuguesa de Aurélio Buarque de Holanda, o avô do músico. Li e aquele não foi um momento muito agradável.

Esquisito designa uma pessoa "excêntrica, estranha, extravagante". Continuei minha pesquisa. Caí no seguinte parágrafo: "Bras. Fam. De mau aspecto, feio e/ou malvisto". A sequência não era muito melhor. A palavra esquisito também pode ser aplicada a algumas paisagens. Eis a nota do dicionário: "Bras. Lugar deserto, ermo: 'Deixara a prima no esquisito das moitas de cabreira e corri... para não me vissem no gesto impudico' – José Lins do Rego, *Meus verdes anos*, p. 110".

Não compreendi todas as nuances da citação de José Lins do Rego, mas pressenti o essencial: eu me parecia com um lugar deserto, com um ermo. Procurei a palavra ermo. Virei as páginas do dicionário, devagar, bem devagar. Então li: "Ermo – do gr. eremos, pelo latim. eremu. Lugar sem habitantes, deserto... Solitário, desabitado, deserto".

Favela

As favelas não são uma invenção do século XX. Elas existem há muito mais tempo. As mais antigas se formam em 1888, quando a princesa Isabel, a filha do imperador Pedro II, assina, para alegria da Grã-Bretanha, a Lei Áurea, que liberta os escravos. É um dia de festa para os milhões de negros que trabalham há três séculos nas lavouras de cana-de-açúcar, de cacau ou de café e que são açoitados nos pelourinhos. Acabou o trabalho forçado! Acabou a humilhação! Aleluia!

Naquele dia, os escravos não ganham apenas a liberdade. O Brasil lhes dá outro presente. Uma identidade. Essas coisas devem ser comemoradas. Até agora, nas lavouras e nos engenhos de açúcar, os negros não tinham sobrenome. Tinham apenas nomes. Uns eram confundidos com os outros, mas e daí? Eles eram ferramentas. Depois de alguns anos, essas ferramentas quebravam. Eram mandadas para o cemitério ou para o ferro-velho e outra máquina era comprada. Os escravos eram números.

Depois da Lei Áurea, cada um ganha uma identidade, o benefício de um sobrenome. Tem acesso a um nome próprio. Ele tem direito, como todos, a um nascimento, a um destino e a uma morte; a uma linhagem e a um pedaço de genealogia. Contudo, como há um número muito grande de escravos libertos, os funcionários nem sempre têm um sobrenome ao alcance da mão. Então, as identidades são fabricadas no atacado. São nomeados como em uma linha de montagem. O mesmo patronímico é dado a milhares de famílias. Até mesmo o nome próprio torna-se nome comum, uma vez que ele serve a mil pessoas. Os da Silva, os do Santos pululam.

Nem todos os libertos festejam. Os mais deserdados pressentem que seu futuro não será alegre. Dona Isabel quebrou suas correntes. Mas e agora? O que eles vão fazer nesse mundo? E sob que árvore irão se repousar? Do dia para a noite, não têm trabalho, dinheiro, casa, amigos. Nus. Só a miséria mudou. Aplicaram-lhes o golpe do vigário. Eles arrumam suas coisas, sua família e algumas lembranças. Vão para longe do lugar maldito, do lugar sem berço nem cemitério para onde o acaso do tráfico outrora tinha trazido seus pais. Procuram as aglomerações de homens livres. Penetram nos interstícios das cidades. Colocam sua trouxa nas áreas que ninguém virá disputar, nos pântanos, nos lixões, no alto dos morros de granito que dominam a baía do Rio, os únicos terrenos realmente vagos. Em seguida, constroem alojamentos. Constroem suas casas, sua vida, com a única coisa que possuem em abundância: "nada". Vasculham nas latas de lixo. Foi assim que as primeiras cidades de lixo fizeram sua entrada na história brasileira.

Esses bairros ainda não têm nome. É preciso esperar uns vinte anos para que o batismo aconteça. No final do século XIX, a revolta milenarista de Antônio Conselheiro coloca o Estado da Bahia de cabeça para baixo. O governo do Rio de Janeiro, para acabar de vez com os profetas de Canudos, envia para o sertão milhares de soldados federais. Estes erguem seus acampamentos sobre um morro que tem o nome de Favella, por causa da grande quantidade de euforbiáceas (favelas, ou mandiocas-bravas) que ali crescem. Depois disso, eles matam o profeta Antônio Conselheiro, todos os seus discípulos, todos os cães, todos os gatos, todas as formigas. Quando os combates acabam, os soldados da ordem, que não servem para mais nada, são devolvidos ao Rio de Janeiro. Que se virem. Eles encontram um morro, uma colina, Providência. Ali constroem barracos com materiais de infortúnio. Mudam o nome do morro. Em memória dos combates de Canudos, eles o chamam Favella.

Um século depois, as favelas (uma reforma ortográfica expulsou do dicionário as letras duplas) estão em toda parte. A favela encontrou no Brasil sua terra prometida. Somente a cidade de Rio de Janeiro tem 862 e, de cada cinco habitantes, um mora em uma favela. Toda cidade brasileira é acompanhada de sua favela, cercada de sua sombra mefítica. Todos os bairros do Rio de Janeiro são impressos em dois exemplares, um de luxo e um de desastre. Cada uma das belas praias que exibem sua despreocupação à beira do oceano é acompanhada de uma favela. No pé dos morros, a favela é vizinha dos bairros nobres. O Liceu Americano do Rio de Janeiro e seu campus ultrachique reinam a vinte metros dos primeiros barracos.

As favelas do Rio gostam das alturas. Se, a partir do mar, olhar para a Rocinha, pendurada no célebre morro Dois Irmãos, acima dos bairros luxuosos de São Conrado e da Gávea, o que você percebe é uma cidade estripada. Poderíamos dizer que é o avesso da cidade, as entranhas da cidade. Cada edifício dessa coisa que abriga talvez meio milhão de pessoas parece repousar não no chão, mas sobre outro edifício no estilo "calmo bloco caído aqui de um desastre obscuro". O caos, com a altitude, aumenta. Quanto mais uma casa está no alto, mais ela é feia, esta é a lei. No alto da favela, os barracos que coroam o morro não são nem mesmo ligados aos serviços públicos, eles estão entregues ao seu próprio desastre, à sua solidão, como se o inferno estivesse no céu, não nas entranhas da terra.

Talvez seja por isso, por ironia ou esperança, que as favelas escolhem de bom grado seu nome na Bíblia – Santa Maria, Dona Marta e essa Cidade de Deus que empresta seu nome de Santo Agostinho. A referência à Cidade de Deus é um achado irônico. "Dois amores", diz Santo Agostinho, "construímos duas cidades. O amor de Deus, levado até o esquecimento de si, fez a Cidade de Deus. O amor de si levado até o esquecimento de Deus fez a Cidade terrestre. Uma glorifica a si mesma. A outra no Senhor (XIV, 28)". Poderíamos jurar que o autor de *Confissões* fez o retrato do Rio de Janeiro. O Rio é composto de duas cidades, e essas duas cidades, como na metáfora de Santo Agostinho, estão inextricavelmente entrelaçadas, mas não têm equivalência. Coexistentes e divididas, elas formam um único bordado com fios que se cruzam, mas não se misturam.

Na França, pensamos que as favelas são zonas de não direito, que estão cheias de homens patibulares armados de grosso calibre vindo do Paraguai, armados com M16, com granadas, e temos razão em acreditar. "Se você vir um cara com um fuzil", dizem os cariocas, "não o fotografe. Esse cara não existe. Esse fuzil não existe. É muito perigoso fotografar um cara que não existe. Isso pode assustá-lo. Essas pessoas se assustam facilmente".

No entanto, é verdade que uma favela não contém apenas drogados e matadores. Os próprios matadores trabalham com intervalos. Não se pode matar o tempo todo. Há uma vida antes da morte dos outros. E depois, também. As favelas são como cidades. Ali existem ônibus, ambulatórios, ambulantes, vendedores de drogas, bancos, complexos esportivos, jornais locais e TVs, milhares de orquestras, chefes, assistentes sociais e ONGs, muitos fotógrafos, vermes vermelhos nas barrigas das crianças, correntes cheias de Cristo, tuberculose, trocas, manicures, toneladas de tédio, cheiro de vômitos, esgotos e banheiros, galinhas que esperam a faca dos deuses africanos e, no chão, uma imensidão de fios elétricos tão misturados que nos perguntamos como eles sabem para que barraco devem transportar a luz. Há também mulheres. Elas são ainda mais devastadas do que os homens. Crianças doentes. Contudo, há também um charme. Beleza. Generosidades. Malandragem. E, nas rampas do fim do mundo, há pipas de todas as cores que os moleques, à noite, olham dançar nos ventos do oceano.

As favelas têm sua beleza. As suas casas catastróficas são pintadas em diversas cores. Quando as tempestades de verão limpam a cidade, como nesse terrível abril de 2010, blocos de casas deslizam uns sobre os outros. Torrentes de lama escorrem. Cadáveres são retirados. Por alguns dias, a favela é uma velha boca desdentada. Está cheia de buracos. Ela é um "bloco de abismos". Alguns preferem essas arquiteturas desastrosas às geometrias de vidro que ladeiam as praias chiques da Baía de Guanabara. Em meados do século XX, os pintores modernos inventaram a arte bruta. O Brasil foi além. Ele pratica o "urbanismo bruto". Um dia, as favelas serão inscritas no patrimônio mundial da Unesco, como a cidade de Albi e os vulcões da ilha da Reunião. Na Drouot ou na Sotheby's, os barracos serão leiloados, com certificado de garantia, e o casebre mais sórdido alcançará preços exorbitantes. A miséria extrema figurará entre as "maravilhas do mundo", e será protegida. O horror será restaurado. Arquitetos históricos derrubarão alguns imóveis apropriados que desfiguram as favelas. Eles encomendarão aos atacadistas toldos gastos, sacos velhos, papelão usado, telhas quebradas, trapos e entulhos, poeira, merda e cadáveres, e reconstruirão as belas casas feias. O museu Beaubourg apresentará dioramas, modelos reduzidos e maquetes dos imóveis de ferrugem e verminose de Santa Maria, e todos dirão: "Nossa, como é bonito. Fiquei toda emocionada, venha ver, minha querida..."

Hoje em dia, o grande turismo está em alerta máximo. Há cinco anos as agências de viagem propõem "favelas tours". Não precisamos ter medo. É muito simples e seguro. Nós nos inscrevemos e chegamos na hora marcada. Lá, um micro-ônibus nos leva. Os guias nos mostram as arquiteturas de farrapos. Os micro-ônibus são fechados, às vezes blindados. Alguns humanistas denunciam essas precauções, que, no entanto, são justificadas. Na África também, nos parques de safári, os rangers possuem fuzis com mira e trancam seus turistas nas 4x4 extremamente sólidas antes de começar o circuito dos crocodilos e dos leões.

A favela atrai os visitantes de luxo. O papa João Paulo II foi rezar lá nas alturas. Parece que seu triste coração sofreu muito. Zinédine Zidane jogou bola com os garotos que compreenderam por que eles moravam na Cidade de Deus. Carla Bruni-Sarkozy, depois de ter passado a noite no Copacabana Palace, aventurou-se no labirinto. As favelas aclamaram essas três pessoas – o chefe dos católicos, o jogador de futebol e a mulher magnífica.

Os poderes públicos não estão inertes diante do perigo das favelas. Quiseram restabelecer ali sua autoridade, mas não foram bem-sucedidos e nada foi restabelecido. Quiseram então reabilitar esse monte de lixo. A Cidade de Deus é testemunho desse esforço. Ela é feita de casas de verdade e suas ruas não são de terra, mas de asfalto. Um filme foi rodado ali. É uma obscena litania de assassinatos. Os policiais são ferozes. Dizem que às vezes eles se corrompem. Matam e são mortos: em 3 de maio de 2010, tiroteios fizeram onze mortos nas favelas que cercam o aeroporto do Rio.

Em outubro de 2009, um educador social, conhecido por sua coragem e sua dedicação aos pobres da favela, foi abatido no centro do Rio por dois ladrões que roubaram seu casaco e seus sapatos. Uma viatura da polícia passa. O infeliz agoniza. Talvez não o tenham visto. Outros policiais param os dois assassinos e os libertam depois de "recuperarem" o casaco e os sapatos. Uma hora depois, uma ambulância chega. O educador está morto. O excelente correspondente do *Le Monde* no Brasil, Jean-Pierre Langellier, escreve: "Em dez anos, mais de 1.700 policiais foram expulsos da corporação".

Um hábito se espalha pelo Rio. As favelas estão sendo cercadas. Uma primeira experiência foi iniciada na favela Santa Marta, que é vizinha do elegante bairro de Botafogo. A favela foi cercada por um muro de concreto de três metros de altura e tão bem construído que é impossível dinamitá-lo, como o muro de Kruschev, em Berlim. Santa Marta fez rapidamente escola. No início de 2009, oito favelas do Rio já estavam protegidas por um muro de concreto. O século XXI é o "século dos muros", muito mais do que o século XX. Coreia, Israel, Marrocos, México, Palestina – o muro está se espalhando. Está em toda parte e ele sufoca, mata. O muro das favelas é uma inovação. Os outros muros separam países diferentes, ou então que se tornaram diferentes, como o de Berlim ou o 48° paralelo da Coreia. No Rio, os muros criam uma cicatriz para distanciar dois pedaços de uma mesma nação.

O muro erguido entre Botafogo e Santa Marta teve direito a um lindo nome, um nome novo e florido. Ele se chama "ecobarreira" ou "ecofronteira". Essa tonalidade verde se justifica. O muro tem uma dupla missão: proteger a bela floresta "primária" próxima de Botafogo contra o avanço do concreto e tranquilizar os charmosos moradores de Botafogo contra o avanço dos estranhos moradores da favela.

Um grande escritor de língua francesa falou das favelas brasileiras. Será que o fez de propósito? Talvez nem conhecesse as aglomerações do Rio de Janeiro, mas os bons poetas enxergam longe, e a descrição que ele faz de Santa Marta, da Cidade de Deus ou da Rocinha, bem antes que elas saíssem da terra, é de um realismo impressionante. O poema chama-se "Contra!". Foi escrito por Henri Michaux em 1933. (Michaux fez uma viagem ao Brasil em 1928. O seu relato encontra-se em uma das obras-primas da literatura de viagem, *Equador*, mas ele fala apenas do Brasil amazônico. Será que ele foi até o Rio de Janeiro nessa ocasião? Não acredito.)

> Contra!
> Construirei uma cidade com farrapos, para vocês!
> Construirei sem projeto e sem cimento
> Um edifício que vocês não destruirão,
> E que uma espécie de evidência furiosa
> Sustentará e ampliará, e irá zurrar na cara,
> E nas caras geladas de todos os seus Partenons, suas artes árabes
> e de seus Mings.

Com a fumaça, com sobras de nevoeiro
E com o som da pele do tambor,
Eu os assentarei em fortalezas imponentes e magníficas,
Fortalezas feitas apenas de oscilações e de sobressaltos,
Contra as quais sua ordem multimilenar e sua geometria
Serão tolices e galimatias e poeira de areia inúteis.

Que os sinos toquem sobre todos vocês, ausência sobre os vivos!
Sim, eu acredito em Deus! Claro, Ele não sabe nada!
Fé, calçado indestrutível para quem não avança.

Oh, mundo, mundo estrangulado, ventre frio!
Nem símbolo é, mas vazio, sou contra, sou contra,
Sou contra e te farto de cães mortos.
Em toneladas, vocês me ouvem, em toneladas,
arrancarei o que me foi negado em gramas.

No escuro veremos claro, meus irmãos.
No labirinto encontraremos o caminho certo.
Carcaça, qual é o seu lugar aqui, incômoda, mal-cheirosa, vaso ruim?
Polia enferrujada, como sentirás as cordas
esticadas dos quatro mundos!
Vou te destruir, e como!

O Brasil de 2010 é um país poderoso e empreendedor. Lula reduziu os grandes bolsões de pobreza e deu certa dignidade aos abandonados. Alguns se surpreendem por Lula não ter tentado sanear as favelas. É que, no Brasil, a segurança é assunto dos poderes locais, não do governo federal. O governador do Rio, Sérgio Cabral, fez o seu possível. Como seus predecessores, ele tentou erradicar a violência e, também como eles, fracassou. O câncer instalou-se há tanto tempo que suas metástases desagregaram todo o sistema da favela. A droga, o crime organizado, as administrações corrompidas não têm o menor desejo de perder essa miséria que sustenta sua prosperidade. A polícia hesita entre uma brutalidade ignóbil e uma cumplicidade vantajosa.

O Brasil está organizando a Olimpíada de 2016. Essa vitória foi alegremente saudada tanto no Brasil dos pobres quanto no dos ricos. Quinze dias depois dessa maravilhosa vitória, a favela do Morro dos Macacos foi atacada por um bando que queria tomar o poder. As pessoas se esconderam durante toda a noite. A polícia tentou entrar na favela. Para barrar o acesso, pneus foram incendiados. Um helicóptero sobrevoou o campo de batalha. Às dez horas, ele foi derrubado. Dois policiais morreram. Sete ônibus foram queimados.

Essas cenas de guerra civil aconteceram a dez quilômetros de um dos estádios onde se desenrolarão as competições de 2016. Vozes se levantaram para lamentar que o Brasil tenha se lançado em uma aventura tão incerta. O Rio de Janeiro é uma das cidades mais perigosas do mundo. A Olimpíada vai atrair milhões de visitantes brasileiros e estrangeiros. Como garantir a sua segurança se as favelas enlouquecerem? As autoridades brasileiras acalmam o jogo. E dizem: "Isso não é um problema!". Elas mesmas se lançaram um desafio. E irão vencê-lo. Os mais otimistas proclamam que a Olimpíada vai ajudar a reduzir o flagelo.

Fim do mundo

A guerra de Canudos por pouco não passou despercebida. Ela durou de 1896 a 1898. Nesse período, a Europa tem outras preocupações. Ela acaba de sair de vários conflitos, de grandes discussões ideológicas, e tem pressa para chegar à Belle Époque. Ela prefere os cabarés populares e os bailes realizados nos Moulins de la Galette – dois antigos moinhos de Montmartre transformados em restaurantes populares – às exigências da história. O massacre de Canudos tem todos os ingredientes para permanecer sendo uma "guerra órfã", uma guerra que ninguém deseja adotar e que se contenta em fazer seu pequeno circo de infortúnios sem que os jornalistas se deem conta.

E, para que as chances de se tornar célebre sejam ainda menores, essa guerra ocorre em uma região muito distante, quase inexistente. É no sertão que ela faz misérias, nesse interminável pedaço do Brasil despossuído, o "triângulo da seca", o triângulo da desventura, que se espalha pelo interior da Bahia e dos estados vizinhos e é povoado por humanos que não são nem brancos, nem negros, nem mesmo índios, que são qualquer coisa, seres nos quais misturam-se um pouco de negro, um pouco de índio, um pouco de turco, de japonês, de português e de aflição. O sertão não é um bom lugar para uma guerra que deseja chamar a atenção. Só o silêncio, os abutres, os urubus e o diabo o frequentam. Os homens do sertão podem se massacrar e isso não fará barulho.

A sorte da guerra de Canudos é que um jovem jornalista interessa-se por essas calamidades. Ele se chama Euclides Rodrigues da Cunha. Trabalha para *O Estado de São Paulo*. As reportagens de Euclides da Cunha impressionam. Seis anos depois, o jornalista publica a narrativa completa da guerra dos Canudos: *Os sertões*. Os brasileiros estão estupefatos. Pois, graças a esse livro, tomam conhecimento da amplitude do acontecimento e de que a guerra "do fim do mundo" foi um dos episódios fundadores da jovem República brasileira. E conhecem ao mesmo tempo o nome de um dos maiores escritores brasileiros, Euclides da Cunha. Toda nação precisa de uma *Canção de Rolando*, uma *Eneida*, ou uma *Odisseia*, um *Lusíadas*. Para o Brasil moderno, é o repórter Euclides da Cunha que oferece ao jovem Estado sua epopeia: com *Os sertões*, ele escreveu a *Ilíada* dessa "Troia de taipas" que foi o vilarejo de Canudos.

Nesse final de século, Canudos é insignificante. Localiza-se no distrito de Santo Amaro de Queimadas, no extremo norte do Estado da Bahia, em pleno sertão, em torno de um montículo chamado Belo Monte, que domina a margem direita do rio São Francisco. Ali há apenas uma fazenda em ruínas, cinquenta casebres descoloridos, céus vermelhos e cactos assustadores como os mandacarus e os xique-xiques. Ali, na caatinga, entre rios mortos e paisagens que os ventos desconstroem, alguns boiadeiros e suas famílias vivem como agonizamos. Um dia surge um alucinado, Antônio Vicente Mendes Maciel, dito Antônio Conselheiro (1830-1897). Os indivíduos dessa espécie abundam no sertão. O deserto do Nordeste lhes é propício. Com suas secas e seus raros dilúvios, suas florestas retorcidas, suas árvores de aço, com seus esplendores e seu gênio, ele produz uma coleção de magos e de messias, de rebeldes e de assassinos, de mártires, de inocentes, de anjos e de inspirados. Antônio é apenas um messias um pouco mais bem-sucedido do que os outros.

No início, ele é como qualquer um. É filho de um negociante do Ceará, um rapaz austero, ajuizado e quase insignificante. Ele se casa. Como estudou, faz pequenos trabalhos: comércio, juiz de paz, requerente de fórum. Um dia, sua mulher tem a ideia de enganá-lo com um policial. Antônio sofre. Ele desaparece. Para se purificar, procura o sertão e isso dura dez anos, dez anos de noite. Quando retorna, ele tem a cabeça, o cérebro e a língua de um profeta. É um homem barbudo, fervoroso e feio, "um anacoreta sombrio, cabelos crescidos até os ombros, barba inculta e longa, face escaveirada, olhar fulgurante", diz Euclides da Cunha.

Esse olhar fascina. O sertão desperta. Homens e mulheres seguem Antônio de perto. Ele prega o tempo todo. Monarquista, à espera do retorno de dom Sebastião, morto no século XVI pelos mouros, Antônio Conselheiro inflama-se contra a República dos franco-maçons e dos "comtistas", e é contrário à separação entre Igreja e Estado. O casamento civil o atormenta. Ele caminha incessantemente pelo deserto, nostálgico, inconsolado e cercado por uma guarda católica de oitocentos jagunços. Antônio é um profeta muito enérgico. É um construtor. Ele constrói casas mambembes, igrejas de fim de mundo e muitos cemitérios. Ele acampa na entrada do apocalipse. O pequeno grupo começa a construir em Canudos uma Jerusalém terrestre. Não há descanso. Todo dia, doze casas santas saem da terra maldita.

Na capital da Bahia, Salvador, os civilizados se agitam. O Brasil é frágil. Uma forte seca lançou na fome milhões de sertanejos. Em 1888 a Lei Áurea foi promulgada, acabando com a escravidão e provocando graves problemas. No ano seguinte, a monarquia foi abolida. A jovem República se põe a caminho, meio capenga, e teme que sua unidade se desfaça sob os golpes das revoltas regionalistas, dos particularismos e sobretudos dos arcaísmos. O seu receio é de que os nostálgicos da monarquia fomentem insurreições. Antônio Conselheiro é um desses nostálgicos. Ele detesta a Constituição laica de 1891. Como todos os profetas, seu olhar volta-se para um passado sem fundo. Ele segue a Bíblia do tempo das imprecações.

O Brasil reage de forma brutal. A jovem República precisa de ordem e Antônio é uma desordem. Ela decide esmagar essa desordem. Vai ensinar aos descerebrados desse fim de mundo como se morre. Envia para seus casebres os belos soldados do progresso e da democracia. No entanto, vejam só, os soldados abandonam sua missão. Parecem que estão enfeitiçados.

O Brasil se irrita, mas o vilarejo de Canudos, depois desse primeiro alerta, já retornou às suas necessidades cotidianas e ao seu mundo ideal. A Cidade de Deus prospera. Ela se constrói. Logo terá 5.200 casas. Na imensidão do sertão, só se fala nisso. Na direção dos casebres sagrados convergem vaqueiros e suas vacas, beatas e sua santidade, putas e sua tristeza, madonas, jagunços, miseráveis, esfomeados. Então, o Estado da Bahia mobiliza reforços. Começam a chegar soldados rutilantes e com armamentos modernos. E são derrotados pelos maltrapilhos de Antônio Conselheiro.

Desta vez, é o Rio de Janeiro que treme. Em 1897, o Estado federal forma um exército armado de canhões Krupp e metralhadoras Nordenfelt. Uma coluna de 8 mil homens, comandada por três generais e pelo ministro da guerra em pessoa, toma posição em volta de Canudos. Antônio Conselheiro reage. Os loucos de Deus bombardeiam os canhões. Eles têm escopetas de outra época, mas são espertos como o diabo: tomaram a precaução de carregar suas armas com contas de rosário e essas contas matam os soldados. Os inspirados abatem os assaltantes e gritam: "Viva o bom Jesus!". Entre dois combates soam na Jerusalém do sertão os sinos dos crepúsculos e das ressurreições.

Os soldados da República degolam os jagunços. Sangram e estripam seus prisioneiros. Cortam seus pescoços. O chefe místico, Antônio Conselheiro, é morto. Ele é sumariamente enterrado. O seu cadáver putrefato é exumado, esquartejado e sua cabeça é enviada para a Faculdade de Medicina da Bahia. Quinze mil mortos. A caatinga está vermelha, há crânios e tripas espalhadas por todos os lados. A morte recobriu tudo e o silêncio caiu sobre a cidade celeste. Em uma casa, descobrem-se um velho vivo e quatro crianças. Cinco mil soldados caem sobre eles e os abatem. Canudos não pertence mais ao mundo. Canudos está no céu.

Euclides da Cunha escreveu um livro barroco. É uma obra-prima. Cinquenta anos antes de Marc Bloch, Lucien Febvre e Fernand Braudel, esse jornalista nos diz que a

história é uma geografia e o faz com estilo. E isso faz valer as 150 páginas rudes e grandiosas sobre a geologia, a topografia e o clima do Nordeste. Euclides da Cunha está convicto de que a guerra de Canudos, assim como o personagem inspirado de Antônio Conselheiro, são produtos de um sol feroz e de uma terra sofrida. Ele sustenta que uma geografia mártir engendra um povo mártir. Essas longas páginas, essas descrições alucinadas, essas fatias de geologia, de ciências físicas, de ciências químicas são dignas de Michelet. Elas criam uma nova ciência: a geografia trágica.

O livro de Euclides da Cunha tem outra particularidade: ele devora a si mesmo. Devora seu autor, digerindo-o e fazendo-o renascer. É praticamente em tempo real que assistimos a essa metamorfose, à conversão da qual Euclides da Cunha, o autor de *Os sertões*, é o palco, à medida que ele narra a catástrofe de Canudos. No início, ele é um republicano empedernido, rígido e arrogante, apaixonado pela razão, pelo progresso e pela harmonia. "A República sairá vitoriosa dessa última prova", esclarece ele. Como tantos oficiais e intelectuais brasileiros, ele venera Augusto Comte. Está imbuído da superioridade das raças arianas. Despreza os habitantes do sertão, que são geneticamente inferiores, agitando os ridículos estandartes católicos e monarquistas de Antônio Conselheiro. Ele rejeita os negros e os índios, isso é evidente, e mais ainda os mestiços, os mamelucos ou os caboclos, os mulatos, que adicionam à estupidez dos negros ou dos índios a "baixeza mental dos sangues impuros".

Os mestiços são degenerados. Não surpreende que sejam idiotas, convulsivos e esgotados. Psicóticos ou neuróticos, eles perderam ao longo das gerações as virtudes dos brancos sem adquirir o vigor dos negros (Gobineau tem algo a ver com isso). São incuráveis. São tipos contrafeitos, preguiçosos, letárgicos e próximos da idiotia. Deixam-se levar pelo primeiro lunático que aparece, erguem-se contra a jovem República e contra a razão, agem como selvagens e embrutecidos e sonham em reconstituir ali, no inferno do deserto, um mundo ultrapassado. A eloquência primitiva de Conselheiro não impressiona o grande intelectual racionalista que é Euclides da Cunha. Ele chega a suspeitar que esse tipo que fala sempre de Deus e da idade de ouro sofreu influências judaicas. Nossa!

E o livro? Apoiado em tais baboseiras, como ele consegue ser tão belo, tão inteligente e nos emocionar? A resposta é simples: ele também é vítima de Antônio Conselheiro e de seus "loucos de Deus". À medida que é escrito, parece queimar a si mesmo. Ele se desfaz sob nossos olhos. Quebra-se em mil pedaços. É um caso muito raro: eis um livro que ateia fogo em si mesmo. Ele é seu próprio auto de fé. No exato instante em que narra a epopeia de Canudos, Euclides da Cunha descobre, sem se dar conta, ou com desconforto e um pouco de vergonha, a intratável nobreza dos incuráveis, dos degenerados e dos histéricos do sertão e a justeza de sua rebelião. Contra sua própria ideologia, ele concorda que esses caboclos, esses mulatos, que ocupam a última posição da espécie humana, são homens grandiosos. Descobre a beleza dos mestiços. Admira sua habilidade, sua generosidade e sua glória, a justeza de sua esperança. Uma fantástica metamorfose acontece ao vivo, diante de nossos olhos: o jovem cientista com ideias arrogantes, sutis e limitadas, percebe que admira justamente aquilo que despreza. O seu canto de ódio torna-se um canto de amor pelo esplendor daqueles que ele pensava menosprezar.

Ao contrário, os soldados da República, que antes tinham a preferência, são infames. Euclides da Cunha despreza sua ignorância, suas covardias, a crueldade dos oficiais brancos e a futilidade desse combate. Com uma voz um pouco perdida, ele faz uma confissão: "Essa guerra foi um crime [...]. Aquilo não era uma campanha, era uma charqueada. Não era a ação severa das leis, era a vingança. Dente por dente. Naqueles ares pairava, ainda, a poeira de Moreira César queimado; devia-se queimar. Adiante, o arcabouço decapitado de Tamarindo; devia-se degolar. A repressão tinha dois polos – o incêndio e a faca [...]".

O livro toma o tom de um *Te deum* terno, violento, e de um lamento em glória dos humilhados, dos ofendidos. O filósofo verborrágico do início, o cientista dogmático desapareceu. Foi vencido pelo poeta que Euclides da Cunha escondia dentro de si e esse poeta é imenso. A longa narrativa da guerra de Canudos é uma obra-prima. Um quadro de Goya.

Ele descreve a cidade santa cuja planta foi traçada pelo próprio Conselheiro. E ele tem medo. Os sertanejos não construíram uma cidade, mas um espectro de cidade, escombros. Eles desenharam um labirinto mais terrível do que o do Minotauro, pois ele não tem pé nem cabeça, sem começo nem fim, e nenhuma Ariadne poderia ali desenrolar seu fio. Nesse amontoado de ruínas, ela jamais encontraria seu caminho. Os soldados da República, quando descobrem o lamentável monumento edificado pelos alucinados de Canudos, ficam petrificados de medo. Compreenderam que chegaram a um lugar aquém da história e que penetraram na província do informe. Eles não estão mais no mundo. A cidade santa é um pedaço de Babel.

Os oficiais brancos decidem destruir os últimos revoltados com cargas de dinamite. Entretanto, como suprimir as casas de barro? As explosões conseguem apenas enterrar a cidade santa sob seus próprios dejetos. Elas multiplicam os escombros e os assassinos se apavoram. Nunca encontrarão a saída. Foram pegos na armadilha de sua vitória, ao passo que no fundo de seus palácios de trapos, de barro, os sertanejos sobrevivem e dão seus últimos tiros com contas de rosário. "Intacta, a cidade santa era frágil. Transformada em escombros, ela se torna extraordinária", diz Euclides da Cunha.

O livro é belo como um cego e belo como um vidente. Euclides, o jovem intelectual racionalista, filho do Iluminismo e da Europa, o modernista obstinado, que não quis compreender o profeta Antônio Conselheiro, torna-se por sua vez profeta. Nas manhãs solares do Nordeste, vemos passar as inquietantes silhuetas que vão atormentar os tempos novos. O "crime fundador" de Canudos é um prelúdio de todas as guerras travadas nos últimos cem anos pelos pobres e abandonados contra os opressores. A guerra dos despossuídos da África contra os cadetes de Saint-Cyr, a dos mendigos do Vietnã contra os computadores do Pentágono e a dos trogloditas do Afeganistão contra os blindados soviéticos e contra os *drones* do Massachusetts Institute. Euclides da Cunha compreende que o mundo entrou em uma região em que o fraco, se é louco, é mais forte do que o forte, se este for sábio. "O exército sente em sua força a razão de sua fraqueza"; essa frase escrita por ele em 1904 não resume a guerra da Argélia, a do Vietnã e a do Afeganistão?

O destino de Euclides da Cunha foi trágico. Ele nasceu em 1866 no Estado do Rio de Janeiro. A sua mãe morreu quando ele tinha três anos. O menino tem inquietantes crises nervosas. Diz que ela não morreu, que foi enterrada viva e toda noite se ouvem os urros do garoto. Depois de sólidos estudos no Rio de Janeiro, ele passa no concurso da Escola Politécnica. Entra na Escola Militar. Faz parte desses jovens ardentemente republicanos que sonham em fazer brilhar as luzes da razão sobre as desordens de seu país. Em novembro de 1888, o ministro da guerra visita a Escola Militar. Esse ministro não é muito republicano. O estudante Euclides da Cunha sai da fila e joga suas armas aos pés do ministro. Escândalo. Fala-se em fechar a Escola Militar. Euclides da Cunha é considerado um "histérico". Ele é preso, depois expulso do exército. E torna-se então jornalista. Começa a trabalhar para a Província de São Paulo (mais tarde, depois da proclamação da República federal, será *O Estado de São Paulo*). Ele assina seus artigos como Proudhon.

O livro que mais tarde escreverá sobre a guerra do sertão será um imenso sucesso. Em 1904, Euclides lidera uma expedição oficial na Amazônia. Ele deixa no Rio sua jovem esposa Ana e seus três filhos. Ana conhece um jovem belo e loiro, Dilermando de Assis. Em 1º de janeiro de 1906, Euclides retorna da Amazônia. Ele não avisou sua mulher. Assim que a vê, percebe que foi enganado. Ana está grávida de Dilermando de Assis. Euclides não suporta o fato. Um dia, depois de uma crise de hemoptise, ele vomita sangue. Entra no quarto de sua mulher. Segura uma bacia cheia de seu próprio sangue e diz: "Beba meu sangue. Prove-me que você me ama".

A criança nasce. Euclides a reconhece como seu filho, mas tranca Ana em seu quarto. Ele cuida do bebê. Este morre sete dias depois. Ana pensa que a criança morreu de fome. A vida continua. O inferno. Ana tem outro filho de seu amante. Euclides o reconhece. Em 15 de agosto de 1909, Ana toma café na casa de seu amante e do irmão deste. Euclides surge, com uma arma na mão. Ele atira duas vezes em Dilermando. Lutam. Euclides atira uma terceira vez. Dilermando reage e atinge Euclides em pleno coração. Ele dá alguns passos e morre.

Hoje, o sítio de Canudos desapareceu. Depois de ter sido erradicado pelo fogo dos soldados da jovem República, foi sepultado, na década de 1970, sob as águas de uma barragem.

O grande escritor peruano Mario Vargas Llosa teve a ideia de reescrever *Os sertões*. Seu livro foi publicado em 1983 com o nome *A guerra do fim do mundo*.

Hércules Florence

Hércules Florence nasce em Nice em 1804. O seu pai é um soldado da Revolução Francesa e, depois, cirurgião dos exércitos de Napoleão. A sua mãe é uma cidadã monegasca. O pequeno Hércules é muito ativo. Ele aprende sozinho a desenhar, e apaixona-se pela geografia. A sua cabeça é cheia de portulanos e de mapas-múndi. Ele considera o Mediterrâneo um mar extremamente pequeno. Robinson Crusoé persegue seus sonhos. E, com vinte anos, ele está no Rio de Janeiro.

O Brasil acaba de proclamar sua independência a pedido do príncipe-regente, dom Pedro I. Hércules executa pequenos serviços. Passeia pelas ruas do Rio e lê um cartaz: "Um naturalista que se prepara para fazer uma viagem através do Brasil procura um pintor". Esse naturalista é um alemão, o barão Georg Heinrich von Langsdorff, um diplomata a serviço do czar. Langsdorff só aceitou esse cargo com a ideia de montar uma grande expedição científica no interior do Brasil. O czar Alexandre I é um soberano progressista e liberal. Ele quer que a Rússia participe da descoberta do mundo. Por isso, coloca à disposição do barão de Langsdorff meios financeiros excepcionais: 40 mil rublos, para montar a maior expedição jamais formada na América do Sul, e 10 mil rublos por ano para as despesas de funcionamento. É um orçamento de marajá.

Hércules Florence tem vinte anos. É um sortudo. Ele é alto e magro, com um rosto de pedra e olhos duros, mas sua alma é bastante terna. Às vezes, também é trágica. Como ele tem um belo traço, apresenta-se ao barão, que fica encantado. Hércules será o topógrafo da expedição. Outro francês também fará parte dela, o desenhista Adrien Taunay, filho de Nicolas-Antoine Taunay — que, ao lado de Jean-Baptiste Debret, havia participado da missão artística francesa cujos membros embarcaram para o Rio em 1816.

Langsdorff pensa grande. No comando de uma equipe de quarenta homens, ele pretende cobrir distâncias enormes, percorrer as regiões menos civilizadas, atravessar o Mato Grosso, passar do Amazonas ao Orenoco, alcançar Caracas e as Guianas. Ele quer conhecer tudo, estudar tudo e descrever tudo da imensa terra incógnita – os pássaros, as árvores, as flores, sem negligenciar as camadas geológicas, o céu, as borboletas, as maneiras e as ferramentas dos índios, as línguas das tribos, suas tatuagens. Os preparativos são longos. Começaram em 1821. Em 1826, o comboio começa a caminhada. Em 1829, ele retorna ao Rio depois de 15 mil quilômetros percorridos. Ele retorna, sim, mas em que estado?

O barão de Langsdorff é um botânico experiente. Ele tem uma vantagem sobre os outros cientistas que desde 1807 se interessam pelo Brasil. Ele já o conhece, pois, em 1803, participou de várias expedições em busca de borboletas.

O seu caráter é caprichoso, mas ele tem bom coração. Alguns anos antes, um dos ministros de dom João VI pediu que lhe enviassem, para ser entregue a um professor do Instituto Nacional de Paris, um crânio de índio, para que sua coleção fosse completada. Encomenda feita, encomenda completada. Um oficial brasileiro recebe o pedido do crânio de índio que falta. Ele pega um índio e o envia para a Corte. Basta lhe cortar a cabeça e o cientista parisiense terá seu crânio. Langsdorff considera esse tratamento cruel. Ele adota o índio e lhe ensina a capturar insetos. Eles vão esperar tranquilamente que o índio morra para retirar seu crânio e colocá-lo no Instituto Nacional de Paris, e tanto pior se ele chegar com um pouco de atraso.

Desde o início da expedição, o barão toma uma decisão. Ele seguirá mais os rios do que as vias terrestres. Essa é uma decisão sábia. Langsdorff lembra-se dos bandeirantes, esses gloriosos aventureiros que outrora percorreram o Brasil em busca de espaço, de índios e da idade de ouro, subiram o Amazonas, o Tocantins, o São Francisco, o Pará. Hércules Florence, que mantém um diário de bordo e leu Bernadin de Saint-Pierre, aprova essa opção: "Os rios são rotas primitivas traçadas ao homem pela Providência para que ele penetre nos continentes desertos ou povoados pelos selvagens".

Os rios são perigosos. Não é fácil manusear as enormes canoas. Às vezes, as correntezas do rio Tietê ou do Piracicaba as lançam contra as rochas, estraçalhando-as. Deve-se então abater uma árvore gigante, um coqueiro tocari, para esculpir uma nova embarcação. Toda vez que o curso do rio é cortado por uma corredeira, a caravana deve fazer um longo desvio pela via terrestre, e carregando a canoa.

Os cientistas estão cansados. Estão com medo. Através da cortina das árvores, eles adivinham as flexíveis silhuetas dos índios, como nos livros de aventura. Há uma enorme quantidade de animais. Sobretudo minúsculos. Os cientistas estão recobertos por uma camada de mosquitos. Milhões de mosquitos. É um suplício. O pintor Taunay, amigo de Hércules, briga com Langsdorff. Mais tarde, cai no rio Guaporé, afoga-se e morre. Era um jovem muito bonito, amável e amigo de Hércules Florence.

A ciência não é negligenciada e isso é um milagre, pois todos desconfiam de todos. Eles se vigiam, se espiam e se denunciam. Hércules Florence conserva seu sangue-frio, mas o que ele pode fazer no meio desse bando de alucinados? A loucura entrou no grupo. Ela entrou em Langsdorff. Em alguns dias, o chefe está "em completa imbecilidade". Hércules permanece impassível. Ele pinta paisagens, tucanos, marsupiais, antas, a rara jararaca e soberbas lontras. Ele pinta índios caiapós, guanás, bororos, chamacocos e chiquitos. As suas aquarelas são rigorosas.

Langsdorff não sabe mais o que diz. Tem amnésia. Alucinações. Será que ele se lembra de que está explorando a floresta equatorial e que dirige uma coluna de cientistas de primeira linha? As etapas são encurtadas. Deixam de lado Caracas e a Guiana. Chegam ao rio Amazonas. A maior expedição científica jamais organizada no Brasil é uma "nau dos insensatos". Nas claridades verdes da floresta magnífica, os cientistas continuam progredindo sob o comando de um barão louco, um pouco como a galinha que atravessa a cozinha depois de ter o pescoço cortado.

Os sobreviventes da Amazônia reveem o Rio de Janeiro em 13 de março de 1829. Eles não estão lá muito bem. O barão é repatriado para a Alemanha. Ali ele vai caminhar lentamente para a morte. Fecha seus olhos em 1852, com 78 anos de idade. As amostras recolhidas durante o périplo foram felizmente encaminhadas para a Rússia. A colheita é mirabolante. Ela compreende um herbário tropical com 100

mil folhas, ao que é necessário acrescentar milhares de sementes, frutos, amostras de árvores desconhecidas. Taunay e, sobretudo, Hércules Florence trouxeram trezentos desenhos e 36 mapas. Esse tesouro está depositado nos porões do Museu Botânico da Academia das Ciências de São Petersburgo, mas parece que os funcionários russos são tão amnésicos quanto o barão de Langsdorff. Ninguém se preocupa com essas caixas. Estão recobertas de pó. Depois de um século, alguém se lembrará de olhar o que existe sob essa poeira. E descobre um tesouro.

Hércules permaneceu no Brasil. Ele está descontente. O czar não pensou em lhe confiar um cargo, como foi o caso de outro sobrevivente da expedição Langsdorff, o importante botânico alemão Ludwig Riedel. Contudo, Hércules não se deixou abater. Ele gosta dessa terra. E casa-se e fixa residência em São Carlos, atual Campinas, no oeste de São Paulo. Ele compra uma fazenda e a transforma em uma fazenda modelo. Ele se fixa, mas sua cabeça está sempre nas nuvens. Inventa aparelhos e até mesmo ciências inteiras. Por exemplo, durante seu périplo amazônico, lamentou-se de não ter podido transcrever a beleza dos cantos dos pássaros. Ele cria então a zoofonia. Como deseja divulgar sua descoberta, expõe seus princípios em um relatório de dezesseis páginas. Infelizmente, quando quer imprimi-las, nenhum impressor se sente capaz de fazê-lo. Hércules desenvolve então um procedimento de impressão em cores que batiza de "poligrafia".

Ele tem outra intuição: será que não se poderia utilizar a luz, aplicando o velho sistema do quarto escuro para fixar a imagem de um objeto depois de ter sensibilizado o papel? Faz minúsculos furos em uma folha, criando assim "imagens de luz". Como tem um dom para os títulos, nomeia esse procedimento: "quadros transparentes do dia". Isso lhe dá uma segunda ideia. Ele constrói uma câmera escura, para fixar os contornos dos "quadros transparentes do dia". Para serem legíveis, esses desenhos devem ser expostos à luz do sol no meio de uma peça escura.

Um jovem farmacêutico de São Carlos lhe aconselha o nitrato de prata. Hércules faz suas primeiras experiências em 1833. Ele utiliza placas de vidro untadas com uma mistura de graxa e goma arábica. Isso garante o contato entre essas placas e o papel tratado primeiro com cloreto de ouro. Ele obtém "cópias", mas como fixá-las, torná-las permanentes? Ele não encontra um fixador, pois as farmácias de São Carlos não são pródigas em produtos químicos. Usa então sua própria urina. E funciona.

Quando está bem próximo de seu objetivo, toma conhecimento de que na Europa cientistas inventaram um procedimento para reproduzir objetos, paisagens, escritas. Ele dirige um comunicado nobre e melancólico aos jornais do Rio e de São Paulo. Admite que os europeus lhe "passaram a perna". Ele "não contesta as descobertas de ninguém, pois uma mesma ideia pode vir a dois indivíduos".

Mesmo sem ter inventado a fotografia, ele deixará uma marca na história das ciências. Ele forja, a partir das raízes da língua grega, uma palavra para designar a invenção que estava às vésperas de concretizar, mas que os europeus realizaram antes dele, a palavra "fotografia". Boris Kossoy estabeleceu que essa palavra aparece em suas notas já em 1833, portanto, seis anos antes de ser retomada por John Herschel, Charles Wheatstone e Johann Heinrich.

É uma grande desvantagem ser inteligente do outro lado do Atlântico. Se Hércules Florence residisse na França, na Alemanha, na Grã-Bretanha, na Itália ou nos Estados Unidos, sua urina valeria ouro. Ela teria se tornado um Pactolo, esse rio persa que generosamente trazia pedaços do metal precioso. Nós nos extasiaríamos com essa urina nas escolas do mundo todo, como nos extasiamos com os móveis queimados de Bernard Palizzy para cozinhar os primeiros esmaltes.

Hércules é bom perdedor, mas está meio triste. Com os anos, essa alma aventureira torna-se amarga. O Brasil o decepcionou. Hércules resume suas tristezas em um texto citado por Boris Kossoy:

"Em um século em que se recompensa o talento, a Providência me conduziu a um país em que não se lhe dá nenhum valor. Eu sofro os horrores da miséria e minha imaginação está cheia de descobertas. Nenhuma alma me ouve e me compreende. Aqui só se valoriza o ouro, só se preocupam com a política, o comércio, o açúcar, o café e a carne humana. Conheço sem dúvida algumas grandes e belas almas, mas estas, em um pequeno número, não são formadas na minha linguagem. Eu respeito sua ignorância."

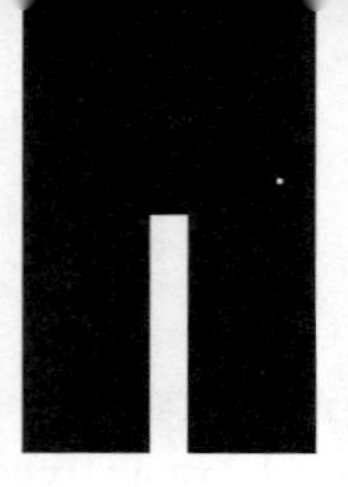

Ifigênia e Orfeu

Quando morava em São Paulo, na década de 1950, lia muitos jornais. Jornais importantes, claro, que me informavam sobre o mundo. *The Economist*, *The Times*, *Le Monde*, *O Estado de São Paulo*, *O Globo*, *Jornal do Brasil*, *Diários Associados*, e até mesmo o antigo *Jornal do Comércio*, do Rio, jornal monumental e ultrapassado, inimigo de qualquer foto, e que parecia ter sido redigido e impresso cem anos antes, entre a chegada do rei de Portugal ao Brasil, no início do século XIX, e a proclamação da República no final do mesmo século.

O *Jornal do Comércio* era meu preferido. Levava-me ao passado, como as fadas fazem nos contos. Quando eu abria esse vasto cotidiano, respirava seu odor de trapos, de salitre e de tinta preta, pensava em Balzac, e procurava as últimas notícias: esperava saber que Victor Hugo se preparava para deixar Guernesey e se tornar um imigrante em Bruxelas; que o imperador dom Pedro II estava tão cansado por causa da guerra idiota com o Paraguai que seu amigo, o marechal Fonseca, acabou dizendo: "O velho não governa mais"; e sempre me parecia, lendo as "últimas notícias" do *Jornal do Comércio*, que a guerra de 1914-1918 ia estourar. Não estou brincando. Esse jornal não se dedicava muito ao presente. Ele compartilhava com uma parte da burguesia esclarecida brasileira da década de 1950 uma vasta indiferença pela modernidade. Depois, as coisas mudaram bastante. E, como o Brasil sempre exagera, de tanto adotar seu tempo, agora ele só pensa no futuro. Considera o presente como uma mercadoria envelhecida, um penduricalho. Eu, que sou um eterno saudosista, confesso que lamento que não exista um *Jornal do Comércio* em cada país, um jornal impresso em imensas folhas de papel um pouco amareladas, seus redatores colocando seu ponto de honra na mistura do passado, do inacabado e do anacrônico.

Na década de 1950, também adorava jornais um tanto medíocres, aqueles que hoje constituem a chamada "imprensa espreme que sai sangue". Essas páginas eram cheias de *faits divers* inqualificáveis: crimes e estupros, assassinatos, ataques a bancos, mulheres espancadas, sequestros, resgates, batalhas com a polícia. Eram muitos, pois o Brasil já era um país violento, ainda que se considerasse tranquilo e acolhedor.

Eu não me interessava exatamente pelos crimes, que eram repugnantes, mas, sim, pela identidade dos autores e das vítimas. E, mais precisamente, pelos seus sobrenomes, ou melhor, seus nomes. Pois os brasileiros, tanto no dia a dia quanto no crime, usam os nomes e não os sobrenomes. Ora, os autores desse baile da morte preferem os nomes originários não do calendário dos santos cristãos, de acordo com a regra respeitada pelos assassinos franceses, mas nomes vindos diretamente da história, de preferência nobres, de preferência antigos, ou então da mitologia. Eles também gostavam dos nomes dos heróis da ópera ou do teatro universal: Sófocles, Ésquilo, Eurípides, Verdi, Shakespeare.

O maior prazer me era fornecido pelos moleques que subiam pela Avenida São Luís ou pela Avenida São João gritando a plenos pulmões a manchete mais apetitosa de sua coleção de jornais. Eu prestava atenção nos seus anúncios. Eles me diziam à queima-roupa que Ifigênia sucumbiu aos ferimentos provocados, em sua depressão amorosa, pelo seu noivo Orestes.

Os matemáticos, os inventores de teoremas e os filósofos também estavam presentes. E faziam muito pior. Uma manhã, fiquei sabendo que Sócrates e seu bando não hesitaram em roubar uma sucursal do Banco da América. Quanto a Empédocles, violentou três garotas no bairro da Lapa no Rio. E Cícero? Este fugiu da prisão. Já Euclides trancou Eurídice em um porão. E pediu um resgate de alguns milhões de cruzeiros, o que poderia parecer exorbitante, mas, pensando bem, se era para libertar uma pessoa tão importante, tão rara quanto Eurídice e certamente dotada de uma bela voz, o preço fixado por Euclides sem dúvida se justificava.

Também fiquei sabendo que Cândido, que eu teria enviado aos céus sem uma simples confissão, matou com requintes de crueldade sua amante, que nem mesmo se chamava Cunegunda, mas Maria de Lurdes. Às vezes, mergulhávamos em casos ainda mais misteriosos, pois homens políticos ilustres, e particularmente alguns presidentes dos Estados Unidos, não hesitavam em se mesclar a esses acertos de contas meta-históricos. Em 1952, no início da primavera, no Viaduto do Chá, que passa por cima do Vale do Anhangabaú, um vendedor de jornais me informou que Washington cruzou com Édipo, na Praça da Sé. Isso o irritou a tal ponto que lhe meteu dois tiros.

Proust também deu títulos estranhos a duas partes de *Em busca do tempo perdido*. O tomo IV se chama "nome de país: o nome" e o seguinte, "Nomes de país: país". Aplico o método de Proust quando quero revisitar minha vida e o Brasil. Se pronuncio a palavra Jefferson, revejo um garoto, aliás quase amável, e barbudo, que me recebeu em uma fazenda do Mato Grosso, em Aquidauana, em 1983. Ele me levou a um cassino, às margens do Paraguai, em Ponta Grossa, para jogar roleta. Seu mau humor se explicava, pois sua namorada Scarlett era magnífica e lançava olhares a torto e a direito, principalmente para os coreanos, acho que criadores de bois, vindos do Paraguai, que ganhavam muito dinheiro no cassino e tinham um jeito estranho e carteiras recheadas de dinheiro. Eu achava Scarlett bastante imprudente, mas ela parecia saber se defender. E entendia o mau humor de Jefferson.

Salomé era uma negra bem alta, bem larga e bem bonita que fazia um pouco de faxina em casa. Ela tinha um namorado que era chofer de táxi. Ele se chamava Artur, como o rei celta que liderou a resistência dos ingleses contra os invasores saxões. Salomé era bonita. Artur era bonito. Ele se parecia com um rei mago, o mais negro dos três, poderia se chamar Gaspar, mas tinha o coração aventureiro. Um dia ele subiu em seu táxi e nunca mais voltou à casa de Salomé. Ela começou a chorar. E teve uma ideia: para trazer de volta Artur, ia lhe enviar uma foto, mas toda nua, pois os homens são desse jeito! E Artur acabaria voltando. Ela conversou comigo sobre seu projeto. Achei que era uma boa ideia, mas a realização era complicada.

Salomé era muito pudica. Disse que nunca, ouviu bem, nunca, ela se despiria diante de "ninguém", e muito menos diante de um fotógrafo. Refletimos juntos. Sem muitas ideias, ela me pediu a gentileza de fotografá-la um dia, toda nua, no

apartamento. Fiquei meio triste. Aos seus olhos, eu era então "ninguém", o que é pouco. Aceitei lhe dar essa ajuda em sua disputa com Artur. No dia marcado, ela chegou um pouco febril. Eu tinha comprado uma Leica com meus primeiros salários. Em um segundo, ela ficou nua. Fez uma série de poses, de uma audácia que me pareceu assustadora, mas esse não era um problema meu, era do Artur. Fotografei. Em seguida, Salomé se vestiu até o pescoço. Disse-lhe que ia revelar as fotos e as enviaria. Ela fez beicinho. Não queria que eu a visse nua. Isso só me confirmou que ela tinha realmente se despido para "ninguém". Salomé era assim, o que eu poderia fazer? Por isso, entreguei-lhe o negativo e ela deu um jeito. Ela estava certa: mesmo tendo fotografado-a sem nenhuma roupa e em poses temerárias, eu nunca a vi completamente nua, já que entreguei imediatamente sua nudez a Artur. E eu era realmente "ninguém". Artur provavelmente gostou dessas fotos.

Ele retornou. Eu o conheci um pouco durante dois ou três anos. Era pretensioso e douto, sua bela cabeça assíria sempre um pouco para trás, como se visse do alto as coisas deste mundo. Eu gostava dele.

Imensidões

O Brasil é muito grande. E não lamenta o fato. Aproveita-se e acha que isso não é ruim. Ele é quinze vezes maior do que a França e 10 mil vezes maior do que Luxemburgo; cobre a metade da América do Sul, abriga uma floresta tão grande quanto o céu e um rio igual a um oceano; é limitado por 11 mil quilômetros de fronteiras e tem 6 mil quilômetros de costa atlântica. É grande demais para o nosso olhar. É cheio de distâncias. Nosso olhar não cobre todas essas vastidões. De tanto ser sem limites, torna-se clandestino. Se você quiser ver o rio Amazonas, o rio Pará, as savanas do Pantanal ou o sertão do Nordeste, o melhor é sobrevoar essas imensidões de avião ou então consultar as fotos enviadas pelos satélites.

É um país exagerado, onde tudo é excessivo. As paisagens, as cores, os sons, os terrores. Tudo é mais brilhante, assustador, confuso e majestoso; tudo é mais vazio ou mais fervilhante do que em outro lugar. As noites são mais negras do que a noite. Os nenúfares do Amapá ou de Bragantina são grandes como barcos. As azaleias japonesas, quando transportadas para o Brasil, se entusiasmam. Formam cercas-vivas semelhantes a balões coloridos de dois metros de diâmetro.

Nas ruas do Rio, os ipês são tão majestosos quanto os antigos carvalhos da Gália. Os seus galhos estão nus e, em dias belos, cobertos de cores. Eles são disciplinados. Florescem todos juntos, como se respondessem a um sinal invisível. Depois de algumas horas, lá pelo final do dia, os ipês se tornam grandes fantasmas rosa. As buganvílias brasileiras chegam a vinte metros. Como um cipó, enredam-se em torno de qualquer obstáculo. Elas comem o céu. E não economizam na beleza. Todo ano, florescem quatro ou cinco vezes em seguida.

Em Campinas, no mês de abril, a feira de gatos gigantes está no auge. Esses gatos pertencem à raça Maine Coon, que foi criada nos Estados Unidos. Eles têm um metro de comprimento. As suas patas são imensas e ficaram ainda maiores no Brasil. O seu corpo foi alongado. E também suas orelhas. Agora são pontudas como as orelhas do lince. Por causa de seu tamanho, de seus consideráveis músculos, de seus largos ossos e de seu focinho feroz, eles acabam intimidando, mas sua natureza é dócil. São inteligentes, carinhosos e até mesmo um pouco grudentos. Seguem seu dono a todos os lugares. Gostam dos outros animais da casa. Se eu fosse rei ou imperador, pediria a Veronese, a Ticiano ou a Davi para retratar minha opulência entre uma ninhada de gatos de Campinas.

O Brasil é insaciável. Conquista todas as medalhas. Precisa bater todos os recordes. Campeão do mundo junto com a Sibéria, o Canadá, a China ou os Estados Uni-

dos na categoria "grandes espaços", ele também quer se destacar no que é menor. Mesmo possuindo em suas savanas o maior roedor do mundo, a capivara, e cobras de dezoito metros de comprimento, ele também se vangloria de ser um superdotado da miniatura.

Nos jardins dos cariocas chiques ou dos baianos há pássaros com o lindo nome de beija-flor. E esse é um motivo de orgulho justificável. Não é nada fácil criar um dinossauro ou um elefante, mas é uma proeza ainda mais rara reunir em um animal tão pequeno um coração, uma garganta, válvulas e tubos, ciúmes, melancolias e anginas, resfriados, saudades e lembranças de infância, ternuras, preguiças... E será que o beija-flor passa a enxergar mal quando envelhece? Tudo é previsto nesse ser minúsculo. Às vezes, penso nos intestinos do beija-flor. Santo Anselmo empregou seu talento para provar a existência de Deus. Perdeu seu tempo, pois bastava um beija-flor.

Na Floresta Amazônica, que não é uma floresta, mas um amontoado de florestas, ou melhor, uma luta mortal entre quatro ou cinco florestas entrelaçadas, conheci uma senhora de origem japonesa que voluntariamente se mantinha no meio desses dois extremos: o da grandeza e o da miniatura. Ela equilibrava cada um desses excessos com o seu contrário.

Cultivava, sob as castanheiras de trinta metros de altura, bonsais de quinhentos anos e tão altos quanto um polegar. Ela escolheu viver entre a floresta mais alta do mundo e a menor. O tamanho das castanheiras-do-pará a assustavam. Em sua opinião, elas exageravam. Nessas florestas desmedidas, ela considerava o homem uma "paixão inútil", como bem observou Claude Lévi-Strauss. Esse era o pânico da velha senhora. Os bonsais acalmavam suas ansiedades. Eles devolviam ao homem o domínio da Criação. Podíamos observá-los do alto.

Além do mais, as árvores da Amazônia nascem e apodrecem rapidamente. O tempo, nessas paragens, é imóvel e é um tornado. Ali não se distingue a morte do nascimento, e isso embaralha tudo. Os bonsais tinham essa virtude de acalmar o tempo, de suspendê-lo em pleno voo, de fazer séculos com minutos.

Existem inúmeras associações de amigos dos anões. Elas são ativas. Os anões desse país são alegres. Talvez não sejam menores do que os outros anões, mas são mais dinâmicos. O seu prazer de viver é visível. Temos de admitir que eles são astutos e bons dialéticos. A sua tática é sentir compaixão pelos gigantes e até mesmo pelos homens e mulheres de altura comum. Eles não são sectários. Não são egoístas, ah, isso não! Não é porque têm a sorte de ter uma altura normal que vão zombar dos infelizes que medem 1,70, 1,80, às vezes 1,90 metro. São anões delicados. Morrem de medo de magoar os outros. É por isso que não zombam ruidosamente das pessoas que são muito altas. Fazem de conta que não percebem tal anomalia. Dirigem-se a eles como nos dirigimos às pessoas normais. O que lhes magoa é que os homens altos e as mulheres altas não se dão conta de que são infelizes.

As mães anãs cuidam muito bem da educação de seus filhos anões. Elas explicam que não é cristão zombar dos altos, que não é culpa deles, que os altos certamente devem ter uma utilidade nos planos impenetráveis da providência divina. Para mostrar que não têm nem desprezo, nem rancor, nem ciúme em relação aos altos, os sindicatos dos anões brasileiros se deram como presidente de honra um homem de 1,93 metro, o general de Gaulle.

O que o Brasil tem de melhor é o espaço. O Nordeste, ou o sertão, essa extensão sem mato, sem água e sem suavidades, esse campo de areia, de pedras e de poeira cobriria quatro vezes a França. Ele forma um interminável depósito de vazio. Você pode rodar por ali em um grande ônibus durante muitas horas e não ver jamais o fim. Sair do sertão não é tarefa fácil. O sertão é como o mar. Ele sempre recomeça. Entre Natal e Goiás, entre Pernambuco e Fortaleza, o ônibus avança e você carrega consigo a linha do horizonte. Você é prisioneiro dessa linha. Nem precisa de algemas: não há como recorrer do seu encarceramento no ilimitado. Passei muitos dias nesses ônibus. E, mais tarde, quando sobrevoei de avião os mares da Polinésia entre o Taiti e as ilhas Gambier, reencontrei a mesma impressão. Estava duplamente encarcerado no infinito. No infinito e no múltiplo ao mesmo tempo, pois os verdadeiros viajantes sabem que o labirinto mais diabólico não é aquele que os gregos ingenuamente instalaram em Creta. É esse fomentado pelo vazio e pela monotonia, pelo indiferenciado: não há nenhuma Ariadne nos desertos, nos mares ou nas neves.

O Brasil, e particularmente o sertão, é a geografia no atacado. Espaço, toneladas de espaço, sem fronteiras e sem limites. Terra e céu a granel, eis o sertão. De tempos em tempos, ao acaso, você percebe uma floresta magra e até mesmo um vale verde, benevolente e cheiroso, tão misericordioso e com tanto frescor que poderíamos pensar em um vale deslocado, um condenado que realiza seu purgatório de floresta. E, em seguida, você retoma seu caminho para a poeira, como um esquilo gira em sua gaiola. Essas quantidades de paisagens são quase ridículas. Você adormece dentro daquele ônibus, e acaba se desprendendo do espaço e se instalando em um novo tempo.

Isso acontece depois de mais ou menos seis horas de viagem. De tanto admirar o mesmo Sol vermelho e o mesmo diorama, a mesma ausência, você se dá conta de que não está mais rodando em uma estepe, entre Maceió e Imperatriz, entre uma seca e uma seca, entre uma monotonia e uma monotonia. Você está rodando no tempo. Não percorre mais quilômetros. Percorre minutos, horas. Como é sempre o mesmo, o espaço desapareceu. O tempo tomou seu lugar. À noite, quando o ônibus o deixa em um novo vilarejo, tão triste e pedregoso quanto aquele onde estava de manhã, sombreado pelas mesmas árvores, você compreende que rodou em círculos, que rodou o dia inteiro nas estepes para voltar ao ponto de partida. No novo vilarejo onde o ônibus acaba de deixá-lo, você diz bom dia às mulheres que cruza na rua como se fossem aquelas acariciadas na véspera, e às vezes isso funciona, elas também acreditam, e você as acaricia e continua a história da véspera. Você beija e ela beija, como se continuassem o beijo iniciado na noite anterior com outro, e a quinhentos quilômetros dali. E você se diz que os amores são como as paisagens – sem véspera nem dia seguinte.

Eles se mexem. Vão e vêm. Caem em um canto agradável. Fazem um povoado. Tentam esse povoado. Ele funciona. O tempo passa um pouco. Depois de algumas estações, eles se entediam e os circuitos comerciais mudaram os itinerários. Então, fazem as malas. Vão construir outro povoado um pouco mais distante. Hoje aqui, amanhã acolá.

O historiador grego Heródoto, quando lhe pediam para definir a Europa, respondia que ela estava repleta de lavradores. É claro que a maioria dos lavradores europeus ficou na Europa, no século XVI, quando Portugal invadiu a América do Sul. Os homens que levantaram vela às margens do Tejo não eram lavradores, mas viajantes, encrenqueiros, ou seja, condenados de direito comum, assassinos, ladrões ou prostitutas mandados para o outro lado do oceano – ou prebendeiros que procuravam prata, poder e glória, ou corações partidos, santos e insaciáveis, aventureiros, guerreiros, poetas ou iluminados, mas certamente não eram lavradores. O seu projeto não era plantar, semear e encontrar tesouros na ponta de sua enxada, como em uma fábula de La Fontaine, mas tirar a sorte grande, jogar seu destino em um impulso, em um lance de dados.

O Brasil não é uma terra que convida ao plantio. Uma horta é um espaço fechado cercado de muros com pedaços de vidros para frustrar os ladrões de batatas e no qual se desenha um mosaico de canteiros, de fileiras de cebolas e de hortaliças. Esse esquema é impróprio para o Brasil. Seria estranha a ideia de subitamente cortar no infinito um retângulo de cinquenta metros por sessenta, cercá-lo com muralhas e cães raivosos, e então semear dez espécies de legumes. Como erguer paliçadas se você não tem vizinhos? Uma horta francesa caída no meio de uma região árida e grande como uma galáxia seria algo engraçado, e daria no máximo um desenho de Magritte ou de Sempé. Os desertos da Mongólia, da Rússia, da América ou do Brasil são sublimes. São ideais para rebanhos de bisões, cavaleiros de Joseph Kessel, hordas de gnus, milhões de lemingues ou de casas de campo da Rússia. No entanto, são inúteis para a realização de pequenas hortas.

Aos olhos dos portugueses aventureiros que desembarcam no Brasil a partir do século XVI, a horta apresenta outro problema. Ela é exigente. Quando se quer produzir legumes, é preciso trabalhar. Uma horta exige constância e dedicação. Tem de ser arada, cultivada, regada, revirada e todo dia é preciso arrancar as ervas daninhas. É preciso expulsar as formigas, e há tantas no Brasil! Os índios não tinham essas preocupações. Eles limpavam a terra. Eles a veneravam. Não a ofendiam. Não remexiam em suas profundidades.

Quando um pedaço de terra não produzia mais, eles iam semear em outro lugar. Incendiavam a floresta. Em seguida, lançavam seus grãos nas cinzas e isso funcionava muito bem. Esses homens eram primitivos e despreocupados. Eram vistos com condescendência pelos lavradores europeus. Contudo, hoje, os agrônomos mais perspicazes pensam que os índios não eram bobos. Tinham um jeito meio pré-histórico, mas podem ser considerados pós-modernos. Arar o solo não é uma boa prática. A terra é ferida e esterilizada. E o que há de fértil e de vivo nela desaparece. No século XXI, lavrar e revirar, práticas que por muito tempo foram os pilares da agricultura, estão sendo descartadas. O país da modernidade, os Estados Unidos, lavra cada vez menos a terra.

O modelo indígena parece ter sido transmitido aos portugueses. Os primeiros colonos são nômades. Os seus sucessores também. Eles não se fixam na terra. Deslocam-se sobre extensões muito lisas. Como não têm raízes, somente as que deixaram em Portugal, na África ou na Europa; podem assim suspirar profundamente de saudades quando precisam estar tristes, nada os retém, nem as lembranças, nem as rotinas, nem a história. Eles viajam. Erram. Recomeçam eternamente a primeira viagem, a viagem de sua origem, a viagem iniciática, como dizem os esotéricos, a deriva que outrora os conduziu de Portugal ou de Angola até Porto Seguro ou Salvador. Por que se fixariam? O país é interminável. E é coberto de florestas suntuosas e as frutas pendem de todos os galhos. Os aventureiros portugueses acabarão descobrindo nesse continente sem fronteiras um pequeno país encantado. E, se não der certo, sairão em busca de outro canto mais perfeito. Um paraíso perdido, dez achados.

Quando se tem selvas grandes como a Mongólia e planícies a perder de vista, seria bem idiota permanecer amarrado a um tronco como uma mula. A sabedoria é se adaptar às realidades de sua América e às transumâncias de suas culturas. Enquanto os lavradores de Heródoto impõem suas vontades às cenouras, o cultivador brasileiro respeita o gênio fantástico da natureza. Ele a reverencia e a deixa agir, acompanha a viagem das plantas, seus sucessos e seus fracassos.

A história do Brasil é uma longa busca dos colonos por árvores e plantas. O Brasil corre atrás de suas florestas em fuga – primeiro a Mata Atlântica, e hoje a amazônica –; e então foi o café, depois a cana-de-açúcar, depois a borracha e, há cinquenta anos, a soja e a cana voltaram. Poderíamos dizer que o nomadismo dos primeiros portugueses e a leveza dos índios contaminaram a própria terra. Esta se move como se movem os povoamentos. Uma zona que em 1500 era verde será cinza cinquenta anos mais tarde. Uma floresta se tornou um bosque. Um deserto começou a florescer.

Assim viveu o Brasil. Como um ogro que se alimenta de sua própria carne ou da carne de seus filhos; como Cronos, o Titã senhor do tempo que comia seus filhos assim que nasciam. O Brasil se parece com um quadro de Goya: de seus lábios escorrem seu próprio sangue.

Esse país consegue a façanha de se repetir o tempo todo e de se renovar mais do que qualquer um. Quando temos tempo suficiente para visitá-lo, compreendemos que ele é constituído de dez territórios justapostos. Mesmo seus climas são incontáveis. O Norte é quente, úmido, degradado e com muito sol, nevoeiros, chuvas. Você anda mil, 2 mil quilômetros e cai no deserto de pedras do sertão. Contudo, no Sul, você está nos pampas da Argentina e nas pradarias da Europa. Nos confins de Pernambuco, encontro pequenos pedaços da Áustria.

Em matéria de geografia, ele tem a generosidade meio desordenada dos muito ricos. Se você é suíço e deseja fabricar um morro, é um trabalho danado. Para liberar um modesto vazio no qual você instala seu morro, é preciso empurrar um pouco o lago, desviar um rio, afastar uma cratera. Esses inconvenientes o tornam parcimonioso. Entretanto, a geografia que confeccionou o Brasil não tinha uma lista de coisas tão apertadas quanto essa que organizou a Suíça. Por que ele teria feito miniaturas se o espaço não era exíguo? Eis o que explica a indolência das paisagens brasileiras, sua indiferença e sua repetição. O Brasil pensa grande. Quando pensa em fazer uma floresta, ele não planta 1 milhão de árvores. Isso seria ridículo e mesquinho. Planta 1 bilhão. Quando constrói uma planície e uma seca, ele pega todo o estoque de planícies que existe nas lojas. Fabrica uma planície e a cerca de distâncias. De tempos em tempos, resolve levantar uma montanha, ela não é tão feia assim, mas parece tão pequena nessas vastidões que quase não a vemos, até achamos que diminuiu. Claro, é uma montanha que está ali, mas foi sufocada pelas pesadas camadas de poeira vermelha, branca e negra que envolvem o Nordeste como um sudário.

No entanto, ali há muitas montanhas. Algumas até bem razoáveis em Minas Gerais, que lembram uma Savoia meio sombria, meio rude e bela, ou então todo o litoral atlântico. Dos 3 mil quilômetros, desde a umidade da Amazônia até as amenidades do Rio Grande do Sul, um cordão de montanhas envolve o Brasil, a Mata Atlântica. Os rios nascem em seus cumes. Estranhamente, quando seria tão simples para eles correr em direção ao oceano próximo, eles se dirigem para o outro lado. Enganam-se de caminho. Correm no sentido contrário, em direção ao interior, e estão assim condenados a fazer muitos desvios antes de encontrar uma brecha que lhes permita alcançar e se lançar mar adentro.

É um país que se mexe mesmo quando está imóvel. Seja pela potência de sua vegetação ou pelo efeito de suas secas, por suas violentas chuvas, suas formas e suas cores estão sempre em movimento. O Brasil não está pronto. Ele é rico em paisagens que estão se formando ou se desfazendo.

Minha amiga Leyla Perrone-Moisés, que foi aluna de Roland Barthes e que conhece a literatura francesa melhor do que Lagarde e melhor do que Michard,* vai bus-

* N. T.: Lagarde e Michard são dois professores de Letras autores de manuais de literatura destinados aos estudantes em geral. A obra em seis volumes aborda desde a Idade Média até nossos dias, e os textos escolhidos são acompanhados de comentários.

car sua neta na escola. Naquela manhã, ela teve uma aula de geografia e aprendeu que o Brasil não é um país montanhoso. Leyla Perrone-Moisés retruca: mas mesmo assim há montanhas, e algumas são até bem altas. Em Minas Gerais, por exemplo. E também em outros lugares. Podemos esquiar em Santa Catarina, um pouco, pelo menos. "Mesmo no sertão, que as pessoas acreditam ser plano, temos montanhas. Até no interior de Pernambuco, olhe, a cidade de Caetés, onde nasceu o presidente Lula, está a uma altitude de 849 metros. E a Serra do Mar, esse cordão de montanhas que corre ao longo do litoral atlântico, não é de se jogar fora."

A menina fica sem jeito. Ela deve arbitrar entre sua avó, a quem ama muito, e a professora, que detém o saber. Recorre ao mesmo tempo à delicadeza brasileira e à geografia geral.

"Claro. Na sua época havia montanhas. Já me disseram. Só que, desde então, o vento soprou e, como você sabe, e eu aprendi na escola, o vento, de tanto soprar, acaba gastando a terra... e não há mais montanhas."

Invasões

Esses portugueses são realmente esquisitos. Eles descobrem a paisagem mais linda do mundo, a Baía de Guanabara, e não a veem. Diante de seus olhos desfilam florestas do neolítico, flores e cipós, praias, cintilâncias, mares que se misturam com as montanhas. O cenário é novinho. Ele acaba de sair das mãos de Deus. Os morros, os murmúrios da água, as cascatas e os verdes acabaram de ser desembalados. Ainda podemos ouvir o voo dos anjos. A beleza das coisas começa. E o que dizem os portugueses? Eles dizem: "É, até que é bonito. Mas e se fôssemos ver mais adiante?"

Até que foi uma boa ideia. A Baía de Guanabara não tem nenhuma vontade de ser descoberta. Ela pode esperar. Sente-se bem em sua geologia. Quando se tem a sorte de estar em uma eternidade, não se quer sair. Nós seguramos a respiração e nos fingimos de mortos, de forma que à cegueira dos marinheiros de Lisboa respondem as indolências da Baía de Guanabara. Esta não tem a menor vontade de se apressar e de trocar seus sonhos pelos sonhos dos soldados de couro e de aço vindos da Europa.

Os navegantes lusitanos respeitam essa indolência. Eles deixam aqui e acolá alguns intérpretes e aventureiros que não têm um futuro muito promissor, pois às vezes são comidos pelos tupinambás. Em 1530, implantam dois modestos entrepostos sobre o interminável litoral do novo continente. O primeiro é construído na Bahia, no Nordeste, e o outro no Sul, em São Vicente, na metade ocidental da ilha de São Vicente, em frente ao atual porto de Santos. E entre esses dois pontos de ancoragem, nada. Absolutamente nada. Miséria, solidão e tédio. A Baía de Guanabara retorna ao seu sono pré-histórico, interrompido às vezes pelas rusgas entre os portugueses e os índios tupi-guaranis. Há rusgas também entre portugueses e franceses.

Há muito tempo os franceses bisbilhotam essas paragens. Pescadores de Dieppe e do País Basco conheciam as fozes do Amazonas antes que as caravelas portuguesas as frequentassem. O rei Francisco I encoraja seus capitães a vasculhar a Amazônia. No sul, outros normandos fazem comércio, estabelecem alianças com as tribos indígenas, dormem com as moças. Eles batizam o morro que domina a Baía de Guanabara. Eles o chamam de "Monte de Manteiga". Quando os portugueses retomam a cidade, eles o chamarão de "Pão de Açúcar".

Durante o reinado de Henrique II, de 1547 a 1559, a França se torna mais agressiva. O filho de Francisco I e de Claude de France continua o trabalho de seu pai. Ele sonha em se apoderar de um pequeno pedaço do Brasil. Como a Baía de Guanabara está vazia, os franceses decidem investir nesse vazio. E é lá que irão escavar um pequeno buraco para se introduzirem no grande continente incompreensível.

O almirante Gaspard de Châtillon de Coligny apresenta um projeto ao rei. Por que não constituir ali, longe dos venenos religiosos que consomem a Europa, uma sociedade na qual se misturariam os huguenotes e os católicos, na esperança de vê-los se amar em vez de se matar, como estão fazendo em toda parte? Henrique II aprecia o projeto de Coligny. Confia a sua execução ao almirante Nicolas Durand de Villegaignon, que, como Coligny, é protestante (tendência calvinista), mas sem sectarismo. A tripulação é recrutada. Eles tomam o cuidado de misturar protestantes e católicos. As duas religiões sobem juntas nos mastros, arreiam ou levantam as velas, giram o mesmo cabrestante, anunciam "Terra!" com uma mesma voz. Coligny tinha tudo previsto: "Construiremos um refúgio no qual os protestantes poderão exercer livremente seu culto, em companhia dos católicos".

Em 10 de novembro de 1555, os homens de Villegaignon lançam âncora na Baía de Guanabara. Eles desembarcam em uma ilhota que se torna a ilha dos franceses e que atualmente serve de base para a Escola Naval brasileira. Nada é mais perfeito do que uma ilhota quando se tem o projeto de "recomeçar a história". O mar separa de qualquer memória, constitui uma barreira profilática que os miasmas vindos dos continentes não conseguiriam ultrapassar. As grandes utopias filosóficas, de Thomas More a Bacon ou Cabet, plantam suas "cidades de cristal" em ilhas, pois o mar purificador e o sal marinho as protegem das vilanias da história e dos incômodos do tempo. Villegaignon e seus homens poderão construir ali, nos antípodas, um mundo inédito no qual desabrochará uma sociedade sem antecedentes, sem memória nem modelo, uma Jerusalém terrestre, bem distante dos séculos. A aventura agrada aos marinheiros. A terra para a qual foram levados pelo destino é bela, misericordiosa. E eles se dedicam a dar um novo início à história.

É claro que existem na região alguns índios tamoios (hoje extintos; pertenciam ao grupo linguístico tupi), mas basta capturá-los e submetê-los a trabalhos meio forçados. Porém, depois de alguns meses bastante agradáveis, constatam que as três pestes – o tempo, a religião e a história – não tinham permanecido nos cais da Europa como acreditaram, mas se introduziram vagarosamente nos porões dos navios e invadiram a ilha dos franceses. E elas se mostram tão virulentas, tão devastadoras, tão idiotas sobre a terra virgem dos trópicos quanto eram no Velho Continente.

A sociedade perfeita que Villegaignon organiza na ilha dos franceses é até mesmo mais nauseabunda do que as velhas sociedades da Europa. Os micróbios importados da França, contentes em morar num lugar impoluto, cercado e fechado, se descontrolam. Não param de se espalhar. A sua energia vem da exaltação de Deus. Multiplicam-se. Colocam tudo de pernas para o ar. As amáveis resoluções dos inventores da França Antártica não resistem às manobras do mal. Villegaignon, que na França era considerado um homem tolerante, torna-se insensato. Ele começa por mudar de religião, o que desconcerta seus administrados. Ele era protestante na Europa e agora é católico na América. Verdade aquém do Equador, erro além! Ele desconfia de todos. Grita o tempo todo. Insulta. A sua vaidade aumenta. Ela é potencializada porque ele é o chefe do paraíso terrestre. Essa honra mina seus humores. O Éden se despedaça à medida que é construído. A pequena colônia tropeça nas mesmas pedras que, na Europa, avariaram a nave da Igreja.

Eles se dividem em duas facções. Assim ficam mais à vontade para se odiar. A ilha dos franceses, muito longe de dar início a uma nova história, contenta-se em recopiar a primeira catástrofe. Ela fornece uma versão ao mesmo tempo agravada, miniaturizada e acelerada. Na ilha dos franceses, as etapas são queimadas. Alguns meses bastam aos utopistas de Coligny para começar uma dessas guerras de religião que nos próximos meses farão a Europa morrer.

Villegaignon provoca a infelicidade. A sua natureza se deteriora. Ele está tão enraivecido e é tão pretensioso que adquire o hábito de combinar a cor de suas roupas com o seu humor do dia, para que assim suas crueldades sejam visíveis de longe. Como acaba de trair o campo protestante para se dedicar à fé católica, ele se crê obrigado a perseguir seus antigos correligionários. Um dia, pega cinco heréticos e os joga em um barco, o Jacques, velho e impróprio para a navegação. Naufrágio. Os infelizes retornam a nado para a ilha dos franceses. Salvos! Villegaignon, todavia, está atento. Entre os sobreviventes, ele nota três que são mais heréticos do que os outros. E ordena que sejam afogados.

Esta é a primeira colônia francesa no novo continente: um anexo da Europa com os hábitos do inferno. Villegaignon é o comandante desse fiasco. Quando os dois campos não aguentam mais guerrear por causa de um ponto da história santa, da natureza da eucaristia, do estatuto da Virgem Maria ou de outros mistérios da doutrina, ele suspende a controvérsia. E envia um barco para a Europa com seus embaixadores, que vão solicitar a arbitragem das autoridades religiosas. A resposta chega muito tempo depois, já que na ida, infelizmente, os alísios sopram no sentido contrário. Por isso, enquanto aguardam que um vento favorável decida se a Virgem é virgem e se o Deus único contém três deuses, as querelas aumentam.

Logo, a colônia francesa deve enfrentar outros inimigos. Os portugueses, que antes não tinham percebido a Baía de Guanabara, agora que os franceses a cobiçam dizem a si mesmos que ela é muito bonita. Eles começam a expulsar os intrusos. Vão desalojar as tropas de Villegaignon. O governador de Salvador da Bahia, Mem de Sá, envia seus soldados. Em 1560, uma primeira expedição é repelida. Cinco anos depois, outra colônia portuguesa faz um movimento e fixa posição numa praia próxima da ilha dos franceses, na entrada da Baía de Guanabara, ao pé do "Morro de Manteiga". Ali eles constroem um forte de terra batida, São Sebastião do Rio de Janeiro. Começa uma longa espera. Em 1567, Mem de Sá toma as rédeas e ordena o ataque. O seu sobrinho, Estácio de Sá, é morto por uma flecha indígena, pois os portugueses são tão desagradáveis com os selvagens que estes escolhem geralmente o lado dos franceses. Os combates são violentos. A colônia francesa está destroçada.

Os sobreviventes da França Antártica retornam para a Europa. Em Paris, o almirante Coligny, o homem que sonhou em inventar do outro lado do Atlântico um novo modelo de concórdia entre as religiões, prossegue sua missão. Em 1570, ele inspira a paz de Saint-Germain, que é favorável aos protestantes, e espera-se um apaziguamento dos ódios – mas é o contrário o que acontece. Os católicos se enfurecem, eles contra-atacam, pois já não aceitaram muito bem a entrada de Henrique de Navarra na família real e o seu casamento com Margarida de Valois, a irmã de Carlos IX. E organizam contra Coligny um atentado frustrado. Catarina de Médici se aproxima da família Guise. Os sinos da igreja de Saint-Germain-l'Auxerrois convocam os parisienses. Carlos IX comanda o massacre. O futuro Henrique IV só consegue escapar porque abjura. O Sena está repleto de cadáveres. Coligny é morto. Dizem que o saldo foi de 3 mil assassinados em Paris e 30 mil no território francês. Dois séculos mais tarde, a lembrança da terrível noite de São Bartolomeu ainda indigna a França. Voltaire, todo ano, tem febre e se contorce de dor na noite de 23 a 24 de agosto.

Dois cronistas dão seu testemunho sobre a França Antártica. O primeiro é católico. É o franciscano André Thevet. Ele é considerado um cosmógrafo muito capaz, um erudito, mas muito imaginativo, pois desenha sobre seus mapas-múndi cidades ainda inexistentes. Ele inventa um novo departamento da geografia: a geografia imaginária ou profética.

Outra versão da França Antártica nos é oferecida por um homem bem diferente, tão escrupuloso quanto Thevet é fantasioso. O seu autor é um protestante, Jean de Léry, que em 1578 publica em Genebra o livro *História de uma viagem feita na terra do Brasil*. Ele não gosta de seu predecessor, o franciscano André Thevet. E o ataca com ironia: "Cosmógrafo tão geral e universal, como se já não existissem tantas coisas notáveis nessa máquina redonda nem neste mundo, ele ainda vai procurar historietas no reino da Lua para preencher os livros de contos da carochinha".

Jean de Léry insinua que os delírios geográficos de Thevet não são gratuitos. Eles têm como missão seduzir os poderosos. Se o franciscano inventa cidades, é para acariciar melhor a vaidade de seus protetores reais. "Thevet", afirma Jean de Léry, "querendo agradar ao então rei Henrique II, fez um mapa desse rio da Guanabara e do forte de Coligny. Ele desenhou à esquerda desse, em terra firme, uma cidade que chamou de Henrique. Ora, quando partimos dessa terra do Brasil, 78 meses depois de Thevet, eu sustento que não havia nenhuma construção, ainda menos cidades e vilarejos no lugar em que ele marcou e forjou uma realmente fantástica. Ele nos faz considerar que tudo o que diz é apenas imaginação e suposições. Nada além de desenhos".

Jean de Léry não se limita a demolir, com boas razões, seu rival e predecessor. Ele ainda dá seu testemunho não apenas sobre a ilha dos franceses, mas também sobre a terra brasileira. Claude Lévi-Strauss considera-o o criador, o patrono da ciência da antropologia.

Jean de Léry é um escritor agradável. A sua narrativa abre uma janela sobre a infância da história. A sua prosa é fresca, inesperada, e suas descrições, luminosas. No entanto, sob suas belas descrições do início das coisas, ele nos faz ouvir outra música, uma música inquieta e um pouco triste. Ele pressente que em breve o belo país será aviltado e humilhado pelas sangrentas cerimônias que a Europa realiza em todos os lugares onde deixa seus soldados e seus reis.

Ele também fala dos indígenas. Destoa de seus contemporâneos, com exceção de Montaigne. A tolerância não era a paixão desse século. Os primeiros viajantes não viram os índios como um dos últimos reflexos das eras inocentes. Ainda que admitam que alguns selvagens são pacíficos e até mesmo amáveis, estimam que outros, e em maior número, em todo caso no interior do país, são almas negras e amaldiçoadas, perversos e sanguinários. Eles os detestam ou os menosprezam. Tratam esses indígenas como animais e duvidam de que tenham uma moralidade. Horrorizados pelas cenas de antropofagia, eles os consideram animais ou diabos. Esses índios não têm nenhuma ideia do deus dos cristãos. Então é necessário mantê-los em rédeas curtas, convertê-los e massacrá-los, se for necessário. As mulheres não valem muito mais. Elas são bonitas, a pele é dourada e têm longos cabelos negros, mas passeiam nuas e gostam de fazer amor. Por isso, são forçadas a se vestir.

Ora, o que diz Jean de Léry? Ele inverte o discurso. Não apenas ele não menospreza os índios, mas ainda os celebra e acha que os europeus deveriam imitá-los em seus modos. O pecado muda de lugar. Para ele, o mal não reside nos índios. É nos europeus que ele se esconde.

"Os índios", diz Jean de Léry, "de nenhuma maneira servem-se das fontes impuras, ou melhor, pestilentas de onde correm tantos rios que nos devoram os ossos, retiram a medula, enfraquecem os corpos e desonram o espírito. Em resumo, envenenam-nos e fazem morrer a Europa antes do tempo. Ou seja, a desconfiança, a avareza que dela procede, os processos e discórdias, a inveja e a ambição".

Jean de Léry publica sua *História de uma viagem feita em terra do Brasil* em 1578. Os dois primeiros livros dos *Ensaios* de Montaigne são publicados em 1580.

Uma vez os franceses expulsos da ilha dos franceses, finalmente os portugueses mudam-se para a Baía de Guanabara. No entanto, os reis da França não renunciam ao sonho americano. Os seus aventureiros, seus marinheiros e logo mais seus mosqueteiros retomam o serviço. Eles visam à Amazônia e ao Maranhão (Maragnan) no Norte. Eles constroem alguns entrepostos. Exploram o pau-brasil com a ajuda dos índios, em particular dos potiguares, que estão em guerra contra os portugueses. No final do século, as tripulações vindas dos portos de Dieppe e de La Rochelle se estabelecem em torno da Ilha de Maranhão e, em 1604, Henrique IV institui um "vice-almirantado da costa do Brasil". O titular é o mosqueteiro Daniel de La Touche de La Ravardière, que também usa o suntuoso título de "lugar-tenente geral do Amazonas".

La Ravardière deixa o porto de Saint-Malo, chega à Baía de Oiapoque e reconhece o rio de Caiena. Fica encantado. Gostaria muito de retornar a esses lugares e criar uma pequena colônia, mas Henrique IV é assassinado em 1610. La Ravardière não desiste. Ele obtém o apoio de Maria de Médici, esposa de Henrique IV e regente da França, em nome de seu filho Luís XIII. Em março de 1612, uma frota de três navios, o Regente, o Charlotte e o Santa Ana, deixa o porto de Cancale sob o comando do almirante François de Razilly.

Os aborrecimentos não tardam a chegar. Uma tempestade dispersa os barcos, que se refugiam na costa da Inglaterra, de forma que só chegam à Ilha de Maranhão depois de cinco meses de uma viagem tumultuada. Eles desembarcam em um domingo, o que é um bom sinal. E, além do mais, é o dia da festa de Santa Ana, e essa coincidência consola os marinheiros de seus infortúnios. Os padres que acompanham a tropa, Yves d'Évreux e Claude d'Abbeville, veem nisso um sinal de encorajamento da Providência. Eles descem à terra. Plantam uma cruz. Tomam posse da ilha de Maranhão em nome de Deus e da França. Os cantos se elevam. Os soldados celebram a chegada ao paraíso com salvas aos mosqueteiros. Os papagaios se agitam. Como são bem coloridos, o espetáculo encanta os mosqueteiros. Nascia a França Equinocial.

Trinta índios observam a festa. São os tupinambás. Eles não parecem agressivos. La Ravardière constrói um forte e trincheiras. Ele não teme muito os indígenas, que são pobres diabos vestidos com farrapos e palmeiras, mas sabe que os portugueses querem expulsar os intrusos vindos da França. Ele manda construir um convento e uma igreja, pois é importante celebrar o culto e civilizar os selvagens.

La Ravardière guardou uma boa lembrança do rio Caiena. Ele cisma em explorar o Amazonas, cujo curso é quase desconhecido, apesar das heroicas expedições realizadas no século XVI pelos missionários e pelos capitães portugueses e, sobretudo, espanhóis. O mosqueteiro francês confia a seus adjuntos o novo estabelecimento, que agora se chama São Luís do Maranhão (em honra ao rei da França Luís XIII). A partida é uma festa. Todos os canhões do forte realizam uma salva de tiros. A expedição conta com quarenta soldados, dez marinheiros e vinte índios.

Pouco tempo depois, os padres Yves d'Évreux e Claude d'Abbeville, que permaneceram em São Luís, avisam La Ravardière que os portugueses preparam uma contraofensiva e se reagrupam em uma base fortificada localizada no Ceará. La Ravardière faz meia-volta, retorna a São Luís. No final do ano, os portugueses, sob o comando de um mameluco, Jerônimo de Albuquerque, começam o ataque, com o apoio de alguns grupos de índios.

Ao longo das pequenas guerras, guerras ferozes, que pontuam a história do Brasil colonial, os índios são envolvidos por uns, por outros, e morrem silenciosamente para defender causas que não lhes dizem respeito. Como não pensar nesses soldados senegaleses destinados a ser abatidos por lanceiros porque a Alemanha desejava retomar a Alsácia da França, nesses gurkhas que deixam seu Paquistão para garantir a glória do Império britânico, nesses harkis da guerra da Argélia condenados pela França a trair seus irmãos, nesses porcos jogados sobre as minas alemãs ou sobre as minas francesas, como se tivessem nascido em um chiqueiro instalado a oeste do Rim ou então a leste?

Em 4 de novembro de 1616, embora alguns documentos falem de 19 de novembro, Jerônimo de Albuquerque entra em São Luís, expulsa os franceses e põe um fim à França Equinocial. Alguns soldados franceses permanecem na ilha de Maranhão. Eles gostam das índias.

Hoje, e como quatro séculos se passaram, La Ravardière é uma lenda. Na cidade de São Luís do Maranhão, entre os imóveis revestidos com esses belos azulejos azuis e brancos, a estátua do mosqueteiro de Luís XIII evoca a expedição da França Equinocial. Nas ladeiras, à sombra das buganvílias e das amendoeiras, passam mulheres negras. Os seus olhos são azuis, dizem, mas creio que esses olhos são um sonho...

Os corsários franceses substituem os príncipes, os mosqueteiros e os reis. Eles pilham a costa do Brasil. Tentam arrancar algumas lascas ou roubar seus tesouros. Eles não se preocupam com isso, pois os portugueses não são amigos do rei da França desde que Felipe II, filho de Carlos V e de Isabel de Portugal, uniu as Coroas espanhola e portuguesa em 1580. Os incidentes se sucedem. Em 1581, apenas proclamada a união da Espanha e de Portugal, três navios ingleses saqueiam o recôncavo baiano. Em 1585, o ilustre inglês Thomas Cavendish pilha as feitorias disseminadas pelo litoral da colônia, no Espírito Santo, em São Vicente. Em 1595, James Lancaster toma a cidade de Recife. Dois anos mais tarde, uma armada de treze navios franceses devasta a costa da Paraíba. Ela é expulsa, mas os franceses mantêm o Rio Grande durante um ano, o que leva os portugueses a reforçar suas defesas em Pernambuco e na Paraíba. Foi assim, contra os franceses, que nasceu no Rio Grande a cidade de Natal. Mais tarde, essa cidade representará um importante papel no desenvolvimento das ligações aéreas mundiais: em 13 de maio de 1930, a bordo de um avião Latécoère batizado Conde de La Vaulx, o francês Jean Mermoz, que partiu de Saint-Louis do Senegal, aterrissou em Natal. Ele realizou a primeira travessia aérea do Atlântico Sul.

Os holandeses trabalham muito. Eles multiplicam as investidas. Em 1599, atacam o Rio de Janeiro, sem sucesso. Em 1604, saqueiam o porto de Salvador. É o prelúdio de uma ação de grande envergadura. Os holandeses querem colocar a mão no Império português. Para isso, atacam um pouco em cada lugar: Ormuz no Oceano Índico, Macau no Extremo Oriente, Angola na África e o Brasil. Em 1624, armam uma frota de 56 navios, 1.150 militares e 1.150 canhões. Apoderam-se da cidade de Olinda. Cinco anos mais tarde, são os senhores de Pernambuco e dominam as cidades de Olinda e Recife. O reino holandês durará trinta anos. Um chefe notável consolida essas vitórias, um alemão, João Maurício de Nassau, que usa o título de "governador e capitão-geral de terra e de mar".

Nassau manda construir em Recife um hospital, responsabiliza-se pelos órfãos, relança a economia do açúcar, restaura e remodela, muitas vezes à moda dos "batavos", redesenhando os dois rios de Beberibe e Capibaribe que se encontram na cidade de Recife, cria universidades, manda virem da Europa alguns sábios do mais alto nível, um pouco como Bonaparte levará para o Egito os melhores cérebros de sua época. Infelizmente, os imigrantes que convergem para o Brasil holandês não são lá essas coisas. São alemães saídos da horrível Guerra dos Trinta Anos, soldados ingleses, franceses ou escoceses já velhos. Outro perigo aparece: os holandeses ouviram dizer que o pecado não existe abaixo da linha do Equador. Eles acreditaram que era verdade. Tanto a bigamia quanto o deboche conhecem um grande sucesso, mesmo entre os pastores holandeses.

O Recife holandês tem outra originalidade: os holandeses são tolerantes. Por isso, os judeus, os "cristãos novos" que sofrem na Europa, principalmente na Europa ibérica, afluem para esse pequeno paraíso de indulgência que é Pernambuco. Aqui eles são felizes e prósperos. A primeira sinagoga das duas Américas é construída no Recife. Em 1654, com a ajuda dos senhores de engenho e de alguns indígenas, a cidade é retomada pelos portugueses.

Será que os corsários franceses sentem saudades daquela França Antártica que tão tristemente fracassou na Baía de Guanabara, ou da França Equinocial de São Luís do Maranhão? Eles são fascinados pelo Brasil. Em 1710, o capitão de barco Jean-François Duclerc deixa o porto de La Rochelle. A sua intenção é capturar o Rio de Janeiro. Mais do que forçar a entrada, ele prefere desembarcar um pouco mais adiante, na parte deserta da costa. Os habitantes do Rio se revoltam e capturam Leclerc, colocam-no na prisão e o assassinam.

A solidariedade corsária, assim como a dos mosqueteiros de Alexandre Dumas, não é letra morta: "Um por todos, todos por um!". Originário de Saint-Malo e com uma melhor reputação, outro navegante dos mares, René Duguay-Trouin, decide vingar seu camarada. Ele chega ao Rio em 12 de setembro de 1711, com 1.800 homens. Em suas *Memórias*, René Duguay-Trouin narra o bombardeio da cidade: "Um fogo geral e contínuo das baterias e dos barcos, que, adicionado aos clarões intensificados por uma tempestade horrorosa e aos raios que se sucedem uns aos outros, tornou essa noite aterrorizante". Os funcionários portugueses, os religiosos e os aprendizes, as damas e seus empregados negros fogem para as montanhas. A cidade pertence aos franceses. No entanto, René Duguay-Trouin não permanece por muito tempo. Ele exige dos cariocas uma alta recompensa e se retira. O rei da França está muito feliz com seu corsário.

Janelar

Janelar é uma palavra rara e que está desaparecendo. Os brasileiros não a conhecem mais. Ela saiu de cena no final do século XIX. Gosto muito das palavras que se perdem. São como portas fechadas. Quando conseguimos reabri-las, elas nos mostram paisagens noturnas que recomeçam a brilhar e narram romances, assim como um desenho rupestre faz sussurrar ventos neolíticos.

Janelar não tem equivalente na língua francesa. Janela é *fenêtre*. Janelar é um verbo composto a partir de janela. Poderíamos então traduzir por *fenêtrer*. Todavia, isso seria uma bobagem. Esse verbo em francês significa "furar uma janela". É uma palavra de artesão, uma palavra técnica. Ao contrário, o verbo *janelar*, que é um falso cognato, tem um glorioso *pedigree* e altas ambições. É uma palavra de poeta e de apaixonados. E é cheia de fantasmas. Ela abre uma claraboia sobre um Brasil muito próximo e extinto.

Os dicionários que ainda conhecem a palavra janelar propõem: "Ser ou ficar na janela". Essa definição é redutora. Na realidade, esse pequeno verbo sem importância é um grande falador quando o questionamos. Ele nos convida a fazer um pequeno passeio pelas sociedades aristocráticas ou burguesas dos séculos XVIII e XIX, a reanimar a ópera cômica e mesmo bufa que foi representada até a Belle Époque nos bairros nobres de Salvador, do Rio de Janeiro, de São Paulo. Basta pronunciar a palavra *janelar* e o teatro logo se ilumina.

Proponho uma definição. *Janelar* quer dizer: "Olhar pela janela. Espiar. Espionar". É uma atividade banal e universal, geralmente feminina, muitas vezes ibérica, mas o Brasil colonial a pratica com perseverança, ardor, protocolo e sutileza. Ele a transforma em uma cerimônia e na ossatura de seus dias. O *janelar* obedece a leis e quase a uma liturgia minuciosa desenvolvida pelas populações femininas. Todas as mulheres praticam o *janelar*, as ricas e as pobres, as damas importantes e as empregadas, as velhas e as jovens, as altaneiras e as modestas, as matronas e as cabeças de vento, ainda que cada estrato social tenha sua maneira de *janelar*. Uma grande burguesa não *janela* como uma empregada.

O costume de *janelar* é filho do tédio. Naquele tempo, as mulheres não tinham muita coisa para fazer. Os dias eram lentos, pesados. Eles engendravam toneladas de tédio. Claro, elas administravam a casa, garantiam sua manutenção, mas os empregados fervilhavam nesses casarões deslocados e nesses imóveis opulentos, de forma que a senhora se contentava em dar ordens a uma empregada ou a uma governanta.

O tempo era interminável. Elas se dedicavam a matá-lo. Sem dúvida, as senhoras podiam sair, mas saíam para nada ver. Elas afundavam sua pessoa, seus largos vestidos e seus chapéus monumentais em carruagens com grossas cortinas. Quando se arriscavam a sair a pé, ainda era necessário que uma imensa sombrinha, suspensa logo acima de sua cabeça por um negrinho, as protegesse do sol para que a brancura de sua pele garantisse que nenhuma gota de sangue impuro sujara suas artérias. Em meados do século XX, e antes que a moda do bronzeamento se impusesse, as brasileiras brancas só iam à praia recobertas por camadas de musselina. Muitas vezes, o racismo brasileiro é considerado o mais amável do mundo. Claro que ele é bem-educado, quase carinhoso. Contudo, se você raspar um pouco, encontrará todos os ingredientes do racismo comum: desprezo, egoísmo e volúpias.

Nos casarões esplêndidos e decrépitos de Salvador, a vida das moças não é divertida. Mães, governantas, tias, tias-avós, tios, professoras, pais, confessores, capelães, irmãos, um mundo de gente gira em torno delas e lhes exalta as delícias da castidade. A virgindade é um tesouro, não se pode dá-la a qualquer um. É proibido sair sem sua capa, geralmente preta.

A janela forma assim a única abertura para fora. Para esses seres do interior, esses "seres da sombra" que são as mulheres brasileiras, a janela é uma saída de emergência. Em seus vidros se desenrola um teatro que as damas olham avidamente, já que não vivem seus dramas, seus prazeres, suas infelicidades. A vida desfila pacientemente pelo retângulo da janela, limitado como o palco de uma ópera por cortinas, veludos, véus e algodão barato.

O que podem fazer depois das conversas, dos jogos de sociedade, das confidências, a moça e as amigas por ela convidadas? Vão para a janela. Morrem de rir. Zombam de tudo. Comentam as cenas da rua. Agitam-se.

Já as donas da casa, quando acabaram de admoestar sua prole e de atormentar os empregados, vão tomar um ar na janela. As velhas senhoras enrugadas sob seus chapéus de algodão ou de renda se instalam comodamente, pois não basta falar mal das amigas, é preciso fazê-lo de modo apresentável. Outras se contentam em desfiar seus rosários sem deixar de dar uma espiadela para fora. A vida, a morte, a vida que é como a morte, desfilam em seus binóculos. A janela é uma lanterna mágica. O murmúrio das preces e os sopros do desejo entram pela noite. Quando a disposição do bairro permite, elas mantêm espécies de conclaves reunindo três ou quatro janelas, e muitas vezes de um lado e outro da rua – um pouco como se faz hoje em dia no Twitter. Esse salão quase ao ar livre abre lá pelas três horas da tarde, depois da sesta. E termina às sete horas, no momento em que os maridos voltam do trabalho. Às vezes, a janela se torna um lugar de trabalho. As matronas ou seus empregados espionam a passagem dos vendedores ou dos camelôs, vendedores de aves, fitas, sal, tecidos baratos, e lhes passam a encomenda. Contudo, essas trabalhadoras não são numerosas. A janela é essencialmente um lugar de repouso, de tristeza, de amargura, o símbolo de uma civilização da espera. Elas se contentam em nada fazer, em companhia do gato que dorme no parapeito ou do cão que assusta os passantes. "Cristina, o que você vai fazer hoje à tarde?" "Vou janelar."

A janela preenche também outra função, clandestina e muito excitante: a função erótica. As moças e as menos moças espiam através das janelas os rapazes que passeiam pelas redondezas. Na França, esses moços, de acordo com as épocas, seriam chamados de *gandins, bellâtres, minets, godelureaux* ou *dragueurs.* No Brasil, são chamados de *perus*. Por extensão, ele designa o moço avantajado que procura despertar o interesse de uma senhorita. A metáfora é muito boa. O rapaz é um peru, pois como a ave, ele incha as penas de seu peito para merecer o favor das senhoritas. E suas artimanhas são tão ridículas quanto as da ave. As moças às quais esses gestos são dirigidos, quando estão com suas amigas, riem, isso faz o tempo passar. Quando se interessem pelo rapaz, elas não riem e o coração responde ao chamado. Às vezes, elas associam as duas condutas: a boca ri e o coração treme.

Distinguimos vários tipos de perus. O peru de passagem é aquele rapaz que pega a rua por acaso, retornando da universidade ou do trabalho, e que nota, em uma janela, uma linda pessoa. Outros são perus *habitués* e até mesmo "viciados" ou "profissionais". Esses passam e repassam sob a janela de sua presa. Os audaciosos encontram um jeito de fazer chegar à eleita um bilhete lírico por intermédio de uma empregada. Às vezes, uma resposta ao bilhete é encaminhada de volta, pela mesma via. O peru menos atrevido se contenta em fazer sinais desajeitados com a ponta dos dedos, com a boca ou a cabeça. As moças se deliciam com essas delicadezas. Existem as audaciosas. Essas mostram ao peru o estado de seu coração usando um espelho.

Janelar não é uma atividade anódina. Ela obedece a regras mudas, mas rigorosas. É uma função de tempo integral e que exige aprendizados. Janelar requer fineza, paciência, senso de tragédia e de ironia. É preciso também certa resistência física. Claro, sempre haverá algumas mocinhas sem juízo, mais preocupadas com a frivolidade do que com o amor, e que se contentam em aparecer de vez em quando em sua janela. Entretanto, aquelas que levam seu destino e seu ofício a sério não perdem seu tempo, nem sua dor, nem sua alma.

Janelar é um ofício. Os acidentes de trabalho são inúmeros. Os cotovelos que descansam no parapeito da janela durante as tardes acabam sofrendo. Eles se desgastam. Endurecem. E uma pele grossa se forma. A sua cor muda. Reconhece-se uma *habituée* da janela por esse traço: seus cotovelos são um pouco escuros. No caso de vício severo, forma-se um calo. Então é necessário apelar para a farmacopeia. As velhas senhoras fornecem as receitas. Elas aconselham esfregar o cotovelo, suavemente, mas durante longos minutos, com uma mistura de limão e açúcar. Em caso de resistência, a pedra pomes dá bons resultados, mas tem de ser suavizada com uma boa espuma do sabonete. O simples sal, diluído em vinagre e aplicado em compressa, às vezes é recomendado.

Em Salvador, dois médicos ficaram famosos por causa do costume de janelar. Eles se consagraram às doenças do cotovelo. Durante alguns anos, essa curiosa especialidade médica foi adicionada às especialidades da época, à quiropraxia, à pneumologia, à embriologia. Os dois fizeram fortunas. Contudo, não deixaram seguidores, pois a arte de janelar não sobreviveu à chegada da mulher moderna, da adolescente e da mulher ativa.

No entanto, é melhor prevenir do que remediar. Essa é a lição dada pelas governantas do Corredor da Vitória em Salvador. No tempo mais ou menos belo da Belle Époque, as casas aristocráticas mandavam as empregadas ou as costureiras confeccionarem almofadas no formato de um retângulo e cortadas nas dimensões da janela. Essas almofadas eram recheadas de algodão e repletas de bordados. Estavam sempre perto da janela. Assim que um peru bem ajambrado era visto, colocava-se a almofada no parapeito da janela e o tempo passava tranquilamente.

Em setembro de 2009, perguntei a um grupo de jornalistas brasileiros sobre a palavra *janelar*. Ninguém a conhecia.

Jean-Baptiste Debret

Sobre o Brasil colonial, dispomos de um testemunho excepcional: as aquarelas do pintor francês Jean-Baptiste Debret, que, no início do século XIX, de 1816 a 1831, desenhou as representações desse país dando-lhes cores, verdades e graças.

Antes de Jean-Baptiste Debret, o Brasil era como um objeto mal identificado, tão exótico quanto uma anaconda, onde o desconhecido transbordava, e sua presença era vagamente sentida no mundo, quase uma miragem. Lisboa nada fazia para torná-lo conhecido. Para os monarcas portugueses, a curiosidade era um defeito não apenas desprezível, como também rigorosamente punido, sobretudo se essa curiosidade viesse de um estrangeiro. O Brasil não distribuía imagens de seus esplendores ou de suas vergonhas. De seus animais e de suas árvores, de seus ruídos e de suas dores, ele não deixava passar nada. "Circulando, não há nada para ver!" Os povos e as sociedades que o habitavam estavam confinadas nos bastidores do mundo. Elas não tinham acesso ao palco.

Só no início do século XIX o segredo começou a ser revelado. O rei de Portugal e sua Corte, expulsos por Napoleão, desembarcam no Rio de Janeiro. A cortina se abre e o teatro se revela. Ele tem muitos atores, diretores e pontos. É nesse momento que o pintor Jean-Baptiste Debret chega ao Rio, armado de seus tubos de tinta e de seus lápis.

As suas aquarelas nos conduzem a todos os cantos da colônia. Elas nos mostram seus figurantes, suas estrelas e os coadjuvantes: ele pinta os índios nus e coloridos, já em vias de extinção; os escravos negros, aqueles que trabalham nas plantações de cana-de-açúcar e aqueles que fogem dos pelourinhos e dos chicotes para criar os quilombos, esses pequenos territórios independentes; os escravos das cidades, mordomos ou trabalhadores braçais, sem deixar de lado as mulheres negras que desempenham todos os papéis: algumas são as protetoras do lar. Elas regem as grandes casas, mesmo sem poder algum. Outras são confidentes, como nas tragédias de Racine ou de Corneille, as cúmplices ou as almas amaldiçoadas de suas senhoras portuguesas, as mensageiras de seus problemas, suas conselheiras; outras cuidam dos bebês e das crianças, amamentando-as com seus seios generosos, encantando-as com seus carinhos, substituindo seus filhos perdidos pelos de seus donos. As mais belas escravas são selecionadas pelos filhos dos senhores de engenho ou pelo chefe da família para a fornicação, para que o grande país vazio se povoe com mulatos, com mestiços.

É todo esse pequeno teatro familiar, cruel ou enternecedor, que o pintor Jean-Baptiste Debret fixa sobre suas telas com cores, malícia e poesia, sem negli-

genciar, no entanto, a precisão, a justeza e uma extrema fidelidade ao real. As pranchas de Debret são acompanhadas de comentários. Elas nos revelam as últimas luzes de uma sociedade colonial, paternalista e impiedosa, que logo acabará.

Jean-Baptiste Debret nasceu em Paris em 1768. Depois de bons estudos no colégio Louis-le-Grand, ele aprende o ofício da pintura com seu primo Jacques-Luis David, "primeiro pintor" de Bonaparte (*Bonaparte no monte São Bernardo, A coroação de Napoleão*). Como seu mestre, Debret é entusiasta da Revolução, assiste à execução de Luís XVI, e, mais tarde, dedica-se a Napoleão. Ele pinta seu ídolo em alguns campos de batalha – *Napoleão em Tilsitt, Discurso de Napoleão aos bávaros*... Seus quadros são corretos, de uma boa formação clássica, no estilo grandioso da época.

Se Napoleão tivesse vencido em Waterloo, Debret se converteria em um pintor inútil. Só teria colecionado batalhas e mais batalhas. A sua obra não faria parte de nossas memórias. No entanto, Napoleão perde. O mundo se torna uma ópera abandonada. Debret perde o gosto pela vida. E outro infortúnio o atormenta: seu único filho morre aos dezenove anos. É um homem alquebrado pela dor que aceita então ir para o Brasil. Ele e mais uma dezena de outros artistas deixam o porto de Le Havre em 22 de janeiro de 1816. O grupo tem como missão fundar no Rio de Janeiro um Instituto de Belas Artes. Entre os companheiros de Debret, citemos Nicolas-Antoine Taunay, pintor de paisagens; Auguste-Marie Taunay, escultor; Charles-Simon Pradier, gravador em talha-doce; François Ovide, mecânico; e o músico austríaco Sigismond von Neukomm.

Aqui, nos trópicos, e porque a missão pediu-lhe que colocasse em imagens a história do Brasil, um novo Jean-Baptiste Debret revela-se. Ao contrário dos seus afrescos napoleônicos, que eram convencionais e acadêmicos, os croquis, muito bem cuidados e muito escrupulosos do povo brasileiro, são leves, maliciosos, delicados e caprichados. A fineza do traço e o brilho das cores os transformam em obras-primas. Os três volumes de Debret são publicados em Paris, por Didot, entre 1834 e 1839, sob o título de *Viagem pitoresca e histórica ao Brasil*.

Esse tesouro permaneceu desconhecido por muito tempo. Recentemente, a editora Chandeigne reeditou a obra-prima de Debret. Os três livros são uma delícia.

As suas imagens são simples e travessas. Diríamos que elas se mexem. Um Brasil perdido vem até nós. Os croquis de Debret são frescos e ágeis. Uma história em quadrinhos e quase um desenho animado desfilam nas luzes brancas de uma lanterna mágica.

O primeiro volume é consagrado aos indígenas, aos "selvagens". Ele se abre com a efígie de um homem majestoso e de uma mulher majestosa da tribo do camacãs, população "que se retirou para a profundeza das florestas escuras". "A sua tez é de um marrom amarelado escuro", comenta Debret, "que não exclui um físico geralmente bastante belo. Robustos e musculosos, eles andam inteiramente nus [...], usam os cabelos longos e que caem até os quadris".

Mais adiante, uma cena de *western* é acompanhada dessa explicação: "Os oficiais [militares] fazem batidas na floresta, para proteger os agricultores. Quando a patrulha encontra alguns selvagens, ela dá dois tiros de fuzil, e a esse sinal, todos os habitantes da redondeza, munidos de armas de fogo, juntam-se para defendê-la".

Debret não se esquece de que foi primeiro um pintor de batalhas. Os índios o encantam. Quando ele desenha um ataque de índios a cavalo, sente-se na batalha de Wagram ou na ponte de Arcole. "Os indígenas selvagens chamados guaicurus se encontram, no Brasil, na província de Goiás, nas margens do Rio Uruguai, e se estendem pela província de Mato Grosso. Excelentes cavaleiros, distinguem-se por sua habilidade em domar os cavalos selvagens que pastam em liberdade nas planícies dessa parte da América; eles pegam o laço, colocam a brida, montam e logo partem em direção aos lagos e rios, e ali cansam os animais mantendo-os sempre mergulhados na água até o pescoço. Quando extenuado pelo cansaço dessa luta desigual que, pela primeira vez, força-o a reconhecer um senhor, o animal sai da água espumando de suor e, aterrorizado pelo peso desconhecido que ele carrega, acaba obedecendo ao mínimo movimento do cavaleiro."

Um quadro acompanha o capítulo sobre esse índios cavaleiros e guerreiros. Ele tem o movimento das epopeias de John Ford ou Raoul Walsh. Debret acrescenta explicações técnicas: "Sua tática é reunir uma tropa bastante numerosa de cavalos selvagens, que eles lançam na frente sem cavaleiros, misturando-se aos últimos corredores. Mas, para se desviar da visão do inimigo, eles imaginam uma astúcia que é suficiente para dar uma ideia de sua leveza e de sua destreza a cavalo: cada cavaleiro, apenas com o pé direito apoiado em seu estribo, segura a crina com a mão esquerda, mantendo-se assim suspenso e deitado de lado, ao longo do corpo de seu cavalo, conservando essa atitude até que esteja ao alcance da lança; então ele se ergue sobre sua sela e combate com vantagem em meio à desordem causada por esse ataque tumultuado".

Seguem algumas considerações etnológicas: "Além de comerciantes e guerreiros, eles também são agricultores; e, entre os produtos que tiram da terra, devemos ressaltar o algodão, que empregam com uma notável habilidade na fabricação de tecidos com os quais se vestem. Todas as mulheres tecem e também dão mostras de talento no trabalho da agulha. Uma estranheza bem notável é que, apesar de sua civilização avançada, eles conservaram o hábito da tatuagem".

Jean-Baptiste Debret não negligencia os índios civilizados, os guaranis, que ele encontra nos povoados do sul, os "evoluídos". Com um toque de zombaria, ele desenha um índio enfiado em um belo terno de veludo azul com botões dourados, o colarinho aberto sobre uma magnífica camisa branca realçada por um colete amarelo e uma enorme gravata. Esse homem majestoso é um sábio dos antípodas. Ele tem um lenço colorido amarrado na cabeça e por cima um chapéu preto com amplas bordas. Ao seu lado, uma matrona gorda, com um terço pendendo sobre seu ventre, e que poderia ir à missa do domingo em uma paróquia do interior francês. Comentário surpreendente de Jean-Baptiste Debret: esses dois selvagens conservam, por causa da influência dos jesuítas, "restos de conhecimento industrial".

A reportagem de Debret continua nos volumes seguintes. Ele nos apresenta outra variedade de selvagens, selvagens negros, e Debret, homem do Iluminismo, não esconde sua compaixão por esses homens e essas mulheres infelizes. Ele se indigna. Outras aquarelas já mostram negros, se não felizes, pelos menos apaziguados. "Vemos todos os dias, graças à beleza desse clima abençoado, as negras reunidas à beira do mesmo riacho límpido, ocupadas em jogar água quente sobre a roupa ao ar livre perto daquelas que ensaboam peças, mas de uma maneira infinitamente econômica, servindo-se para isso apenas de vegetais oleosos, como a folha de aloé. As lavadeiras brasileiras, além de muito mais cuidadosas do que as nossas, consideram uma questão de honra não apenas devolver a roupa bem passada e bem organizada em uma cesta, mas também perfumada com flores odoríferas, como a rosa, o jasmim e a esponjeira."

Jean-Baptiste Debret abre uma janela sobre a intimidade das famílias, sobre a condição dos empregados negros, seus trabalhos e seus dias, a vida cotidiana das fazendas, dos engenhos ou das casas-grandes. Mesmo as gravuras cômicas dão seu testemunho, na maioria das vezes crítico, sobre a maneira como os negros são tratados. Uma de suas aquarelas mostra um notável português, botas brilhantes, redingote bege e bicorne sobre a cabeça, que desceu do cavalo para urinar na parede de uma casa. O "toque" de Debret é que um escravo respeitoso segura com uma mão a rédea do cavalo e com a outra um grande guarda-chuva cor de malva que permite ao senhor fazer xixi ao ar livre sem sofrer o calor do sol.

Deliciosas também são as gravuras que mostram os espetáculos da vida cotidiana: um branco perguntando o preço ou suas especialidades a uma "Vênus negra". Uma liteira inteiramente fechada avança pelas ruas. Debret comenta: "A cadeirinha representada aqui é a de uma pessoa rica e de bom-tom que é carregada por seus escravos em libré. Ela mantém as cortinas fechadas, mas dá um jeito de se fazer ver, entreabrindo a cortina que segura com as mãos".

Mesmo as mulheres brancas de baixa condição dispõem de uma coleção de escravos, como demonstra uma pequena cena assim legendada por Debret: "Uma mãe de família de medíocre fortuna em sua casa [...]. A mucama, negra, trabalha sentada no chão aos pés da senhora [...]. À sua direita, outra escrava está costurando. Da mesma direção, vem um moleque trazendo um enorme copo com água".

Algumas das "coisas vistas" por Debret podem ser lidas como uma denúncia da escravidão. Ele desenha os negros com ternura e compaixão. "Tudo no Brasil se apoia na escravidão negra", diz. "Sem passado que o console, sem futuro que o reconforte, o africano se distrai do presente saboreando à sombra dos pés de algodão o caldo da cana-de-açúcar e, como eles, cansado de produzir, anula-se a duas mil léguas de sua pátria, sem recompensa de sua utilidade desconhecida."

O homem do Iluminismo, o admirador de Diderot, clama sua indignação diante dos abusos da escravidão. Algumas de suas aquarelas são violentas. Elas mostram o feitor, o implacável feitor, castigando os negros. "A vítima", comenta Debret, "conserva uma postura imóvel e favorável à satisfação da cólera do capataz, ao qual ousa dirigir apenas alguns pedidos de misericórdia, obtendo como resposta um *cala a boca, negro*".

Pintor, filósofo, pedagogo e às vezes professor, Debret, depois de ter retornado para a França, inscreve sua missão brasileira na história da civilização. Aos franceses, e sobretudo aos pintores franceses, ele oferece paisagens e um "repertório dos temas exóticos". "Quis trazer aos artistas franceses uma interessante novidade que também é uma lembrança minha [...]. Essa lembrança é uma coleção de desenhos, especialmente consagrada à vegetação e ao caráter das florestas virgens do Brasil, que ofereço aos pintores de paisagens e de história que, ao buscar novos temas para a Europa, encontrariam nos poemas portugueses e brasileiros alguns fatos históricos do Novo Mundo, descritos com a mesma verve e veracidade."

Esse mergulho no exótico, no virgem, no pitoresco, no selvagem e no primitivo está a serviço de uma ideologia do progresso. "Eu me propus seguir em minha obra o plano traçado pela lógica, isto é, a marcha progressiva da civilização no Brasil." Evolucionista, assim como o seu século, Debret tem a ambição de desenhar "a passagem da barbárie à civilização", segundo a fórmula de Mario Carelli em seu belo livro *Cultures croisées* (Nathan, 1993).

Debret foi feliz no Brasil e se consolou de suas dores? A adaptação à vida cotidiana no país não foi simples. Em 1822, ainda, oito anos depois de sua chegada, ele alerta os pintores franceses que gostariam de imitá-lo. Ele diz, em tom zombeteiro, em uma carta a um amigo francês: "Dédéyan, Gay e outro artista se propõem a vir para cá. Posso lhes dizer que bastariam apenas 24 horas de nosso sol escaldante para enlouquecê-los. Falo aqui com a imparcialidade de um bom camarada. No mais, que venham. Prometo-lhes empregar a influência do diretor para fazê-los entrar no hospital imediatamente".

Os cursos que dá na Academia das Belas Artes são um sucesso. Há por volta de quarenta alunos. Ele gosta deles e também é amado por eles. Um deles escreve: "Seu curso era frequentado pela juventude estudiosa e amiga das artes; de sua escola saíram todos aqueles que, entre nós, têm uma importância na pintura".

As elites europeias do Rio não são tão entusiastas. Esse francês que vem fazer a moral aos senhores de engenho e aos patrícios de Salvador ou Recife por meio de suas aquarelas é mal visto pela boa sociedade. Mais inteligente do que seus cortesãos, o imperador Dom Pedro I tem apreço pelo pintor dos negros, mulatos e indígenas. Depois da abdicação, Dom Pedro encontrou Jean-Baptiste Debret em uma rua de Paris. Os dois homens se conheciam de quando o antigo imperador condecorara o pintor com a Ordem de Cristo, apresentando-o então como um "homem virtuoso". Encontrando-se por acaso em Paris, os dois homens trocam cortesias. Dizem que Pedro teria oferecido sua casa de Paris ao pintor.

Na França, Jean-Baptiste Debret foi por muito tempo negligenciado. É preciso pensar que a publicação, pela editora Chandeigne, dos três volumes de *Viagem pitoresca e histórica ao Brasil* lhe permitirá sair desse purgatório desmerecido. No Brasil, ao contrário, Debret é glorioso. "No século XIX", diz Mario Carelli, "Debret vai se tornar a referência absoluta e insubstituível para os manuais de história do Brasil". Ainda hoje, as crianças brasileiras aprendem sobre as selvagerias e a civilização de seu próprio país por meio da imagem fixada em suas aquarelas por um francês revolucionário.

Jeito, gambiarra

Claude Lévi-Strauss deu um ar de nobreza aos pequenos consertos caseiros. Antes dele, essa prática era tratada com condescendência. Ela evocava os domingos dos aposentados que gastam horas amarrando pedaços de barbantes a liquidificadores e bobinas de fio elétrico a clipes. Claude Lévi-Strauss também fez isso. No entanto, abriu nossos olhos e agora sabemos que essas atividades são um exercício complexo e uma operação intelectual refinada. Até mesmo um antropólogo, será que ele faz muito mais do que juntar e amarrar pedaços? As suas missões nos lugares mais distantes do mundo não se parecem com os longos domingos de um aposentado? Ainda que os aperfeiçoem, não se dedicam a ajustar os escombros de mitos e de lendas moribundas, tradições esparsas e línguas derrotadas, até comporem sob nossos olhos surpresos, com esses dejetos, um quebra-cabeça perfeito, grandioso, uma marchetaria complexa e de uma beleza igual à de um móvel antigo?

"Coletora de lixo das ciências humanas desde a origem", diz Claude Lévi-Strauss, "a etnografia crê atualmente ter encontrado, no lamentável detrito recolhido na porta das outras disciplinas, as chaves-mestras do mistério humano. Mas, ao mesmo tempo que se prepara a fazê-las, prudente e lentamente, entrar na fechadura, ela não deixa de continuar seu humilde trabalho de desembalar e de selecionar os resíduos que continuam se acumulando".

Não é por acaso que essa teoria dos pequenos consertos foi formulada por um homem que, além de antropólogo, também consagrou seus estudos ao Brasil. Esse país elevou essa pequena atividade ao patamar das belas-artes. Ele ampliou seu campo e seus modos, e criou sua teoria, como indicam essas duas palavras que estão sempre presentes nas conversas do homem e da mulher brasileiros – as palavras "jeito" e "gambiarra".

Alguns confundem essas duas noções. Elas são próximas, mas seus campos semânticos não se recobrem. O *jeito* designa uma astúcia, um atalho, uma simplificação, um modo de se virar, com uma certa dissimulação, se necessário, para enfrentar uma situação imprevista ou ameaçadora. Uma resposta ligeira, instantânea a uma dificuldade. A evolução da palavra é curiosa. Um *jeito* é primeiramente uma "maneira", uma disposição de espírito, um caráter. Um dom ou um talento. "Não tem jeito para a música." A palavra é elogiosa. Ela pode ser traduzida por capacidade, habilidade, arte. Exemplo: "Ninguém sabia histórias mais bonitas que a velha Tidu. Nem tinha mais jeito para as contar" (Reginaldo Guimarães).

Esse é o sentido inicial, nobre. Todavia, os linguistas sabem que uma palavra pode desenvolver, com o tempo, um pseudópode no final do qual desabrocha um sentido exatamente contrário ao inicial. É o caso de *jeito*. Ele consegue ser gentil ou amargamente crítico. Ele é encarregado de significar um truque, uma malícia, uma solução de urgência, uma habilidade. "Dar um jeito", ou seja, encontrar uma saída, virar-se. Os espíritos desencantados e os turistas estrangeiros acrescentam que, se as construções dos imóveis e a decoração interna dos apartamentos são tão efêmeras e tão precárias nesse país, se a corrente elétrica cai com tanta frequência e se os lavabos estão sempre entupidos, é que os artesãos que os colocaram no lugar, por falta de instrumentos, peças de reposição, tempo, saber ou paixão se resignaram a dar um jeito. "Resignado" não é uma palavra lá muito justa. O uso do *jeito* com efeito produziu naquele que o pratica uma euforia, um orgulho tímido, uma maneira brincalhona de responder à injustiça ou ao peso das coisas.

Existe uma área na qual o *jeito* se encontra em sua melhor forma. Ali ele fez carreira. É na Administração, ou melhor, na burocracia sufocante, mortífera pela qual os responsáveis, os planejadores do governo federal, ontem no Rio, hoje em Brasília, conseguem estrangular o anarquismo suave do brasileiro e substituí-lo por uma rigidez prussiana, anglo-saxã ou nipônica. A obtenção de um passaporte ou de uma carteira de trabalho ou um alvará de construção é uma corrida com tantos obstáculos que a única maneira de consegui-lo é dar um jeito toda vez que é preciso passar por um guichê. O jeito é tão generalizado, tão sutil, que a Administração, a polícia, os professores, os vigias dos costumes também são obrigados, para lutar contra os jeitos de seus administrados, a recorrer à estratégia do jeito, o "contrajeito".

O jeito é uma cultura. Ele forma as engrenagens essenciais da sociedade e da economia brasileiras. Como esse país amarrado por tantas cordas burocráticas poderia se levantar e caminhar, construir usinas, colonizar desertos e conjurar sua paixão pela letargia ou seu gosto pelas fatalidades se milhões de jeitos não viessem aliviar todo dia, de manhã à noite, a ponto de destruí-los, os incômodos e os grilhões com que a lei ataca esse país sob o pretexto de fortalecê-lo?

O jeito apresenta outra virtude. Como o brasileiro é um homem apaixonado pela "cortesia", pela amabilidade, e que não deseja ferir seu próximo, o jeito serve de emplastro, de poção antidor ou de astúcia. O jeito adoça a vida. É um anestésico destinado a atenuar o horror das coisas. O meu carro acabou de explodir ou minha sogra enfartou, e o mecânico ou o enfermeiro chamados para socorrer me dizem para não esquentar. Eles vão dar ou arranjar um jeito. O jeito é um pó de pirlimpimpim graças ao qual o brasileiro esconjura as maldades do destino. O jeito é um pequeno aparelho metafísico.

E, continuando sua evolução linguageira, o jeito se reveste de ares realmente patibulares. O dicionário *Aurélio* dá alguns exemplos: *"Saiu e deixou o quarto daquele jeito (em desordem)." "Você bem sabe que F. trabalha daquele jeito (mal, sem vontade, ou pouco)." "Portou-se daquele jeito (mal, de modo inconveniente)".*

A *gambiarra* me parece, em sua acepção popular, mais recente do que *jeito*. Mais tecnológica também, pois ela veio ao mundo depois da eletricidade. Na origem, segundo o dicionário *Aurélio*, a gambiarra designa "*uma lâmpada instalada na extremidade dum comprido cabo elétrico para poder ser utilizada numa área relativamente grande*".

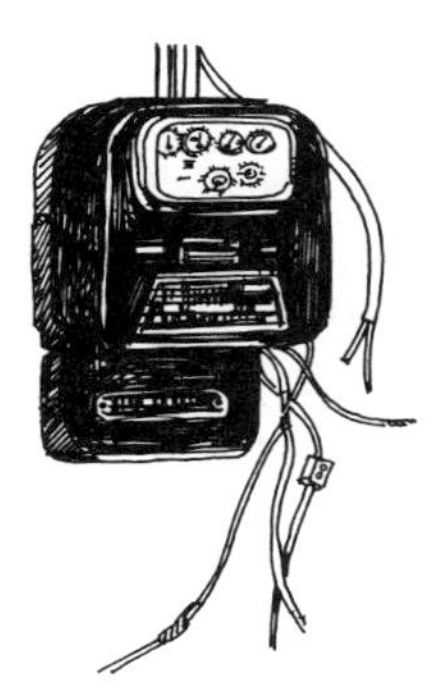

No entanto, como às vezes algumas pessoas instalam de maneira desonesta uma extensão que pode desviar ou roubar a eletricidade do vizinho ou da coletividade, a gambiarra tomou esse acento pejorativo, mesmo que o responsável por essas perversões ganhe a admiração disfarçada, mas entusiasta da maioria dos brasileiros. A gambiarra permite vencer uma dificuldade técnica por meios inesperados, malandros, brilhantes e, em última análise, ilícitos.

Os historiadores da gambiarra citam uma de suas primeiras proezas e talvez sua certidão de nascimento: um homem cuja televisão já estava velha conseguiu arrumar a imagem colocando uma lã de aço na extremidade da antena.

Contudo, a gambiarra não se limita ao campo da tecnologia. Em certas circunstâncias, ela poderia ser traduzida por: "maneira de resolver com os meios disponíveis", ou "método para transformar suas fraquezas em força", ou "estratagema que permite ferrar o destino". Usar a gambiarra significa "tomar a espada do inimigo e enfiá-la no coração dele". Um jornalista da *Folha de São Paulo*, Marcelo Tas, nos dá um magnífico exemplo de gambiarra:

"Garrincha, o mais célebre dos jogadores de futebol depois de Pelé, ilustra de maneira perfeita essa qualidade. Filho de um pai alcoólatra, aquele que era chamado de 'o anjo das pernas tortas' nasceu com várias más-formações. A sua perna direita era virada para dentro e a perna esquerda, mais curta seis centímetros, para fora. Garrincha aprendeu a usar esse balanço, causado por um deslocamento inabitual de seu centro de gravidade, para se tornar um dos melhores dribladores da história do futebol [...]. Outros Garrinchas podem ser encontrados nos rincões mais distantes do Brasil."

A gambiarra é uma espécie de feira de invenções permanente, informal e monumental, sem árbitros nem juízes, que acontece em todo o território brasileiro. Alguns sociólogos e economistas bastante competentes pensaram em encorajar a gambiarra com prêmios, medalhas, Legião de Honra ou Ordens de Rio Branco, subvenções do Estado. Outros sonham com as montanhas de dólares que afluiriam aos cofres do Brasil se este conseguisse "patentear" suas gambiarras e exportá-las.

Os puristas e os historiadores da cultura objetam: consagrar a gambiarra e cobri-la de honras significa ofendê-la e pervertê-la, sufocar seu gênio e desviar sua vocação, aprisionando-a e submetendo-a à ordem, já que ela é um desafio à ordem. Os filósofos adicionam uma voz brasileira, uma voz suave: oficializar a gambiarra, coroá-la com títulos e prêmios, seria subjugá-la e colocar no bom caminho uma conduta cujo poder está no fato de seguir os caminhos tortos.

Outras vozes também defendem a causa do *jeito*. Por que não exportar também essa maneira universal, maliciosa, improvisada e um pouco desonesta de resolver as coisas? Isso teria o efeito irônico de transformar a gambiarra e o jeito, essas duas instituições adoravelmente depravadas, nos pilares da fortuna brasileira. Outra consequência seria dar um pouco de ar, de leveza e de fantasia a uma civilização mundial vigiada pela letargia por causa de uma *overdose* de decretos, de interditos e de regulamentos. Sim, mas qual seria o novo passe de mágica, jeito ou gambiarra que, sem ferir a lógica, poderia legalizar duas habilidades que se fundaram e prosperaram desafiando a mania legislatória que estrangula nossas civilizações?

Jorge Amado

Os livros de Jorge Amado são repletos de ruído e de ternura, cheios de pescadores, putas, macumba, deusas Iemanjá, igrejas, sedutores, candomblés e odores de azeite de dendê. Cheios da Bahia. Eles foram publicados em cinco continentes. E Jorge Amado orgulhava-se disso, sobretudo quando traduziam uma de suas narrativas em uma língua incompreensível. Ele me mostrava exemplares em coreano, albanês, turcomano, persa, mongol. E brincava: "Olhe isso, é um dos meus antigos romances, *Capitães da areia*, é a história de um moleque da Bahia. Não sei se vale a pena em português, mas em chinês ele tem uma bela cara... As aventuras de Dona Flor em alfabeto cirílico parecem muito boas, também".

Pode parecer estranho, mas é em seu próprio país que esse autor universal é tolamente maltratado. Todos o conhecem, admiram-no, é o inspirador das mais belas telenovelas, mas os brilhantes intelectuais de São Paulo ou do Rio de Janeiro, que parecem não saber que se pode escrever de outro jeito e de forma mais simples que Antonin Artaud, James Joyce ou Philippe Sollers, torcem o nariz. Esse Amado não lhes diz nada que valha a pena. Talvez ele seja simples, popular demais? E até mesmo vulgar, que horror! Será que ele conhece um pouco de linguística e de crítica generativa? Leu Chomsky e Hélène Cixous? Talvez ele nem mesmo tenha lido Pierre Guyotat.

Claro, eles sabem muito bem que não é verve o que falta a Jorge, mas não lhe concedem o selo de grande escritor. Na Inglaterra do século XIX, Charles Dickens era colocado na categoria dos "escritores populares". Dostoievski, porém, sabia que Dickens, esse "folhetinista", era um gênio.

Descobri Jorge Amado já faz muito tempo, no decorrer de uma viagem ao Brasil. Estava almoçando em um vilarejo da Bahia a vinte quilômetros de Salvador. Eu lia o cardápio e não sabia o que escolher. Na parede, havia um pequeno cartaz: "Jorge Amado almoçou nesta pousada em 1937. Pediu camarões. E os achou muito bons". Pedi camarões. E eles estavam muito bons. Concluí assim que esse Jorge Amado era um bom escritor. No dia seguinte, comprei um de seus primeiros romances, *Jubiabá*. Tão bom quanto um camarão.

Amado nasceu em 1912 em Itabuna, na região do cacau. Ele é inteligente. É um garotinho esperto, agitado, malicioso. Um peralta. Ele vai à escola dos jesuítas. O seu professor, o padre Cabral, inicia-o na literatura portuguesa clássica. Em 1927, aos quinze anos, Jorge Amado e alguns colegas fundam a Academia dos Rebeldes. Ele se inscreve no Partido Comunista. Em 1932, publica *Cacau*. "Quis contar a vida dos trabalhadores das fazendas de cacau do sul da Bahia. Seria então um romance proletário?"

O romance seguinte, *Jubiabá*, retoma o tema da revolta social. Ele marca o nascimento de um grande escritor. A narrativa é engajada politicamente, mas é conduzida pela verve rocambolesca de Antônio Balduíno. Na França, André Malraux, na época um colaborador da editora Gallimard, ficou interessado. A tradução francesa surge às vésperas da guerra. O livro tem tudo para passar despercebido. Seu autor é desconhecido e, além do mais, para os franceses, o Brasil sabe apenas fazer carnaval e borboletas.

Em Argel, um jovem jornalista desconhecido, Albert Camus, descobre Jorge Amado. Eis as primeiras linhas de um artigo publicado em 9 de abril de 1939 por Camus no *Alger républicain*: "Um livro magnífico e atordoante. Se for verdade que romance é principalmente ação, este é um modelo do gênero. E nele lemos claramente o que uma barbárie livremente aceita pode ter de fecundo. Pode ser útil ler *Jubiabá* ao mesmo tempo que, por exemplo, o último romance de Jean Giraudoux, *Choix des élus*. Pois este último representa exatamente uma certa tradição da literatura francesa, que se especializou no gênero 'produto superior da civilização'. A esse respeito, a comparação com Amado é surpreendente".

Um estímulo e tanto para o novato da Bahia. Ele nem começou a escrever e já é colocado acima de Jean Giraudoux, o escritor mais refinado dessa França que o Brasil considera como "a mãe das artes e das letras". Era uma boa razão para extasiar o jovem rapaz de Salvador, mas Jorge Amado não foi informado e a guerra já estava acontecendo. Cinquenta anos mais tarde, em 1989, um amigo de Camus, Roger Grenier, enviou a fotocópia desse artigo a Jorge Amado. Belo labirinto do acaso e do destino: em 1989, Jorge Amado não é mais um desconhecido, mas um homem ilustre. E Albert Camus, que morreu dez anos antes, recebeu o Prêmio Nobel.

Amado escreve "histórias do porto da Bahia". *Capitães da areia* narra o infortúnio das crianças abandonadas. O governo Vargas coloca Amado na cadeia com certa frequência, como em 1936, ou então o manda para o exílio, como, por exemplo, em 1940, para a Argentina. Ele escreve a biografia do fundador do Partido Comunista Brasileiro, Luís Carlos Prestes (*O cavaleiro da esperança*). No entanto, não tem o direito de publicá-la. Ao retornar da Argentina, é obrigado a fixar residência na Bahia. Em 1945, é eleito deputado comunista e publica um livro atrás do outro: *Terra violenta, São Jorge de Ilhéus, Seara vermelha,* etc. Em 1951, recebe o Prêmio Lênin.

A partir de 1948, faz longas estadias na França, com sua mulher Zélia, que é uma personagem das mais sedutoras. O hotel Saint-Michel, o restaurante Tai San Yuen, a livraria L'oeil écoute se encantam com a presença desse casal caloroso, divertido e um tanto entusiasmado. Amado é a coqueluche dos escritores e dos artistas comunistas, Pablo Picasso, Paul Eluard, Louis Aragon, Georges Sadoul. Os Joliot-Curie são seus amigos. Mas Jorge e a esplêndida Zélia também circulam pelos porões da Rive Gauche, admiram Miles Davis, Duke Ellington, Louis Armstrong. Sempre que um de seus amigos sul-americanos tem problemas com a polícia, Jorge e Zélia correm até a casa de Jean-Paul Sartre, Simone de Beauvoir ou François Mauriac, e obtêm uma intervenção a favor de Pablo Neruda, de Astúrias, de Alfredo Varela, de Guillen. Em 1956, o casal se encontra em Praga no momento dos processos stalinistas contra Artur London. Jorge e Zélia distanciam-se então do Partido Comunista, mas jamais negarão seu engajamento à esquerda.

A produção de romances não diminui. As obras-primas se sucedem: *Gabriela, cravo e canela, A morte e a morte de Quincas Berro D'Água, Os velhos marinheiros, Os pastores da noite, Dona Flor e seus dois maridos, Tereza Batista cansada de guerra, Farda, fardão, camisola de dormir.*

Em 1975, passei por Salvador. Ainda não conhecia Jorge Amado. Telefonei-lhe. Ele me disse que alguns amigos estariam na sua casa à noite. Esses alguns amigos eram uma multidão. Jorge me recebeu trajando um short muito comprido decorado com flores extremamente vistosas. A sua barriga era enorme. O jardim fervilhava de gente. Havia um padre católico, alguns negros de Benin, a mulher de um embaixador italiano, um cubano diplomado em Harvard, pescadores, prostitutas, uma baiana com suas roupas de rendas brancas, dondocas do Rio de Janeiro, algumas filhas de santo, um carpinteiro.

Como esse homem podia conduzir tantos trabalhos ao mesmo tempo – as viagens para a Europa, o combate político, a escrita de uma obra imponente, os passeios pelas velhas ruas de Salvador e os encontros com suas centenas de amigos? Ele me deu a resposta alguns meses mais tarde, em Paris, ao me contar uma história:

"Há um escritor que retira o mato de seu jardim. Um vizinho o vê, e diz: 'Bom dia, senhor escritor. Está trabalhando um pouco?'. O escritor esclarece as coisas: 'Não, vizinho. Estou descansando.' Na manhã seguinte, o escritor descansa em sua rede. O vizinho passa e diz: 'Olá, bom dia, senhor escritor, está finalmente descansando?'. O escritor diz: "Não, estou trabalhando'."

Em seu artigo de 1939, e depois de ter lido apenas um livro de Jorge Amado, *Jubiabá*, Albert Camus havia luminosamente compreendido e anunciado o gênio de Amado e os meios desse gênio. "Que não nos enganemos. Não se trata de ideologia nesse romance em que toda a importância é dada à vida, isto é, a um conjunto de gestos e de gritos, a uma determinada ordenação dos desejos, a um equilíbrio entre o 'sim' e o 'não', que não é acompanhado de nenhum comentário. Não é o amor que se discute ali. Eles conseguem amar e com toda sua carne. Nele não encontramos a palavra fraternidade, mas mãos de negros e de brancos (não muitos) que se aproximam. E o livro é todo escrito como uma sequência de gritos e de melopeias, de avanços e de recuos... Os romancistas americanos nos fazem sentir o vazio e o artifício de nossa literatura romanesca."

Língua geral

Os missionários, os monges, os padres são excelentes linguistas. Quando desembarcam em um país, logo começam a civilizá-lo. Entram em contato com os indígenas, pedem que se vistam, fazem com que comunguem, rezam missas. No Brasil, depois do primeiro culto celebrado na praia de Porto Seguro, os capelães de Cabral ficam satisfeitos, pois os índios olham com frequência para o céu. Estão no bom caminho.

Em seguida, os padres começam a traduzir o dialeto dos indígenas. Sua ideia é que, para aproximar os selvagens de Deus, a língua constitui uma estrada real. Na realidade, essa estrada não deveria ser tão longa. Os religiosos acham que os indígenas são seres sem malícia, quem sabe até mesmo sobreviventes do paraíso perdido. Esses selvagens têm o caráter "angelical". Aliás, desde 1537, o papa Paulo III diz oficialmente que os índios têm uma alma. Mesmo não sendo cristãos, não devem ser privados de liberdade.

Três corporações desempenharam um papel importante na salvação das línguas primitivas: a primeira é a dos *degredados*, que são bandidos e assassinos incorporados aos barcos dos grandes descobridores. Os capitães os largam em terra para que aprendam a balbuciar o idioma dos selvagens. A segunda é a tropa de mulheres indígenas e de homens europeus que dormem juntos e forjam um dicionário especializado no corpo humano, na paixão, no orgasmo e na expressão "de novo!". A terceira é constituída pelos padres que levam ainda mais longe a pesquisa linguística: os franciscanos, os jesuítas, os carmelitas levantam listas de palavras, gramáticas, sintaxes. Seja nos entrepostos da Ásia ou da África, nas terras espanhola ou portuguesa da América do Sul, em Pequim ou no México, os religiosos realizam um trabalho de gigante. Salvam o tesouro que os soldados dispersam.

A chegada dos conquistadores, sobretudo nos territórios atribuídos à Espanha, provoca muitos estragos: monumentos, povoados, civilizações, impérios, modos de vida, nudezes, línguas sucumbiram à cólera ou à cupidez dos comerciantes. Cultos antigos foram esmagados para dar lugar ao culto do verdadeiro Deus. Os religiosos às vezes ajudavam os soldados e os administradores nessa tarefa. Com os deuses, os missionários não brincavam. Eles os derrubavam, colocavam-nos de lado. E os crucificavam. E quando esses deuses primitivos estavam fora de combate, os jesuítas forneciam outro deus, mais moderno e de melhor fabricação.

Não parece estranho que esses religiosos, que se mostravam tão pouco cuidadosos com os deuses, mostrem a maior deferência com as línguas dos índios? Os mesmos missionários que demoliam os panteões salvaram dezenas de gramáticas e de dicionários. Em cima de suas mulas e de seus asnos, com um grande guarda-sol por cima de suas cabeças, encharcados como pintos ou torrados de sol, malvados ou amáveis, cobertos de crucifixos e de rosários, escreviam, rabiscavam, registravam milhões de palavras frágeis como porcelana. Eles as deixavam brilhar. Observavam e classificavam. Com as línguas, realizavam o mesmo trabalho que mais tarde, no século XVIII, será realizado por Lineu, o grande naturalista sueco, para recensear todos os animais, todas as plantas.

No Brasil, os padres têm muito trabalho pela frente. O país é imenso. Os indígenas estão espalhados na imensa selva amazônica, no imenso deserto, na imensa Mata Atlântica e no imenso desconhecido. No vazio imenso. Cada povoado tem sua língua, ainda que a maior parte dos dialetos pertença a um tronco comum, o tupi-guarani, que parece originário da Amazônia e que se espalhou da Guiana até a Argentina. Mas a tenebrosa história pré-colombiana tratou cruelmente a língua-mãe. Ela quebrou-a em mil pedaços. Transformou-a em cacos, em restos. Os missionários recolheram esses restos, às vezes irreconhecíveis.

Essas línguas eram tão dessemelhantes que os primeiros europeus nem sempre perceberam suas relações. O soldado alemão Hans Staden, que passou longas semanas entre os tupinambás, que queriam comê-lo, teve tempo para refletir sobre essas coisas. Libertado como por milagre, depois de alguns meses, ele escreveu suas lembranças. Deu sua opinião sobre as línguas da nova terra. "Todas essas línguas", escreve ele, "não têm entre elas nenhuma semelhança".

Os europeus se esforçam para colocar um pouco de ordem nos dialetos que laboriosamente aprendem a decifrar. Criam grupos, baseados justamente nos dialetos. No litoral, entre o Maranhão e Santa Catarina, vivem os tupinambás, os tupiniquins, os carijós, os guaranis, os aimorés. Outras etnias estão instaladas no interior, mas os primeiros europeus mal as conhecem. Os missionários estabelecem uma distinção radical entre as sociedades do litoral e as do interior; estas são chamadas de tapuias, e parecem bem ferozes.

Os jesuítas se apoderam dessa confusão de dialetos. Desatam os nós e os cordões. Apontam suas semelhanças, as excrescências e as irregularidades. Compõem famílias, parentescos. O padre José de Anchieta (1534-1597) cria, junto com o padre Manuel da Nóbrega (1517-1570), o Colégio de Piratininga, que mais tarde se tornará a megalópole São Paulo. Ele vive cercado pelos índios, aprende e adota o idioma tupi. Publica uma gramática em 1584 e inventa palavras a meio caminho entre o português e o tupi. Assim, graças aos clérigos, algumas palavras tupis acabam entrando na língua portuguesa. Alguns vão mais longe: sem pretender que o tupi seja a língua de Adão e de Eva, eles pensam que ele poderia se tornar uma língua universal, um esperanto ou um volapük, ideal para unificar todos os povos da Terra. A humanidade passaria por cima da Torre de Babel que espalhou por todos os cantos o dialeto dos primeiros homens. A língua tupi construiria um caminho ideal que traria a humanidade de volta ao paraíso terrestre. Às vezes lamento que essa ideia não te-

nha sido aceita. Não seria bem agradável hoje em dia poder passear de Moscou a Pequim e de Madri a Vancouver pedindo informações em tupi-guarani?

A tarefa dos missionários será bem longa. Ainda no século XVII, na idade barroca, um dos mais extraordinários jesuítas do Brasil, o padre Vieira (1608-1697), participa da recuperação dos dialetos. A energia desse religioso é maravilhosa. Ele constrói dezenas de igrejas e de conventos. Em 1633, pronuncia seu primeiro sermão em Salvador. Em 1641 retorna a Lisboa e encanta Dom João IV, que lhe confia missões diplomáticas na França e nos Países Baixos. Mantém contatos estreitos e confiantes com os judeus de Amsterdã e de Ruão. Em 1643, é nomeado a São Luís do Maranhão. Ali, briga com os colonos, por amor aos índios. Ele faz explorações. Pronuncia seu inesquecível "Sermão de Santo Antônio aos peixes", no qual expõe que os peixes grandes, por exemplo, os colonos, não podem se impedir de comer os peixes pequenos, por exemplo, os escravos, o que confirma que "nós somos todos canibais". Suas pregações são inúmeras. Elas estão escritas em uma língua suntuosa. São comparadas a Bossuet. O poeta Fernando Pessoa diz que o padre Vieira é "o imperador da língua portuguesa".

Em 1661, é expulso do Maranhão, pois sua defesa dos indígenas irrita os colonos. Ele é designado a morar em Coimbra, em Portugal. É pego pela Inquisição, e mantido preso por 26 meses. Libertado, corre para Roma, onde prega em italiano. A rainha Cristina da Suécia adoraria que ele fosse seu confessor. Mas ele tem outras preocupações. E retorna à Bahia. Com 84 anos, começa uma nova ação em favor dos índios. Morre aos 89 anos.

Essas atividades agitadas não o impedem de redigir sete dicionários em línguas indígenas, respeitando assim o Concílio de Trento que, no século anterior, expressou o desejo de que se evangelizasse os povos pagãos em seus próprios idiomas.

Em algumas áreas, a profusão das línguas desencoraja os missionários. É o caso da Amazônia. Na grande floresta, as tribos estão separadas por espaços consideráveis. Os contatos são bem raros. Cada língua evolui à sua maneira. Elas morrem e se criam. Por não poder decifrar e dominar todos os dialetos, os jesuítas decidem transformar um deles em uma "língua geral". Escolhem o nheengatu, que procede do tupi e do guarani. É o idioma mais difundido, robusto e elegante, o mais propício aos usos poéticos. Os missionários aprendem o nheengatu. Essa língua geral se impõe ainda mais facilmente às populações indígenas porque os jesuítas proíbem o uso do português em suas missões do Maranhão, nas aldeias.

Essas aldeias são vilarejos que seguem o modelo das reduções do Paraguai, que, sob o comando dos jesuítas, protegem os índios da violência dos colonos. Os jesuítas têm orgulhos de suas aldeias. Os antropólogos não mostram o mesmo entusiasmo. Para eles, as aldeias, ao contrário, legitimaram a redução dos índios a escravos a serviço da empresa colonial. Alguns vão mais longe. Assim, Darcy Ribeiro, segundo o excelente geógrafo Martine Droulers (*Brésil: une géographie*, PUF), opina que "esse gênero de política, aplicada a ferro e fogo por Mem de Sá, causou a destruição de centenas de vilarejos indígenas a partir do século XVI [...]. Os jesuítas revestiram de um discurso cristão o genocídio cometido pelos colonizadores, em nome de uma teologia alucinada e messiânica que por muito tempo deixará suas marcas no Brasil".

Mas o fato é que, nas aldeias, tanto os portugueses como os índios recorriam a essa língua geral. "A língua geral", escreve Jaime Cortesão, "esse idioma nacional pré-histórico, marca um espaço cultural que se torna o elemento unificante do Estado colonial".

Podemos observar, sob esse aspecto, uma surpreendente astúcia da história. A língua do vencido, o nheengatu, torna-se uma língua vitoriosa. Ela expulsa a língua do vencedor, pelo menos nas aldeias jesuítas. Enquanto que, para as religiões, o deus dos portugueses é o vencedor, para as línguas o resultado é contrário. A língua dos portugueses se inclina, pelo menos na Amazônia dos padres, diante da língua dos selvagens. Linda virada de jogo: a língua dos vencidos tem a função de proteger os vencidos contra a brutalidade dos vencedores.

Os colonos não estão contentes. Não poderão mais comandar e humilhar os índios em português. Por isso, contra-atacam. Usam em seu proveito a tática dos missionários. Apoderam-se da língua do vencido, da "língua geral", aprendem-na e transformam-na em uma arma contra os vencidos, contra os índios. Assim, eles poderão insultar, humilhar ou castigar seus empregados ou seus escravos à vontade, e em nheengatu, na língua dos vencidos. O prazer dos vencedores será redobrado.

Os colonos dominam essa "língua geral" com muita facilidade, pois muitas vezes eles mesmos são mestiços, filhos de portugueses e de índias, caboclos, mamelucos. Em contrapartida, os administradores enviados por Lisboa de tempos em tempos não compreendem nada do nheengatu. Eles são duplamente exilados, pela distância e pela língua.

Língua particular

Um dia, eu inventei uma língua. Não é uma língua importante. Ela não se liga nem ao tupi, nem ao nheengatu. E também não é geral. É particular. Sua esperança de vida não é longa. É a de um mosquito. Nem bem nasceu e já era uma língua morta e sem sepultura.

Essa história é bem antiga. O general Castelo Branco já tinha dado seu golpe de Estado em 1964. Os ditadores militares preparavam seu plano de desenvolvimento para a Amazônia, mas os gigantescos canteiros de obras da estrada transamazônica ainda não estavam abertos. Eu fazia uma reportagem sobre o ensino na Amazônia e fiz uma escala em Marabá, que na época era apenas um grande vilarejo, ao sul de Belém. Depois, ela prosperou, precisamente por causa da transamazônica. Hoje ela conta com mais de 200 mil habitantes.

Fui então a uma escola desse município. Para minha surpresa, fui parar em um estabelecimento bastante importante que recebia os alunos de uma vasta região. Ele era mantido por padres italianos. O diretor me recebeu com prazer. Fazia muito tempo que ele não via um francês. E disse alegremente: "Acho até mesmo que nunca vi um". E depois: "Não é todos os dias que encontramos um francês na selva". Respondi no mesmo tom malicioso.

Em seguida, chamou a seu escritório o professor de francês de seu estabelecimento. "Ele vai ficar muito contente", disse-me esfregando as mãos. "O coitado! Ele ensina essa língua há trinta anos e nunca encontra um francês. Sente-se. Ele vai ter uma bela surpresa."

O velho professor de francês entrou. Logo percebi que ele nem estava tão contente assim e nem lhe era uma grata surpresa. Não queria estar em seu lugar. Olhava-me com olhos apavorados. Estava pálido. Ele me odiava. Em minha vida, nunca tive uma impressão tão forte sobre uma criatura humana. Depois de um longo momento, e sob os olhos extasiados do diretor, ele, com cara de enterro, decidiu falar comigo.

Disse: *"Vous, faire bon voyage?"* (Você, fazer boa viagem?). Disse que sim. A simplicidade de minha resposta pareceu tranquilizá-lo. Recobrou sua coragem. *"Moi avoir contentement bavarder français un petit"* (Mim estar contente falar francês um pouco).

Respondi-lhe que eu também. Estávamos de acordo. Ao mesmo tempo, eu refletia. O que fazer? A cara do diretor começou a mudar. Ele parecia bem menos entusiasmado, muito mais desconfiado. Eu tinha em minhas mãos o destino desse professor de francês. Observava esse destino. Se quisesse, poderia estrangulá-lo, seria como apertar o pescoço de um passarinho. Clec! E o velho professor perderia seu emprego, seria recriminado pelo Vaticano, e adeus, papagaios, jacarés e grandes árvores milenares! Sua ordem o mandaria para uma casa de repouso, um morredouro, talvez em Brindisi ou Spoleto. Sendo assim, será que eu deveria chutar o pau da barraca, virar um delator de velhos padres, revelar ao diretor que seu empregado não valia um tostão?

Organizei um pequeno debate em minha cabeça. Pesava rapidamente os prós e os contras: em nome da francofonia, deveria sacrificar esse velho, colocar sua cabeça sob a guilhotina, mas nunca matei ninguém. Não desejava começar minha carreira de carrasco na floresta amazônica. Que se dane a glória do dialeto de Descartes e de Voltaire! Ia dar um soco na língua francesa, mas esse soco lhe seria menos fatal do que ao velho padre a revelação de sua incompetência.

Durante uns quinze minutos, por uma eternidade, nós improvisamos, o professor e eu, sob o olhar meio maravilhado, meio perplexo do diretor, uma conversação de loucos. Éramos como navios sem mastro. Navegávamos às escuras. Retirávamos a água de nossos porões. Trocávamos conceitos ao acaso, em uma língua fabricada na hora, que nunca foi falada sob o sol ou sob as sombras, e que nunca mais será utilizada. Uma língua natimorta. Uma língua forjada para uma única conversa, e que morreria logo depois, como algumas flores extraordinárias que morrem no mesmo momento em que desabrocham. Uma língua que só existia na floresta equatorial. Uma língua perecível. Descartável mesmo, como um isqueiro ou uma caneta Bic.

Tudo servia em nosso diálogo, pedaços de francês, de italiano e de suíço, restos de português e nacos de gíria parisiense, um pouco de latim, ou melhor, muito, já que o velho padre era melhor em latim do que em francês, mas éramos prudentes, pois o diretor era padre e poderia perceber a fraude. Nosso estoque estava se esgotando a olhos vistos. Recorremos a outros idiomas. Usei um pouco do hitita que eu conhecia. Acrescentei o vocábulo *hurrah*, que é de origem mongol, mas que se disseminou em várias línguas e que, além do mais, é uma palavra muito otimista. Adicionei algumas declinações de sumério, muito esfarrapadas por causa do tempo; de etrusco, de coreano do Norte, de inglês básico e de cretense, e tenho quase certeza de que o professor de francês, quando já estava quase sem munição, lançava na fogueira palavras jamais pronunciadas em nenhum lugar do planeta. Eu estava aborrecido. Estava dividido entre dois sentimentos desagradáveis: de um lado, temia que o diretor descobrisse o engodo. Por outro, sentia um remorso em relação à língua francesa que, afinal de contas, é minha mãe.

Não lamentei o que pode ser chamado de má ação, mas, por precaução, prefiro chamar de bom coração. Dane-se a francofonia e seus controladores. Não ia colocar a corda no pescoço desse professor que nada me fizera e que, de resto, à medida que o tempo passava, mudava de figura, tornava-se amigável, colorido, quase encantador. Além do mais, esse homem e eu tínhamos dado uma chance, durante pouco mais de meia hora, a uma língua que ninguém nunca falou, uma língua sem antecedente e que ninguém imitará, uma língua jovem e já morta, tão inextricável quanto a floresta vizinha, devorada pelos cipós e líquens da pré-história, e cujas árvores consomem umas às outras e reflorescem sob a carcaça das árvores vizinhas.

Despedimo-nos. O diretor dirigia um olhar muito orgulhoso para seu mestre de francês. Voltei para São Paulo. Quanto ao velho mestre, permaneceu em sua floresta, bem tranquilo por ter se saído bem desse passo em falso. Por mais alguns anos, ele seguiria ensinando a língua de Voltaire a macacos, peixes-boi, jacarandás, seringueiros, tucanos, cobras, a moradores da floresta e a feiticeiros do outro lado do mundo. Ele comunicaria às crianças índias, caboclas, cafuzas ou portuguesas aquelas gramáticas ilegíveis e aqueles vocabulários imaginários que confeccionamos, pegando aqui e acolá, com um pânico compartilhado, sob o olhar incrédulo, cruel e, no final, admirado do diretor. Essa língua ia se desenvolver. Ia voar com suas próprias asas e ocupar os cérebros de todas as espécies.

Hoje, meu parceiro provavelmente já morreu, levando para seu túmulo nossa pequena língua, meio inviável e que lhe salvou a pele. Talvez ainda exista, na profundeza da floresta majestosa, algum vilarejo indígena no qual os velhos levam seus netos para visitar as palavras e as sintaxes fabricadas por mim e pelo velho padre naquela terrível tarde do ano de 1970.

Literatura e antropofagia

Para a sociedade brasileira, a França foi durante muito tempo a fonte de seus modelos. De 1840 a 1889 reina no Rio um imperador barbudo, amável e culto. Dom Pedro II governa seu continente, seus desertos, suas selvas, seu papagaios e suas misérias assim como Napoleão III construiu seus bancos, suas estações termais e suas estradas de ferro. A literatura francesa não tem segredos para Dom Pedro II.

O imperador via o Brasil como uma França monumental, tropical, preguiçosa e barroca, e ainda por cima com escravos. Em 1888, encorajado por sua filha, a princesa Isabel, e pelos ingleses, promulga a Lei Áurea, que suprime a escravidão. No ano seguinte, a República do Brasil é proclamada. Dom Pedro II se refugia na França, mãe das artes e das letras. Ele se encontra com Victor Hugo. O poeta lhe perdoa o fato de ser um antigo imperador, pois logo o reconhece como "um filho de Marco Aurélio", que, afinal de contas também era imperador. Dom Pedro II se comove. Ele frequenta os escritores, os sábios. Às vezes seus joelhos travam. E então corre para as águas termais de Vittel ou de Vichy.

Os oficiais republicanos que depuseram o imperador não são menos imunes ao pensamento francês do que Dom Pedro II. Um dos primeiros conjurados é o tenente-coronel Benjamin Constant, que cismou, junto com seus camaradas, de impor ao Brasil o positivismo de Augusto Comte. Como bons soldados racionais, os republicanos constroem uma República que se espelha na França. Ainda hoje é possível ver algumas dessas marcas no palácio do Catete, no Rio, que foi a sede do governo brasileiro de 1897 a 1960. Suas paredes estão cobertas de retratos de ministros avermelhados, de insígnias maçônicas e de uma Marianne com um barrete frígio.

As repúblicas passam e a influência da França diminui, mas as belas letras resistem. Todos os intelectuais do Rio de Janeiro, de Salvador, de Belém ou de São Paulo falam um francês muito puro. "Só o verso de Paris é bom." É à beira do Sena que os escritores, os artistas brasileiros vão curar sua melancolia. O *quartier Latin* é sua residência secundária. Eles se dividem entre as bailarinas da Ópera, as jovens trabalhadoras, as moças do Moulin-Rouge e os poetas de *La Closerie des Lilas*. Em 1916, o romancista Paulo de Gardênia escreve a um amigo: "Paris – Cheguei. Dormi pela primeira vez. Sinto-me como um recém-nascido. Vou aprender a falar. Decidi receber o batismo na Madeleine. Todas as babás do jardim de Luxemburgo querem me criar".

Essa presença obsessiva da França acaba exasperando. E, num belo dia do ano de 1916, Monteiro Lobato, um talentoso escritor, constata que em sua biblioteca há apenas obras francesas. Por isso ele cospe na língua francesa: "Enjoei do francês!". E se entristece: "Minha biblioteca é de uma pobreza inacreditável de livros em língua portuguesa. Quase tudo em francês. Uma vergonha".

Em 1922, um grupo de poetas e de pintores dá início à revolta. E uma "semana de arte moderna" é organizada em São Paulo pelo rico e brilhante Paulo Prado, que será o mecenas do modernismo brasileiro, e seus amigos, o poeta, musicólogo, folclorista e romancista Mário de Andrade, o músico Heitor Villa-Lobos, os pintores Di Cavalcanti, Rego Monteiro e Anita Malfatti, o escultor Brécheret. Para deixar bem clara essa decisão e que pretendem cortar todos os laços com as culturas do Velho Mundo, eles rasgam publicamente um exemplar de Camões, o poeta de *Os Lusíadas*, considerado como o pai da literatura portuguesa, e cujo grande pecado é ser europeu. Em seguida, os conspiradores de São Paulo deixam claro que o Brasil não é mais o reflexo inerte da Europa, e especialmente da França: "Somos confrontados ao problema atual, nacional, moral, humano de abrasileirar o Brasil", proclama Mário de Andrade.

Eles vão realizar uma revolução copérnica. Vão reinstalar o pensamento brasileiro em suas propriedades, no Brasil, em vez de romancear usando moldes vindos da França. Convidam os grandes escritores franceses, Anatole, Victor, Gustave, Émile e Honoré a retornarem para suas casas e não mais distribuírem suas lições ao Brasil. Esse programa é exaltante. Ele é aprovado pelas maiores figuras da inteligência brasileira: Oswald de Andrade, rico cafeicultor, mecenas e poeta, e sua mulher, Tarsila do Amaral, Manuel Bandeira, Carlos Drummond de Andrade. Todos aplaudem. Em vez de irem se pavonear idiotamente em Paris, eles vão exumar o Brasil.

O problema é que os jovens poetas do Rio e de São Paulo conhecem mais Montmartre e Florença do que Manaus e Ouro Preto. Não passam de "cidadãos elegantes e eruditos", "europeus gentis e cultos", como reconhece amargamente Mário de Andrade. Claro, eles conhecem Recife, Salvador e Porto Seguro, mas o interior do Brasil, o sertão, as selvas, as savanas sem fim, e o calvário dos caboclos e dos negros, disso eles não têm nenhuma ideia. Esse Brasil é uma *terra incognita*. Organizam então expedições. Arregaçam as mangas. Compram botas e chapéus, grossos sapatos de caminhada e vamos lá! Os poetas brasileiros começam a percorrer o Brasil. Vão explorar seu próprio país, aprendê-lo como se aprende um alfabeto. Vão mergulhar no grande corpo obscuro, o corpo indizível do Brasil.

A primeira caravana parte em 1924, durante a semana santa. Objetivo: Minas Gerais. É uma escolha judiciosa, pois esse estado está bem no interior do país, longe das confortáveis e sublimes orlas marinhas, nas quais as cidades sempre se agarraram, como para aproveitar por mais algum tempo das emanações da Europa. Minas Gerais despreza essas futilidades. É uma terra montanhosa, taciturna e austera. Ela foi inventada nos séculos XVII e XVIII, no tempo da corrida do ouro e dos diamantes. Suas cidades, como Ouro Preto e Congonhas, são obras-primas do urbanismo barroco.

Nenhum francês fará parte do pequeno grupo. Só um poeta estrangeiro é aceito. Blaise Cendrars, grande amigo de Oswald de Andrade e de sua mulher Tarsila do Amaral, que ele conheceu em Paris. Cendrars tem a sorte de não ser francês, mas suíço. Além do mais, ele tem uma aparência de aventureiro. Alguns companheiros de Paulo Prado torcem o nariz. Mário de Andrade recebe o poeta suíço com uma homenagem convicta, mas não muito clara, com uma curiosa alusão ao braço amputado de Cendrars, na *Revista do Brasil* em março de 1924: "O Brasil não precisa de mutilados, precisa de braços. O Brasil não precisa de recordações penosas, senão de certezas joviais... Não temos nada que aprender com o senhor Henri de Régnier, poeta da França. Temos muito que aprender com Blaise Cendrars, poeta do mundo. Régnier é mais mutilado que Cendrars para as necessidades do organismo nacional".

Blaise Cendrars está comovido, mas um pouco perplexo. O que essa homenagem quer dizer?

"Mário [de Andrade] me deseja as boas-vindas, mas isso não o impediu de atrelar seu cavalo de batalha e de fulminar contra a nefasta influência da literatura francesa em geral e, mais particularmente, da poesia moderna, sobre a literatura e a poesia brasileiras, de culpar e felicitar a polícia de Santos por ter dificultado o meu desembarque, porque eu não tinha um braço: 'A polícia tinha razão', gritou Mário. 'O Brasil não precisa de mutilados. O Brasil importa mão de obra'."

Apesar de tudo, o pequeno grupo mergulha nas solidões de Minas. Blaise Cendrars faz um pouco mais que isso. Sérgio Millet o apelida "o blefador". É que Blaise é um pouco exaltado. Seu erro é amar demais o Brasil. Ele se extasia como respira. Não pode ver uma colina, um mendigo ou um pôr-de-sol sem dizer: "Que maravilha!". Por causa desses exageros é suspeito de exotismo, pecado grave aos olhos de seus companheiros "modernistas". Para os poetas brasileiros, o exotismo mudou de endereço, depois da "revolução modernista" não são mais os jacarés do Mato Grosso ou os maracujás. São as rosas de Ronsard e as margens do Sena.

Cendrars se desilude. Chamam-lhe a atenção só porque ingenuamente se deslumbrou diante das borboletas de Minas Gerais. Mas sua desgraça não dura muito. Será perdoado na prova de recuperação. Foi dele a boa ideia de revelar o gênio desse escultor mulato de Congonhas e de Ouro Preto, o Aleijadinho, que ninguém até então celebrara com tanto fausto.

"Nesse imenso continente com possibilidades infinitas", logo escreverá W. Mayr, "Blaise Cendrars viu obras de uma notável arquitetura indígena [a de Aleijadinho], e exclamou: 'Brasileiros, guardem seus tesouros!' E se, em cem anos, dessa terra que terá muitas riquezas, se elevar um grito: 'O Brasil para os brasileiros!', parece-me que Blaise Cendrars carregará historicamente uma parte da responsabilidade".

Cendrars foi, portanto, adotado pelos modernistas. "Lembro-me muito bem", dirá Oswald de Andrade ao poeta Manuel Bandeira, "do fervor com o qual nós líamos e relíamos seus versos surpreendentes para nós e que, também para mim, comunicavam um frisson novo". Também podemos levantar as similitudes entre *Pau-Brasil*, o manifesto modernista de Oswald de Andrade, e *Feuilles de route*, de Cendrars.

Sentir *frissons*, ainda que novos, não basta aos modernistas que, como muitos jovens poetas, ambicionam "mudar a vida". Em 1930, seis anos depois da viagem a Minas Gerais, eles revelam ao mundo o instrumento com o qual vão conduzir sua tarefa de desconstrução. Oswald de Andrade lança o Movimento Antropofágico.

Esse nome surgiu de um acaso. Uma noite, o grupo discutia sobre os ancestrais do homem, entre os quais está a rã. Tarsila do Amaral exclama: "Em suma, quando comemos uma rã, somos antropófagos!" A palavra fez história. O Movimento Antropofágico acabava de nascer.

O tema dos modernistas é importante: no momento de sua descoberta, o Brasil era uma sociedade antropófaga. Ele deve voltar a ser antropófago. O gênio da França deve ser buscado na história de Clóvis e no vaso de Soissons e nos druidas, o do Brasil se oculta no ventre dos antigos índios, nas fogueiras dos tupis sobre as quais grelhavam os soldados ou alguns missionários holandeses, portugueses e alemães. E, claro, alguns franceses.

A ideia de Oswald e de Tarsila do Amaral é brilhante: os poetas devem ressuscitar sua alma canibal. Em vez de copiar pacientemente os poemas compostos pelos portugueses, franceses, ingleses, seria melhor comê-los, mastigá-los. É preciso comer, digerir e defecar a cultura europeia. Questionado por Nino Frank para a revista *Nouvelles littéraires*, Oswald de Andrade teoriza: "O que é a antropofagia? O fato de devorar o inimigo vencido para que suas virtudes passem para nós. Uma comunhão. Nós absorvemos o Tabu para transformá-lo em Totem; o inimigo sagrado que é preciso transformar em amigo".

Oswald de Andrade, que seu homônimo Mário de Andrade considera um piadista, também produz trocadilhos muitas vezes brilhantes, jogos de palavras, inversões e essas brincadeiras linguísticas que, na Belle Époque, acompanhavam as revoluções intelectuais. "Tupi or not tupi, eis a questão", diz ele. E se regozija de que o primeiro português devorado pelos índios tenha sido um missionário, um bispo, que se chamava Sardinhas, primeira realização em suma da literatura antropófaga. Ele ri desse nome e dessa morte! E acrescenta: "Eu sou um tupi que toca violão".

Mário de Andrade, que logo se desentenderá com Oswald de Andrade, leva a sério a empreitada: "O Brasil", diz ele, "em vez de se utilizar da África e da Índia que teve em si, desperdiçou-as, enfeitando com elas apenas a sua fisionomia, suas epidermes, sambas, maracatus, trajes, cores, vocabulários, quitutes, e deixou-se ficar, por dentro, justamente naquilo que, pelo clima, pela raça, alimentação, tudo, não poderá nunca ser, mas apenas macaquear, a Europa. Nós nos orgulhamos de ser o único grande (grande?) país civilizado tropical... Devíamos pensar, sentir como indianos, chineses, gentes de Benin, de Java... Talvez então pudéssemos criar cultura e civilização próprias. Pelo menos seríamos mais nós, tenho certeza".

Cendrars permanecerá, por toda sua vida, em suas obras e em suas escolhas, fiel ao Brasil e a seus amigos de 1924. No entanto, pouco a pouco ele percebe que o Movimento Antropofágico não deixará nunca de ser um brilhante divertimento. "Esse modernismo", confessará ele, "não passava de um vasto equívoco". Quando se pergunta o que sobrará dentro de vinte anos, sua resposta é radical: "Nada, senão a curiosidade, alguns romances quase ilegíveis, um punhado de plaquetas raras e raríssimas".

Podemos perceber por que Cendrars rejeita as fanfarronices dos antropofágicos. Ele ali reconhece todas as manias e todos os truques, as repetições e as provocações frágeis que desonram os movimentos modernistas europeus – o expressionismo, o dadaísmo, o futurismo e até mesmo o surrealismo, o mais brilhante de todos. De um país novo como o Brasil, ele esperava mais seriedade e mais invenção. Aos seus olhos, os intelectuais do Rio e de São Paulo eram falantes. Falavam, falavam... Pegaram o arreio com os dentes para rasgar as cumplicidades incestuosas do Brasil com a Europa, com Paris, com a *Closerie des Lilas*, Montparnasse e Montmartre, Paul Fort e Apollinaire, mas, depois de uma breve escaramuça, retornaram à *Closerie de Lilas* e garimpavam nas páginas das revistas literárias francesas. "Eles odiavam a Europa, mas não poderiam viver uma hora sem o modelo de sua poesia. Queriam ser citados. A prova é que me convidaram."

O fato é que o modernismo de 1922 e o antropofagismo de 1930 não se prolongaram por muito tempo. O grupo se dispersou, mas produziu um livro excepcional, *Macunaíma*, de Mário de Andrade: Macunaíma, que segundo a etimologia significa "o grande mal", é um "herói sem nenhum caráter". Ele nasce com a idade de cinquenta anos, o que já é tarde. É um negro, cuja mãe é índia, mas torna-se branco depois de uma chuva mágica. Ele sai atrás de aventuras, encontra um patrão que se tornou um gigante canibal. *Macunaíma*, que simboliza a vontade do povo mestiço de tudo assimilar, foi adaptado ao cinema em 1979 por Joaquim Pedro de Andrade.

Macunaíma é uma das obras-primas produzidas pelo Movimento Antropofágico. E como esses jovens ricos e brilhantes não tiveram a sorte – ou o inconveniente – de possuir um personagem da envergadura de André Breton, o movimento se desfez. Alguns anos antes da explosão do movimento modernista, Paul Claudel, então ministro plenipotenciário no Rio de Janeiro, mostrou-se ainda mais duro: "Os poetas brasileiros: uma pequena coleção de canários mecânicos".

Não compartilho das opiniões severas de Blaise Cendrars. Não creio que o fogo que incendiou as letras brasileiras entre 1922 e 1926 foi de palha. É bom lembrar que a literatura brasileira não esperou os modernistas para brilhar. A comprovação está na magnífica obra de Machado de Assis (1839-1908): *Memórias póstumas de Brás Cubas, Esaú e Jacó, Dom Casmurro*, e também esse soberbo conto, *O Alienista*. E a maior obra-prima da literatura brasileira, *Os Sertões*, de Euclides da Cunha, escrita em 1902, já revela e leva a temer essas paisagens dramáticas e essas solidões, essas florestas e essas areias que serão reclamadas pelos antropofágicos em 1930. Mas também a narrativa de Euclides da Cunha é uma exceção. Em sua essência, o romance brasileiro do século XIX e do início do século XX é de inspiração burguesa e europeia.

Ora, depois de 1930, isto é, depois do terremoto do Movimento Antropofágico, o romance brasileiro descobre o sertão, os desertos, as longas chuvas da Amazônia, como ingenuamente tinham feito as caravanas modernistas de Minas Gerais. As gerações pós-antropofágicas criam a grande literatura brasileira. Érico Veríssimo, em *O tempo e o vento*, conta a epopeia das regiões do Rio Grande do Sul, e os romances de Jorge Amado fervilham com uma multidão de pescadores, putas, negros, sacerdotisas negras que sofrem e que amam não nos bairros nobres do Rio, mas nas ruelas malcheirosas de Salvador. Sem dúvida, esses romances não existiriam se os "modernistas" ricos e chiques de 1922 não tivessem antes demolido os cenários um pouco afetados nos quais desfilavam os estetas brasileiros do século anterior.

Um pouco mais tarde aparece a obra de Guimarães Rosa, "o maior escritor latino-americano do século", segundo Juan Rulfo. Guimarães Rosa canta os vaqueiros vestido de couro, os cangaceiros e os terríveis profetas do Nordeste. Suas grandes epopeias foram traduzidas e publicadas na França – *Buriti, Corpo de baile, Campo geral* e principalmente *Grande sertão: Veredas*, publicado em 1984 e que pode ser comparado a Dom Quixote de Cervantes ou ao Fausto da tradição europeia.

Para que esse Brasil do infortúnio e da coragem, esse Brasil da noite, se faça enfim visível, sem dúvida é necessário que os poetas, dóceis às recomendações de Oswald de Andrade e de Tarsila do Amaral, comecem a devorar seus confrades europeus, digeri-los, vomitá-los e defecá-los.

Menina da sombrinha

Viajei quase a noite toda e o ônibus me deixou na estação rodoviária de Natal. Também chamada de "a Cidade dos Reis Magos" e "a Cidade do Sol". Ela desempenhou um papel na história da aviação, mas eu estava cansado. À tarde, tinha um encontro com o grande folclorista Luís da Câmara Cascudo. Tudo o que desejava era dormir.

Eram quatro horas da manhã, sem dúvida. E eu não iria alugar um quarto de hotel só por algumas horas. Procurei uma praia. E encontrei uma. Ela estava pálida. Ao largo, podia-se ver uma longa linha branca. Essa linha fazia barulho e espuma. É ali que as vagas do oceano se quebram. Eu disse a mim mesmo que iria esperar tranquilamente, em minha areia, que o Sol se levantasse, e pensei em Adão quando percebeu que havia nascido e que havia ondas, espuma, ervas, areia e coqueiros.

Adormeci. Quando despertei, alguns jovens jogavam futebol. Eles gritavam. A manhã já estava bem avançada. A areia brilhava por causa do Sol, mas eu não entendia o que estava acontecendo, pois estava à sombra. Levantei os olhos e vi que havia uma sombrinha acima da minha cabeça. Procurei de onde vinha aquela sombrinha e percebi uma garotinha negra, muito linda. Ela tinha uns seis ou oito anos, apenas. Ela segurava uma sombrinha acima de mim. Seus braços eram magros. Disse-lhe "bom dia". Ela me disse que o Sol não era bom para mim, pois a minha pele era muito clara. Deu-me uma bronca e eu lhe pedi desculpas. Ela balançou a cabeça. Era sorridente, mas muito severa. Por isso, disse-lhe que não faria isso novamente.

Ela fechou sua sombrinha e foi embora. Era como um sonho. Tinha umas pernas bem magrinhas. E dançava divertindo-se à beira do mar, e sua sombrinha dançava.

Perguntei a um pescador que passava por ali o nome daquela praia. Disse-me que se chamava Genipabu. Fiz bem em lhe perguntar.

Mortos

Em Machadinho d'Oeste, eu quis ir ao cemitério. Machadinho é uma dessas cidades que o Brasil fabrica a passos largos nas zonas pioneiras: Mato Grosso, Rondônia, Amazonas, Amapá...

Na Europa, somos mais prudentes. Quando desejamos um povoado, procuramos um rio. Construímos uma cabana ao lado e em seguida uma segunda, depois traçamos um caminho para religá-las. Adicionamos a tudo isso um pouco de tempo. Quando se passaram mil anos, temos uma cidade com todos os seus ingredientes – ruas tortas, monumentos e vestígios, depósitos, palácios majestosos, avenidas marginais e cemitérios consternados. O Brasil não respeita esses prazos. É um país ao mesmo tempo lento, pois gosta do sonho e da indolência, e impaciente. É o contrário da Europa: tem muito espaço, mas muito pouco tempo, pois começou seu caminho há apenas quinhentos anos. Por isso, quando precisa de uma cidade, sai correndo. Um engenheiro e um arquiteto chegam com suas plantas, pás, picaretas, operários e manobras, e, três anos depois, a cidade está pronta.

Às vezes, são cidades apressadas. Não é o caso de Machadinho d'Oeste, em Rondônia. Quando passei por lá, em 2000, ela era bem nova, não muito bonita, mas bastante contente, próxima de seu rio, o rio Machadinho que se lança no rio Machado, que se lança no Madeira, que se lança no Amazonas, pois existem mil rios na bacia amazônica, 1.003, entre os quais alguns valem um Volga ou um Danúbio. Machadinho d'Oeste tinha 12 mil habitantes importados do Nordeste ou do Rio Grande do Sul, fazendeiros ou habitantes da floresta geralmente fortes. Ela tinha todos os atrativos de uma cidade: ruas, um armazém, algumas cantinas e lanchonetes, dois ou três deuses chatos e evangélicos, um padre flamengo que nem se lembrava mais de sua cidade natal, Anvers, e há algum tempo, uma farmácia. Também tinha um homem que lembrava o profeta Jeremias. Era magro e cabeludo. Matava as pequenas cobras tão calmas da floresta pois não queria que sua cidade refizesse a besteira do jardim do Éden. Eu lhe dizia: "Um profeta prevenido vale por dois". Ele ria. Era um profeta feliz e, no entanto, vingativo. Ele ria e depois se lembrava de que um profeta é um pregador, é seu ofício, e então começava a gritar.

Tropas formadas por varredoras limpavam as ruas. Estavam armadas de grandes vassouras de piaçava. Quando acabavam de retirar a poeira de uma rua, recomeçavam imediatamente, pois o ofício de varredor de poeira, em uma vila empoeirada, é um trabalho de Sísifo. Essas varredoras não reclamavam. Seu trabalho era destruído no mesmo minuto em que o realizavam, mas me diziam: "Era preciso mais poeira. Assim não se falaria de desemprego".

Os crepúsculos e as auroras deixavam o rio avermelhado. O alvorecer e o pôr-do-sol da Amazônia são belos e atrozes. Em uma cabana da floresta, cinco polonesas trabalhavam como prostitutas, mas, nessas regiões, todas as prostitutas são polacas, mesmo quando vêm do Rio Grande do Sul, da Bolívia ou das ilhas Faroé. Todos gostavam delas. A prisão era correta, mas o carcereiro reclamava, pois não tinha nada para guardar. Era irritante. Seu medo era de que acabassem com a sua função. Ele procurava um ladrão. "Gostaria que ele fosse gentil, pois me faria companhia... ou então divertido." Ele quase abriu uma concorrência para encontrar um amável delinquente para enfiar na prisão. Enquanto espera o seu ladrão, ele cuidava dos jardins ressecados na frente dos prédios oficias.

Era uma cidade muito boa, nova, racional e completa, mas com um ar perplexo. Perguntava-se o que estava fazendo ali, naquele lugar que nem era um lugar, que não era um espaço, mas um acaso no meio de uma monotonia. Ela parecia mais incrédula do que contrariada e de certa forma indecisa em toda essa umidade, com bilhões de insetos, milhares de árvores; será que não era uma miragem? O carcereiro que tinha ideias sobre tudo dizia-me que, já que era para ser assim, ela poderia ter escolhido uma miragem mais bonita, na Transilvânia, por exemplo, ou no Tirol, com estações variáveis, telhados vermelhos ou cinzas e sons de sinos o tempo todo.

Como fazia uma reportagem sobre as novas cidades da Amazônia, deixei Machadinho d'Oeste e o Estado de Rondônia. Fui para Juruena, outra cidade recém-inventada, no Estado de Mato Grosso, no norte da Serra dos Paricis, na confluência dos rios Arinos e Juruena. Era uma cidade que deu certo. Com dez anos de idade, ela já fabricara todo o equipamento de uma cidade. Infelizmente, eu não encontrava o cemitério. Disseram-me que ficava fora da cidade, talvez a dez quilômetros, em uma pequena estrada. Tinha de procurar bem. Avisaram-me sobre a falta de sinalização. Nem era perto de um vilarejo. Era em qualquer lugar. Um cemitério em "um lugar não dito". Um pequeno pedaço de tristeza, ali, entre a Bolívia e o rio Tapajós. Um taxista o conhecia. Percorremos a beleza da floresta. O taxista se perdeu, pois é difícil se orientar quando todas as paisagens são iguais. Mais tarde, quando terminou de se perder, parou e me disse: "É ali". Tive a sensação de que parou ao acaso e de que toda aquela região era um cemitério.

Ele ficava à beira do caminho. Parecia um campo de futebol. As árvores foram retiradas para liberar um pedaço de chão, uma franja de poeira vermelha. Pequenas cruzes rudimentares, feitas com dois pedaços de madeira pregados um sobre o outro, estavam plantadas aqui e ali. Havia umas cinquenta. Não via túmulos. Talvez não fosse o cemitério. Era a antecâmara do cemitério. Não era um lugar, era a antecâmara de um lugar. Procurei o verdadeiro cemitério, o verdadeiro lugar, mas não havia lugar. Havia apenas vegetal e mineral.

Acabei reconhecendo, no entanto, que os túmulos estavam ali. Não os vi logo, pois eles não estavam recobertos por placas. Era um cemitério sem sepultura, sem mausoléu, sem cenotáfio e sem sepulcro. Nenhum mármore nem granito, nem flores apodrecidas nem Santas Tereza enferrujadas, nenhum buquê de sempre-vivas nem o tempo que passa. Um cemitério sem memória, sem presente e sem amanhã. Um cemitério feito apenas de mortos – e como era muito difícil encontrar esses mortos, pois nenhuma pedra recobria seus restos.

O terreno era mais alto em alguns lugares. Cada monte de terra envolvia um morto. Talvez os despojos nem estivessem em caixões. Nem mesmos nos sudários. A terra do cemitério servia de sudário, um grande sudário coletivo. Era como um lençol amassado, e ainda com todas as pregas do desejo, da agonia ou do sono. Será que a extensão do monte de terra revelava a altura do homem ou da mulher? Algumas ondulações estavam levemente esboçadas, sem dúvida meninos e meninas que se tornaram *mortos* antes mesmo de compreenderem que alguns anos mais cedo se tornaram *vivos*, ou, ao contrário, velhos cadáveres que encolheram com os anos e se dissolveram nas chuvas de verão. Um gigante morto, depois de algum tempo, e sobretudo se chove, torna-se um anão. Ele não passa de um amontoado de terra engordurada, e retorna à sua origem, um pouco de argila nas pontas dos dedos de Deus.

Retomei minha caminhada por entre os crucifixos. Eles coroavam os montes de terra. Desejava conhecer o nome dos enterrados. Decifrei algumas placas. Decidi então rezar por eles. Dirigi um pensamento a Moacyr Prudente, a Maria de Lurdes de Lura, a Antonio Weismann e a Libero da Silva. Fiz o que pude. Meus pensamentos eram breves e cinzentos, pois não sabia nada sobre essas pessoas. Nem mesmo seu lugar de nascimento. Ignorava a data de sua chegada sobre a Terra. Conhecia apenas a data de sua chegada sob a terra. Talvez estivessem contentes de morrer? Talvez, por falta de tempo, não tenham nascido. E além do mais, aqueles quatro ali eram sortudos, favorecidos. Tiraram a sorte grande, pois a maioria de seus camaradas não teve direito a uma inscrição. Nem mesmo a uma data. Que dirá a um nome. Isso me aborrecia um pouco. Não podia saber se imaginava seios ou então falos sob essas elevações. As ossadas não tinham identidade.

Eles nem tinham muitos nomes quando eram pessoas, uma razão a mais para fazer um esforço: agora que estavam mortos, poderiam ter consertado essa distração e lhes dar um nome. Senão, como será possível saber o que foram e se tiveram amores, cólicas, esperanças e até mesmo palpitações quando uma mulher de vestido leve se movia em um crepúsculo. Os coveiros nem se preocupavam com essas coisas todas. Jogavam o embrulho em uma geologia.

Pensei em um poema de O. V. de L. Milosz. Chama-se "Os terrenos vagos". Ele fala de um cemitério nas ilhas Lofoten, acho que é uma região fria, mas de todo modo convém ao cemitério de Juruena.

E o homem e a mulher sem nome estão mortos e seu amor
está morto, e afinal quem se lembra? Quem? Talvez você,
você, triste, triste ruído da chuva sobre a chuva,
Ou você, minha alma. Mas logo irá esquecer isso e o resto.

O desejo era de reparar as injustiças. De tirá-los de seus buracos, esses pequenos cadáveres abandonados, e de lhes preparar um mausoléu, um mausoléu de rei, de cônego e de princesa, um mausoléu de guerra de Troia e de *Ilíada*, com caixões de ouro trabalhado, cetins e veludos, mitras e bastões, medalhas da Legião de Honra ou da cruz de ferro, com legiões de anjos e de querubins, com o nome do todas as cidades onde eles viveram e uma sequência de nomes de amigos, amantes e namoradas, de inimigos. Poderíamos convocar uma multidão de personalidades e de sacerdotes de todos os deuses, cantos gregorianos e outros do Tibete oriental e toneladas de fumaça de incenso encarregadas de flutuar por um instante acima da floresta ou da chuva, para celebrar esses heróis que valem bem por um Napoleão em Arcole e até mesmo pelo crânio de Ésquilo esmagado por uma tartaruga derrubada por uma águia.

Tiraríamos da terra essa coisa, esse concentrado de homem ou de mulher, negro como um carvão, e minúsculo, e o pintaríamos de ouro e de prata, como os cadáveres de Nefertiti e de Polinices. E Antígona inscreveria seus nomes nos grandes registros e esses registros se cobririam de pó, e ninguém jamais os abriria, mas pelo menos seus nomes seriam escritos e haveria um documento para dizer que eles viveram, já que estavam mortos.

Viveram como insignificantes e foram enterrados como tal. Será que a morte seria menos definitiva se o cemitério fosse algo mais do que um ponto marcado sobre uma grande linha de geometria? Eles que tão pouco existiram, foram jogados em uma região que não existe. Em um pedaço de terra em fuga. Em um ponto zero do mundo. Como saber que uma carne um dia passou nas sombras e nas névoas? E como saber que alguém viveu, que fez o que pôde para não morrer e no fim perdeu? Vejam: ele tinha tão pouca vida quando estava em nossas paisagens, e tem tão pouca morte, agora que seu corpo se desfaz em um cemitério sem placas e sem datas, sem nomes e sem lugares. No terreno vago para onde vão os inconsolados.

Mulher de capona

A *mulher de capona* desapareceu no final do século XIX. Era uma pessoa importante. Ela reinava nas cidades do Nordeste, especialmente em Salvador. Sua partida deixa um vazio. A *capona* era uma das engrenagens necessárias da sociedade baiana, uma "profissional" da morte, da oração e das relações com o além. Hoje, privada de sua ajudante, a morte baiana está órfã.

A agonia não é uma empreitada fácil. Alguns moribundos têm o dom. Outros são desajeitados ou inexperientes. Não sabem o que fazer. Ficam com raiva. Às vezes, estão tão extenuados por sua agonia que não têm mais forças para morrer. Outros se irritam bobamente e se esquecem de morrer. É então que a *mulher de capona* entra em cena. Foi chamada pelos familiares para ajudar. E não mede esforços. Sua cabeça está cheias de orações. Ela conhece muitas e adaptadas a cada morte. Escolhe as mais judiciosas e entra em ação. Reza até que o moribundo esteja morto.

Algumas comunicam sua força aos agonizantes esfregando-lhes carinhosamente a barriga, até que eles consigam saltar para a morte. A *capona* é uma Ariadne das trevas. Ela desenrola seu fio negro. O agonizante só precisa seguir esse fio para encontrar seu caminho nos labirintos que envolvem o vazio. Mais tarde, quando a pessoa conseguiu morrer, a *mulher de capona* o acompanhará ao cemitério. Dará um brilho às obséquias. Cantará e chorará.

Como bem obervou Simone de Beauvoir, não se nasce *mulher de capona*. Torna-se. A arte da *capona* não se improvisa. É um ofício. A *capona* usa um uniforme. Podemos ter sua descrição a partir dos testemunhos deixados pelos memorialistas de Salvador. Ela se cobre com toda espécie de roupas e tecidos, como sugere seu nome, uma vez que *capona* é uma capa longa. Sua saia negra, muito ampla, varre o chão. Ela está cheia de saquinhos, pequenas bolsas, bolsos que contêm suas ferramentas de trabalho: medalhas, relíquias e simples, amuletos e patuás, mascotes, amuletos, berloques e talismãs, rosários e conchinhas, todo o material necessário para sustentar o diálogo com as potências do além.

A saia negra é recoberta em parte por uma longa bata branca. A *capona* calça enormes sapatos, botinas de soldado, pesadas, maciças e rústicas. A cabeça está coberta por um lenço branco amarrado sob o queixo. Ela usa um imenso chapéu de homem, muito gasto e grotesco. Quando realiza seu trabalho, de preferência à noite, é bem difícil ver seu rosto. Aqueles que com ela cruzam não poderiam dizer se é velha ou jovem, feia ou bonita. Seu sexo é indiscernível. É uma mulher, certamente, mas poderíamos pensar que é um homem. Essa indecisão sobre seu sexo tem um sentido: como a *capona* não é nem um travesti nem uma *drag-queen*, não há espaço para o erotismo aqui. Será que não é prudente, apenas para poder enfrentar as complicadas geografias da morte, superar essas diferenças sexuais que constroem nosso prazer e nosso fardo aqui na terra e que não continuarão nas pradarias do além? Homens e mulheres, todos nós iremos para o mesmo paraíso. Finalmente teremos a igualdade entre os bem-aventurados e as bem-aventuradas.

A clientela da *capona* não se limita aos agonizantes. Ela também auxilia os vivos. A *capona* reza no lugar daqueles que não são bons em rezar. Esses infelizes são mais numerosos do que se pensa. Alguns estão tão ocupados com sua profissão, com o alimento, a preguiça ou os amores que não sobra um minuto para suas orações. Outros têm tantos pecados que se envergonham e não ousam pedir favores ao bom Deus, pois temem ser dispensados. Alguns nunca aprenderam as rezas ou as esqueceram.

Podemos observar, entre os clientes da *capona*, uma categoria insólita: homens ou mulheres que não têm fé. De tempos em tempos, esses infelizes pensam na morte, como todo mundo, e então morrem de medo. Gostariam de pronunciar quem sabe duas ou três aleluias para ganhar algumas indulgências, mas reconhecem que Deus não tem nenhuma razão para estender o manto de sua mansuetude sobre pessoas que nem mesmo creem em sua existência. Como rezar para alguém que não existe? Esse é o tormento que os agnósticos enfrentam à beira da morte. A menor das cortesias, quando se implora a alguém, é reconhecer que esse alguém existe.

Nesses casos, o incrédulo recorre à *mulher de capona*. Ela o defende junto a Deus. As mais espertas nem se dão ao trabalho de dizer ao bom Deus que rezam por um incrédulo. Elas trapaceiam. Fazem de conta que a reza é para elas mesmas, e depois, quando o céu lhes dá um salvo-conduto, rapidamente elas o entregam a seu contratante, que entra escondido no paraíso. Agem como os cambistas de ingressos para os jogos de futebol importantes. Uma vez no lugar, e mesmo que Deus descubra o engodo, seria "um Deus nos acuda" para expulsar do céu o intruso. Os "anjos sem fronteiras" farão passeatas. A sociedade dos "sem fé nem lei" vão bloquear as entradas do inferno.

Assim, o pobre ateu derrotado pelas ondas da morte se sente reconfortado: ele não duvida que a prece da *capona* seja frutífera, ainda que Deus não exista. E o agonizante estará mais bem armado quando chegar ao além. Quando comparecer diante desse Deus inexistente, poderá fingir que crê em sua presença e obter seu ingresso para o paraíso.

São estas a grandeza e as utilidades da *capona*: ela vive para os outros. Basta lhe dar algumas moedas e ela desempenha a tarefa que os humanos são inaptos a realizar. Seu pequeno ofício baseia-se na noção de "procuração". Ela é uma espécie de embaixatriz ou de lugar-tenente. Ela toma o lugar de meu destino, vai jogar meus pecados no rio, consegue um ingresso no mercado negro com o qual poderei entrar nas propriedades de Deus. Não há nada de chocante nesse sistema. Os homens são solidários. Se por infelicidade não acredito em Deus, confio à *capona* o cuidado de acreditar no meu lugar e o jogo está feito. Nem mesmo Blaise Pascal, com sua aposta, inventou um sistema tão prático.

Gostaria que o procedimento da *mulher de capona* fosse estendido a outros capítulos da vida humana. Por exemplo, sou inapto para a música, não seria uma boa solução que outro se encarregue de curtir Beethoven em meu lugar? E se tenho o azar de detestar todos os meus contemporâneos, alugo os serviços de um "lugar-tenente" encarregado de amar os homens em meu lugar. Já é bastante triste ser malvado. Já é alguma coisa poder amar apesar dessa adversidade, nem que fosse por procuração.

No século XVIII, o *Lord of Misrule**, um grande aristocrata britânico e amante da pintura, faz uma viagem pela Itália, a "grande viagem". Ele pede para parar sua carruagem diante de cada igreja, de cada museu. Como é preguiçoso, não desce. Seu valete entra na igreja e admira em seu lugar as obras-primas de Giotto, de Piero Della Francesca e de Signorelli. Nos primeiros dias, o *Lord of Misrule*, que é escrupuloso, pede-lhe a descrição dos quadros que o valete viu em seu lugar. Com o tempo, o *Lord of Misrule* progride. Não precisa mais ouvir o relatório de seu servidor. Ele se contenta em esperá-lo em seu fiacre. No final de sua "grande viagem", o *Lord of Misrule* nem sai mais da estalagem. Sabe que seu empregado está olhando os quadros. É evidente que essas práticas não estão ao alcance de todas as inteligências. Só funcionam com os homens da têmpera de Misrule, grande conhecedor de arte e de espírito esclarecido.

A *mulher da capona* era tão poderosa que escapava à lei comum. Salvador era então uma cidade perigosa, como todas as cidades brasileiras. Mesmo no centro, havia muitos e muitos malfeitores. À noite, os burgueses, na volta das festas, agrupavam-se para passar pelas ruas mal-afamadas – Ladeira dos Galés, Fonte Nova, Largo de Nazaré, Cova da Onça ou Monturo São Francisco. Mas a *mulher de capona* não tinha medo de nada. Ela se aventurava pelas ruelas escabrosas. Nenhum ladrãozinho seria louco de atacá-la. Como explicar essa impunidade? Duas teses se opõem. Para uns, a *capona* era conhecedora das artes marciais. Ela manejava sua sombrinha à maneira de uma espada e os ladrões se escafediam. A outra escola refuta essas explicações. São pobres e até mesmo triviais. Para elas, o que desencorajava os meliantes era a lenda da *capona*, sua reputação, sua sacralidade, seus contatos com o

* *Lord of Misrule* era um oficial sorteado para presidir as festividades de fim de ano (a Saturnália) na época do paganismo. Durante as festas originais, após a comemoração, ele era sacrificado pelos foliões em oferenda por uma boa colheita. Quando os europeus se converteram ao Cristianismo, o sacrifício foi abolido – mas a tradição da festa permaneceu.

diabo, pois não colocava todos os ovos na mesma cesta: amiga de Deus, certamente, mas jamais cortou os laços com o diabo, pois nunca se sabe. Ela cortejava Satã tanto quanto o bom Deus, meio a meio, e os ladrões fugiam.

Mesmo quando a guerra civil arrasou a cidade de Salvador, durante as escaramuças que aconteceram depois do fim do império, a *mulher de capona* saiu-se muito bem. Na cidade em polvorosa, ela passeava tranquilamente. Nenhum soldado teria cometido a grosseria de matá-la. A *capona* nunca era interpelada. Um raio teria caído e destruído aquele que ousasse tocá-la. Ela passeava em um espaço diferente daquele dos homens. Passava por todas as alfândegas, todas as barreiras, as guaritas do campo legalista e as do campo dos revoltados. Ninguém ousou tocá-la ou importuná-la. Ela avançava e o fogo se apagava.

Os combatentes dos dois exércitos, políticos meio traidores e tentados a aceitar as ofertas de "abertura" de seus inimigos, e soldados medrosos se colocavam muitas vezes sob a proteção das *caponas*. Alguns alugavam seu sublime vestuário e, munidos desse "abre-te sésamo", tornavam-se invisíveis graças a todos aqueles tecidos, transitando com agilidade de um campo a outro. Em seu magnífico livro, *A Bahia já foi assim*, Hildegardes Vianna se lembra:

"A memória do povo guardou a piedosa figura de Sinhá Pires que, na guerra da Independência, emprestou sua capona a diversos oficiais e soldados caçados pelos inimigos, salvando-os da morte. Sem cogitar se brasileiro ou português, como cristã, para evitar derramamentos de sangue inúteis, Sinhá vestia o fugitivo com sua capona, seguindo a seu lado como qualquer senhora sem preocupações. Assim que pusesse seu protegido a salvo, retomava a indumentária e retornava sozinha com seu bom coração."

A *mulher da capona* não ficava rica. Nascida pobre, permanecia pobre. No entanto, ela desempenhou um papel na economia da cidade de Salvador, principalmente no mercado imobiliário: uma casa na qual vivia uma *mulher da capona* via seu preço aumentar extremamente.

Música

Em um excelente livro consagrado ao Brasil (*Le Seuil*), Charles Vanhecke diz: "Prive o brasileiro de música, e ele morre. Seu sangue, sua tinta, sua respiração, seu estar no mundo se alimentam de música. Nem sabem andar direito e já rebolam: sempre há no ar, na rua, uma batida de tambor. O violão está presente em todas as casas, afinado à felicidade ou à infelicidade dos dias. Viver não é viver se as coisas da vida não se transformam em uma canção. Nesse país em que tudo é assunto, tudo se torna melhor quando cantado. Claro, o amor, mas não o amor-tango, não o amor-meloso dos vizinhos argentinos, não, um amor cheio de curvas e de sarcasmo, um amor que adiciona ao amor. A tristeza também, uma tristeza que se consola ao ser acompanhada por recorrecos. A palavra *samba*, de origem africana, é dupla. Significa melancolia e rebolada".

O samba surge no século XX. E antes? Dizem que no início cinco melodias indígenas foram coletadas por Jean de Léry, em 1557. Mas os cantos indígenas desaparecem. A música moderna brasileira reconhece duas fontes: o *lundu* africano, que é uma dança do ventre e do corpo com claquetes e reboladas, e a *modinha* portuguesa, melodia sentimental que causava furor nos salões do século XVIII.

O primeiro samba data de 1917. Naquele ano, Donga grava *Pelo telefone*. O samba se espalha pelas favelas e por todo o Brasil. Ele irradia. Multiplica-se. Mesmo quando o jazz desembarca no Rio de Janeiro, as favelas permanecem fiéis ao samba autêntico.

Depois da guerra, nova ruptura. Em 1958, o violinista João Gilberto canta *Chega de saudade*. Ele lança um ritmo novo, carinhoso, suave e intimista. É a bossa-nova, da qual Tom Jobim (1927-1994) será um dos grandes organizadores. "A bossa-nova", diz ele, "é o encontro do jazz moderno e do tradicional samba baiano". O sucesso da bossa-nova e de Tom Jobim é fulminante. Jobim compõe quinhentas canções. Em 1964, com o grande poeta Vinícius de Moraes – que é embaixador, se casará nove vezes, irá colaborar com Orson Welles e recebe suas visitas em sua banheira –, Tom Jobim produz *Garota de Ipanema*. Duzentas versões no mundo todo. Os sucessos se encadeiam. O filme *Orfeu Negro*, de Marcel Camus, é ilustrado pela melodia triste de Tom Jobim e Vinícius de Morais, *Tristeza não tem fim, felicidade sim*. Um dia, Tom Jobim está, segundo seu costume, no bar. O telefone toca. "Frank Sinatra falando." Dois discos magníficos acontecem.

A bossa-nova desempenha um papel político durante a ditadura dos generais – 1964-1985. Os cantores não se calam. A resistência se expressa mais nas canções do que na literatura, pelo menos durante alguns anos, antes que, em 1968, o Ato Institucional nº 5 suspenda os direitos civis. Caetano Veloso e Gilberto Gil são presos e se exilam.

Mas, desde 1967, a música brasileira explorou novos caminhos. "O furacão rock vai arrebatar a música brasileira", diz Véronique Mortaigne. Esse furacão é o "tropicalismo", nascido na Bahia e encabeçado por três grandes artistas: Caetano Veloso, Gilberto Gil e Tom Zé. O que é o tropicalismo? Ritmos que associam o rock e a música tradicional. Gilberto Gil explica: "Eu misturo chiclete com banana".

O estranho Tom Zé aparece no início da década de 1970 para desaparecer não se sabe onde por vinte anos, antes de começar uma segunda carreira. Ele não é ajuizado: homem de esquerda, homem do sertão e artesão musical genioso. Tomamos emprestado de Véronique Mortaigne este autorretrato de Tom Zé: "Quando criança, em minha família, eu sempre fui o menor, o mais franzino, o mais frágil, o mais doente. Na escola, era eu quem apanhava. Em todo lugar que eu ia, estava sempre em minoria. De fato, nasci mulher".

Natal em Recife

Natal é uma festa celebrada com barulho e ternura em todo o Brasil. Em 1967, eu fazia uma reportagem sobre as florestas do Nordeste e estava em Recife na véspera do dia de Natal, tinha corrido muito e estava cansado. Era o início da noite. A Praça de São José estava cheia de homens, de mulheres e de crianças carregando brinquedos ou alimentos.

Meu hotel era distante do centro. Como tinha dores nos pés, nos rins e em todo lugar, decidi tomar um táxi. Essa é uma das comodidades do Brasil. Há muito táxis e são baratos, e os seus motoristas, gentis e falantes. Logo vi um e dei sinal. Ele não parou. Sem dúvida, estava ocupado. Outro táxi estava atrás. Dei sinal. Este segundo táxi me olhou e continuou seu caminho. Estava calor. Sentia-me perseguido. O que fiz de errado nesse mundo? Por que os taxistas não me viam? Será que passei para o "outro lado do espelho"? Não entendia nada. Será que meu rosto era desagradável? Estava nu? Verifiquei. Estava vestido. Eu era antipático? Dei uma boa olhada em mim mesmo na vitrine de uma loja. Tinha um ar comum.

Forjei outra hipótese: o Nordeste é rico em fantasmas, em "visagens", como lindamente se diz por lá. Encontrei, ao longo de minhas viagens, muitas dessas "visagens". Elas não se parecem com nada. São até mesmo cordiais, mas não existem. Os taxistas de Recife eram "visagens". Ou então era uma coisa dos diabos, também muito comuns nessas regiões, e que tentavam agradar seus chefes semeando a desordem na organização dos taxistas. Os carros continuavam passando. Eu continuava a dar sinal e constatando que eles não paravam. Esse pequeno drama continuou por quinze minutos.

Uma senhora viu o meu desespero. Veio até mim, na beira da calçada. No começo achei que fosse uma visagem e fiquei de alerta, mas era uma senhora bem viva e até gentil. Ela forneceu a explicação para minhas frustrações. Há muitas crianças pobres, muito pobres, nas cidades do Nordeste. No dia de Natal, sua tristeza é muito grande. Por isso, os motoristas de táxi (pelo menos naquele ano, não sei se isso acontece todo Natal) tinham imaginado um estratagema. Eles não iam parar para ninguém, ou melhor, para nenhum adulto, nem mesmo para o prefeito, a senhora me disse. Só parariam se fossem chamados por um garoto ou uma garota. Assim os meninos pobres poderiam receber uma gorjeta e comprar um brinquedo ou então, o que é ainda mais triste, um pouco de comida para a família.

Desisti de minha caça aos táxis. Procurei uma criança. Encontrei uma garotinha que tirou de seu bolso um apito. Ela fez um barulho considerável, muito agudo, e um táxi saiu do início da noite. Parou bem rente à calçada. A menina me abriu a porta, eu agradeci e lhe desejei um feliz Natal. Subi no velho Volkswagen como Cinderela segurando suas vestes para sentar na carruagem.

Nazismo

Durante a Segunda Guerra Mundial, a América Latina está ausente. O lugar que esse continente ocupa no imenso teatro é apenas secundário. Ele desempenha o papel de um espectador interessado, no melhor dos casos, de um figurante. No entanto, Hitler, assim que tomou o poder, e até mesmo antes, colocava bandeirolas no mapa da América Latina. Como sentia um fascínio pelos espaços vazios da Patagônia, desejava fundar ali um novo Estado dependente do Reich. A nova nação agruparia o Cone Sul do Chile e da Argentina. Teria o nome de "Bloco Austral" e seria a guardiã do Estreito de Magalhães, e portanto de dois oceanos, o Atlântico e o Pacífico.

Com a aproximação da guerra e depois com o seu início, Hitler começa a buscar febrilmente uma ponte para suas operações. A Bolívia está em boa posição. Situa-se no centro do continente e seus soldados usam um uniforme quase alemão. A posição do Paraguai também é boa. Ele é chamado de "Prússia do Sul". Orgulha-se de ter o primeiro governo fascista do continente. Seus guerreiros são intrépidos. Entre 1865 e 1870, travou uma guerra com três países ao mesmo tempo: com o imenso Brasil, a poderosa Argentina e o Uruguai. Quando a paz voltou, dos 300 mil sobreviventes, contava-se um homem para 28 mulheres. Para os nazistas, tal *curriculum mortis* faz do Paraguai um país recomendável. Enfim, como em Berlim o cérebro é "geopolítico", eles adoram o Panamá. O marechal Goering observa em 1939, despreocupadamente, que bastam duas bombas para bloquear o canal.

A posição da Argentina também é boa. É um país rico, de maioria branca e com poucos negros. Além do mais, esses brancos são bem fortes, pois vivem ao ar livre por causa dos rebanhos de bois. O pampa está recheado de imigrantes alemães. Não surpreende que esse país flerte com as fantasias autoritárias. Juan Perón, que toma o poder em 1943, é um entusiástico admirador de Hitler. "O combate de Hitler, na paz como na guerra, nos servirá de guia", diz ele. Mesmo em 10 de junho de 1944, quando a Alemanha é mortalmente atingida, Perón lança na Universidade de La Plata uma advertência aos vencedores: "Qualquer que seja o desfecho do conflito, a Argentina jamais modificará sua atitude".

Essas belas disposições serão exploradas pelos escombros do Império nazista. Com a ajuda do Vaticano, que organiza a vergonhosa "rota dos conventos", a Argentina vai receber os sobreviventes da tragédia, uma multidão composta de SS, Gestapo, criminosos e infames. Cem mil nazistas atravessarão o Atlântico, tendo como rumo a Bolívia, o Brasil e principalmente a Argentina. Entre eles, os mais sórdidos condutores dos campos da morte – Josef Mengele, Adolf Eichmann, Josef Schwammberger, Klaus Barbie, Gustav Wagner, Franz Stangl, Ante Pavelic, Jacques de Mahieu, Otto Skorzeny.

Martin Bormann, que deixou os escombros de Berlim após o suicídio do Führer em 2 de maio de 1945, também chega. Bormann é o guardião do tesouro que sustentará a diáspora nazista. Ele é visto em 1948, sob o nome judaico de Eliezer Goldstein, com a carteira de identidade nº 1361642 emitida pela Polícia Federal da Argentina. Algumas semanas mais tarde, Goldstein é registrado na nunciatura apostólica de Buenos Aires. Ele se apresenta como geólogo, o que lhe permite obter o direito de residência. E todos os documentos relativos às metamorfoses de Bormann foram guardados no cofre pessoal de Perón. Quando este foi expulso do poder, Bormann desapareceu. Foi visto no Brasil, onde frequenta as noites quentes de São Paulo.

E o Brasil? Como é um país gentil e povoado por pessoas gentis, segundo os relatos de Stefan Zweig, ele está isento de qualquer suspeita. Além do mais, em 1943 entrou na guerra ao lado dos Aliados, e seus soldados se conduziram com muita valentia na batalha do Monte Cassino, bem perto dos atiradores argelinos do general de Monsabert. O Brasil estaria então milagrosamente a salvo da infecção. Ora, não é bem assim. O Brasil, e isso até mesmo antes da Argentina, quase pendeu para a esfera do movimento nazista e foi um milagre ou um acaso que o levou ao campo dos aliados. "Deus é brasileiro", é o que se diz nas praias de Salvador ou de Recife, não importando o motivo.

O Brasil não gosta de folhear essas páginas negras. Foi necessário meio século para que um estudo exaustivo aparecesse, graças a um homem notável, Sérgio Corrêa da Costa, jovem adido diplomático da embaixada do Brasil em Buenos Aires em 1943. Ele faz o retrato de um Brasil inesperado: sob as palmeiras imperiais que se agitam com os ventos do Rio e sob as vulgaridades elegantes do Copacabana Palace se cruzam diplomatas nazistas e brasileiros, lindas moças loiras de olhos verdes e um punhado de agentes duplos ou triplos que cruzam com outros agentes, triplos ou duplos, despachados por Berlim, Londres ou Washington, pois os Estados Unidos avaliaram o perigo que seria um espaço nazista colado em seu flanco sul.

Sob o Brasil das festas, do sol e das canções, vemos se agitar um país nebuloso no qual mafiosos, assassinos, criminosos e espiões se cruzam com mortos, chantagens e toda a quinquilharia dos romances de John le Carré ou de Ian Fleming. Hitler não economizava nem esforços nem dinheiro. Ele contava que, se o Brasil se juntasse ao seu império, toda a América Latina viria atrás, e então os russos e os americanos ficariam bem incomodados. Em 1933, ele já profetizara que um dia faria "de um Estado corrompido e mestiço um domínio alemão".

As circunstâncias lhe eram favoráveis. O sul do Brasil tem muitos alemães. Em 1824, o imperador Dom Pedro I, encorajado por sua esposa, a imperatriz Maria Leopoldina de Habsbourg-Lorraine, de origem austro-húngara, decide acolher em São Leopoldo, no Rio Grande do Sul, uma colônia de agricultores alemães. Esses primeiros imigrantes vão se espalhar por todo o sul do país, em particular pelos Estados do Paraná e de Santa Catarina. Um milhão de brasileiros são de origem alemã. Hitler lhes concede seus favores. Surgem jornais em língua alemã. Os discursos nazistas caem em ouvidos amigáveis.

No Rio de Janeiro e em São Paulo, um poderoso movimento de direita é criado, o AIB (Ação Integralista Brasileira), cujos membros se nomeiam "Camisas Verdes". Seu chefe é um intelectual conhecido, Plínio Salgado. Esses jovens só têm um defeito: são tão exaltados que os nazistas têm de acalmá-los.

No comando do Brasil, reina Getúlio Vargas, um homem do Sul, um gaúcho, que estabeleceu em 1930 um regime populista e nacionalista. Assim como Perón na Argentina, Vargas não dissimula seus desejos. Seu Estado Novo que toma forma em 1937 é um fascismo forte, inspirado em Portugal de Salazar, com censura, controle absoluto do Estado, etc. Vargas diz: "O Brasil é a vanguarda contra o perigo vermelho". E mais: "O Brasil faz parte dos países corporativistas e fascistas". Em 1936, ele comete uma sordidez. Expulsa Olga Benário, uma judia alemã, companheira do líder comunista Luís Carlos Prestes e que na época estava grávida de sete meses. Entregue à Gestapo, Olga será deportada e morrerá nas câmaras de gás de Bernburg em 1942.

Bem antes da guerra, tudo está pronto para que Hitler consiga seu OPA sobre o Brasil, mas Getúlio Vargas é um brasileiro, isto é, um astuto. Gosta de ter muitas cestas para colocar seus ovos. Liso como uma serpente, desliza entre todas as mãos. Ainda que os nazistas lhe agradem, ele se diz: "Cuidado! A gente nunca sabe". Não deseja se desentender com os Estados Unidos e o Reino Unido. Molda uma diplomacia esquizofrênica. Envolve em sua aliança dois generais pró-nazismo, Dutra e Góis Monteiro, e um ministro das Relações Exteriores, o brilhante Oswaldo Aranha, antigo embaixador em Washington, democrata preocupado e amigo declarado dos Estados Unidos. Eles são usados conforme as necessidades. Assim o governo Vargas pode organizar, para júbilo dos alemães, uma grande exposição anticomunista no Rio de Janeiro enquanto, paralelamente, Oswaldo Aranha, que os matadores nazistas tentarão assassinar pouco tempo depois, dedica--se a desmembrar as redes fascistas.

As hesitações de Vargas, suas malícias irritam os Camisas Verdes. Os jovens alucinados do AIB já estão cansados. Em 10 de maio de 1938, eles se decidem por um golpe de estado. Atacam o palácio presidencial de Guanabara, com o apoio dos agentes nazistas. É um fracasso total. Os alemães estão descontentes, mas isso não impede que o general Góis Monteiro seja recebido em 1939 pelo marechal Goering. Ainda em 1941, os brasileiros negociam contratos de armamentos com Krupp, porém, depois de Pearl Harbor, em 7 de dezembro de 1941, o duplo jogo de Vargas torna-se indecente. O povo brasileiro se mobiliza. O Brasil rompe com Berlim. No início de 1942, os submarinos alemães torpedeiam 21 navios brasileiros. As ruas reclamam. Elas se manifestam. Vargas conclui que foi bom manter vários ferros no fogo. No final do mês de agosto, o Brasil entra em guerra. Ao lado dos Aliados.

O peão brasileiro cai no campo aliado, e os nazistas lançam seus esforços sobre a Argentina. Em setembro de 1944, Roosevelt declara que a Argentina é o quartel--general do fascismo na América Latina.

A América Latina em seu conjunto e o Brasil em particular dançaram por muito tempo à beira do precipício e, por acaso ou por sabedoria, deram um passo para trás no momento em que poderiam despencar. Mas será que a "besta imunda" está morta? Vinte anos mais tarde, trinta anos mais tarde, a partir de 1960, uma potente onda fascista se espalha pelo continente. Regimes de força e de vergonha ensanguentam o Chile de Pinochet, a Argentina do general Jorge Rafael Videla e, em um grau menor de selvageria, o Brasil dos generais Castelo Branco, Costa e Silva, Médici e Geisel. Essas viradas podem ser vistas como um "retorno do recalcado". Tudo se passa como se os frenesis anticomunistas do Estado Novo, dos Camisas Verdes, dos negros sonhadores da Patagônia, de Getúlio Vargas ou de Juan Perón tivessem tentado se aplacar com alguns anos de atraso.

Em abril de 2009, a polícia de Curitiba, capital do Paraná, descobre um Fiat Uno e os corpos de um casal de jovens estudantes assassinados. A investigação estabelece que os dois jovens se dirigiam a uma grande festa em honra do 129º aniversario do nascimento de Adolf Hitler. Tratava-se de um crime político: o jovem casal pertencia ao Neuland ("Nova Terra"), uma organização nazista que recrutava seus adeptos entre os inúmeros descendentes de alemães que moram no Paraná. Uma luta dilacerava há alguns meses o Neuland. Os dois jovens de Curitiba sem dúvida tinham sido abatidos por um certo Ricardo Barollo, que deseja se tornar o Führer do Neuland.

A polícia meteu o nariz nos arquivos do Neuland. Os cidadãos desse país imaginário trabalhavam durante o dia cantando o hino nacional, a *Nona Sinfonia* de Beethoven. Conferências, cerimônias, divertimentos celebravam as glórias da "raça superior" que estava livre de todos os elementos deletérios – judeus, negros, homossexuais. Nas dependências do Neuland foram descobertos uniformes, facas, botas, cruzes gamadas e explosivos rudimentares. O Neuland brasileiro tinha correspondentes na Argentina e na Europa.

O Neuland implantou-se em uma região de cultura alemã. É nessa parte do sul do Brasil que inúmeros criminosos nazistas se refugiaram depois da morte de Hitler. Um dos mais célebres foi Josef Mengele, apelidado "o anjo da morte", que utilizou o campo de Auschwitz primeiro para incinerar os judeus, depois para se dedicar a infames experiências biológicas com os corpos dos deportados. Depois da guerra, ele se encontra na Argentina, claro, mas por volta da década de 1960 refugia-se no Brasil, em um vilarejo de 6 mil habitantes, Cândido Godói, no Rio Grande do Sul, perto da Argentina.

Hoje, a cidade de Cândido Godói é conhecida pelos pesquisadores e médicos porque apresenta uma singularidade: em suas ruas são vistos muitos gêmeos e gêmeas, geralmente altos e loiros. Em todos os países do mundo, uma mulher a cada oitenta ou noventa tem gêmeos. Em Cândido Godói, a cada cinco mães, uma tem gêmeos. Essa anomalia intriga. Ninguém pôde provar que a presença de Mengele, conhecido pelas experiências genéticas que conduziu sobre a gravidez gemelar nos campos de concentração, explicaria essa proporção exagerada de gêmeos.

Ainda se discutem as circunstâncias de sua morte. Parece que morreu afogado, em 1979, fulminado por um ataque cardíaco durante um mergulho na cidade de Bertioga.

Palmares

A condição do escravo, nas grandes plantações de cana de açúcar, é indigna. Órfãos de suas terras natais, separados de suas tribos e tristes pela perda de sua língua, eles trabalham e morrem. Muitos se resignam. Alguns se suicidam. Outros se rebelam, ainda que morram ou sejam supliciados no *pelourinho*. Alguns conseguem se reagrupar e organizam uma fuga que resulta em uma repressão implacável, ou na criação de um *quilombo* – também chamado de *mocambo*.

Um *quilombo* é um vilarejo livre que os negros em fuga criam longe das plantações, nas florestas mal conhecidas e impenetráveis. Esses quilombos geralmente têm uma vida bem curta. Os senhores de engenho, auxiliados por seus vigias, os destroem e os castigos continuam. Alguns, no entanto, conseguem durar. O mais célebre, e um dos mais antigos, foi o de Palmares. Ele desafiou as autoridades durante um século e contou com até 80 mil pessoas.

Palmares localiza-se no Nordeste, ao norte do curso inferior do rio São Francisco, no atual Estado de Alagoas. Nos últimos anos do século XVI, cerca de quarenta negros fogem de um dos maiores engenhos de açúcar de Pernambuco. Dirigem-se para as terras altas do interior, que são chamadas de *palmares*, pois são cobertas de espessas florestas de palmeiras. Os fugitivos distanciam-se do litoral. Andam por vários dias e acabam descobrindo uma montanha bastante selvagem, a Serra da Barriga, que forma uma cidadela natural. Ela domina o entorno e permite vigiar os movimentos de uma tropa inimiga.

Ali eles se instalam. Desmatam. Constroem cabanas, casas rudimentares. A notícia da proeza dos homens rapidamente se espalha pela região. Uma epidemia de evasões surge nos engenhos de Pernambuco. Os desesperados se juntam ao primeiro núcleo de Palmares. A sociedade revoltada aumenta, se fortalece, se organiza. Há falta de mulheres. Que não seja por isso! Eles vão importar. Os rebeldes organizam expedições nas zonas habitadas, assim como Rômulo, outrora, no início de Roma, capturou as mulheres sabinas. Os fugitivos de Palmares descem de sua montanha, invadem a planície, pegam mulheres negras, mestiças e, se for o caso, brancas, e as levam para seus esconderijos.

Os notáveis de Olinda – primeira capital de Pernambuco, antes de Recife – se inquietam. Enviam expedições. Reúnem apressadamente alguns negros, brancos pobres, com a missão de destruir Palmares e apagar essa lembrança da memória dos homens. Palmares resiste. A comunidade prospera. Ela subsiste graças a uma pequena economia baseada na agricultura de subsistência (milho, mandioca, batatas, feijão, frutas). Uma modesta indústria se desenvolve. Três forjas fabricam ferramentas agrárias.

Os rebeldes criam uma capital que chamam de Macacos e que é protegida por uma tripla paliçada. Mais tarde, essas frágeis paliçadas serão substituídas por muralhas de pedra edificadas ao longo de profundos fossos. Uma sociedade desabrocha. As engrenagens do poder são simples e robustas. Uma assembleia popular elege um chefe e declara as decisões mais importantes. A propriedade é banida: os antigos escravos escolhem o coletivismo.

Um acontecimento externo aumenta a prosperidade do quilombo. Em 1630, os holandeses se apossam de uma vasta parte de Pernambuco. Seu reinado vai se prolongar até 1664. As autoridades portuguesas se inquietam. Um período de agitações começa. Os fugitivos de Palmares aproveitam-se da situação. Em toda a região, escravos se revoltam, fogem e se juntam a Palmares. O governador holandês de Recife, João Maurício de Nassau-Siegen, homem liberal, também decide atacar Palmares. Uma coluna de mil homens, dos quais trezentos holandeses, ataca o quilombo. Seu chefe, Rodolfo Baro, retorna. Ele exulta. Exagera um pouco. Matou cem negros. Arrasou Palmares. Era uma lorota. Esse Rodolfo Baro era um fanfarrão. Os amotinados continuam lá. Eles multiplicam as operações contras as forças legalistas.

A metade do século XVII marca o apogeu de Palmares. O quilombo cobre uma vasta zona de mata e de montanhas. Macacos, a capital, conta com 8 mil habitantes. Uma dezena de outras aglomerações foi construída. A população total da zona se eleva a 20 mil habitantes. Os negros se agruparam em reinados, segundo suas origens africanas. Há Congo, Angola, Benguele, Cabinda. Os costumes ancestrais retornam. Os nagôs e os bantos constroem suas casas respeitando suas antigas tradições. Uma pequena África no exílio é reconstituída nesse pedaço de mundo. Ela recebe novos reforços. Os historiadores pensam que, no momento de sua maior fortuna, ela abrigou até 50 mil pessoas, talvez 80 mil.

A "república" de Palmares é dirigida por um rei eleito, que escolhe seus ministros, seus auxiliares militares e seus *fâmulos* (agentes). Os ministros e os fâmulos são considerados filhos do rei. Os chefes militares são os irmãos do rei. Os dirigentes têm alguns privilégios, como o direito de ter uma mulher só sua e, em alguns casos, várias. A religião é uma mistura de crenças africanas e cristãs.

Após 1664, uma vez que os holandeses foram expulsos de Pernambuco, as autoridades portuguesas decidem acabar com o quilombo dos Palmares. O vice-rei do Brasil, o conde de Obidos, explica: "É preciso reduzir Palmares a fim de terminar com as esperanças dos outros escravos". As expedições se sucedem. E fracassam. Em 1676, um aventureiro, Fernão Carrilho, é engajado pelo governador de Pernambuco. Ele obtém uma vitória. O rei de Macacos, Ganga Zumba, é vencido. Ele assina um acordo com o governador de Recife. Uma missa de ação de graças é realizada, mas os súditos do rei Ganga Zumba estão indignados. Ele é deposto. E elegem outro rei, Zumbi. A comunidade de Palmares é destruída pela guerra civil que opõe os "colaboradores" aos "resistentes". O antigo rei Ganga Zumba é envenenado.

Os portugueses estão decididos a acabar com isso, mas o adversário é esperto. O governador Fernão de Sousa Coutinho justifica a destruição do enclave de Palmares: "Eis vários anos que, fugindo dos rigores da escravidão e dos trabalhos nos engenhos, negros de Angola formaram um povoado numeroso entre palmeiras e florestas tão inacessíveis que elas são mais bem fortificadas pela natureza do que poderiam ser por sua arte. [...] Seu exemplo que dura continua atraindo outros fugitivos a se subtrair do rude cativeiro que eles suportam".

Em 1694, enfim, o novo governador de Pernambuco, Caetano de Melo e Castro, levanta um exército de 9 mil homens. Ele aceita em sua tropa um contingente de paulistas, guerreiros conhecidos por sua temeridade e sua violência. Palmares é cercado. A resistência dos negros é impetuosa. Muitos deles se suicidam. Preferem a morte à escravidão. O chefe Zumbi é atingido por duas balas. Ele escapa. Um ano mais tarde, é denunciado por um mulato e entregue aos soldados paulistas. É abatido. Sua cabeça é exposta sobre uma lança e exibida para destruir o mito de um chefe invulnerável.

A sobrevivência de Palmares começa. Dois séculos depois de sua destruição, a figura do rei Zumbi aumenta em glória. Em Recife, em 1981, um arcebispo negro, dom José Maria Pires, revestido de paramentos africanos, preside a "missa dos quilombos". Ele pronuncia um sermão escandaloso, isto é, magnífico. Glorifica a cultura africana. Denuncia a responsabilidade "esmagadora" da Igreja católica na escravidão. Celebra o "martírio de Zumbi".

Em Roma, o papa João Paulo II desaprova.

A sociedade laica também vai reabilitar os revoltados de Palmares. Grupos radicais substituem o aniversário da abolição da escravidão, 13 de maio, pelo "Dia da

Consciência Negra", que é celebrado em 20 de novembro, data da morte de Zumbi. O presidente José Sarney classifica como lugar histórico a Serra da Barriga, em memória do quilombo de Palmares. Em 20 de novembro de 1995, o presidente da República, Fernando Henrique Cardoso, pronuncia um elogio a Zumbi: "Vim aqui para dizer que Zumbi nos pertence, ao povo brasileiro, e que ele representa o melhor de nosso povo: seu desejo de liberdade!".

Pau-brasil

No início, os portugueses estão perplexos. O que vão fazer com essa Terra de Vera Cruz? Não basta encontrar um país. É preciso saber se servir dele. Os primeiros viajantes não se sentem seduzidos. Essa terra talvez seja bela, mas a pesca não foi boa e o retorno da idade do ouro pode demorar um pouco. Enquanto isso, é preciso cuidar dela.

Felizmente, existem as florestas. Há a selva da Amazônia que é inextricável, sombria e angustiante, assim como a Mata Atlântica na borda do litoral. Elas são ricas em árvores preciosas como o jacarandá. Escondem madeiras desconhecidas, inúmeras palmeiras, nogueiras gigantes como o anacárdio, cujo fruto, o caju, horrível e deliciosamente ácido, salva muitos marinheiros do escorbuto. Há também a seringueira, que produz a borracha; a ubiragara, cuja madeira se transforma em belas canoas; a balsa, com a qual os índios moldam a jangada, essa embarcação acrobática e de uma elegância sem igual, e na qual Júlio Verne mais tarde se inspirou e que, segundo as belas tradições, seria o navio de Ulisses na *Odisseia*. E há, principalmente, na Mata Atlântica, uma árvore que ganha de todas as outras, a *Caesalpinia echinata*, que os tupis chamam de ibirapitanga e os portugueses, de pau-brasil: a árvore de brasa.

Esse nome é uma referência à cor da *Caesalpinia echinata*. Sua seiva é vermelha, sobretudo a da variedade *Brasil-Mirim*, cujo tronco é espesso, a casca é vermelha e leve e o miolo, escarlate. Dela se extraem tinturas, vermelho escuro, escarlate, carmim ou vermelho vivo. Essa árvore não é desconhecida. Também é encontrada na Ásia, mas é ali mal explorada. Na Mata Atlântica, ao contrário, abunda. Pouco a pouco, o nome dessa árvore vai substituir o de Terra de Vera Cruz, a primeira escolha de Portugal. E não é uma má ideia: a descoberta de Cabral pode não ser um celeiro de trigo, um lingote de ouro, uma montanha de prata ou um balcão de especiarias, mas é uma mina de cor vermelha.

Dois séculos depois, Lamarck exclama: "É uma árvore que se torna forte e grossa e cuja casca é marrom e armada de espinhos curtos e esparsos [...]. O miolo de seu tronco é vermelho, mas recoberto de uma seiva muito espessa [...]. É com essa madeira que tingimos de vermelho os ovos de Páscoa e as raízes de alteia para limpar os dentes. Com a ajuda de ácidos, extrai-se do pau-brasil ou pau de Pernambuco uma espécie de carmim; também se faz uma laca líquida para a miniatura. E com a tintura dessa madeira, compõe-se esse giz vermelho que chamamos *rosette* e que serve para a pintura".

A descoberta dessa árvore vem na hora certa. Na Europa, o Renascimento acende suas fogueiras. De Roma a Londres e a Praga, um mundo tão exótico quanto uma antiga China se põe em marcha. A Europa é uma ópera. Dança, se exalta. Ela se extasia, mata. Abre criptas fechadas. Refaz o desenho do céu e coloca o Sol no meio do cosmos. Abre os corpos humanos para compreender a circulação do sangue, examinar as profundezas das entranhas, respirar os maus odores. Ela nada teme. Galileu, Servet, Lutero, Michelângelo, Uccello, Pique de la Mirandola e Fausto enfrentam os mares e os abismos. As grandes navegações nos oceanos são acompanhadas de aventuras espirituais ainda mais raras, e mais perigosas.

O velho continente se entorpece com as novidades, sem renegar as antiguidades. Os *condottieri,* os mosqueteiros, os mercenários e os reis provocam derramamento de sangue. Os papas e os cardeais transformam suas catedrais em cerimônias rutilantes. O vermelho é adotado. Ele envolve a Europa. É por isso que a Terra da Vera Cruz muda de nome e se batiza de *Brasil*. Ela troca a Cruz pela madeira de brasa. É uma ideia de poeta. E também de comerciante. O novo país ganha posição em um dos promissores mercados da época, o da cor. E o Renascimento faz parte dele. É preciso "lambuzá-lo" de vermelho. Os fabricantes de tecidos de Flandres e da Itália estão ávidos por tinturas. O Brasil lhes fornece toneladas de escarlate e mancha de carmim os carnavais, os cenários de teatro, os oficiais, os cavalos, os cardeais, os bufões e os loucos. Se os tupiniquins e os guaranis não tivessem abatido para os fabricantes europeus, na Mata Atlântica, milhões de árvores vermelhas, será que o Renascimento teria sido tão fascinante?

Para Lisboa, o pau-brasil atenua suas desventuras americanas. Já em setembro de 1502, o rei de Portugal assina um contrato de três anos com um grupo de mercadores de Lisboa, possivelmente cristãos novos, isto é, judeus convertidos, dirigidos por Fernando de Noronha, ou Loronha, a quem é concedido o comércio exclusivo de pau-brasil durante o tempo do acordo. O grupo de Noronha tem alguns deveres: todo ano irá explorar 1.800 quilômetros do litoral e construir uma fortaleza. Fernando de Noronha é eficiente, mas o contrato parece não ter sido prolongado. No entanto, o rei Manuel, o Venturoso agradece dando-lhe por um decreto de 16 de fevereiro de 1504 um arquipélago, a ilha da Quaresma, ao largo do Rio Grande do Norte, que depois se chamará Fernando de Noronha. Mais tarde, essa ilha abrigará um presídio antes de se tornar um santuário ecológico. Recentemente, um avião da Air France desapareceu em suas proximidades.

Em Lisboa, no Porto, em Coimbra, o escarlate enlouquece a todos. Aventureiros conspiram para obter uma autorização da companhia de mercadores de Fernando de Noronha. Munidos desse sésamo, eles fretam um navio, passam o Equador e devastam um pedaço da Mata Atlântica. E depois de Noronha ter sido afastado, o rei aceita que cada um explore a madeira maravilhosa, com a condição de pagar a pequena taxa de um cruzado por cada quintal entregue em Lisboa.

O sistema é eficaz. Os comerciantes procuram uma tribo indígena pacífica e instalam feitorias rudimentares nas proximidades, geralmente nos setores de Pernambuco e, mais tarde, entre Cabo Frio e o Rio de Janeiro. Os indígenas abatem as árvores. Queimam-lhes os pés e depois cortam o tronco e o encaminham para os portos. Recebem como salário as ferramentas metálicas que usaram, machados, machadinhas, facas, limas, anzóis.

Quando chegam à Europa, as madeiras vermelhas são expedidas para a Itália ou para Flandres. A França fareja o lucro. De Dieppe ou de Honfleur, comerciantes fretam navios e levantam velas em direção ao Brasil. Aqui, assinam tratados de alianças com tribos indígenas e abarrotam seus porões com esse vermelho que irá permitir que os fabricantes de Reims façam magníficos tecidos. Francisco I, longe de criticar essas práticas, as considera excelentes.

O rei da França sempre considerou insolente o Tratado de Tordesilhas, pelo qual, em 1494, antes mesmo de a América do Sul surgir, o papa atribuía o oeste da Terra (as Américas) à Espanha, e o leste (o Atlântico, a África e a Ásia), a Portugal. E a França? Francisco I não compreende a razão de o pau-brasil ser proibido aos seus mercadores. Os portugueses não concordam com ele. E expulsam os franceses. Em 1527, uma pequena guerra opõe uns aos outros. Os franceses partem, mas retornarão. Mesmo depois de o pau-brasil deixar de atiçar a cobiça, a costa do Brasil permanecerá, durante um longo século, um terreno de caça para os corsários e piratas franceses, ingleses e holandeses.

O Brasil é um país vermelho. *Vermelho Brasil* é o nome de um belo romance de Jean-Christophe Rufin agraciado com o prêmio Goncourt em 2001. Muito antes de Cabral desembarcar em Porto Seguro, Portugal já amava o vermelho. Era apaixonado por ele. Foi por muito tempo influenciado pelos mouros. A figura da mourisca perseguia suas noites, seus dias, suas tardes e suas manhãs. Nos cantos e nas lendas do povo desfilam as "mouriscas encantadas". São mulheres voluptuosas com sumários trajes vermelhos. São encontradas na beira das fontes. Assim como descrito nos poemas de Luís Aragon, elas dedicam seu tempo livre a pentear o ouro e a noite de suas cabeleiras.

Será que os pioneiros portugueses acreditaram ver ressurgir na Mata Atlântica essas mouriscas vermelhas e o brilho de seus cabelos? Pelo menos, não se surpreenderam. Os indígenas que encontram no Brasil também são fascinados pela cor escarlate. Eles apreciam todas as cores, mas o vermelho em primeiro lugar, talvez para exorcizar a luz pálida e mortiça que reina na floresta primitiva.

Todos os viajantes portugueses ficaram encantados com as pinturas usadas pelos índios em seus corpos. Pero Vaz de Caminha, o escrivão de Cabral, admira os rostos e os crânios amarelos, negros e vermelhos. Algumas tribos escurecem os dentes. Outras lambuzam suas cabeleiras com um pó vermelho. Ao longo das cerimônias funerárias, alguns povos amazônicos se pintam de vermelho. As cores têm virtudes terapêuticas. O vermelho é excelente para os resfriados e as afecções pulmonares. Jean de Léry, considerado por Claude Lévi-Strauss o primeiro dos antropólogos, relata que os tupis do litoral pintam seus recém-nascidos de vermelho por considerações médicas. É uma cor que serve para tudo: acompanha tanto a volúpia quanto a morte. O vermelho esconjura o "mal" e torna as mulheres belas. Entre os índios do Oiapoque, os papagaios são alimentados com ervas para que as cores de suas penas mudem. O nome dessas é segredo. Etnólogos tentaram saber mais, mas nada conseguiram. Na monotonia da selva, vemos às vezes passarem pássaros que são como pequenos pedaços de sol ou de arco-íris.

O Brasil é um vasto entreposto de tinta. Os índios já fabricavam brancos brilhantes com a argila tabatinga (palavra tupi que designa uma argila branca muito colante encontrada no fundo dos riachos). Os vegetais lhes ofereciam negros absolutos, azuis cintilantes. Para o vermelho, tinham um arbusto especializado, o urucum. Fiz uma reportagem em uma fazenda de urucum em Bragantina, no Pará, a fazenda Ahite. Ele é uma árvore para as crianças e para os mágicos. De seus galhos pendem, como em uma árvore de Natal, pequenos frutos vermelhos rodeados de espinhos, que parecem flocos de tinta violeta. As crianças índias da fazenda ficaram contentes com a minha presença. Nós brincamos. E a grande diversão foi me pintar de vermelho. Fizemos uma "batalha de vermelho". Nós nos bombardeamos durante uma hora e, as crianças e eu, parecíamos saídos de uma bela carnificina.

Nas feiras brasileiras, as barracas dos mercadores parecem ter sido pintadas por Arcimboldo: nelas vemos o vermelho, o amarelo, o violeta, o verde. Os iogurtes raramente são brancos. Eles são coloridos com urucum ou outras plantas. E o que dizer desses doces tão açucarados, tão lascivos e tão enfeitados que os brasileiros, as mulheres e as crianças principalmente, lambem com a ponta da língua com suspiros intermináveis e sorrisos de gato. Eu vi, em uma feira de Fortaleza, galinhas cuja carne era vermelha. Elas tinham sido alimentadas com urucum. Em Salvador, algumas casas têm reflexos rosa à noite, pois os pedreiros gostavam de misturar à massa o sangue de baleia. As igrejas e, sobretudo, as sacristias monumentais, são grutas luxuosas iluminadas por carmim, ouro, prata, púrpura das casulas. Nada me impressionou mais, quando pude, graças a Jorge Amado, assistir a uma verdadeira noite de candomblé, do que o momento em que o celebrante degola sobre o corpo das filhas de santo uma pomba cujo sangue brilha sobre as cabeças raspadas antes de macular a brancura das vestes – pensei ter visto as gotas de sangue que se espalham sobre a neve quando Percival apunhala os gansos selvagens em *O Conto do Graal* de Chrétien de Troyes. Mesmas belezas, mesmos amores e mesmas ferocidades.

A pilhagem da Mata Atlântica começa muito cedo. O rei Manuel, o Venturoso, que reina de 1495 a 1521, preocupa-se com isso. Ele proíbe o corte de determinadas espécies de árvores, designadas como árvores e madeiras de lei. O filho de Manuel I, João III, o Piedoso, que restabeleceu a Inquisição em Portugal, preocupa-se com o pau-brasil. Ele ordena que se faça um levantamento dos recursos da natureza brasileira. Em 1587, Gabriel de Souza redige um *Tratado descritivo do Brasil.*

Os inimigos da Mata Atlântica não são apenas os cortadores de pau-brasil. Como as reservas florestais começam a se esgotar, os portugueses iniciam, no século XVII, outra atividade, a da cana-de-açúcar. As plantações destroem vastas porções da floresta. A criação de gado se espalha e são as matas que sofrem com isso. O ciclo seguinte, o da corrida do ouro, também não favorece a natureza. Os colonos penetram no interior próximo do Brasil, em direção a Minas Gerais. Para construir as cidades do ouro, eles pilham as florestas. Os jesuítas protestam, multiplicam os relatórios e os descontentamentos. Nada acontece. A partir de 1650, a Mata Atlântica diminuiu de tal forma nos arredores das cidades que os rios começam a secar.

A Coroa portuguesa retoma o ataque um século mais tarde. O rei José I, aquele que, sob a pressão do ministro Pombal, expulsa os jesuítas do Brasil em 1759, organiza a proteção da natureza. Para o pau-brasil já é tarde demais, mas ele tenta evitar outras catástrofes. Protege as árvores de mangues e salva os manguezais, indispensáveis à biodiversidade. Em 1765, um novo governador chega a São Paulo, Luiz Antônio Botelho de Souza Mourão, o Morgado de Mateus, com uma equipe de cartógrafos bem decididos a planejar a ocupação do Brasil. As preocupações ecológicas da Coroa ou de seus agentes não se limitam às florestas. Também se estendem à fauna. Em 1790, José Bonifácio de Andrade e Silva, o "patriarca da independência", é ao mesmo tempo um importante homem de Estado e um naturalista renomado, e lança uma cruzada contra o massacre das baleias. Ele escreve uma *Memória primária sobre as baleias,* duzentas páginas proféticas.

Os soldados de Napoleão expulsam o rei de Portugal. A monarquia muda para o Rio de Janeiro, cria o Jardim Botânico e o Museu Nacional. A chegada repentina de todos esses portugueses exige o cultivo de vastas superfícies até então selvagens. Os morros do Rio de Janeiro, além de perderem sua cobertura vegetal, são lavados pelas fortes chuvas tropicais. O café se torna um novo agente de destruição. Ele faz a riqueza do Rio (antes de fazer a de São Paulo, e depois do Paraná), mas esgota os solos. O desaparecimento da Mata Atlântica desequilibra os climas. A água potável torna-se rara.

Depois de 1850, a situação piora. O café continua sua migração. Ele cobre grandes extensões dos estados do Rio e de São Paulo. Depois dele, a grama não volta a crescer muito bem. A cobertura vegetal diminui. A Corte tenta deter a destruição. Um ano após a independência, em 1823, José Bonifácio, agora ministro das Relações Externas e Internas (antes de se exilar na França, aliás, perto de Bordeaux, por causa de suas ideias liberais), impede que o ministro do Comércio e das Finanças ordene novos desmatamentos em proveito do café. Ele promove o reflorestamento na nascente de alguns rios, do Maracanã, por exemplo.

O imperador Pedro II manda plantar na cidade do Rio de Janeiro uma floresta composta de variedades primitivas nas zonas da Tijuca e das Paineiras. É o único exemplo de floresta tropical reconstituída. Os turistas, quando acabam de admirar o Pão de Açúcar e o Cristo Redentor, sentem-se bem felizes em dar uma volta pela pré-história, mesmo que esta date do século XIX. As árvores alinham-se de maneira regular, o que é um pouco estranho em uma selva neolítica. Mas o Brasil é um país que sempre se deu um prazo. Em alguns milênios, a floresta plantada por Pedro II terá se tornado primitiva. Aqui, faz muito tempo que o passado e o futuro se mesclaram e abandonaram a esperança de saber em que pé estão um com o outro.

Ao contrário da monarquia, a República, proclamada em 1889, não se interessa pelas florestas. Desde os primeiros anos do século XX, os prejuízos são irremediáveis, principalmente nos estados do Paraná e de Santa Catarina. A Southern Brazil Lumber & Colonization ali se implanta. É a maior serraria da América Latina. Os ingleses constroem as estradas de ferro. Obtêm o direito de explorar as madeiras e de trazer colonos europeus. Em alguns anos, as florestas de araucárias são dizimadas. Na Amazônia, a louca época da borracha (final do século XIX e início do século XX) polui os rios quase a ponto de destruir o esplêndido peixe-boi. Depois do golpe de 1964, sessenta anos depois, os militares lançam vastos planos de valorização da Amazônia. A floresta será a primeira vítima.

E o que se tornaram as árvores vermelhas? Muitos brasileiros nem sabem que o país tem o nome de uma árvore. No entanto, o pau-brasil não morreu. Em julho de 2007, a Convenção sobre as espécies ameaçadas, em Haia, decidiu proteger os elefantes de Botsuana, alguns corais e a *Caesalpinia echinata* (pau-brasil).

Em relação aos elefantes, a França aprovou. Em contrapartida, lamentou que a Convenção tomasse medidas em favor do pau-brasil. É que ele não limita seus talentos somente à tintura. Também interessa à música. De todas as árvores da terra, o pau-brasil é aquele com o qual são moldados os melhores arcos de violino. Algumas centenas de empresas, nos Estados Unidos, na Inglaterra, na China, no Brasil e principalmente na França, fazem arcos de alto nível.

Desde o século XVII, as virtudes musicais dessa madeira são reconhecidas, mas pouco utilizadas. Recorre-se, para moldar os arcos, ou às madeiras domésticas – teixo, freixo ou lariço –, ou a uma madeira da Guiana, a muirapinima, uma madeira tão densa que afunda na água. No final do século XVIII, os artesãos utilizam cada vez mais o pau-brasil. Por volta de 1860, os irmãos Tourte percebem as virtudes dele. A *Caesalpinia echinata* tem tudo para agradar aos violinos. Possui excitação, vigor e flexibilidade. Sua densidade é excepcional, duas vezes a do carvalho. Tem uma elasticidade perfeita, uma facilidade à curvatura e uma capacidade vibratória sem equivalente. Graças a ela, o violino, antes confinado aos salões, invade as grandes salas. Paganini jamais teria conhecido o sucesso sem a madeira de Pernambuco.

Sinal dessa excelência: um arco saído do ateliê dos irmãos Tourte valia 120 mil francos. Hoje, um arco realizado em pau-brasil exige entre 40 e 60 horas de trabalho. Seu preço varia de 2.500 a 5.000 euros. Os irmãos Tourte são para o arco o que Stradivarius é para o violino. E o que será da música mundial se o pau-brasil se tornar um dia proibido como são, a justo título, proibidas a morte dos elefantes de Botsuana, a matança das baleias e a depredação dos corais? Os arqueiros franceses se associaram com os arqueiros de alguns países estrangeiros e doam 2% de seus lucros a um programa de reconstituição das florestas de pau-brasil. Quinhentas mil árvores já foram plantadas, mas o crescimento é muito lento. Dezenas de anos serão necessários para que com sua madeira se possam fazer arcos.

Assim é o pau-brasil: começou sua carreira dando cor às civilizações e valorizando a pintura, os tecidos preciosos e as festas vermelhas do Renascimento. Três séculos mais tarde, mudou de ofício. Permitindo aos homens produzir e ouvir sons que ainda não tinham embelezado nossos dias, sons "ocultos desde o início do mundo".

Paulmier de Gonneville

Assim que Cabral descobriu a Terra de Vera Cruz, a França reclamou um pedaço do novo país. Francisco I não vê razão para que esse continente seja reservado, por capricho papal, apenas aos países ibéricos. Alguns defendem até mesmo que os navegadores franceses precederam os portugueses. Pescadores de Dieppe, e quem sabe também do País Basco, já teriam conhecido a foz do Amazonas.

A presença desses marinheiros vindos da França é provável, mas não é confirmada. Em contrapartida, os historiadores consideram como certo que em 1504, quatro anos depois da viagem inaugural de Cabral, um capitão normando, Binot Paulmier de Gonneville, chegou à costa do Brasil. Dois aprendizes de piloto portugueses o auxiliaram em troca de "enormes promessas". Em 6 de janeiro de 1504, o capitão normando avista a Terra de Vera Cruz. Quando retorna para a França, em 1505, ele naufraga na costa, o que resulta em enormes prejuízos. Mas como publica a narrativa de sua aventura no Novo Mundo e a obra vende bem, Paulmier de Gonneville amortece suas dívidas.

Em seu retorno do Brasil, trouxe consigo o filho de um chefe dos índios carijós, Essomericq. Ele o adota e, como gosta dele, transmite títulos de nobreza e o casa com uma jovem da aristocracia normanda. Desse casamento, nascerão crianças. É o início de uma linhagem franco-índia. Ela será fascinante, uma vez que, no século XVII, fornecerá três cônegos da cidade de Lisieux.

Essa aventura pode parecer irreal: esse jovem índio casado com uma aristocrata francesa, todos esses cônegos índios na Normandia do século XVII, na cidade onde dois séculos mais tarde nascerá Santa Tereza; poderíamos achar que se trata de um romance do Iluminismo. No entanto, o episódio é atestado por um documento legal.

Em 1658, uma família normanda que alega descender de Essomericq, o jovem índio trazido do Brasil por Gonneville e instalado em Honfleur, inicia um processo jurídico. Com efeito, pedia-se a essa família direitos de herança cujo fundamento ela contestava por meio de complicados argumentos jurídicos. Mas o essencial não está aí. O essencial é que, ao longo desse processo, foi apresentada uma "carta compulsória", estabelecida a partir de um documento (de 1505) em posse do abade Paulmier, cônego de Lisieux e defensor dos interesses da família Paulmier de Gonneville.

É nessa carta compulsória que estão atestados os diferentes episódios do caso Gonneville: a viagem, o retorno, a presença junto ao navegador francês do índio Essomericq, e alguns esclarecimentos são fornecidos nessa carta sobre o seu destino. Ele, casado com uma parente de Binot Paulmier de Gonneville, viveu feliz e por muito tempo, já que morreu com 94 anos, não sem antes ter tido catorze filhos, dos quais nasceram outros filhos e, mais tarde, os três cônegos de Lisieux.

Todos os historiadores baseiam suas certezas nesse processo de 1658 e nos termos da carta compulsória. Citemos entre os principais estudos sobre Paulmier de Gonneville o de d'Avezac, membro do Instituto: *Campanha do navio "A Esperança" de Honfleur, 1503-1505. Relatório autêntico da viagem do capitão de Gonneville às novas terras das Índias*, Challamel, 1869.

O relatório de d'Azevec serviu de caução a todas as obras escritas em seguida pelos historiadores mais sérios sobre as atribulações de Paulmier de Gonneville. Entre esses, Charles-André Julien: "Os franceses na América durante a primeira metade do século XVI", 1946, e Michel Mollat: *A vida cotidiana das gentes de mar no Atlântico (séculos IX a XVI)*, 1983.

O Brasil também considera Paulmier de Gonneville como um dos primeiros exploradores da Terra de Vera Cruz. Em 1992, Leyla Perrone-Moisés publica em São Paulo uma notável obra: *Vinte luas. Viagem de Paulmier de Gonneville ao Brasil: 1503-1505* (Companhia das Letras). O livro foi traduzido por Ariane Witkowski e publicado na França pela Editora Chandeigne: *Le Voyage de Gonneville (1503-1505) et la découverte de la Normandie par les Indiens du Brésil.*

Enfim, em fevereiro de 2006, o mestre dos estudos brasileiros, o etnólogo Claude Lévi-Strauss, dá uma entrevista ao jornal *Le Monde* por ocasião do ano França-Brasil. Ele fala de Paulmier de Gonneville com consideração: "Este ano do Brasil", diz ele, "acontece quase exatamente cinco séculos após o primeiro contato entre a França e o Brasil, durante a viagem de Paulmier de Gonneville [...]. Assim, os testemunhos mais antigos que temos do Brasil datam do século XVI, e eles são franceses".

Estamos tranquilos. Uma série de provas confirma que um dos primeiros documentos sobre a terra do Brasil foi obra de um navegador francês. Mais emocionante ainda: ficamos sabendo que o capítulo dos cônegos de Lisieux foi no século XVII um verdadeiro ninho de índios brasileiros.

Infelizmente, essa montanha de provas e de certezas é derrubada com um testemunho inesperado. Em 22 de fevereiro de 2006, o *Le Monde* publica a carta de um leitor em resposta à entrevista de Claude Lévi-Strauss.

Esse leitor é Gilles Roques. Ele mora em Hergugney, na região dos Vosges, e exprime dúvidas não apenas sobre a presença do índio em Honfleur, mas até mesmo sobre a viagem de Paulmier de Gonneville. Voltando ao processo de 1658, Gilles Roques observa que a expedição de Paulmier de Gonneville ao Brasil é conhecida apenas por um único documento, a famosa carta compulsória que foi lida por ocasião de um processo no tribunal. Ora, essa carta, Gilles Roques a relê com cuidado e fineza e ela lhe parece duvidosa. Eis o que ele diz:

"O documento de 1505 é escrito em uma língua muito mais jovem, como mostra seu vocabulário (*Revue de linguistique romane*, 1996). Percebi então que ela era constituída de pedaços de textos emprestados, entre outros, da *História de uma viagem feita à terra do Brasil* de Jean de Léry, publicada em 1578, e da *Hidrografia* de Fournier, cuja primeira edição data de 1643. Nessas condições, podemos nos perguntar que crédito se pode dar a uma narrativa passavelmente rocambolesca, que é o único documento sobre essa primeira expedição francesa ao Brasil [...]. Que razões podem ter os historiadores para continuar a ver em Paulmier de Gonneville o primeiro viajante francês ao Brasil?"

Sim, trata-se de um mistério histórico!

Pecado da carne

Os portugueses suprimiram um pecado. Um dos mais irritantes. Assim que chegaram à costa da Terra de Vera Cruz, em 1500, decidiram que o pecado da carne não existia no hemisfério Sul. Como essa mudança é agradável, mas surpreendente e quase inacreditável, empregaram imensas energias para estabelecer sua validade, entregando-se aos trabalhos práticos. Os soldados, os colonos, os padres consagraram noites, dias e tardes confirmando que, com efeito, as leis da moral deixavam de existir ao "passar a linha". Caspar Van Barleus, que era o capelão de Maurício de Nassau, o governador de Recife no tempo da ocupação holandesa (1639-1654), resumiu a situação: "*Ultra aequinoctialem non peccavi*". Os portugueses diziam: "Pecado aquém do mar de Sargaços, candura além".

Todas as noites, eles se entregavam às experimentações. Colocavam a carne à prova. Ela era testada com a participação (involuntária) das jovens mulheres índias e depois africanas. O pecado da luxúria não era mais encontrado. Ele se perdeu. Os resultados foram decisivos. No entanto, como ainda subsiste certa dúvida, mesmo em nosso século XXI, um grande número de brasileiros e de brasileiras continua a submeter, por escrúpulo ou por perfeccionismo, o pecado de fornicação à prova.

É preciso dizer que a Coroa portuguesa, desde as primeiras horas da colônia, incentivou a atitude dos soldados. Os homens que a corte de Lisboa mandava para essas regiões tinham a missão de povoar o grande país vazio. E como as índias eram lindas, douradas e nuas, eles povoavam, com ou sem o consentimento delas. Mais tarde, quando os jesuítas conseguem substituir os índios nas plantações de cana pelos negros da África, a carne negra substitui a carne indígena. E os pequenos soldados portugueses povoam cada vez mais.

Os colonos, os senhores de engenho, os ricos feudatários de Salvador e depois do Rio, fazem como os pequenos soldados. Eles povoam. Tudo, nessas solidões, convida ao sexo: os esplendores do céu, a clausura das mulheres tanto nas casas ricas de Salvador ou de Recife como nas casas aristocráticas dos senhores do açúcar, os odores de gineceu e os sermões ferozes dos padres que amaldiçoam as volúpias e assim adicionam as inquietações do mal às da luxúria, os sussurros da sombra e os perfumes pesados das carnes femininas e confinadas, a condição de escravo dessas carnes, o terrível espetáculo dos corpos ensanguentados pelos chicoteadas no pelourinho, a pesada, lânguida e também imperiosa presença junto aos berços e nos quartos das crianças dessas matronas negras que cuidam dos corações e servem aos corpos dos senhores, a vertigem, enfim, do ciúme que assola o universo fechado da plantação, tudo conspira para organizar nessas distâncias uma ópera da crueldade com incestos, assassinatos, sadismos, torturas e adultérios, sob o controle de Shakespeare, Sade, Casanova.

O senhor escolhe suas amantes entre as jovens escravas. As esposas legítimas, quando têm bom coração, resignam-se. Dizem a si mesmas que é a lei e, além do mais, essa lei lhes dá um tantinho de liberdade. De tempos em tempos, o senhor visita sua segunda esposa e sua segunda família que mora em um pavilhão próximo da morada principal. Se a amante tem filhos mulatos, esses se beneficiam de cuidados delicados e de uma educação aperfeiçoada. As crianças legítimas, ao contrário, ficam entregues a seus caprichos. Por que aprenderiam os números e as letras, se herdarão a propriedade e a posição de seu pai? Elas andam a cavalo, caçam. Vestem-se bem. Passeiam. Têm amores. Viajam ao exterior. Têm belas vozes e sapatos da moda. São umas inúteis.

Outro pecado, que é próximo daquele da carne, oferece uma maior resistência. É o pecado do ciúme. Algumas esposas o praticam. Elas não suportam os arranjos de seus maridos com as convenções. Sucumbem a uma cólera que facilmente adquire contornos teatrais. Gilberto Freyre nos faz um relato desses horrores. Eles causam náuseas. Às vezes a esposa manda arrancar os olhos da linda escrava e os presenteia como uma iguaria ao marido inconstante, na compoteira de sobremesa, "nadando", esclarece Freyre, "ainda no sangue fresco".

Gilberto Freyre nos introduz no secreto da casa-grande, onde se apresenta e reapresenta incansavelmente a tragédia do sadismo e do masoquismo. "Baronesas já velhas", diz ele, "que, por ciúme ou despeito, mandavam vender mulatinhas de quinze anos a velhos libertinos. Outras que quebravam com botinadas os dentes de suas escravas, ou mandavam arrancar-lhes os seios, as unhas, queimar o rosto ou as orelhas. Toda uma gama de suplícios."

O cronista Frederico Leopoldo César Burlamaqui denuncia esses hábitos. Em *Memória analítica do comércio de escravos e acerca da escravidão doméstica*, publicado em 1837, diz: "Entre nós, as frases mais comuns que ouvimos quando uma mulher teme que seu marido ou seu amante tenha relações com uma escrava são: 'Vou fritá-la, assá-la, queimá-la ou cortarei tal ou tal parte'. E às vezes essas ameaças são executadas baseadas em simples suspeitas".

Os cronistas dizem que as mulheres são mais violentas que os homens: confinadas em suas belas casas sombrias, destinadas a eternas preguiças, luxuosas e negligenciadas ao mesmo tempo, elas distraem seu tédio perseguindo seus criados. "Um rei sem divertimentos", dizia Pascal, "é um homem cheio de misérias".

O viajante inglês Koster esboça uma explicação: "As mulheres nascem, criam-se, vivem sempre cercadas de escravos, sem nunca serem contrariadas, tendo uma alta opinião de sua superioridade sobre as outras criaturas, e nem pensam que algumas vezes podem se enganar".

Outra testemunha, Lopes Gama, se espanta de que essas mulheres não sejam ainda mais cruéis do que são. Ele recorre a um argumento estranho. É o seguinte: "Essas brasileiras eram criadas entre a falta de delicadeza, a falta de pudor, a sensualidade, os desregramentos dos escravos [...], as chicotadas, as bofetadas que essas infelizes recebiam todos os dias de seus pais". Ora, a despeito desses exemplos deploráveis, no dia em que se tornam mulheres, elas dão prova, diz Lopes Gama, de uma bela delicadeza: "Posso sustentar apesar de tudo", diz ele, "que as brasileiras são, de todas as mulheres, as mais dadas à virtude, pois após ter visto desde a infância tantos exemplos de lubricidade, há entre elas um bom número de mulheres honestas e verdadeiramente mulheres de honra. O que seria então se tivessem recebido uma educação primorosa?"

Os senhores de engenho não estão isentos dessas violências, mas sua brutalidade não se exerce apenas às custas dos escravos. Ela se aplica de forma imparcial a todos os habitantes da casa-grande, inclusive às suas próprias famílias, e isso conduz às vezes ao crime. Alguns senhores são tiranos. Praticam em suas fazendas uma justiça de Antigo Testamento. Sérgio Buarque de Holanda narra que um senhor de engenho, certo Bernardo Vieira de Melo, quando soube que sua nora traía seu esposo, convocou um conselho de família. A jovem foi condenada à morte. A sentença foi executada. O senhor se regozija. Relata o caso para toda a vizinhança. Jamais será processado por isso.

As jovens da boa sociedade são obrigadas a "andar na linha". Em São Paulo, no século XVII, dona Verônica Leites fica sabendo que sua filha passa seus dias na janela e que sem dúvida mantém amores culpados, ainda que platônicos, com um rapazinho. Ela condena sua filha à morte.

Alfonso d'Escragnolle Taunay relata uma história semelhante. Um aristocrata chamado Antônio de Oliveira Leitão vê no pátio de sua propriedade o lenço de sua filha. Ela o havia estendido ao sol para secá-lo. Antônio pensa que a adolescente dirigia por esse meio uma mensagem a um atrevido. Ele pega uma faca e mata sua filha.

Conheci um padre flamengo que exercia seu ministério na Amazônia, em Rondônia, há quarenta anos. Ele me confirmou que o pecado da carne perde muito de sua perfídia, mas nem um pouco de seu charme, quando atravessa o Equador. Adepto do realismo, esse padre considerava que um pecado, quando é cometido pela totalidade de uma sociedade, continuamente e com alegria, deveria ser desprovido de sua dignidade de pecado. Os teólogos poderiam muito bem levar em conta os costumes, as geografias e as tradições. Esse homem era favorável às teorias de Montesquieu sobre o clima. Para ele, ao filósofo francês tinha faltado até mesmo um pouco de audácia. Ele deveria ter se aproveitado da ocasião para propor uma reforma da lista canônica dos pecados capitais.

A igreja na qual ele oficiava era modesta e tranquila, uma grande cabana às margens da floresta. De manhã à noite, recebia homens e mulheres infelizes. Dava-lhes conselhos, coragem. Ajudava-os em suas confusões administrativas. Não sei se era um santo homem, talvez, quem sabe? Ele estava bravo contra o catecismo: "Você me vê recriminando o pecado da gula aos famintos, pessoas que na floresta comem vermes e lagartas?"

Ele acalentava o sonho de criar um novo pecado – o pecado do incêndio. Já fizera, em sua vasta paróquia, as primeiras tentativas. Em suas confissões, seus paroquianos começaram a revelar, além dos pecados comuns, esse pecado muito novo, esse pecado "pós-moderno": o pecado do incêndio. Os primeiros resultados eram encorajadores. O novo pecado tinha começado bem. Os agricultores vinham encontrar o padre e lhe diziam: "Meu padre, botei fogo em minha propriedade para poder plantar cacau". Estava funcionando muito bem.

Mantive boas conversas com esse padre. Estava orgulhoso de sua descoberta, mas tinha escrúpulos. Temia que o lançamento desse novo pecado provocasse desastres. "Eu hesito. Talvez os fiéis se aproveitem disso para incendiar a floresta. Queimarão cinquenta hectares. E, rapidamente, se apresentarão ao confessionário para revelar sua vilania. Eu lhes darei uma penitência muito pesada. Recitarão mil rosários bem depressa e pronto! Seu erro será redimido e então recomeçarão. Irão incendiar outra floresta. Ao passo que hoje, como o 'pecado de incêndio' ainda não foi catalogado, eles não podem aboli-lo pelo meio da confissão. Guardam esse pecado em sua consciência. É pesado. E isso lhes segura as mãos!"

Aprovei. Semelhante raciocínio poderia se aplicar a qualquer pecado. Se, por exemplo, eu consumi com murmúrios voluptuosos um grande pedaço de chocolate, corro para me confessar. Sou absolvido, e posso comer um segundo chocolate antes de uma segunda confissão.

O padre flamengo desenvolveu outro exemplo. Ouviu dizer que alguns bandidos levam com eles um padre, devidamente amarrado, quando pretendem cometer um assassinato. Assim, logo após ser cometido o crime, o assassino confessa seu gesto. Ele se encontra purgado do mal e disponível para um segundo assassinato. O padre me citou exemplos tirados dos arquivos da camorra e da máfia. Disse-lhe que entre os piratas do Caribe, no século XVII, essas práticas eram comuns. O que nos espantava era que essas perniciosas consequências da confissão jamais foram levadas em conta pelos teólogos do Vaticano, que raciocinam, no entanto.

Muitas vezes discutimos sobre esse pecado do incêndio. Como muitos belgas, ele gostava de rir. Um dia, disse-me que não mais patentearia nosso pecado: "Você imagina", disse-me com sua voz rouca, "será necessário apresentar um pedido de homologação ao Vaticano. Eu deveria preencher uma quantidade imensa de papelada, provavelmente em duas ou três vias e a única secretária que encontrei aqui é analfabeta. Seriam convocados vários concílios, consistórios, sínodos. Será necessário consultar especialistas em direito canônico, reler Santo Agostinho e mestre Alberto, abrir arquivos submersos sob três camadas de poeira para determinar se o pecado de incêndio é um pecado venal ou então mortal. E será que deve ser aplicado a todos os paroquianos? Vários papas se sucederão. Haverá conclaves antes que o novo pecado seja posto em circulação, isso levará vários séculos. Os relógios do Vaticano são lentos. São melhores para os milênios que para os segundos. E quando enfim meu pecado for reconhecido, estarei morto há muito tempo, o que não é grave, no ponto em que estarei, mas principalmente me pergunto se ainda haverá árvores para serem queimadas na Amazônia".

Peixes

A cidade de Barcelos fica longe. Perdida nas profundezas da selva, na parte setentrional do estado do Amazonas, ela foi, antes de Manaus, a primeira capital da Amazônia. Hoje é um vilarejo com 30 mil habitantes, situada no meio do maior município do Brasil (122.496 quilômetros quadrados) na margem direita do imenso rio Negro, a 500 quilômetros a noroeste de Manaus. Suas casas não são bonitas. Além do mais, elas nem podem se mirar nas águas do grande rio, pois são negras de tão carregadas de ferro e de elementos orgânicos.

O negro combina com Barcelos e, sobretudo, com os peixes que pululam nos cursos de água das cercanias. A bacia do Rio Negro – chamada de Mariuá, uma palavra tupi que significa "o braço grande" – forma o maior arquipélago fluvial do mundo. Como saber o número de ilhas que ele contém? Todo ano, muitas dessas ilhas submergem no momento das chuvas, para reaparecerem na estação seca, entre setembro e março. Nos emaranhados de florestas, mangues, calor e nevoeiros, a vida pulula como na "sopa original". Poderíamos jurar que a Criação ainda não terminou e que, com um pouco de paciência, poderíamos assistir, nesse início de mundo, ao nascimento de espécies de pássaros, de mamíferos e, sobretudo, de peixes ainda não advindos.

A natureza mistura tudo, o vegetal, o mineral, o animal, as flores, os cipós, a terra, os sáurios, os pássaros, os mamíferos, a pré-história, as plantas e o céu. Entre as névoas e o céu escondido, mergulhamos em uma floresta de romance gótico. Animais passam. Nunca foram vistos e talvez sejam fantasmas, mortos, transparências. Mas o mais belo está em outra parte. O mais belo são os riachos e as florestas submersas nas quais brilham milhões de peixes. Esses peixes são um tesouro.

Os peixinhos de Barcelos serão sempre pequenos. Seu destino é serem minúsculos. As águas negras são ácidas demais e pobres demais em nutrientes para que eles se desenvolvam. Então eles se especializam no tamanho pequeno, na mágica e no esplendor. A maioria das maravilhas que iluminam os aquários de Nova York, de Milão ou de Paris antes nadou nas águas obscuras de Mariuá, e por muito tempo a cidade de Barcelos foi a capital mundial do peixe de ornamentação.

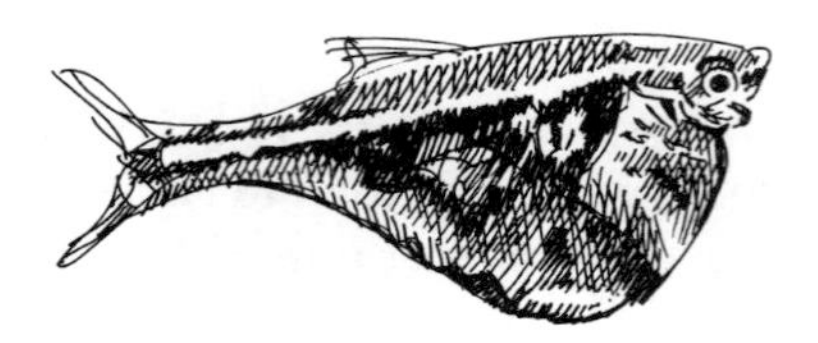

Esses peixes são chamados pelos brasileiros de *piabas*, da palavra tupi que significa "pele manchada", e seus pescadores são os *piabeiros*. A estrela é o tetra-cardeal (*Paracheirodon axelrodi*), peixinho de cinco centímetros, sublime em sua roupa escarlate. O meio de seu pequeno corpo é iluminado por uma brilhante faixa de néon azul vivo e irisado. Esse cardeal é uma joia. Ele tem um primo, o neon (*Paracheirodon innest*), da mesma cor, um pouco menos brilhante. Mas os igarapés, os igapós e os pântanos tórridos trazem outras surpresas – por exemplo, os peixes-borboletas (*Carnegiella strigata*), que dão belos espetáculos, pois são muito medrosos. Ao menor alerta, pulam para fora da água e formam enxames desordenados de ínfimos peixes voadores. Parece uma revoada de borboletas.

Esplêndidos também, mas vindos não do rio Negro, mas do rio Solimões (na montante do rio Amazonas), são os acará-discos (gênero *Symphysodon*). Uns são azuis e outros amarelos, dourados ou até mesmo, graças às modificações genéticas, vermelhos, verdes ou brancos. Mais raros são os bodos (gênero *Ancistrus*), semelhantes a guerreiros presos em sua armadura de metal. O bodo é extremamente cobiçado, mas difícil de ser capturado porque se esconde em cantos inacessíveis, entre as pedras e os troncos no fundo das florestas submersas. Outros, por serem raros, têm sua comercialização proibida. É o caso da raia-pintada (*Aetobatus narinari*), que poderíamos chamar de "raia-leopardo", personagem solitário, apaixonado pelo fundo dos lagos ou dos pequenos braços de água, e quase impossível de se encontrar, já que se enfia nas areias. A legislação é severa: a bacia do rio Negro abriga 1.800 espécies de peixes ornamentais e apenas 454 delas podem ser exportadas.

Na região de Barcelos, os peixinhos dão sustento a 8 mil famílias. Os piabeiros não enriquecem. Cada peixe lhes rende 0,005 dólar. Em seguida, esse tesouro passa pelas mãos de sete intermediários. E é revendido em Londres, Madri ou Paris entre 2 a 4 dólares. Ou seja, o tetra-cardeal ou o acará-bandeira (*Pterophyllum scalare*, *angelfish*, ou peixe-anjo) multiplicou seu preço por 4 mil, às vezes por 8 mil.

O peixe selvagem, o de Barcelos, sofre. Ele é atacado pelos peixes de criadouro e esse criadouro não é brasileiro. O sudeste da Ásia (especialmente Singapura) criou fazendas de peixes ornamentais importando os peixes de Barcelos. Em apenas vinte anos, Singapura se tornou dona do mercado.

Singapura lucra todo ano com o comércio do peixe de aquário 60 milhões de dólares, ao passo que Barcelos, em declínio, fatura apenas 3 milhões de dólares. Hoje, 90% dos peixes ornamentais vendidos no mundo são peixes de criadouros. Os híbridos inventados pelos pesquisadores de Singapura estão em primeiro lugar. São mais resistentes, já nascem adaptados à vida em aquário e os pesquisadores, num primeiro momento, pelo menos, conseguiram multiplicar suas formas e suas cores.

Os fracassos dos piabeiros de Barcelos fazem eco à tragédia que no início do século XX atingiu os seringueiros de Manaus e de Belém. Lembremo-nos de que naquela época, em 1912, um inglês esperto e dissimulado roubou algumas mudas de seringueira da Floresta Amazônica. Elas foram enviadas para a Inglaterra e depois para a Malásia, onde foram cuidadas, modernizadas e aperfeiçoadas. Do dia para a noite, o mercado de borracha afundou. A Amazônia foi morta. Suas cidades transformaram-se em ruínas.

Hoje, a região de Barcelos sofre o mesmo desafio e seus carrascos são os mesmos que vitimaram, ontem, os seringueiros de Manaus: a Malásia e Singapura. Os lindos peixinhos de Mariuá emigraram para os criadouros de Singapura. Ali são mimados, alimentados, cuidados e dotados de documentos, o que é raro na profissão de emigrante. E rendem muito dinheiro. Sem dúvida, o desastre da borracha era de outro alcance. Ele feriu mortalmente uma região tão grande como um país. O infortúnio de Barcelos é minúsculo, se comparado ao que atingiu em 1912 os "barões da borracha", mas, para os piabeiros, a migração dos peixinhos fabulosos para o Extremo Oriente foi um desastre.

A beleza do rio Negro foi enriquecer em outro lugar. Mas nem tudo é perfeito. Hoje, os engenheiros e as caixas-registradoras de Singapura começam a se inquietar. Eles descobrem que ainda precisam dos piabeiros de Barcelos. Constataram que os peixes de criadouro são ameaçados de degenerescência por causa da consanguinidade. O único meio de recriar nos aquários asiáticos a biodiversidade original e a beleza dos peixinhos do Rio Negro é reintroduzir de tempos em tempos espécimes retirados do meio natural. É por isso que nas ruas de Barcelos e nas margens dos igarapés são vistos estranhos turistas, figuras asiáticas, que negociam tranquilamente a compra de acará-discos.

Consultei o Google para esclarecer alguns nomes cuja ortografia não é a mesma em francês ou em português. Encontrei a tradução em francês de um artigo em inglês da Wikipedia sobre o acará-bandeira. Ali eram dados conselhos para a reprodução em aquário desse tipo de peixe. Ri tanto quando tentei seguir essa receita, sem nenhum sucesso, aliás, que pensei que os leitores também poderiam aproveitar e decidi passar adiante [SIC]:

"O Angelfish é um peixe que está pronto para a leitura quando ele atinge doze meses. É um peixe ovíparo. Preparação para a reprodução deveria começar quanto eles estão por volta de seis meses. Ao passo que deveria ser colocadas várias bandeiras (homens e mulheres) em um reservatório e esperar. Depois de algum tempo, formaram, claro, alguns casais. Separe um que vai brincar e o colocar em um aquário adaptado para a reprodução (geralmente 60x40x40), aquele que não deveria ter um substrato de pedrinhas ou outros. Para a postura dos ovos, os bandeiras preferem as folhas das plantas. Contudo, eles podem escolher outros lugares (o vidro, um cano de PVC). Os pais devem permanecer junto com os ovos e, mais tarde, com os filhotes. O sinal mais evidente de que o acasalamento está a ponto de acontecer é que o casal é uma zona de compensação. Nessa região, os ovos serão colocados."

Peles

O Brasil tem muitas peles. E elas são de todas as cores. Entre umas e outras, as diferenças são tão sutis que os demógrafos tentaram, em 1950, colar o adjetivo *pardo* a todas as peles que não fossem nem francamente brancas, nem totalmente negras. Essa perfídia semântica pretendia desarmar os furores do racismo crescente, indizível e hipócrita praticado pelos brasileiros. Ela não acertou o alvo. Não desarmou os preconceitos de raça.

Uma única cor, mesmo tão imprecisa quanto a cor parda, não era apropriada para diminuir o disparate das peles brasileiras. Por isso, com o objetivo de ver um pouco mais claramente esses tons de branco, de pardo e de negro, uma enquete foi realizada em 1976. Ela foi conduzida pelo IBGE (Instituto Brasileiro de Geografia e Estatística), e os dados foram coletados pela PNDA – Pesquisa Nacional por Amostra de Domicílio. E pedia que cada brasileiro falasse sobre a cor de sua pele. A iniciativa partia de uma boa intenção e da convicção de que todas as peles têm o mesmo valor, têm o mesmo mérito e dignidade. Apoiava-se em três postulados irrepreensíveis: cada um tem o direito de ter uma pele. Ninguém tem mais autoridade para conhecer sua pele do que seu proprietário. O essencial é se sentir bem em sua pele, não na do outro.

O questionário foi aplicado em muitos lares brasileiros. Foi um sucesso que acabou se tornando um quebra-cabeças gigantesco. Coletaram algumas respostas. Fizeram uma triagem. Eliminaram. Reagruparam. No entanto, ainda que cortassem, sobraram no final 136 peles.

Várias categorias de branco apareceram, o que estabelecia cientificamente, como o comediante francês Coluche mais tarde sugeriu, que o branco pode ser "mais branco do que o branco". Mas a sólida taxonomia elaborada pelos domicílios brasileiros é bem mais refinada do que a de Coluche. Este só vê duas ou três variedades de cor branca. O Brasil mostra uma dúzia.

Branca
Bem-branca
Bem-clara
Branca-avermelhada
Branca-melada

Branca-morena
Branca-pálida
Branca-queimada
Branca-sardenta
Branca-suja
Branquiça
Branquinha

A essa paleta de brancos, o quadro adiciona ainda esta categoria sedutora: *puxa para branca*. Eis uma definição reconfortante, pois ela é voltada para o futuro: ela sugere que o proprietário de uma pele *puxa para branca* está no bom caminho. Ele não deve esmorecer. O futuro lhe pertence: claro, ele ainda não é totalmente branco, mas isso virá. "Brasileiro, um pouco mais de esforço e você será branco!", já diria o marquês de Sade. Essa pele em vias de branqueamento não tem nenhuma razão para ficar melancólica. O futuro lhe pertence. Um dia, ela obterá o estatuto cobiçado de *bem-branca* ou *bem-clara*.

Para designar uma pele negra, as conclusões da pesquisa são menos claras. A pele negra é distribuída ao longo da lista. O adjetivo *azul* designa uma pele profundamente negra, mas ainda é importante esclarecer de que azul se fala: sua pele é *azul* ou então *azul-marinho*. Procurando bem, percebemos outras nuanças de negro, a categoria *carvão*, por exemplo, é sem dúvida negra. E que diferença existe entre a cor *café* e a *cor de café*? A expressão *bugrezinha escura* também é repleta de armadilhas. Ela designa uma índia escura, mas os estatísticos amenizaram seu veredito usando o diminutivo. A *bugrezinha* é, portanto, apenas "um pouco mais escura". A pele negra tem direito a outras entradas. Contei umas quinze. Como escolher? Será que alguém é mais importante porque tem uma pele *bronzeada, bronze, queimada* ou *tostada*?

A pele amarela merece quatro entradas: a pele cujo amarelo é nítido é chamada de *amarela*, mas três outras nuanças são repertoriadas: *amarelada, amarela-queimada* e *amarelosa*. Enfim, se sua pele é rosada, você deve escolher entre três tons: *rosa, rosado, rosa-queimada*.

Todas essas nuanças fantásticas facilitam o trabalho dos apaixonados, sobretudo dos apaixonados românticos, que dispõem, graças a esse monumento do surrealismo tardio, de um incomparável vocabulário para cantar as seduções de sua princesa. Eles podem celebrar sua pele *lilás, pálida*, sua pele *morena-bem-chegada*, sua pele *vermelha* ou até mesmo sua pele *trigo*. Ainda é preciso esclarecer de que trigo essa pele se aproxima. Por exemplo, é muito chique possuir uma pele *trigueira*, que também evoca o trigo, mas o trigo maduro, o trigo escuro.

Mas ainda há algo de mais surpreendente: se você criou, em um momento de entusiasmo, o projeto de paquerar uma moça *verde*, uma senhorita *lilás* ou uma noiva *cor de ouro*, a empreitada parece primeiramente difícil. As mulheres de pele verde ou violeta não são muitas, mas a pesquisa realizada pela "vida familiar" levanta o seu moral. Nada de inseguranças: agora você sabe que essas mulheres existem. Basta ir ao Brasil para realizar seu estranho desejo. Sem dúvida não vai encontrá-la na primeira esquina, mas a garantia de que a pele verde existe lhe dará ânimo para a empreitada. Se você caminhar por muito tempo, acabará encontrando. O quadro das cores de pele é formal: certamente existe uma categoria reservada às peles verdes, outra às peles violetas. Mas as sutilezas da língua portuguesa são infinitas. Assim, enquanto o adjetivo *roxo* convém à violeta e à ametista, em contrapartida, o nome *roxa* se aplica, segundo o dicionário *Aurélio*, a uma "mulata muito jovem e clara".

Se, enfim, você tem a pele queimada, deve escolher entre três vocábulos: você pode ser simplesmente *queimada*. Mas tem direito de ser *queimada de praia* ou *queimada de sol*, nuança que introduz um parâmetro importante nessa classificação: a cor não é dada de forma definitiva. Ela evolui de acordo com sua exposição ao sol da praia ou ao do deserto. A cor de pele é, portanto, um marcador às vezes *essencial* e às vezes *existencial*. Parmênides em alguns momentos e Heráclito em outro. Podendo evoluir ou permanecer incorruptível.

No entanto, por mais meticulosa que seja essa taxonômica empreitada, perduram ainda algumas incertezas, algumas ambiguidades. O quadro nos confirma o velho adágio: as fronteiras entre as peles são vagas e pouco perceptíveis. Claro, é razoável introduzir no quadro categorias sutis como *meio-branco* ou *meio-negro*, mas como distinguir um homem "meio-negro" de um homem "meio-branco"? Em lógica, estaríamos inclinados a crer que uma cor meio-negro e uma meio-branco são as mesmas, cada uma das duas peles fazendo a metade do caminho na direção da outra, mas provavelmente estamos enganados.

A pesquisa limitou o número de peles a 136. Este número é arbitrário. É um engodo. Primeiro somos seduzidos pela riqueza da paleta. Um país que possui 136 peles não é qualquer um! Se refletirmos, no entanto, perceberemos a pobreza de semelhante taxonomia e suas ausências: por que retiveram, por exemplo, a categoria *branca-suja* e não seu contrário, *branca-limpa*?

O *pardo* foi bem servido. Ele conta com três variedades: o *pardo*, *o pardo-claro* e o *pardo-escuro*. Mas e os outros pardos? Em que grupo você se afiliaria se sua pele é pardo-acinzentada ou então pardo-tartaruga? E suponhamos que você tenha caído em um corpo de cor pardo-grafite, pardo-pérola ou pardo-castanha, pardo-sujo ou pardo-tabaco, em que porta você iria bater?

O recenseamento das peles contém duas outras curiosidades e algumas coisas que fogem à lógica. Percebemos nas profundezas do quadro, linha 83, a categoria *mista*. Não é uma maneira de negar, de reduzir ao ridículo mesmo, o conceito da taxonomia das peles? Cada uma das 136 cores é por essência uma cor mista. E esse é o objeto e o pressuposto da pesquisa feita nos domicílios brasileiros. Ou seja, a categoria *mista*, em boa lógica, engloba ao mesmo tempo cada uma das 136 cores, mas também a totalidade dessas 136 cores, ou seja, a totalidade do quadro. Estamos mergulhados no paradoxo até o pescoço.

Jorge Luis Borges se regalou. Ele já não inventara um quadro classificatório em que uma das entradas continha, assim como ousa fazer nossa classificação das peles brasileiras, a totalidade das outras entradas? É bom lembrar esse texto genial de Borges que inspirou, não podemos nos esquecer, a obra-prima de Michel Foucault, *As palavras e as coisas*.

"Esse texto", diz Foucault, "cita certa 'enciclopédia chinesa' na qual está escrito que os animais se dividem em: a) pertencentes ao imperador, b) embalsamados, c) domesticados, d) leitões, e) sereias, f) fabulosos, g) cães em liberdade, h) incluídos na presente classificação, i) que se agitam como loucos, j) inumeráveis, k) desenhados com um pincel muito fino de pelo de camelo, l) *et cetera*, m) que acabam de quebrar a bilha, n) que de longe parecem moscas. No deslumbramento dessa taxonomia, o que de súbito atingimos, o que, graças ao apólogo, nos é indicado como o encanto exótico de um outro pensamento, é o limite do nosso: a impossibilidade patente de pensar isso".

Esse primeiro paradoxo da lista das 136 nuanças de peles é redobrado um pouco mais adiante. A linha 120 é consagrada a uma pele *regular*. Meu Deus! Como compreender essa palavra *regular* e como escapar dessa armadilha lógica? Entre essas 136 cores de peles existiria então uma que teria o privilégio ou o infortúnio de ser uma pele regular? Ou seja, há, no Brasil, em algum lugar, e provavelmente bem escondida, uma pele ideal, uma pele essencial ou mesmo platônica, que constitui a norma e que corresponde a essa "rosa ausente de todo buquê" de que falava Mallarmé. Dessa pele essencial, todas as outras, as 135 outras peles, seriam derivações, corrupções, degenerescências, avatares ou perversões?

Quando escolhemos essa interpretação, chegamos a lições perturbantes. Encontramos logo um primeiro obstáculo: como determinar, entre tantas peles, aquela que merece ocupar a casa *regular*? Devemos pensar que existe um menor múltiplo comum ou maior denominador comum apto a unificar essa louca profusão de peles? Existe uma pele que acumularia as características das outras 135? E como imaginar uma pele que até mesmo manteria a balança equilibrada entre peles tão dessemelhantes quanto uma pele queimada-de-sol, uma pele branquinha, uma pele escura e uma pele bem-clara? Portanto, o quadro ofende, e cruelmente, a lógica. Ele ofende também o "politicamente correto".

O surgimento insensato dessa pele *regular* é rigorosamente contrário ao espírito e à suposta ambição do recenseamento das peles. Com o pretexto de dar a cada cor uma dignidade igual, um nome, uma natureza, uma estabilidade, uma constância, um "ser", esse quadro sugere que, na realidade, existe uma verdadeira pele, a pele "regular", da qual todas as outras são apenas esboços, aproximações, caricaturas ou corrupções. Tal tentativa partia de uma boa intenção. Marcava a vontade de manifestar que todas as peles se equivalem e que todas merecem o mesmo respeito. Ora, o resultado desemboca em seu contrário: a taxonomia das 136 peles mostra que 135 dessas 136 cores são fracassos, imperfeições, distâncias. Com efeito, cada pele se define unicamente pelo distanciamento em que está da cor ideal, da verdadeira cor, da cor *regular*.

A lista contém algumas peles misteriosas: é o caso de uma pele qualificada aqui como *enxofrada*. Esse adjetivo tem vários sentidos: "*que tem cheiro de enxofre*" ou então "*irritado, agastado*". Agora temos mais um problema: é preciso cheirar um corpo para observar seu odor de enxofre e colocá-lo nessa rubrica estranha? Ou então devemos escolher outra acepção? Mas como uma pele faz para ficar irritada? Como reconhecê-la? E uma pele irritada ficará sempre assim ou só de vez em quando? Quantas complicações! Essa observação também vale para *agalegada*, adjetivo que se traduz por "grosseiro, estúpido, mal-educado". Uma pele "mal-educada"!

Uma entrada é reservada à pele *polaca*. Ora, *polaca* não é uma cor. Polaca quer dizer polonesa e nas conversas corriqueiras toma o sentido de puta. Uma pele puta? Mais uma discriminação! Observamos algumas outras entradas geográficas: *cabo-verde*, *paraíba*, *galega*.

E eis a maravilha: o quadro reserva uma entrada para a pele *burro-quando-foge*. Como imaginar a cor de um *burro-quando-foge*? Fiz uma vasta pesquisa junto aos linguistas brasileiros. Vi que essa expressão popular, muito difundida, qualifica um objeto ou um fato fugidio, inalcançável, que escapa a qualquer definição, algo que está além das garras da linguagem. Eis, portanto, um qualificativo ainda mais cômodo para os apaixonados que cortejam uma moça: "Minha querida, sua pele é bela como a do burro-quando-foge".

Dois franceses se interessaram pelas peles brasileiras. Ambos denunciam os prejuízos da mestiçagem. Em 1867, o gramático Adolphe d'Assier escreve: "O índio penetra nas florestas seculares com ódio da civilização, que só lhes trouxe malefícios. O negro sucumbe ao trabalho, moído pelas engrenagens dessa impiedosa máquina que se chama produção. O caboclo, produto híbrido, herdou apenas a indolência das duas raças e sua inaptidão para o trabalho fecundo. Restam então o mameluco e o mulato, que obtiveram do sangue português alguns germes dessa atividade febril que tornou seus ancestrais tão célebres nos anais da navegação". Adolphe d'Assier continua esperando que as "fortes raças europeias", "bem brancas", acabarão substituindo os negros e civilizarão enfim as imensidões brasileiras. Um século mais tarde, Hitler teve o mesmo sonho.

D'Assier não dissimula que os futuros pioneiros europeus terão muito trabalho se quiserem dar um verniz de civilização à sociedade brasileira: "Como todos os povos jovens", diz ele, "só o barulho e o brilho atraem sua atenção [a atenção do povo mestiço]. Suas sensações parecem se deter na superfície. Grandes berloques amplamente espalhados sobre um colete branco, enormes esporas de prata como ainda podem ser vistas nos museus da Idade Média, um rico serviço sobre a mesa, eis toda sua estética. Nem pense em falar a essas naturezas novas sobre as harmonias de Beethoven, sobre o gênio de Michelângelo, sobre a beleza severa oferecida pelas linhas da estatuária ou da arquitetura: eles não o compreenderiam. O que lhes é necessário são metais sonoros, madonas gordas reluzindo de pedrarias, aparições aterrorizantes como a do arcanjo Miguel vencendo o demônio".

O conde Joseph-Arthur de Gobineau escreve seu *Ensaio sobre a desigualdade das raças humanas* em 1853-1855. Alguns anos mais tarde, em 1869, foi nomeado diplomata no Rio de Janeiro, podendo então verificar a aplicação de seus conceitos. A sociedade local não lhe agrada. Dedica-se a desprezá-la. Apesar da amizade do imperador do Brasil, Dom Pedro II, e das gentilezas de Áurea Posno, esposa do cônsul da Holanda, ele se entedia muito. Seu caráter azeda. Às vezes, seus nervos o traem. Uma noite, na ópera, esbofeteia um notável que, ao que parece, tinha-lhe faltado com o respeito. O imperador faz de conta que acredita nesse *casus belli*. Gobineau obtém seu desligamento. Ele passou menos de um ano no Rio de Janeiro. Retornou à França em 1870, e chegou praticamente junto com os prussianos.

No Brasil, ele fica chocado com a degenerescência das raças. Para ele, a mestiçagem não deu certo para essas pobres pessoas. O "princípio vital" não resiste às misturas. A prova: depois de algumas gerações, os mulatos não podem mais se reproduzir: eles são infecundos, como esses outros mestiços que são as mulas. O conde Gobineau professa que as raças devem se abster do "esmaecimento" trazido por essas misturas. Como é, no entanto, nervoso e inconsequente, ele acha, em outro texto, que a única esperança do Brasil seria que esses mulatos estabeleçam alianças genéticas não mais entre si, mas com uma raça forte. Que raça forte? A raça negra é fêmea. A raça amarela finlandesa é macho. Resta a raça branca, que segundo ele se situa acima das duas outras. Ela ocupa o "justo meio", o que lhe permite ser ao mesmo tempo bela, forte e inteligente.

Gobineau nunca perde de vista sua obsessão: a mistura das raças enfraquece as sociedades. Isso já fora anunciado em sua obra sobre a desigualdade das raças humanas. Ele lamentava esse "grande movimento de fusão geral que abraça até as últimas raças do globo e não deixa nenhuma intacta". Em sua correspondência privada, Gobineau é ainda mais rígido. A seu amigo George Readers, descreve "uma população toda mulata, viciada no sangue, viciada no espírito e feia de dar medo". Ele fornece a seu amigo algumas imagens: "Não há uma única família brasileira que não tenha sangue negro e índio em suas veias; o resultado é uma natureza raquítica e se nem sempre é repugnante, é pelo menos desagradável de se ver".

A história do Brasil é a de suas peles. No início, havia peles pré-colombianas, vindas provavelmente da Ásia, da Mongólia, dizem os sábios, depois uma viagem glacial através do Estreito de Bering, seguido de uma lenta descida para o sul das Américas. Em 1500, estima-se que os índios da Terra de Vera Cruz eram entre 1 e 5 milhões em suas florestas e suas distâncias. Uns pertenciam ao grupo dos tupis, mais amáveis, e instalados ao longo do litoral. Quando se penetrava no interior, dava-se de cara com os tapuias, decididamente patibulares. Mas quer seja um índio gentil ou um índio feroz, a chegada dos europeus tem a mesma consequência: ela traz um golpe fatal a essas peles de cobre e de ouro, de âmbar ou de cobre, de mel, de bronze.

Depois de 1500 desembarcam as peles europeias, principalmente portuguesas. Elas são morenas. Algumas são mescladas, pois os portugueses, bem antes de pilhar a Terra de Vera Cruz, praticavam seus "amores" no Golfo de Guiné ou nos países árabes, de onde seus marinheiros traziam para Lisboa porcelanas azuis e brancas, obras de arte negra e moura, mas também mulheres voluptuosas e homens hábeis que constituíam a domesticidade das famílias aristocráticas de Lisboa.

Os portugueses não são os únicos europeus atraídos pelo Novo Continente. Os franceses, os holandeses, os corsários ingleses, os mercenários alemães percorrem a costa, onde se negocia o pau-brasil. Todos esses europeus fornicam muito com as índias, e a consequência disso é a multiplicação das cores de pele. Mais tarde, é com as africanas que os brancos terão seus "amores". Essas africanas têm diferentes tons de pele. No início, no século XVI, os negros são trazidos da África centro-ocidental. Um pouco mais tarde, os navios negreiros pilham a África central e equatorial, onde vivem os bantos. No século XVIII, a maioria dos novos escravos chega da costa de Mina, na África ocidental. Como nem todas as peles africanas são idênticas, a diversidade das peles de escravos vai enriquecer ao extremo as nuances das peles mestiças.

No início do século XIX, o Brasil ganha sua independência. Os dois primeiros imperadores, Dom Pedro I e Dom Pedro II, que se dizem "soberanos esclarecidos", acham que as peles de seu povo são de uma cor meio escura. Convém embranquecê-las. Vão adicionar a todo esse negro um pouco de branco. Primeiro, o Brasil se dirige aos países que pertencem às categorias *bem-branca* ou *bem-clara*. É lógico, pois como se busca clarear os negros, o melhor é importar peles bem-brancas ou bem-claras mais do que peles brancas-queimadas ou brancas-sujas! Dom Pedro I funda em 1818 a colônia de Nova Friburgo (perto do Rio de Janeiro), que acolherá 2 mil suíços. Eles recebem terras, animais, víveres e dinheiro. Única condição: ser católico.

A pele branca está em pleno desenvolvimento. O imperador Dom Pedro II continua a obra de clarificação: ele funda uma nova colônia em São Leopoldo, no Sul, perto da Argentina, 27 quilômetros ao norte de Porto Alegre. Ali coloca peles de boa procedência: peles alemãs. A cidade é batizada de Leopoldo em homenagem à imperatriz brasileira, Leopoldina, que era de origem alemã.

O ano de 1888 marca uma reviravolta na história das peles. Dom Pedro II liberta os negros. O país precisa então urgentemente de operários e agricultores. E isso vem a calhar, pois nesse mesmo ano, a Itália sofre uma pavorosa crise. Claro, um italiano não é tão branco quanto um suíço e ainda menos do que um alemão, mas não vamos dificultar as coisas. Um italiano não deixa de ser branco, mesmo que sua brancura seja às vezes melada ou mesmo suja. Eles não se fazem de rogados: melhor do que morrer em Veneza, tentam sua sorte. Vão "fazer a América". Dirigem-se para a região de São Paulo e encontram trabalho nas grandes fazendas de café. No início, os fazendeiros pensam que simplesmente trocaram escravos negros por brancos. Mas rapidamente aprendem que os "escravos" brancos, sobretudo se essa brancura é italiana, têm um caráter difícil e almas bem forjadas. A imigração não se limita apenas aos italianos. Entre 1871 e 1920, 4 milhões de homens deixam o Velho Continente para refazer sua vida no Brasil. O maior contingente é o dos italianos (1,4 milhão). Chegam também alemães, austríacos, espanhóis, belgas, ingleses, suecos. Alguns franceses.

O Oriente Médio fornece outros batalhões. Sírios e libaneses desembarcam no final do século. São chamados indistintamente (e ainda hoje) de turcos, uma vez que estavam munidos de passaportes otomanos. Em 1908, o Brasil consente em acolher peles amarelas: a primeira leva de japoneses chega em 17 de junho de 1908.

Nesse dia, o *Kasatu-Maru* lança âncora em Santos. Oitocentos japoneses desembarcam. São ardorosamente desejados, pois a imigração italiana se esgota e os campos de café de São Paulo precisam de muitos braços. Depois de alguns anos, os imigrantes japoneses, os *nikkei*, percebem que não encontraram o Eldorado prometido. Abandonam suas plantações. Compram pequenas carroças e trabalham como ambulantes. Reagrupam-se em São Paulo, em torno da Praça da Liberdade, que ainda hoje é o coração do bairro japonês. Com a chegada da guerra, uma onda de racismo se espalha pelo Brasil. Os japoneses são vítimas. Alguns são encarcerados. Depois, os japoneses ganham direito de cidadania. O Brasil os admira e os ama. Louva seu ardor pelo trabalho, seus talentos e sua eficácia. Os *nikkei* conseguiram a proeza de preservar sua singularidade e de se integrar com tato à sociedade brasileira. Não hesitam em se casar com brasileiros ou brasileiras, o que enriquece as diversidades de peles. Adotam sem grandes problemas o catolicismo.

Por isso, em 1976 a pesquisa executada pela PNAD pôde repertoriar as 136 variedades de peles. Pobre Gobineau! Ele ficaria bem triste. Tantas peles inferiores e tão poucas peles superiores! Tantas cores sujas, ou morenas, ou mistas, ou mestiças para tão poucas bem-brancas ou bem-claras! Deixemos o conde Joseph-Arthur de Gobineau com seu mau-humor e suas exaltações sobre as peles dos "filhos de rei", pior para ele. Podemos ser ao mesmo tempo um gênio em literatura e um idiota. Esperando que o conde de Gobineau se acalme, alegremo-nos que as peles brasileiras sejam incontáveis e, portanto, magníficas.

As 136 cores de pele

1. Acastanhada
2. Agalegada
3. Alva
4. Alva-escura
5. Alvarenta
6. Avarinta
7. Alva-rosada
8. Alvinha
9. Amarela
10. Amarelada
11. Amarela-queimada
12. Amarelosa
13. Amorenada
14. Avermelhada
15. Azul
16. Azul-marinho
17. Baiano
18. Bem branca
19. Bem clara
20. Bem morena
21. Branca

22. Branca-avermelhada
23. Branca-melada
24. Branca-morena
25. Branca-pálida
26. Branca-queimada
27. Branca-sardenta
28. Branca-suja
29. Branquiça
30. Branquinha
31. Bronze
32. Bronzeado
33. Bugrezinha-escura
34. Burro-quando-foge
35. Cabocla
36. Cabo-verde
37. Café
38. Café-com-leite
39. Canela
40. Canelada
41. Carvão
42. Castanha
43. Castanha-clara
44. Castanha-escura
45. Chocolate
46. Clara
47. Clarinha
48. Cobre
49. Corada
50. Cor-de-café
51. Cor-de-canela
53. Cor-de-leite
54. Cor-de-ouro
55. Cor-de-rosa
56. Cor-tirm
57. Crioula
58. Encerada
59. Enxofra
60. Esbranquecimenta
61. Escura
62. Escurinha
63. Fogoio
64. Galega
65. Galegada
66. Jambo
67. Laranja
68. Lilás
69. Loira
70. Loira-clara
71. Loura
72. Lourinha
73. Malaia
74. Marinheira
75. Marrom
76. Meio-amarela
77. Meio-branca
78. Meio-morena
79. Meio-preta
80. Melada
81. Mestiça
82. Miscigenação
83. Mista
84. Morena
85. Morena-bem-chegada
86. Morena-bronzeada
87. Morena-canelada
88. Morena-castanha
89. Morena-clara
90. Morena cor de canela
91. Morena-jambo
92. Morenada
93. Morena-escura
94. Morena-fechada
95. Morenão
96. Morena-parda
97. Morena-ruiva
98. Morena-ruiva
99. Morena-trigueira
100. Moreninha
101. Mulata
102. Mulatinha
103. Negro
104. Negroto
105. Pálida
106. Paraíba
107. Parda
108. Parda-clara
109. Parda-morena
110. Parda-preta
111. Polaca
112. Pouco-clara
113. Pouco-moreno
114. Pretinha
115. Puxa-para-branca
116. Quase-negra
117. Queimada
118. Queimada de praia
119. Queimada de sol
120. Regular
121. Retinta
122. Rosa
123. Rosada
124. Rosa-queimada
125. Roxa
126. Ruiva
127. Russo
128. Sapecada
129. Sarará
130. Saraúba
131. Tostada
132. Trigo
133. Trigueira

134. Turva
135. Verde
136. Vermelha

Pierre Verger

Pierre Verger morava então em Salvador, no bairro Vila Americana, em um pequeno morro, e sua casa era vermelha. Ele morreu em fevereiro de 1996, com 94 anos. Eu o conheci na década de 1970. Costumávamos passear juntos. A cidade era bonita, com seus dois níveis, um no porto e o outro no céu, com poeiras, verdes acinzentados, azuis e bronzes, salitres e trilhas de ferrugem, dourados negros, como ela tivesse acabado de sair do mar. Não conseguíamos andar rápido. Não dávamos três passos sem sermos abordados por um garoto, uma garota, uma vendedora de peixe, um pescador, uma puta ou um desocupado.

Conheci Verger na casa de seu amigo Jorge Amado. Ele me sugeriu assistir aos funerais de uma mãe de santo de quem gostava. À noite, fui encontrá-lo em um galpão, sobre uma colina. Tinha muita gente. O caixão estava sobre uma mesa. Era um caixão minúsculo, um caixão para uma boneca ou uma menina, mas não era uma boneca, era uma velha senhora de cem anos e não restava quase nada dela. Um filho de santo fechou as portas do galpão. Isso significava que só poderíamos sair de madrugada. Não havia cadeiras. Havia cantos, lágrimas, palavras, perfumes.

Pierre Verger nasceu em Paris. Seu pai era um grande impressor. Durante muito tempo, o principal talento do jovem Verger é a tristeza. Ele toma uma decisão. Vai se suicidar aos quarenta anos. Comprou uma fita métrica da qual todos os dias ele corta um milímetro, mas nunca chegará a cortar o último milímetro, pois adquiriu uma Rolleiflex e foi para a Itália de bicicleta.

É um rapaz belo e agitado. Na Espanha, tem um verdadeiro faro para se misturar aos malandros, o que lhe permite conhecer as prisões desse país. Torna-se repórter da revista *Paris-Soir*. E percorre o mundo, os Estados Unidos. A revista *Life* o descobre, e lhe encomenda reportagens sobre as Filipinas, sobre a guerra da China. Ele fotografa o inferno, as minas de estanho da Bolívia. Tem um fascínio pela África, pelo Benin. Fotografa para o Instituto Francês da África Negra. No final de sua vida, possui um tesouro: 60 mil negativos, mas esse tesouro é como os dos piratas. Está submerso. No final de sua vida, Pierre Verger cismou de trazer de volta, do fundo de sua noite, todas as imagens perdidas. Ele selecionava cem negativos por dia. Morreu antes de inventariar seu butim.

Depois da guerra, ele desembarca no Brasil. Percorre a rota que os escravos fizeram, dois ou três séculos antes, entre o Benin, Angola e Salvador, o grande porto brasileiro no qual carregamentos de homens e de mulheres eram vendidos pelos negreiros aos senhores de engenho. O Brasil o encanta. Iniciado nas religiões africanas, ele se torna babalaô, e muda seu nome, que agora é Pierre Fatumbi Verger. Em Salvador, é protetor de um terreiro chamado Opô Afonjá, um lugar de culto onde os orixás, os espíritos da África, vêm cavalgar as filhas de santo cujos longos vestidos brancos recebem o sangue dos pombos. Muitos franceses conhecem o Brasil e muitos escrevem sobre ele. Pierre Verger, assim como seu amigo Roger Bastide, que o encorajou a entrar nos segredos do candomblé, é o único a conhecer o Brasil dos mistérios.

Durante toda sua vida, ele será a ponte entre duas Áfricas, a do Benin e a de Salvador. Encorajado por Roger Bastide, Theodore Monod e Georges Dumas, ele escreve uma tese: "Fluxo e refluxo do tráfico negreiro entre o golfo do Benin e Salvador do século XVII ao XIX", o que lhe permite se tornar diretor de um centro de pesquisas, sem abandonar, no entanto, seu pelourinho baiano, ainda que viaje muitas vezes ao Benin ou a Paris. Eu o revi algumas vezes em Paris. Ele morava em um pequeno hotel na região do *Quartier Latin*. Esse hotel ficava nos fundos de um jardim, era preciso afastar as glicínias para vê-lo.

Pierre Verger era como um carteiro, um mensageiro. Quando ia para a Costa do Marfim ou para o Daomé, dava aos africanos notícias sobre seus irmãos de Salvador. Contava-lhes as histórias de seus ancestrais e essas histórias eram verdadeiras como lendas. Contava a aventura de Joaquim de Almeida, um descendente de escravos que deixou a Bahia em 1842 com seus companheiros e se estabeleceu na África para reconstruir seu vilarejo original, Agoué, no limite entre o Togo e o Daomé.

Joaquim é católico, uma vez que todos os escravos brasileiros foram catequizados pelos missionários. Por isso, assim que chega em Agoué, constrói uma capela à qual dá o nome de Senhor Bom Jesus da Redenção, por causa da igreja que frequentava em Salvador. Ele tomou o cuidado de trazer em sua bagagem todos os objetos necessários para o ofício divino, o cibório, velas, patena... O problema é que não há um padre. Pouco importa. Ele termina sua igreja, que é extremamente barroca, pois o Brasil também é barroco, e a completa com um carrilhão de cinco sinos. Assim que um padre passar por ali, a igreja começará a funcionar, da mesma forma que um relógio volta a dar as horas depois de ter ficado dois séculos perdido e morto no fundo de um sótão. Enquanto espera que um padre apareça, eles rezam e dão brilho nos objetos de culto, lustram os cibórios e os vasos sagrados, ouvem o carrilhão de cinco sinos. O bom Deus não parece apressado, mas tudo bem. Joaquim é indulgente. Ele sabe que o tempo divino não é o tempo dos homens. E 32 anos mais tarde, um padre chega, um francês, o R. P. Bouche. Ninguém conhece esse Bouche. Ele deve ter arregalado os olhos quando descobriu essa igreja que pacientemente esperava, no fundo da África, há quase um século.

Às vezes, os encontros entre os antigos escravos que se tornaram cristãos e sua terra natal são mais tumultuados. Outro grupo de antigos escravos brasileiros se reinstala em Lagos. Sus primeira providência é a de construir uma igreja. E têm a sorte de ter entre eles um negro que conhece muito bem as Sagradas Escrituras. Não é um padre, mas ele celebra missas, é muito piedoso e se chama Padre Antônio.

Um pouco mais tarde, um grupo de missionários italianos faz uma viagem a Lagos. Eles se deparam com o estranho edifício religioso que se parece com uma igreja e da qual nunca tinham ouvido falar em Roma. Padre Antônio os recebe. Ele se mostra amável, mas um pouco desconfiado. E se esses padres italianos fossem impostores? Padre Antônio decide se certificar. Realiza um exame de teologia. Como conhece muito sobre os textos sagrados, faz perguntas complicadas. Eu imagino o interrogatório. Padre Antônio deve ter multiplicado as armadilhas e abordado todos os assuntos: a presença real, a transfiguração, o pecado de Judas e a questão da predestinação. E o concílio de Trento? E a querela dos Universais? E a diferença entre o asno de Buridan e o asno de Balaam? Pena que não possuímos as minutas dessa controvérsia de fim de mundo. Ela deve rivalizar com as de Salamanca e de Valladolid e dos velhos da Sorbonne. O caso termina em boas condições. Os missionários italianos responderam vitoriosamente a todas as argúcias do interrogatório. Padre Antônio está contente. Ele convoca seus fiéis. E pronuncia esta comovente frase: "Eis nossos padres. São os verdadeiros, pois rezam pela Santa Virgem".

Pierre Verger me abriu as portas de Salvador, sobretudo as portas escondidas, as trilhas e os caminhos que permitem passar da cidade visível a seu duplo, a seu reflexo, à cidade obscura e ausente. Ele afastou a cortina do tabernáculo e me revelou a efervescência dos deuses vindos da África com os batalhões de escravos. Conduziu-me em um reino de ilusão. Cada um dos palacetes que mostram suas sacadas degradadas e seus azulejos azuis na velha cidade parece um castelo defunto, preso no ouro dos séculos, nos vestígios da capital morta. Sombras passam pelas ruas, são as governantas do tempo antigo.

Os deuses da Bahia não são fáceis de serem pegos. São como enguias. Escorrem por entre os dedos. Assim que você tenta pegá-los, eles se livram, zombam, encobrem nossos olhos. Eles o abandonam no fundo de seus labirintos e, quando consentem em dizer uma palavra, você não a compreende, fazem trocadilhos e anacolutos, apócopes e sussurros de sacristia, de candomblé ou de abismo, toneladas de alegorias. Quando você entra sozinho nessas florestas de símbolos e de subterfúgios, logo pensa que bexigas são lanternas. Apenas um guia tão erudito quanto era Pierre Verger para ajudá-lo a caminhar pelos dédalos dessa cidade. É preciso dizer que os antigos escravos se tornaram, ao longo de seus sofrimentos, especialistas em fundos falsos e em simulacros. Como os missionários e os colonos os obrigaram a ser bons cristãos e a adorar os anjos e os santos de Roma, forjaram uma tática: sob cada figura do panteão da Igreja católica, eles colaram de forma discreta a figura de um orixá, de um gênio ou de um deus da África. Eram obrigados a rezar para o Senhor Jesus, tudo bem, eles se perdiam em orações à glória de São Miguel ou de Santo Boaventura, e tudo se arranjava. Por precaução, no entanto, também acreditavam no deus dos cristãos, em seus anjos e em seus santos. Nunca se sabe. É sábio ter dois deuses no fogo. Os habitantes de Salvador são como a cidade. Eles andam mascarados. Aquele que tomar a aparência das pessoas como sendo a verdadeira não seria muito hábil. Ele confundiria o teatro e seu duplo.

Uma manhã, descíamos até o mar, para a imensa Baía de Todos os Santos, de uma beleza monstruosa. Ela nesse dia estava imóvel como o céu. De vez em quando, havia algo que se parecia com uma brisa e todo o mar tremia e todo o mar estava no céu. Em uma pequena praça redonda, sentada no chão, encostada a uma mangueira, com um feixe de ramos ao seu lado, havia uma velha senhora bem franzina em seus véus negros. Poderíamos pensar que era uma mendiga. Seu rosto era enrugado como um legume velho. Pierre Verger a saudou com muito respeito. E começou uma longa conversa com ela.

Em seguida, ele me disse que essa mulher era uma das pessoas mais consideradas pelo Estado. Na hierarquia sagrada, ela se situava em um nível elevado. Seu poder era grande. Mesmo um prefeito, ou um deputado federal, tinham interesse em não ignorar suas opiniões ou as ordens que ela dava do fundo de seus trapos e que em seguida circulavam pela cidade e podiam mudar uma batalha política. Ele me falou de outro personagem de Salvador, um tipo que vendia quiabos. Seu pequeno comércio não ia muito bem. Ele era pobre. Era analfabeto, mas, no estrato do sagrado, era um personagem poderoso, pois era identificado a Xangô, o senhor dos deuses. "Com o próprio governador, ele fala de igual a igual."

O que aconteceu com os tesouros acumulados por Verger ao longo de uma existência extraordinária? Pierre Fatumbi Verger publicou esplêndidos álbuns de fotos sobre as cerimônias do candomblé e alguns livros – *Deuses da África*, pela

Editora Revue Noire, em 1995; *Orixás*, pela Editora Métaillié, em 1982. Será que ainda existem obras inéditas de Pierre Verger? Na última vez que eu o vi, alguns anos antes de sua morte, ele me falou longamente sobre ervas sagradas. Sua ciência era infinita. Depois me mostrou uma vasta coleção de gravuras gregas. Ele pensava que certas posturas ou certos gestos dos dançarinos negros faziam eco às cerimônias órficas dos gregos. O mobiliário dessas cerimônias, bem como o uso de determinadas ervas, também apresentava semelhanças. Ele se perguntava por quais caminhos, com passagem pelo Egito, as trocas entre a Grécia e o Benin e depois com o Brasil poderiam ser imaginadas. Perguntei-lhe se pensava explorar mais adiante essas hipóteses. Ele me respondeu que não era um especialista nessas questões.

Poetas nordestinos

Na época em que eu fazia reportagens no Brasil, em 1952 e 1953, desconfiava dos poetas, sobretudo nas pequenas cidades do Nordeste. Nessas regiões desencarnadas que cobrem seis ou sete Estados, entre Recife, Salvador, Olinda, João Pessoa e Fortaleza, as pessoas cultivam as belas artes e a poesia. São tristes os vilarejos que de tempos em tempos encontramos por ali. Os dias são lentos. Eles encorajam os estados de alma e provocam o lirismo nos adolescentes.

Os poetas estavam por toda parte. No mais ínfimo povoado havia vários. Alguns faziam poesia à noite, voltando de seu dia de trabalho. Conheci vários vaqueiros poetas, ajudantes de cartório e funcionários poetas. O grosso da tropa poética, no entanto, dedicava-se à profissão de desocupado. Enquanto esperavam encontrar um trabalho, esses desempregados escreviam sonetos ou hinos, geralmente elegíacos. Consagravam suas noites ao comércio das musas.

Eles me descobriam facilmente: não era sempre que os jornalistas se aventuravam naquelas paisagens. E o fato de ser francês aumentava minha sedução, pois a França produz muitos bons poetas. Como nesses vilarejos não havia pousadas ou quartos, eles me encurralavam logo. Assim que um deles me descobria, já dava o sinal aos outros amigos das musas. Eu estava frito. Eles me cercavam. Falavam de retórica e de métrica, de rimas, de Victor Hugo, de Verlaine, de figuras de estilo, dos surrealistas, de André Breton e de Aimé Césaire. Mas o preferido era Arthur Rimbaud.

E a conversa durava horas. Na poeira e na brancura das praças consternadas ou então à sombra de um arbusto e também ao cair da noite, nós discutíamos o problema da cesura, das glórias e das restrições da vanguarda, das vaidades da "poesia automática". Uma vez terminado o debate sobre a poesia contemporânea, chegávamos ao essencial: a obra deles. A maioria dava um jeito, junto com alguns colegas, de imprimir coletâneas de poesia e me oferecia. Havia nesses jovens tanta tristeza e um amor tão belo pela literatura que eu aceitava esses presentes com alegria. Foi só depois que as dificuldades se acumularam, sobretudo porque minha reportagem durava um pouco demais. Lembro-me de uma pesquisa sobre as obras no rio São Francisco, o grande rio do Nordeste, acho que foi em 1953, no momento de captar a água para uma primeira barragem construída por Ferraz, esqueci seu nome, um engenheiro brasileiro formado pela Universidade de Grenoble e que revi algumas vezes em Paris. Percorri durante quinze dias essas solidões e a cada vilarejo a minha biblioteca aumentava.

Minha mala estava cada vez mais pesada. Eu a arrastava. Estava cansado. Parecia com essas formigas que carregam grãos de milho maiores do que elas. Mas não tinha a energia de uma formiga. Precisa me livrar do peso, sacrificar alguns desses livros, mas quais? Confiava no acaso, como nas canções em que um jogo de palitos decide o nome do marinheiro que será comido em caso de penúria? Como conseguir sacrificar um livro poético e não outro?

Não era capaz. Até então, eu nunca tinha jogado no lixo as elegias de um país tropical nem mesmo em um atalho equatorial. Pensei no que Claude Roy me disse um dia. Ele teve os mesmos problemas em Paris. Como era um crítico conhecido da revista *Nouvel Observateur*, e um poeta excelente, muitos jovens talentos lhe enviavam suas coletâneas. Seu apartamento da Rua Delphine estava abarrotado de livros. Ele decidiu fazer uma fogueira, domingo no campo, e ali queimar os versos. "Vou incinerá-los, como os hindus incineram seus mortos. As rimas tornam-se cinzas. E vão para o céu."

Era uma boa ideia, mas o Nordeste é uma região seca e eu não queria botar fogo no Brasil. Arrastei minha carga até São Paulo.

Outra vez, na região de Imperatriz, fiz uma pesquisa sobre a cana-de-açúcar. Encontrei um antigo engenho, que um descendente de escravo conseguira comprar e estava restaurando. Esse homem vivia à moda antiga. Não gostava dos tempos modernos. Era um saudosista. Mesmo suas refeições eram de época. Fiquei extasiado diante de um prato de mandioca. Por cortesia, fiz algumas perguntas sobre a cultura da mandioca. Foi um erro.

– Você quer um pé de mandioca – disse-me ele.

– Isso seria um prazer, mas não, obrigado. Você sabe, eu viajo.

– Bom. Vou buscar um.

– Realmente, não. Isso me daria muito prazer, mas obrigado, não. No ônibus, seria bem embaraçoso, você entende. Não, realmente...

– Tudo bem. Vou buscar dois, depois você dará notícias.

– Não, tenho certeza, realmente, obrigado.

– Não me agradeça, é de bom coração, você sabe.

Ele correu para o quintal. Voltou com dois pés de mandioca. Constatei que essas plantas são muito vigorosas, pelo menos aquelas, e até mesmo atléticas. Acho que tinham um metro, e um enorme monte de terra envolvida em um pano. Agradeci. Meu amigo me levou até o ponto do ônibus. Colocou as mandiocas sobre o teto e lá fui eu! Os problemas estavam apenas começando. Logo optei por me livrar desse presente, mas tinha medo de ser denunciado ao meu novo amigo, pois as notícias correm rápido nos desertos. Esperei alguns dias. As mandiocas e eu percorremos mais ou menos quatrocentos quilômetros, e aproveitei uma parada em um lugar distante para jogá-las fora. Imagino que eu tinha no momento um jeito ruim e até mesmo pérfido. Era como um desses camponeses egoístas que, nos contos de fada, abandonam seus filhos no fundo do bosque. Lamentava meu gesto. Não deveria ter jogado aqueles pés de mandioca, que eram bem mais interessantes do que o artigo que eu faria sobre eles.

Comecei então a me questionar sobre o ofício de repórter. Experimentava seus limites, a vaidade. No fundo, era consciencioso demais. Estava seguindo um caminho errado. Se insistisse, acabaria entregando ao meu jornal não um artigo descrevendo uma paisagem, mas a própria paisagem, um pedaço de oceano, uma locomotiva, um vento ou um sino de igreja barroca, uma manifestação, um poeta do Nordeste, um pé de mandioca.

Em 1929, no momento da grande crise, o jornalista americano James Agee faz uma reportagem sobre os plantadores de algodão do Alabama. Seu texto (*Louvemos agora os grandes homens*) é uma obra-prima. Agee descreve muito bem os campos de algodão, a casa de uma família de meeiros pobres. Ele acumula as palavras. Em um determinado momento, diz que sua linguagem, por mais justa que seja, nunca poderá substituir a realidade. E então desiste. Ele deserta. E decide substituir as palavras pelas coisas, pelos objetos, pelos utensílios que entulham a cozinha arruinada, pelos odores. Ele diz: "Se pudesse, neste ponto, eu não escreveria mais. Haveria fotografias. E pedaços de tecido, restos de algodão, torrões de terra, palavras ditas, pedaços de madeira, peças de ferro, vidros de odores, restos de alimentos e de excrementos". James Agee tem razão. Deveria ter trazido os pés de mandioca ao jornal, mas e o redator-chefe, o que teria dito?

Pombos de Sorocaba

Sorocaba é uma cidade de 600 mil habitantes, e está situada ao sul do Estado de São Paulo. Ela mereceu no século XIX o apelido de "Manchester do Brasil", pois dispunha de uma próspera indústria têxtil.

Em 26 de março de 2010, a Polícia Civil de Sorocaba avistou um pombo pousado sobre uma árvore. Ele era muito estranho. Carregava uma pequena sacola. Os policiais se espantaram. Pegaram a sacola e a abriram. E nela encontraram as peças de um telefone celular. Decidiram então vigiar todos os pombos do setor. Vários se dirigiam para a penitenciária de Sorocaba. Dois deles foram capturados "em flagrante delito".

Os pombos carregavam apenas peças soltas. Transportar um celular inteiro estaria além de suas forças e chamaria a atenção dos poderes públicos sobre o curioso artifício. Os cérebros da operação distribuíam então as minúsculas peças do telefone em várias pequenas sacolas entregues a diferentes pombos. Os detentos tinham a função de reconstruir o quebra-cabeças. O profissionalismo dos organizadores desse comércio, a agilidade dos pombos, o talento dos prisioneiros que, do fundo de suas celas, ajustavam os elementos trazidos pelos pombos agradou muito ao público brasileiro. Desde então, os pombos de Sorocaba fazem parte da "lenda" das prisões brasileiras.

Especialistas estudaram esses pombos. Ficaram encantados. Os entregadores de celulares não são verdadeiros pombos-correios. Trata-se de pombos comuns que foram adestrados, provavelmente pelos detentos. Incapazes de fazer longas viagens, eles operam apenas em curtas distâncias. Outra coisa estranha surgiu: os pombos, sejam eles pombos-correios ou, como aqueles de Sorocaba, formados na hora, vão sempre do lugar de onde foram soltos ao lugar onde foram criados. Pode-se concluir que os pombos de Sorocaba moravam no interior da penitenciária e que os próprios detentos lhes ensinaram a voltar para casa depois de terem sido levados a alguns quilômetros dali, com sua pequena sacola a tiracolo. O que confirma o brio desses educadores de pombos e justifica a admiração que o povo brasileiro lhes dedica.

Professores franceses

Um grupo de universitários franceses desembarca no Brasil em 1934. Esses homens vão desempenhar um papel decisivo na fundação da Universidade de São Paulo. Eles são jovens. Por enquanto, seus nomes ainda são desconhecidos, mas, alguns anos mais tarde, eles serão famosos: Claude Lévi-Strauss, Fernand Braudel, Roger Bastide. Depois da guerra, povoarão os mais altos lugares do pensamento francês. Serão encontrados na Academia Francesa, no Collège de France, no Instituto, na Sorbonne, na direção da École Pratique des Hautes Études de Paris, em toda parte. Claude Lévi-Strauss inventa o "estruturalismo". Fernand Braudel é o maior historiador francês de seu tempo. Na Escola dos Anais, ele sucede Lucien Febvre e Marc Bloch. Outras figuras são menos conhecidas, mas todas são impressionantes: o geógrafo Pierre Monbeig, o sociólogo Paul Arbousse-Bastide. E depois, um filósofo muito desconhecido, Jean Maugüé.

Jean Maugüé é um enigma. Eis um homem cujo nome está meio esquecido. Ora, na época em que o grupo de professores franceses fazia as delícias da Universidade de São Paulo, ele era mais famoso do que seus colegas. As atenções eram todas para ele. Seus cursos eram uma festa. Perto de Maugüé, Lévi-Strauss ou Fernand Braudel eram bobagens. Centenas de alunos, e principalmente de alunas, apertavam-se no anfiteatro de Maügué. O grande crítico brasileiro Antonio Candido, que foi aluno da USP, nunca esqueceu esse professor extraordinário. Ele disse ao jornal *Libération*: "Foram os franceses que nos ensinaram a descobrir o Brasil. Jean Maügué é talvez o maior professor que eu vi em minha vida: era um verdadeiro gênio didático. Invariavelmente, os quinze primeiros minutos de seus cursos de

filosofia eram consagrados ao comentário sobre jornais, filmes e romances brasileiros que acabavam de sair. Ele atraía nossa atenção para o real. Para nosso grupo, o grande mestre foi Jean Maugüé".

Como explicar que a lembrança de tal mestre tenha se dissipado tão rapidamente? Jean Maugüé pertence a essa rara, mas interessante espécie de pensadores cujo talento passa pela voz, pelo corpo, pela respiração, pela língua, e não pelo pergaminho ou incunábulo? Quando falam, é uma maravilha, e os ouvintes se sentem no paraíso, mas seu pensamento morre em sua boca, a menos que alguns discípulos aplicados o salvem. Além de geniais, Jesus Cristo, Buda ou Sócrates pertencem a essa categoria de intelectuais, e sua sorte foi contar entre seus alunos com Platão, Xenofonte, apóstolos, alguns santos e evangelistas que ouviram as palavras perdidas e as coletaram em tabuletas de argila, pergaminhos ou velocinos, e assim, depois de dois milênios, seus discursos continuam fazendo barulho, e um barulho impressionante. Jean Maugüé não teve esse privilégio e talvez nem o desejasse. No entanto, mesmo supondo que seus propósitos, que ninguém mais conhece, não atingissem o esplendor do *Crítias* ou dos Evangelhos, gostaríamos que ainda soasse, pela magia ou pelos meios eletrônicos, o que dizia no ano de 1935 ou no ano de 1937 esse belo falante do efêmero.

Em 1982, Jean Maugüé decidiu escrever um livro, *Os dentes afiados*, publicado pela Buchel-Chastel. É um texto muito charmoso. Eu recebi Jean Maugüé na Rádio França Cultura. Ele estava contente em evocar o tempo passado. Narrava seus contentamentos. Falei-lhe de sua fama. Ele não estava nem aí.

Fernand Braudel foi igualmente um grande professor. Sua obra futura não fala muito do Brasil. Ela tratará do Mediterrâneo, da identidade francesa, da economia do mundo. O Brasil não deixou muitas marcas diretas em sua pesquisa. No entanto, os cursos que ele dá em São Paulo são memoráveis. Antonio Candido diz: "Era um grande ator. Antes de começar as aulas, ele dizia às pessoas em volta dele: 'Hoje, vou lhes descrever a morte de Maria Stuart. Observem como vão chorar no momento em que eu disser tal frase'. Durante o curso, a emoção crescia e, no momento previsto, todos pegavam o lenço. Ele admirava muito Napoleão III. Lembro-me de como representou a cena do dia em que entregaram a Napoleão III a caixa da rainha Hortênsia, sua mãe, com as cartas e os documentos que permitirão realmente conhecer sua origem. E Braudel, com grandes gestos de braços: 'Vejam, a caixa, ali, diante dele. O que ele vai fazer? Ele abre a caixa? Ele a deixa fechada? E então, ele a queimou sem abri-la. Foi um gesto de grandeza'".

Claude Lévi-Strauss não deixou muitas lembranças. Talvez seus cursos distribuíssem mais tédio do que conhecimentos? Eles tinham outra desvantagem. Não falavam muito dos índios. Filósofo, e ainda não etnólogo, Lévi-Strauss inaugurava uma disciplina na época inédita: a sociologia urbana. Ele exercia sua arte na cidade de São Paulo. Infelizmente, essa cidade não lhe agradava muito. Um dia ele lamentou que ela tivesse passado "do frescor à decrepitude sem se deter na antiguidade". A boa sociedade paulista não ficou contente. Lévi-Strauss forneceu detalhes e agravou ainda mais a situação: "Protegida por essa fauna de pedra, a elite paulista, semelhante às suas orquídeas favoritas, formava uma flora indolente e mais exótica do que acreditava".

No entanto, quando chegou, o jovem filósofo pensava em estudar os índios da periferia de São Paulo. O geógrafo Pierre Monbeig disse-me sorrindo que para Claude Lévi-Strauss não era estranho "ir até o motivo". Pierre Monbeig, Lévi-Strauss e suas esposas tomavam um trem sábado de manhã e passavam o final de semana estudando um povoado próximo a São Paulo. Monbeig estudava a natureza dos solos ou o traçado do avanço da cultura do café. Lévi-Strauss entrevistava um índio aqui, outro ali. Mais tarde, ele ampliou seus interesses. Fez expedições bem complicadas ao Mato Grosso. Então, retornou para a França depois de ter passado a guerra em Nova York em companhia de André Breton e de Denis de Rougemont, e se encastelou em seu escritório do Collège de France e ampliou o campo de suas observações. Sua obra monumental acompanhará os índios, seus mitos, fábulas, culinária, flores ou suas linguagens na totalidade das duas Américas.

Em *Tristes Trópicos*, fará uma homenagem aos bororos, aos nhambiquaras, aos caduveos e aos tupi-kawahib: "Índios cujo exemplo, por intermédio de Montaigne, Rousseau, Voltaire, Diderot, enriqueceu a substância com a qual a escola me alimentou: hurons, iroqueses, caraíbas, tupis, aqui estou". Essa é, sem dúvida, a mais profunda confidência desse homem tão avaro de revelações – exceto em *Tristes Trópicos*. Ele sentia saudades dos tempos primitivos. Um dia, explicou-me que sua alma era neolítica. Os índios eram seus contemporâneos. Eram frágeis e desesperadas testemunhas do tempo da inocência. "Com a América indígena", diz ele, "eu acalento o reflexo, fugidio mesmo ali, de uma era em que a espécie humana era na medida de seu universo e no qual persistia uma relação adequada entre o exercício da liberdade e seus signos".

Conheci Roger Bastide quando cheguei ao Brasil, na casa do cônsul-geral da França em São Paulo, Roger Valeur. A mulher desse cônsul era uma americana extremamente bela. Bastide, que era chamado de *Bastidinho*, para distingui-lo de seu homônimo, Paul-Arbousse-Bastide, que era alto e tinha o apelido de *Bastidão*. Eu vi

Roger Bastide duas ou três vezes na cafeteria da Aliança Francesa. Na maioria das vezes ele estava só, num canto de uma janela.

Ele não chamava a atenção. Primeiro achei que era um professor da Aliança. Era calmo, amável, paciente e divertido, mas eu estava irritado pois, quando lhe perguntava algo, apenas sorria com um ar malicioso, e eu achava que a minha pergunta era boba. As pessoas me tranquilizaram: como ouvia muito mal, desenvolveu esse jeito de conversar sorrindo. E o seu português era péssimo. Mas Deus sabe que ele conhecia não apenas o português das cidades e dos campos, mas também todos os níveis de linguagem do imenso país, o falar das favelas, o dos cultos africanos, do candomblé, da umbanda. Mas quando abria a boca, era uma catástrofe. Dela saia um magma que era preciso destrinchar. E, no entanto, quando eu o vi na cafeteria da Aliança Francesa, estávamos no início de 1951, às vésperas de seu retorno para a França, e ele já havia passado treze anos no Brasil!

"Ele rapidamente se tornou", diz Antonio Candido, "o número um dos professores franceses, o mais brasileiro. Ele escrevia nos jornais. Renovou a visão sobre Machado de Assis, o maior escritor brasileiro, e na época nós não nos demos conta disso. Publicou estudos muito importantes sobre a poesia afro-brasileira. Era um ser muito aberto, muito divertido e de uma gentileza extraordinária".

O itinerário de Roger Bastide é impressionante: eis um francês protestante, que chega ao Brasil em 1938. Como único recurso, além de seu charme e de sua extrema inteligência, ele tem a caixa de ferramentas que a universidade francesa oferece a seus intelectuais, uma coleção de pequenos aparelhos engenhosos, todos desenvolvidos, forjados e polidos por René Descartes no século XVII. Bastide começa a trabalhar energicamente. Mas logo percebe que suas chaves de fendas, suas engrenagens, seus martelos e maquinários lógicos jamais poderão lhe abrir os departamentos invisíveis no fundo dos quais repousa o pensamento afro-brasileiro. Então, sem deixar de lado as lições rigorosas que os mestres franceses tinham lhe dado, ele se perde nos labirintos do pensamento afro-brasileiro. Ele viaja. Passeia. Ele ama. Volta a ser estudante. Ouve as velhas mulheres negras. Aprende. Faz grandes navegações. "Passei [por Salvador]. Sonhei com as velhas igrejas. Introduzi-me nos candomblés. Perdi-me no carnaval." No limiar do vasto território dos cultos afro-brasileiros, poderíamos dizer que hesita, que está impaciente e inquieto para trocar de inteligência, como se arrancasse uma pele antes de vestir, ainda toda ensanguentada, outra. Ele explica isso: "Eu deveria consequentemente me 'converter' a uma outra mentalidade, se quisesse compreender o candomblé".

"A pesquisa científica", acrescenta, "exigia de minha parte a passagem preliminar pelo ritual da iniciação. Até morrer, eu seria grato a todas as mães de santo que me consideraram como seu pequeno filho branco, as Joanas de Ogum, ou então as Joanas de Iemanjá, que compreenderam meu desejo por alimentos culturais novos – e que sentiram, com esse dom de intuição superior que as caracteriza, que meu pensamento cartesiano não poderia suportar esses novos alimentos como verdadeiros alimentos, não como relações puramente científicas, que permanecem na superfície das coisas sem se metamorfosear em experiências vitais, únicas fontes de compreensão, sem que primeiro elas os amassassem, para que então eu pudesse assimilá-los, exatamente como as mães negras enrolam entre suas mãos cansadas os alimentos de seus bebês, transformando-os em um bolinho que amorosamente colocam na boca de seus filhos. O conhecimento da África guarda desde então para mim todo o sabor dessa ternura materna, desse odor de mãos negras que amassam, dessa paciência infinita na doação de seus saberes... Será que permaneci digno delas?"

Algumas palavras voltam regularmente nos textos de Bastide. A palavra "alegria" e, sobretudo, a palavra "encantamento". O candomblé o encanta de tal forma que ele decide se tornar "filho de Xangô", iniciado. Não há mais a visão progressista, evolucionista da Europa que opõe as formas primitivas de religião às formas "superiores". O primitivo não é mais obsoleto do que o moderno ou o pós-moderno. O Brasil, a África do Brasil, ensinou essa lição ao *Bastidinho*: "O velho se mescla ao jovem. As épocas históricas embaralham-se umas nas outras". Como não se chocar com o paralelismo dos itinerários de Claude Lévi-Strauss e de Roger Bastide? Um colecionava os cacos perdidos das sabedorias indígenas e o outro se inscrevia na escola das velhas negras do candomblé.

Bastide diz: "Eu estava submetido à lei de transmissão das informações esotéricas; um segredo não se oferece brutalmente, pois carrega em si forças perigosas que é preciso neutralizar por contradons". E então? O professor de francês Roger Bastide tornou-se brasileiro, ou africano? Certamente, não. Ao contrário, as lógicas obscuras do candomblé permitiram-lhe conservar a base cartesiana de seu pensamento e completá-lo, enriquecê-lo faustosamente, graças às sutilezas do pensamento afro-brasileiro. Esse adepto francês do candomblé, esse filho de Xangô vindo de Auvergne, parece ter permanecido ao longo de seu périplo um huguenote francês.

E se for preciso pedir um segredo ao pequeno senhor que sorria maliciosamente toda vez que eu falava com ele, na cafeteria da Aliança Francesa no início do ano de 1951, guardarei este que não vem nem do pensamento cartesiano nem das mães de santo de Salvador: "O sociólogo que quer compreender o Brasil", dizia Bastidinho, "muitas vezes deve se metamorfosear em poeta".

Esse foi o pequeno grupo de professores que, com o apoio do diretor do jornal *O Estado de São Paulo*, o grande Júlio de Mesquita, criou em 1935 a Faculdade de Filosofia de São Paulo. Oitenta anos mais tarde, a USP, seu distante prolongamento, é um colosso. Milhões de estudantes passaram por seus anfiteatros. Outros professores franceses de alto nível ensinaram em São Paulo depois da guerra, como o lógico Gilles Gaston Granger ou o filósofo Claude Lefort. Mas o Brasil nunca esqueceu seus pioneiros, Braudel, Lévi-Strauss, Bastide, Monbeig, e principalmente, o filósofo desconhecido Jean Maugüé.

Proust nas favelas

Na favela da Rocinha, no morro do Rio de Janeiro, uma professora teve uma ideia. Ela deu como livro de leitura a seus alunos *Um amor de Swann*, o segundo volume de *Em busca do tempo perdido* de Marcel Proust. As crianças têm idades variadas. Eles podem ter dez, quinze, vinte anos. Sua bagagem cultural não é grande, pois crescer na Rocinha não é crescer entre livros. Os garotos são melhores em emboscadas, em delitos, em pequenos comércios e em carnaval do que em Charlus e em Swann. A chave do mundo encantado da literatura nunca lhes foi dada. A professora ofereceu-lhes uma. Foi *Um amor de Swann*.

Como Proust desembarcou na Rocinha? Graças a Stéphane Heuet, que transformou o texto de Proust em uma história em quadrinhos (Éditions Delcourt). Seus livros são respeitosos. Cada edifício do bulevar Haussmann ou da ilha Saint-Louis é minuciosamente retratado. Os balões dos desenhos reproduzem escrupulosamente as palavras escritas por Proust. Essa excelência teve sua recompensa. Marcel Proust suportou bem o choque dos desenhos. Os livros foram traduzidos em trinta países, entre os quais o Brasil. Na França, os jornalistas literários torceram o nariz. Recusavam que o monumento proustiano fosse estragado. Mas os verdadeiros especialistas universitários de Proust louvaram o trabalho de Stéphane Heuet. Os moleques da favela, também.

Será que Marcel Proust ficaria orgulhoso com essa ponte que de repente se ergueu em uma pequena escola das favelas, bem longe do Grande Hotel de Cabourg, de Combray e das graças do *faubourg* Saint-Germain? Depois do obstáculo da HQ que ele saltou com elegância, podemos vê-lo ao pé de outro muro, e mais escarpado: as favelas de Rio de Janeiro. O "pequeno grupo" de Cabourg e os viscondes do *faubourg* Saint-Germain desembarcam, com suas provisões de orquídeas, nas misérias do Rio de Janeiro.

Madame Verdurin não esconde seu prazer. Sempre em busca dos divertimentos que elevam a alma, totalmente pós-moderna, curiosa, esperta e chique, ávida por outros divertimentos além do "*noli me tangere*" do *faubourg* Saint-Germain, ela se anima. Se fosse o caso, seria até mesmo capaz de perder o início da "temporada de Bayreuth" para honrar o convite da professora carioca.

O primeiro contato não foi agradável, de tão fortes que são os odores exalados pelos esgotos a céu aberto da Rocinha. Mas Proust, em *Um amor de Swann*, previu a experiência. Ele fornece até mesmo uma tática para não sucumbir a isso: "Toda narina um pouco delicada", diz ele, "se desviaria com horror para não se deixar ofuscar por tais eflúvios". A narina de madame Verdurin se desviou.

A Rocinha tem outros problemas. Em suas ruas devastadas, as lanchonetes não são o restaurante *La Grande Cascade* do parque de Boulogne. Ali não se ouve com frequência a "pequena frase da sonata de Vinteuil" e "sua tristeza infinita", mas, em vez disso, madame Verdurin e seus amigos poderiam enfim conhecer o baile funk, essa música das favelas, que é "muito divertida", ainda que as letras sejam meio duras. Quanto a Odette de Crécy, a única coisa que poderia fazer era acompanhar os passos dos Verdurin, e tanto pior se esse rabugento de Swann estava de cara amarrada. Odete não iria perder uma chance de "alegrar suas pupilas" nos trópicos.

E os moleques, esses garotos e essas garotas dos antípodas, será que iriam apreciar esse grupo de parisienses ainda embalados no papel cristal da Belle Époque? Felizmente, existem alguns pontos em comum entre os corações de condessas e os corações de meninas brasileiras. O ciúme, isso também funciona nas favelas, e as crianças da Rocinha compartilharam as tristezas de Swann. Aceitaram de bom grado que "o ciúme, como se fosse a sombra de seu amor, se completasse com esse novo sorriso e que, inverso agora, zombava Swann, se carregasse de amor por outro". A maioria dos garotos e garotas concordava com Proust. Eles não poderiam ter dito de forma melhor: *"Oi! Meu anjo, aquela moça, a Odette de Crécy, é uma puta, não?"* O rosto de Charlus foi objeto de zombarias. *"Mas você não acha que esse Charlus é viado, hein?"*

Em contrapartida, as carruagens com brasões de ouro, as tapeçarias e os cortinados do bulevar Saint-Germain, os crepúsculos misericordiosos da ilha de Saint-Louis, os vertiginosos chapéus da marquesa de Saint-Euverte, os vestidos cheios de babados e a afetação da princesa de Parma, os cristais de Lalique e as intermitências do coração de Odette, os sorvetes de Berthillon, todo esse brilho e esses *faubourg* de Saint-Germain talvez tenham se sentido um pouco deslocados na favela. E todos esses adjetivos, essas sintaxes lentas, astutas, labirínticas de Marcel Proust, o que vão se tornar nas cidades arrasadas do Rio? Literatura fantástica.

Rio Amazonas

O Amazonas é um abismo. E não compreendemos isso imediatamente. Ele é tão azul, tão calmo. E como vai até o horizonte, é difícil percebê-lo. Ele é tão maior do que o nosso olhar. Move-se tão pouco, tremula e desliza. Isso lá é um rio? Talvez um mar, um mar cintilante ou cinza, ou quem sabe um lago com as dimensões do mundo. Um planeta. Um planeta azul e que brilha. A terra desapareceu. Foi substituída pela água.

Acabei encontrando esse imenso rio em Belém. Em suas margens, a prefeitura colocou pequenos bancos. Os aposentados e os apaixonados ali se encontram à noite, como nas canções de Brassens e como fazemos às margens do Bléone em Digne, quando terminamos de jogar bocha. Eles se parecem com esses aposentados de Angers ou de Amiens. Eles se entendem, flertam, contemplam as nuvens e nada é mais exótico do que um Amazonas, nada é mais rotineiro. Muita água e uma água tranquila, assim é o rio que carrega o nome mais romântico do mundo.

Ainda bem que existem os guias de viagem. Eles adoram o Amazonas. E nos prometem, em suas margens ou ao longo de seus afluentes, emoções e momentos magníficos. E sempre mandam dar uma volta pelo mercado de peixes de Belém do Pará. Esse mercado de peixes é uma mania, uma ideia fixa. Você pode até escolher um guia de outra cor, ler um guia azul ou um guia vermelho, um verde ou um amarelo, todos têm a mesma opinião. Falam em uníssono. Acho que um único redator faz todos os guias do mundo. E esse redator é bastante rígido. Ele te dá uma bronca logo de saída: "Vá ao mercado de peixes em Belém. E não demore a fazê-lo!". No final, acreditamos que os deuses fizeram um rio largo de cem quilômetros, com uma profundidade de cem metros, e atravessando uma floresta sem limites, apenas para construir às margens do rio Guamá, na embocadura do Amazonas, o mercado de peixes de Belém do Pará. Como se revoltar contra dez guias ao mesmo tempo? Fiquei com medo de ser denunciado. Sujeitei-me. Obedeci. Acordei às três horas da manhã e fui ao mercado de peixes. E fiz muito bem. Foi lá que encontrei o abismo.

Era noite. A luz chegou depois de mim. Ela era feia, pois o céu naquele dia estava encoberto. O nevoeiro espalhava-se sobre o rio, como os fluidos escorrem enquanto se dorme, como fazem sobre os rios fantasmas. Desse silêncio fúnebre saíam barcos de pesca. Os marinheiros eram negros ou caboclos. Os caboclos são essas pessoas cujo corpo contém quatro ou cinco etnias variadas e que povoam o Nordeste e a Amazônia. Também são chamados de mamelucos, caribocas ou curibocas. A palavra "caboclo" tem origem indígena. Em língua tupi, *kaa'boc* quer dizer "que vem da floresta". E o *kari'boca* é "o filho do homem branco".

Na Amazônia, as dosagens étnicas não são exatamente as mesmas do sertão. Um caboclo amazônico é feito de índio, africano, português, e tudo isso combina muito bem, e alguns conseguiram até acrescentar a essa mistura um pouco de chinês, um pouco de italiano, de francês, de inglês, e, claro, os olhos azuis dos holandeses, por causa da longa presença de Maurício de Nassau no século XVII, em Pernambuco, um pouco mais ao sul.

Os pescadores eram magníficos. Reconheci Netuno e seu tridente, alguns atlantes. Havia nereidas que rodavam a bolsinha no cais. Os marinheiros estavam muito ocupados em seus barcos com os molinetes, as redes e os arpões, e vendiam aos comerciantes seu butim. Semideuses ou deuses completos, eles eram absolutamente simples. Entregavam o que tinham retirado do abismo. Peixes? É o que dizem e eu não acredito nisso. Não são peixes. São quimeras. Medusas, com três cabeças, uma de leão, uma de cabra e uma de dragão na ponta da cauda. Górgonas, com cabeleiras de serpentes, dentes de javali e asas de ouro, e como o Amazonas, tão sereno e tão mudo, consegue guardar em suas opacidades monstros semelhantes?

Como já havia lido todos os guias, estava muito bem informado sobre os nomes dos peixes amazônicos. Não tive muita dificuldade para identificar o pirarucu: era aquele ser de dois metros de comprimento e de cem quilos que jazia no cais, e o pescador me disse que havia piores e que o rio possui pirarucus de quatro metros e de trezentos quilos. De todo modo, é o maior peixe de água doce do planeta. Ele também é chamado de arapaima ou paiche.

Havia os silures de alta linhagem, de ar resmungão, com seus bigodes afiados e espinhudos, piratiningas, pacus-manteiga, curimatãs, e alguns sambaquis que, mesmo sendo peixes, teimam em se alimentar de frutas.

Os outros peixes me deram mais trabalho. Tentava reconhecer as espécies assinaladas pelos meus guias azuis, verdes ou vermelhos, e não reconhecia nenhum. Mesmos os peixes cujos nomes eram familiares enganavam o seu mundo. Os dourados, por exemplo, não tinham nada a ver com as *dorades royales* douradas ou cinzas que os pescadores bretões vendiam em Cancale. Os dourados eram surpreendentes, mas bem bons. O nome lhes caía muito bem. Eles cintilavam. Provinham diretamente desse Eldorado que o corsário inglês Willian Raleigh viu e explorou no século XVI e que desapareceu em seguida para ir ninguém sabe aonde.

Esses pescadores me ajudaram a compreender um pequeno mistério que atinge todos os apaixonados pela Amazônia. Os primeiros a chegar, missionários, militares, degredados espanhóis ou portugueses, todos encontraram criaturas terríveis, suntuosas ou incompreensíveis. No rio ou nas florestas, eles viram desfilar amazonas, dragões, cinocéfalos, fantasmas, *krakens*, anomalias e deformações. Essas criaturas sobreviveram por muito tempo. Ainda em 1751, o físico La Condamine garantiu a existência delas. Para as amazonas, no entanto, o crepúsculo já chegou. O Iluminismo brilha e elas não conseguem resistir. As amazonas partem.

Hoje, pensamos comumente que essas criaturas jamais existiram. Adotamos o hábito de ler de forma condescendente os diários de bordo e os testemunhos dos primeiros descobridores. Os psicanalistas os estudaram. Eles consideram que os marinheiros portugueses e os capitães espanhóis, um pouco constrangidos com o país extravagante que percorriam, e muito angustiados, descreveram apenas as imagens de seu inconsciente. As sereias e os monstros com os quais cruzaram ao longo do rio residiam em seus sonhos, em seus terrores ou em seus desejos. Quanto a essas amazonas que têm apenas um seio e que atiram flechas sobre todos os homens, não é preciso ter lido Freud para compreender o que elas traficam em nossos sonhos.

Os historiadores acrescentaram suas explicações. Eles lembram que os descobridores da Amazônia eram homens de grande cultura. Navegadores, mercenários ou monges descalços, eles conheciam a literatura grega, latina, e às vezes germânica ou celta, na ponta da língua. Contentaram-se, portanto, em identificar sob as palmeiras e o emaranhado de cipós as criaturas que já tinham encontrado nas bibliotecas de Salamanca ou de Bolonha, lendo as obras de Heródoto, de Lautréamont que chegará dois séculos mais tarde, de Plínio, o Velho, de Borges, do bispo Olaus Magnus, de Herman Melville ou de Edgar Allan Poe.

O que descobriam do outro lado do Equador não era um país, era uma biblioteca. Era Estrabão, Plínio, o Jovem ou Megásteno. As amazonas que, em 1542, o padre dominicano Gaspar de Carvajal vê cavalgando sob as castanheiras do Pará são apenas as amazonas deslocalizadas que assombravam as montanhas da Cítia nos tempos de Heródoto, antes de abandoná-las. Os enormes polvos do rio Madeira ou do Xingu se parecem com essas criaturas aterradoras que a saga norueguesa Öwar-

-Odds celebra desde o ano de 1250: o *Kraken*, também chamado de *Hafgufa* ou *Lyngbakr*, um polvo grande como uma ilha flutuante, um "pedaço de horror em forma de molusco", que navegava nos antípodas do Amazonas, nos precipícios medievais do Báltico. Quanto às formigas gigantes da floresta do rio Negro, Heródoto já as observara na Índia. E nos descrevera cuidadosamente as formigas comedoras de ouro. Nada de novo no horizonte. Os exploradores do século XVI limitaram-se a descrever o que já fora visto por Heródoto. Os grandes descobridores do Renascimento não são tão temerários quanto os de Baudelaire. Quando vão ao fundo do oceano, não é para encontrar o novo. É para verificar o antigo.

Essas explicações, históricas ou psicanalíticas, sempre me pareceram elaboradas demais. Preferia os testemunhos dos antigos aos ceticismos dos modernos. O mercado de peixes de Belém às três horas da manhã fortalecia minhas certezas, já que os pescadores amazônicos, quando retornam de suas noites, espalham sobre os cais e as docas algumas das criaturas observadas pelos primeiros conquistadores, por Teixeira ou pelo padre Carvajal. O fato é que essas criaturas, em vez de andarem em plena luz do dia como gostavam de fazer no tempo do paraíso perdido, preferiram, depois da chegada tonitruante da Europa, refugiar-se nos abismos. É lá que os pescadores de Belém vão todas as noites recolhê-las, e isso sem levar em conta que de tais abismos esses pescadores frequentam apenas as beiradas, as áreas elevadas, as margens e as antecâmaras, pois a colheita de monstros está muito longe de esgotar o monumental bestiário que jaz no fundo do imenso rio. Os ictiólogos nos ensinam que existem milhares de espécies de peixes amazônicos dos quais ainda nem temos ideia. As grandes profundezas do Amazonas abrigam 2.500 espécies de peixes, ou seja, 10% de todos os peixes do planeta. E, dessas 2.500 espécies, conhecemos apenas algumas centenas. Talvez o pirarucu com seus quatrocentos quilos seja apenas um pigmeu se comparado aos monstros que rondam há milhares de anos

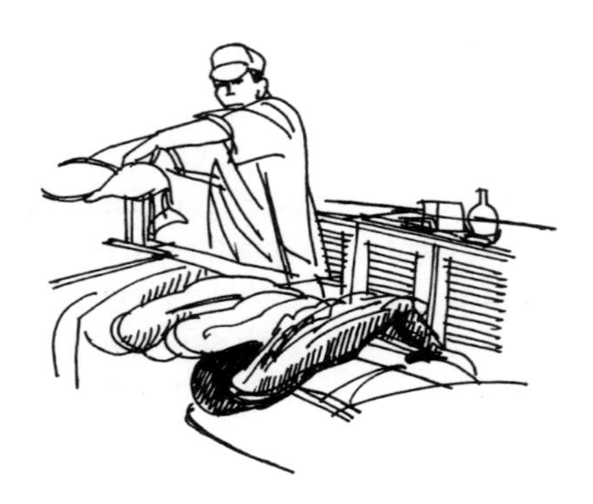

as cavernas do Amazonas, entre os quais provavelmente os grandes sáurios que aparecem na Bíblia, como o Leviatã ou o Melmoth.

Mesmo incompleta, a colheita dos pescadores de Belém, naquela manhã, não deixava de ser imponente. Vi se acumularem nos cais todos esses seres que normalmente encontramos no livro VII das *Histórias naturais* de Plínio ou no livro XIX das *Noites áticas* de Aulu-Gelle, bem como nas descrições da Índia feitas por Ctésias de Cnido depois de ter passado, no século IV, algumas temporadas na corte de Artaxerxes II, o grande rei da Pérsia. Como não reconhecer os meio-cães que os gregos chamavam de *hemikune*, os *sciapodes* que procuram a sombra de seus próprios pés, ou esses magníficos *enotocetes* que à noite dormem cobrindo-se com suas próprias orelhas?

Na claridade incerta que acompanhava o retorno do dia, creio ter visto até mesmo alguns *astomos*, que não têm boca; alguns *monoftalmos*, esses ciclopes, do tipo Polifemo; e criaturas cujos pés eram invertidos, como os *opisthodactyles*, o que deve lhes dar muito trabalho quando querem ir para a frente. Um último barco atracou. Uma vez as redes esvaziadas, constatei que se agitavam, entre algas, enguias e serpentes, alguns *macroseles*, esses homens com pernas de aranha conhecidos dos gregos no tempo de Estrabão.

Rio de Janeiro

No dia 1° de janeiro de 1502, dois anos depois que a Terra de Vera Cruz foi descoberta pelo almirante Cabral, o português Gonçalo Coelho percorre a costa do novo país em companhia de Américo Vespúcio, um navegador florentino a serviço da Coroa portuguesa. Eles lançam âncora em uma baía magnífica. Sem dúvida, eles a consideram bela, mas não ficam muito tempo por ali. Descem para o sul. Têm apenas o tempo de batizar a descoberta. Como acreditam que essa baía é a embocadura de um grande rio, e já que a descobriram em janeiro, eles a chamam de Rio de Janeiro. Assim, cometem dois erros: não permanecem nesse lugar excepcional e confundem o Oceano Atlântico com um rio que não existe. Pelo menos, deram a esse pedaço de terra um lindo nome.

Esses erros serão corrigidos mais adiante: em 1565, os portugueses, irritados com os franceses de Villegaignon por terem ocupado de 1555 a 1560 uma ilhota da Baía da Guanabara, o Forte Coligny, começam a achar esse lugar muito belo. Em 1° de março de 1565, Estácio de Sá, sobrinho do governador-geral Mem de Sá, funda a cidade de São Sebastião do Rio de Janeiro aos pés do Monte de Manteiga (Pão de Açúcar). A Baía da Guanabara é portuguesa. Um século mais tarde, em 1676, uma bula papal cria o bispado do Rio de Janeiro, mas a mesma bula eleva o bispado de Salvador à posição de arcebispado.

Em 1763, Salvador é destronada. O Rio de Janeiro se torna a sede do governador-geral do Brasil. Depois de 1809, a corte de Lisboa ali instala sua residência. A pequena cidade colonial se transforma. Agora está repleta de servidores, barões, escravos, tabeliães, protocolos, oficiais de justiça, jabôs e pretensões. Um pouco mais tarde, ela se torna a capital do Império, depois da República.

Vemos que o início de Rio de Janeiro não é glorioso. A cidade vai recuperar o tempo perdido. Ela é uma unanimidade: se os gregos a tivessem conhecido, teria sido eleita a oitava maravilha do mundo, entre os Jardins Suspensos da Babilônia e o Templo de Artemis em Éfeso. Em 1816, o naturalista Auguste de Saint-Hilaire se deslumbra: "Nada no mundo é tão belo quanto os arredores do Rio de Janeiro [...]. Florestas virgens tão antigas quanto o mundo espalham sua pompa até as portas da cidade [...] Quem poderia pintar as belezas representadas pela baía do Rio de Janeiro, essa baía que, segundo um de nossos almirantes mais instruídos, conteria todos os portos da Europa?"

Stefan Zweig, que fugiu da Europa nazista, instala-se no Brasil em 1942. Ele canta a noite do Rio: "Poucas cidades sobre esta Terra, nem mesmo Nova York, sustentam a comparação com o Rio de Janeiro à noite [...]. Nos trópicos, a noite chega lentamente, a transição é quase imperceptível: a luz vai embora lentamente, as cores perdem sua intensidade, parece que uma boca invisível tocou com seu sopro o espelho do céu e, à medida que as cores empalidecem, o odor, esse odor misterioso e pesado dos trópicos, se intensifica... Subitamente um brilho reluz ao longe, no fundo da gigantesca baía, e de um mesmo movimento todas as lâmpadas ao longo do mar se acendem. Uma serpente luminosa, estreita mas interminável, parece se enrodilhar essa linha sinuosa e traça sobre todo o contorno geográfico da costa uma longa faixa de fogo, e em sua extremidade, essa serpente é envolvida não por uma coroa de rubis de conto, mas por uma coroa feita de todas as luzes do centro".

Um século antes, o naturalista alemão Alexander von Humboldt achou que o Rio de Janeiro era a mais bela cidade do universo, no mesmo patamar de duas cidades europeias, Nápoles e Salzburgo.

Georges Clemenceau narra sua chegada ao Rio de Janeiro em 1911: "Uma entrada triunfal nesse mar interior cercado de altas montanhas, cercado por rochedos em luta, embelezado por praias sorridentes, florido por ilhas misteriosas, misturando à sombra clara das altas florações todos os encantamentos do céu e do mar nas volúpias do sol. Às quatro horas sentei na ponte. Nevoeiro, pequena chuva fina, não veremos nada. Algumas pontas dos rochedos emergem de repente dos vapores e são, bruscamente, revelados aos nossos olhos. Navegamos nas nuvens".

Anatole France, Paul Claudel, Darius Milhaud, Blaise Cendrars, Jean-Christope Ruffin, Édouard Manet, Sébastien Lapaque e até Georges Bernamos, Louis Jouvet, Roger Bastide e Henri Salvador, não há um viajante da Europa que não se extasie diante da grande ópera que o Rio de Janeiro apresenta sem se cansar há dois séculos. Nenhum. Menos Claude Lévi-Strauss.

Para o etnólogo mais ilustre do século XX, essa baía tão admirada do Rio de Janeiro é um erro. Ainda que em seu espírito desfilem todas as imagens, todos os adjetivos e todos os lugares extremamente comuns que os poetas criaram sobre a baía do Rio, Lévi-Strauss permanece frio. É verdade que o entusiasmo não é o "seu forte". Cético e desencantado, com muito talento para o tédio, ele apenas se exaltou com as fábulas dos bororos, com o nome dado às plantas pelos selvagens ou com algumas excentricidades da geologia. "Detesto as viagens e os viajantes", proclama no início de *Tristes Trópicos*. Ele aplica esse belo preceito ao Rio de Janeiro. Sem chegar a "odiar" o Rio, ele não o aprecia. Acha que essa Baía da Guanabara é uma "boca banguela".

Eis o Rio pela luneta de Lévi-Strauss: "Eu me sinto embaraçado para falar do Rio de Janeiro que me desencoraja, a despeito de sua beleza tantas vezes celebrada. Como poderia explicar? Parece-me que a paisagem do Rio de Janeiro não está de acordo com suas próprias dimensões. O Pão de Açúcar, o Corcovado, todos esses pontos tão falados parecem ao viajante que penetra na baía como dentes perdidos nos quatro cantos de uma boca banguela. Quase constantemente envoltos no nevoeiro dos trópicos, esses acidentes geográficos não chegam a mobiliar um horizonte largo demais para com isso se contentar".

Pareço criticar Claude Lévi-Strauss. O respeito que dedico ao erudito que ele foi, ao músico e ao poeta que poderia ter sido, não me deixaria fazê-lo. Além do mais, compartilho um pouco de sua opinião, ou melhor, compartilhei, durante minha primeira estadia no Brasil, no início da década de 1950. Eis a ideia que tinha sobre a "cidade das cidades". Eu pressentia as futuras insensibilidades de Lévi-Strauss:

"Sobre o Rio, não tenho nada a dizer. Nada a declarar. Vejo que é uma bela cidade, isso salta aos olhos, mas por isso mesmo! Fui vinte vezes e nunca senti um frisson. Assim que vejo Copacabana, Ipanema, Leblon, eu entro em pânico. Meu espírito não me fornece nada. Devo reconhecer que o Cristo do Corcovado e o Pão de Açúcar, como são enormes, e não há como ignorá-los, exibem-se por toda a cidade. E nas praias, os banhistas esnobes sem barriga, músculos dourados, desfilam como em uma passarela, a cabeça para trás, o tanto necessário para lançar um olhar matador destinado a agarrar, como um papel pega-mosca, as mulheres que passam. Se eu fosse uma mulher, e se por infelicidade pertencesse à seita daquelas que querem cortar o saco dos homens, eu iria para o Rio de Janeiro. É ali, em Copacabana, a dois passos das grandes ondas sobre as quais os meninos praticam o surfe, que eu instalaria minha mesa, com minhas serras, minhas facas, minhas limas, minhas tesouras. Teria menos remorsos do que em outros lugares."

"Vaidade, isto é o Rio. Desperdício, também. Essa cidade estragou tudo, tinha tudo para dar certo. As fadas se inclinaram sobre seu berço. Uma das terras mais belas do mundo. Um espetáculo de montanhas românticas. Árvores de Douanier Rousseau plantadas no meio de uma estampa do século XVIII. Um grande espaço, entre o mar e a floresta, ampliado por uma grande quantidade de colinas, como os montículos feitos pelas toupeiras de Gulliver. [...]"

"Embaixo, sob os morros, tem um monte de túneis, esse é o charme do Rio. Dá para imaginar uma cidade mais estranha, metade céu e metade cripta? Uma cidade como uma mina de ouro. Uma cidade de dias e de noites. Mas os engenheiros chegaram. Em cada túnel, eles colocaram uma estrada e hoje, nessa capital de fábula, os automóveis passam a 150 km por hora, berrando como vacas, com seus carregamentos de homens de chumbo, de mulheres cegas."

Hoje eu não pronunciaria tais julgamentos. Por causa do tempo, talvez, e da idade. Do gosto pela indulgência. Eu mudei. Mas não sou o único a ter mudado. O Rio também já percorreu um bom caminho. Em 1960, o presidente Kubitschek honrou a promessa que os próprios constituintes fizeram em 1889, no nascimento da República. Ele construiu uma nova capital, Brasília, no interior do país.

Para o Rio, foi um golpe e tanto. A cidade se viu bruscamente despojada de seus emblemas, de seus privilégios e de suas vaidades. A sala de comando do país fabuloso foi exilada a dois mil quilômetros no sertão. Ao Brasil poético, brilhante, astuto, brincalhão e sedutor da tradição carioca sucedia um Brasil responsável, vestido de preto e pilotado de Brasília, nos edifícios de vidro, concreto e aço da cidade concebida por Niemeyer e Lúcio Costa. Os edifícios de Brasília eram esplêndidos, mas tão longe das praias! Imagine dar uma volta de maiô entre as máquinas eletrônicas e os organogramas! Houve um período de transição: a vida, nos prédios de Brasília, era tão austera, tão racional e tão morna que os funcionários só pensavam em Copacabana. No início de cada final de semana, eles lotavam aviões para irem se despir no Rio e mergulhar nas ondas de Ipanema ou de Botafogo. Pouco a pouco, contudo, Brasília se humanizou, um pouco de desordem se esgueirou na nobre maquete, e o pessoal administrativo acabou se resignando com seu destino.

Alguns anos mais tarde, o Rio sofreu, como todo o Brasil, um segundo golpe. Os militares tomaram o poder em 31 de março de 1964. Eles submeteram o país às suas regras. O Ato Institucional número 5 – AI-5 – suspendeu uma grande parte dos direitos individuais. O Congresso foi fechado. Um regime violento e limitado substituiu a democracia desordenada do Brasil. Os militares perseguiram os cantores, os acadêmicos, os poetas, os padres, os romancistas que se exilaram em massa, na maioria das vezes em Paris. As bibliotecas foram visitadas e limpas. Stendhal foi colocado no índex, pois escreveu um romance comunista intitulado *O Vermelho e o Negro*. A idiotice e a crueldade invadem o país das maravilhas.

Quando o episódio dos militares terminou, a velha capital despertou, como todo o resto do Brasil, mas seu hálito era fétido. Onde foram parar seus prestígios? O poder econômico estava ancorado em São Paulo, e para sempre. Os poderes político e administrativo migraram para Brasília. O que sobrou para o Rio de Janeiro? As canções de Vinícius de Moraes, a fábrica de telenovelas, o talento da palavra, a verve, o cinismo e a brincadeira, a ternura, as piadas, as praias e as garotas. Mas já era tarde e a cidade estava suja, desfigurada e degradada, pois o acúmulo das misérias nas favelas fez do Rio uma das cidades mais inquietantes do mundo.

O excelente cineasta Walter Salles (*Central do Brasil*, etc.) diz: "O Rio é uma cidade partida [...] por causa da geografia particular da cidade comprimida entre o mar e a montanha. Há uma proximidade entre ricos e pobres muito maior do que nas outras metrópoles do Brasil, como São Paulo, onde os pobres se aglomeram na periferia. No Rio, esses dois mundos se sobrepõem. Os morros sobre os quais as favelas se penduram estão imbricados na zona sul, e avançam no que se chama asfalto". Na década de 1990, Walter Salles gravou um documentário sobre o poeta e cantor carioca Chico Buarque, intitulado *Chico ou o país da delicadeza perdida*. E Walter Salles conclui: "A cidade do Rio é mais dura do que sua beleza transparece".

Então, como é preciso fazer alguma coisa quando se é uma cidade, o Rio se reciclou. Dedicou-se a seu declínio. Fez dele uma obra de arte. Este é um exercício que as cidades desse país praticam com prazer e habilidade. Elas nascem ao acaso. Elas vivem. Depois, num belo dia, encontram um produto milagroso que lhes assegura o poder e a glória: cana-de-açúcar, café, ouro, diamantes, borracha... Durante um século, durante dois séculos, elas aproveitam um máximo. Soltam rojões ensurdecedores até o momento em que esgotaram todo o seu estoque de pólvora, de bombinhas e de cores. Suas reservas de sorte ou de felicidade acabaram. Então decidem dormir. E sonham. Mas dormem com um olho aberto e outro fechado. Esperam que a sorte passe novamente por ali. Na primeira ocasião, decidem que o declínio acabou, e então ressuscitam – foi o que aconteceu com as cidades da Amazônia, por exemplo, Santarém, Manaus, Belém. Todas morreram, juntas, no ano de 1912, e se consagraram à decrepitude, antes de recomeçarem a andar para frente, cinquenta anos mais tarde.

A decadência do Rio de Janeiro não se parece com a de Manaus, que foi espetacular, violenta e instantânea. A do Rio é lenta, mascarada, gulosa e voluptuosa. Esta cidade é um grande poeta: de seu declínio ela faz um esplendor. De sua tristeza, uma alegria, à maneira desse filósofo estoico da Grécia que, ao se suicidar abrindo suas veias em seu banho, abria e fechava seus ferimentos para extrair um pouco mais de alegria de seu lento avanço para a morte. Em *Pequenas epifanias: crônicas, 1986-1995*, o escritor Caio Fernando Abreu fala da cidade da década de 1970: "Conheci o Rio de Janeiro em 1968. Tarde demais, pensei na época. Já não havia o Cassino da Urca, estrelas de cinema deixando o decote cair nos bailes do Copa ou reuniões de bossa nova na rua Nascimento e Silva cento e sete cantadas por Vinícius de Moraes. *Troppo, troppo tardi* eu pensava em italiano por influência talvez de Gina Lollobrigida..."

"Que paraíso aquela cidade maravilhosa pouco antes da paranoia do AI-5, quando era possível passar noites a fio bebendo chope no Zeppelin vendo entrar Leila Diniz, nossa, como ela é baixinha, olha, meu Deus, a Nara Leão! E quem chegou de jipe com Betty Faria não será o Arduíno Colassanti? Possível sentar à noite no murinho da Alberto de Campos fumando com Isabel Câmara, varar madrugada nas galerias de Copacabana com meu primo e guru Francisco Bittencourt (onde andará Zama, a surrealista da Zona Norte?), largar roupa e dinheiro na areia para mergulhar nas ondas verdes — e limpas — do Leblon. Era possível sim, tudo de bom lá naquele tempo e naquela cidade."

"Foi nessa mesma época que Gilberto Gil enviou aquele puta abraço pra todo mundo, garantindo que o Rio de Janeiro continuava lindo. Era cedo portanto, e eu não sabia. Ninguém sabia. Afinal, estávamos ainda mergulhados na poetização da miséria pelo cinema-novo (preciso rever 'Cinco vezes favela'), deflagrada por 'Orfeu negro', no charme da lata d'água na cabeça que dera lugar ao cantinho, ao vio-

lão, garotas de Ipanema ondulantes e Brigitte Bardot tomando água de coco em Búzios. Ó Deus, como é triste lembrar do bonito que algo ou alguém foram quando sua beleza começa a se deteriorar irremediavelmente."

Todo ano, o carnaval incendeia a cidade. Nada derruba sua energia. Nem crises, nem assassinatos, nem miséria nas favelas, nem esquadrão da morte, nem tormentos ou incertezas da política. Milhões de homens e de mulheres dançam, cantam, gritam, fazem o êxtase e o amor. Por algumas horas, a Baía da Guanabara é o luxo do mundo. No porto, navios despejam sua carga de turistas vindos dos quatro cantos do mundo.

O pôr de sol
Reveste os campos
Os canais, a cidade inteira
De jacintos e de ouro

As melhores escolas de samba desfilam no Sambódromo idealizado por Oscar Niemeyer em 1984. As mulheres se vestem com as fantasias que bordaram e costuraram durante semanas a fio. As marquesas negras do século de Luís XIV giram à beira da praia. Os homens rebolam ao ritmo das batucadas. Alguns estão fantasiados de mulher, outros de índios. As escolas de samba desfilam, sob os projetores. A riqueza dos carros fascina. Eles são financiados em parte pelos banqueiros do bicho, esses personagens obscuros que gerenciam o jogo do bicho, uma loteria estranha cujos bilhetes, que representam uma coleção de 25 animais, são trocados nas sombras: nunca há um recibo nas transações do jogo do bicho. Nem um único bilhete. Simplesmente, um nome de animal murmurado de manhã, quando se sai para trabalhar, na orelha de um responsável, e nunca há uma contestação.

O carnaval não é apenas uma festa ou um delírio. É também uma poderosa indústria. Para preparar suas surpresas, um exército de operários e de operárias se agita durante todo o ano nos pequenos ateliês das favelas. Estima-se que o carnaval traga todo ano ao Brasil no mínimo 500 milhões de dólares. O carnaval é também um grande depósito de lembranças e de tempo reencontrado. Naquele dia, nos modestos apartamentos do Rio, enquanto sobem os cantos, os gritos e a confusão dos rojões, velhos casais se recordam do encontro, algumas dezenas de anos antes, da garota e do garoto que se amaram, na noite perdida de outro carnaval.

Ruínas

O Brasil é uma vasta ruína. É por isso que ele é tão belo, tão comovente. Ele possui em suas lojas as mais variadas ruínas e pode nos fornecer uma amostra ou outra, sob encomenda, assim como escolhemos um artigo em um catálogo: a ruína nobre ou a trivial, a terrível ou enternecedora, a velha ou a nova, a magnífica, a suntuosa.

Na floresta da Amazônia, ele pode nos propor podridões e lamas de uma boa safra, vestígios de árvores, dos lagos fétidos e das tribos indígenas decompostas, enquanto que a mil quilômetros dali, nas terras desencarnadas do Nordeste, fortalezas de poeira demolidas e enormes ninhos de cupins, duros como granito e muito altos, chegam diretamente da Arábia ou da Palestina.

O que dá mais certo é a ruína comum. A ruína rápida. Ele desenvolveu processos de decadência acelerada. Enquanto na Europa, em Lascaux, em Alésia ou em Atenas são necessários vários milênios para confeccionar escombros apresentáveis, no Brasil o tempo é impaciente. Ele se apressa. Em uma manhã qualquer, operários erguem um imóvel majestoso e se passar no mesmo lugar vinte anos depois você dá de cara com um monte de entulho, com um buraco ou com um novo canteiro de obras.

Estes são os paradoxos conhecidos por muitos construtores de ruínas: os edifícios modernos, feitos de materiais indestrutíveis, os imóveis de vidro, de aço ou de concreto se deterioram em alguns anos, ao passo que os palacetes construídos com materiais naturais e frágeis, com calcário de Caen, com pedra amarela de Aix-en-Provence, com poeira do Iêmen ou com árvores de Vercingétorix fazem catedrais ou palácios e zombam dos milênios.

Em São Paulo, o bairro que era o coração prestigioso da cidade na década de 1950, entre a Praça da República e o Vale do Anhangabaú, ente a Avenida São Luís e a Avenida São João, é hoje decadente. Era um vasto quadrilátero, belo como uma Avenida Montaigne, e frequentado por jovens mulheres luxuosas. Agora, quando me perco nesses lugares, meu coração fica apertado: a vulgaridade desgastada dos prédios, o fedor das marquises que se tornaram depósitos de sujeira, de urina e de odores de ratos, o desbotamento das cores, o azul e o branco degradado das fachadas, tudo nos fala da morte das coisas. O tempo trabalha como um condenado sobre os materiais modernos, o concreto, o plástico e o aço. Bastam-lhe alguns anos para misturar o passado com o futuro, o cafona com a vanguarda.

Para o viajante que retorna depois de meio século aos mesmos lugares que amou, o espetáculo é bem triste. Esses bairros "novos" envelheceram exatamente na mesma velocidade que ele. O que não é o caso de Alhambra, Luxor ou da ponte do Gard, que rejuvenescem com o passar dos anos. Já faz muito tempo que se tornaram bem mais jovens do que eu.

O coração degradado de São Paulo devolve minha imagem em seus espelhos. Ele me ensina que, após cinquenta anos, e sem sabê-lo, eu me deterioro lentamente, no mesmo ritmo que as pinturas, os plásticos e as cores dos antigos "bairros nobres". É por isso que, quando retorno a São Paulo, faço questão de não passar pela

Avenida São João ou pela Avenida São Luís, para não sofrer com a derrota de minhas lembranças. Quando tenho um encontro por ali, vou pela Rua 7 de Abril ou pela Avenida Ipiranga como um batedor de carteiras, fecho um pouco os olhos, e tateio, assim não vejo as marcas da cidade fantástica que me enfeitiçou em meados do outro século.

O Brasil também sabe moldar a ruína nobre. E nesse exercício ele demonstra a mesma habilidade que os países da Antiguidade europeia, Itália, Grécia, Espanha ou a França. Muitas vezes, quando sonho diante de uma igreja barroca de Minas Gerais, diante de uma "extravagância arquitetônica" do Rio encolhida como uma velha senhora no meio de imóveis arrogantes do século XXI, meu pensamento vai até os Coliseus cansados, quase vegetais, que o pintor de ruínas, Hubert Robert, trouxe um dia de suas viagens a Roma.

Este país é pródigo: da mesma maneira que cria as mais belas florestas, as cobras mais brilhantes e as flores mais bem desenhadas, ele também detém magníficos estoques de ruínas nobres. Como escolher? Para mim, a ruína mais bem acabada não se encontra em Minas Gerais onde, no entanto, pululam igrejas barrocas em que cada pedra parece ser um pedaço de tempo perdido, mas na ponta do Maranhão, no Norte, nos confins da Amazônia. Ali se erguem, na cidade devastada de Alcântara, os escombros de uma igreja que sofreu tantas mutilações que os arcobotantes, os matos, as brechas e os transeptos quando se misturaram engendraram um monstro.

Da nave um dia atingida por um raio e nunca restaurada subsistem alguns fragmentos: pedaços de paredes, matos, restos de ogivas e uma fachada mais esburacada do que a catedral de Reims depois dos obuses de 1914. Faz trinta anos que encontrei quase por acaso essa obra-prima. Era um final de tarde. No calor do sol, vi surgir de repente restos de paredes e montanhas de heras, como nas primeiras narrativas devastadas de Julien Gracq ou nos romances góticos ingleses. Permaneci por um longo momento em êxtase ou em catalepsia. Quando fui embora, o céu escurecia nas fendas do transeptos.

Em frente a Alcântara encontra-se a ilha ocupada por uma grande cidade, São Luís, que já foi uma das capitais do Norte brasileiro, e conta hoje com 1 milhão de habitantes. Gosto muito de São Luís. Conheci-a em 1970. No século XVIII, ela era opulenta e soberba. Era chamada de Atenas do Novo Mundo. Os habitantes falavam a bela língua portuguesa de Camões. Diziam que os mendigos de São Luís não erravam nenhuma regra de gramática.

Conheci ali um antigo professor da universidade. Eu gostava dele, que consagrava os últimos momentos de sua vida acadêmica caçando os solecismos proferidos pelos apresentadores das televisões do Rio e de São Paulo. Eu o visitava e ele me dizia que o português estava se perdendo, um monumento em perigo, uma ruína. Acho que sentia prazer nessa agonia linguageira. Sua caça começava no início da noite. Não perdia um programa. Quando um barbarismo saía da televisão, seu rosto mostrava uma felicidade obscena. Parecia-se com um desses lagartos cuja língua pegajosa se desenrola de repente para capturar um inseto. O velho professor engolia seu solecismo, mastigava-o ronronando, saboreando-o. Uma vez terminado seu festim de erros de gramática, ele se afundava em sua poltrona de veludo. E murmurava: *"Cachorros! Analfabetos! Mal-educados!"*. Eu invejava sua felicidade.

No final do século XIX, um sobressalto da economia atingiu a cidade de São Luís. Ela começou a envelhecer, mas uma singularidade de sua arquitetura exaltou sua decadência, pois, na época de sua fortuna, ela revestiu de azulejos as fachadas de suas casas. Os azulejos merecem um comentário. São quadrados de faiança ornados com belos desenhos azuis e brancos de origem árabe. Eles transitaram por Portugal do período mozárabe, depois desembarcaram no Brasil. Na época, São Luís, cidade educada, esteta e esnobe, meio almofadinha e opulenta, recobriu suas

fachadas de azulejos. Ela se tornou então uma cidade de porcelana. Ali, na solidão dos trópicos, à beira do mar oceano, brilhava uma maquete de conto de fadas. Nas cintilâncias azuladas dos ladrilhos, o tempo, por mais que se esforçasse, não conseguia estragar tudo.

Mais tarde, por volta do final do século XIX, a crise atingiu São Luís. E a cidade suntuosa começou a se decompor. Mas ela o fez de uma maneira grandiosa. Ao primeiro olhar, ainda era elegante, pois suas fachadas de faiança ignoravam as sevícias do tempo. Parecia uma cidade de sonho, uma ilusão de ótica. Os azulejos resistiam ao passar dos anos, mas as paredes que reinavam sob as fachadas de faiança em azul e branco eram reduzidas a nada por causa da umidade, dos insetos, da pobreza. Estavam virando pó. Suas estruturas internas se desfaziam. São Luís, tal como a descobri em 1970, era uma cidade imaginária, abandonada ali, naquelas solidões, feita para uma ópera que jamais foi representada, a menos que fosse a ópera de sua agonia. São Luís era o rosto de uma jovem que oferece seu esplendor às cobiças de seus amantes e cujo rubor deixa adivinhar, sob suas transparências, as manobras da morte.

Mas esse tesouro não podia escapar à vigilância dos exércitos dos altos funcionários culturais que andam no nosso pobre mundo. Discretamente, alguém deve ter denunciado São Luís. A UNESCO imediatamente colocou a cidade na lista dos mais importantes lugares do planeta. Marceneiros históricos, pedreiros históricos, arquitetos históricos, poetas históricos e contadores históricos se atiraram sobre a beleza, com seus martelos históricos, suas pás históricas, suas chaves de fendas históricas. Eles ressuscitaram a cidade derrotada. E a mantiveram como ela estava em vias de desaparecer.

Eles realizaram um trabalho perfeito. Endireitaram as linhas tortas, deram brilho às cores esmaecidas, elegância às verrugas criadas pelos séculos. Fortaleceram as vigas cansadas, sustentaram as paredes arruinadas. A antiga cidade de São Luís foi salva. Foi um belo trabalho. Nenhum erro, e quem não aplaudiria a ressurreição desse tesouro?

Alguns reclamam, no entanto. Dizem que teria sido melhor a UNESCO deixar a cidade suntuosa realizar seu destino de ruína. Para onde foi a cidade mutilada da década de 1970 e onde a colocaram, é o que se perguntam. No lugar de São Luís, confeccionaram outra cidade, que é a mesma e é outra, e onde exilaram o tempo, o tempo perdido, e a morte que rondava nas antigas ruelas de pó e de faianças azuis?

Acho que esses críticos são injustos. Voltei ao bairro histórico de São Luís em duas ocasiões, em 2003 e em 2009. Estava contente. Os operários da UNESCO fizeram um trabalho sutil. Tiveram a delicadeza de não ofender as casas em ruínas infligindo-lhes restauração. Eles trabalharam com discernimento, com tato. Não fizeram uma nova cidade. São Luís estava desaparecendo. Apenas a mantiveram à beira do abismo.

Não sei se por influência indireta da UNESCO ou simplesmente pelos novos triunfos da economia brasileira, creio que os arquitetos históricos, além de terem renovado injustamente a cidade de meus sonhos, renovaram também os habitantes de São Luís. Nos bairros modernos da cidade, do outro lado do rio, e também nas ruelas da cidade histórica, percebi grupos de jovens executivos que foram "restaurados". Eles são simpáticos e cheios de entusiasmo. Formam exércitos de executivos vestidos com cores escuras e gravatas, cada um com uma batelada de celulares, dando grandes passos enérgicos, distribuindo ordens com uma voz alta e rude, parece que estão criando um segundo Novo Mundo.

Procurei os poetas, os músicos, os desocupados, os camelôs e os mendigos que dormiam nos limbos de minha primeira viagem. Procurei meus queridos velhotes. Eles também rejuvenesceram, de repente. Procurei as prostitutas tão pequenas, tão gentis e tão macias que acariciei nas marcas de outro século. Elas me abordaram um dia diante das fachadas de faiança azul e branca e me levaram ao outro lado dos azulejos para fazer amor nos escombros dos antigos palacetes. Não as encontrei. Foram embora. Será que a UNESCO também renovou as putas de São Luís que antes andavam pelas ruas que cercam a Praça Dom Pedro II? Depois de algum tempo, no entanto, cruzei com algumas delas. Tornaram-se bonitas. Nesses trinta anos, cresceram. Eram prostitutas restauradas, prostitutas bem desenhadas, prostitutas para a UNESCO e para as Sete Maravilhas do mundo. Estavam bem vestidas. Exalavam perfumes. Cheias de Chanel nº 5. Não trabalhavam mais nos escombros e no odor de ratos. Agora te levavam para hotéis limpos, higiênicos e brilhantes. Mas não quero ceder uma vez mais à nostalgia.

No Brasil, ao contrário da Argentina, uma cidade é bela quando ela é meio torta. Nesse exercício, Salvador é incomparável. Os urbanistas modernos são severos. Julgam que alguém deveria ser muito idiota para construir a primeira capital da jovem colônia nesse amontoado de colinas, desfiladeiros, ravinas e precipícios já que, um pouco mais adiante, a Baía de Todos os Santos oferecia aos arquitetos vastos espaços planos e salubres. É um julgamento injusto. O homem que construiu as primeiras casas nessa confusão geológica era um gênio. Ele não fez uma cidade. Fez um caos, uma anomalia, uma cidade dobrada em dois, em três, em mil, por causa dos desníveis inesperados.

"Parece inacreditável", diz Mário de Andrade, "que alguém possa ter construído uma cidade dessa maneira [...]. Ruas que caem, sobem, casas empilhadas e tão decoradas que temos a impressão que um monte de pessoas estão nas janelas [...]. Os bondes, para descer de um nível, despencam e passam por cima de sua cabeça. Chegam cheios de jovens vestidos de branco que parecem suspensos nos sinos das igrejas. Eles se enfiam em recantos tão inconcebíveis quanto as pontes dos Suspiros [...]".

Hoje, Salvador resiste valentemente às boas maneiras urbanísticas. Quando cai a noite, as janelas se iluminam. Elas são feitas ao acaso, algumas nas casas, outras diretamente no vazio, no negro veludo do céu. As casas sobem umas nas outras como macacos no jardim zoológico. Elas se invadem, penetram umas nas outras. No meio de todas essas circunvoluções, ruelas mais embaralhadas que as tranças de um penteado afro caminham. Entre falhas, vales, ravinas, as casas são postas em equilíbrio e às vezes você se surpreende ao esboçar o gesto de segurar as construções mais temerárias, à beira de uma falha geológica.

Estava na biblioteca municipal de Recife preparando um artigo sobre a época holandesa de Pernambuco, no século XVII. Eu me perguntava se a presença dos holandeses deixou vestígios na cidade, em sua arquitetura, na distribuição das águas de seus dois rios, o Capibaribe e o Beberibe, na religião, no sabor do pão ou nas mentalidades. Passei algumas tardes bem difíceis em uma construção nobre e degradada. Sem dúvida, tinham alojado a biblioteca em um prédio antigo, talvez uma caserna, um convento de franciscanos ou o palácio de um antigo governador. Não era muito confortável, mas havia muitos livros. Na sala de consulta, eu estava só ou quase só. Às vezes, um acadêmico se instalava em outra mesa mas não falava. Virava as páginas com devoção. Era como um esquilo. Certamente procurava uma palavra. Quando a encontrava, ele a guardava em sua boca, e quando ela estava bem cheia, ele ia embora.

Permaneci por uma semana. Os odores eram refinados. Inebriantes. Reparei no cheiro do mofo morno que saía dos tetos e das paredes, no dos papéis em via de decomposição e no odor das manhãs e do azul do céu. Como as distrações, nessa grande sala com ogivas, eram raras, às vezes eu interrompia minha leitura para ouvir o silêncio. Percebi que esse silêncio estava cheio de pequenas crepitações, muito suaves, como carícias de bonecas. Compreendi que insetos roíam o papel dos volumes colocados nas imensas prateleiras.

Eu tinha concorrentes. Perguntava-me se conseguiria acabar minha pesquisa antes dos vermes comerem toda a biblioteca. Felizmente, fui mais rápido do que eles, que eram tão pequenos, tinham mandíbulas tão frágeis, que jamais conseguiriam comer milhares de volumes antes de minha partida. Disse que tinha sorte, pois acabaria assistindo ao vivo a fabricação de uma ruína. As poeiras brilhantes, sedosas, que cobriam as prateleiras mudaram de estatuto. Pensei que eram negligências e agora subiam em meu conceito: na verdade eram obras veneráveis, incunábulos, pergaminhos mastigados, digeridos e expelidos pelos estômagos das lagartas, pensamentos de eruditos desaparecidos, salmos de monges mortos que bem ou mal sobreviveram até agora, e que estavam desaparecendo.

Em 1982, em uma grande cidade de Minas Gerais, a algumas léguas de Congonhas, curiosos detritos foram exumados. Eles datavam do século XVIII, da época barroca. Naquele tempo, os brasileiros já gostavam das festas, do barulho e dos rojões. Quando as circunstâncias permitiam, os garotos confeccionavam rojões rudimentares. Embalavam um pouco de pólvora em cones de papel, acendiam, e isso fazia barulho, centelhas, e subia ao céu.

A pólvora não era difícil de ser encontrada. Havia na região, como em todo o Brasil colonial, muitas construções velhas e cheias de salitre. Bastava misturá-lo com enxofre e carvão vegetal. O papel, ao contrário, era um produto raro e caro. Por isso os artífices tiveram a ideia de utilizar partituras musicais para suas pirotecnias; elas davam resultados excelentes pois eram escritas em papel de boa qualidade. Essas partituras não saíam intactas da experiência. Depois de usadas, eram jogadas em um lixão.

Um desses lixões foi encontrado. E ali havia uma boa quantidade de fragmentos de música barroca. Um músico teve a ideia de decifrar os pedaços que escaparam dos fogos de artifício. Ele as tocou. Ouvi essa música em ruínas e salva das chamas. Entre algumas notas recolhidas, estendiam-se silêncios. Eles tinham a forma das chamas.

As florestas da Amazônia estão em ruínas. Não apenas porque os executivos e os traficantes as cortam e torturam. Não. As árvores da Amazônia agem como as casas de Salvador. Elas se penduram umas sobre as outras, elas se comem, se digerem, e seus dejetos, sua podridão, servem de alimento às outras árvores, às samambaias e às flores. Não há uma floresta amazônica. Há quatro ou cinco. Elas travam uma guerra e se apoiam. Elas se devoram, mas utilizam os dejetos das árvores mortas para que a vida recomece. Assim que se afasta da estrada transamazônica e da margem dos rios, você penetra em um desastre vegetal cujos vestígios são tão entrelaçados que não se sabe onde começa uma árvore e onde ela acaba. Os primeiros descobridores pensaram que essas florestas eram pedaços preservados do paraíso terrestre. Talvez estivessem certos. Talvez a Gênese seja a narração de uma ruína, de uma demolição.

"Uma floresta no fundo de um sótão. Recoberta de teias de aranhas e de baba de lagarta. Se fosse batida como um tapete, dela sairia uma nuvem de poeira. Sob as capas, uma floresta de vitrine de antiquário. Uma floresta de sítios arqueológicos; e quantos tipos de tesouros ela sem dúvida abriga, quantos Tutancâmons e quantas árvores merovíngias não seriam reveladas se algumas buscas fossem feitas? Uma floresta embalada em suas teias e a gente pensa que os transportadores vão chegar para levá-la para outro lugar."

Blaise Cendrars emprega outras imagens. Descreve um vestígio da Mata Atlântica: "Do alto dos escombros deslizando até o mar, a floresta virgem, fúnebre, hostil, ameaçadora, misteriosa e negra de clorofila". E quando sobrevoa a Floresta Amazônica, são ruínas que ele percebe: "Vista do alto essa terra ardente do Brasil parece atingida de lepra, e a imensa floresta virgem que eu comparei a uma absurda catedral vegetal viva perde seu relevo e se assemelha, agora que a descobrimos do alto do céu, ao avesso desfiado de uma tapeçaria roída pelas traças que se estende até o infinito, a uma sombria umidade que corrói o interior do país".

Podemos preferir as ruínas secas. O Brasil também sabe fazê-las. A sua dedicação a essa atividade é ainda mais entusiasmada porque o país abriga estoques consideráveis da matéria-prima com a qual a ruína seca se forma: a poeira. Ele possui milhões e milhões de toneladas, que se apresentam sob os aspectos mais diversos: poeiras rudes e até mesmo grosseiras, aveludadas, cintilantes e ternas, ásperas, suaves como brinquedos de crianças. Há milênios, elas se acumulam sobre vastas superfícies, principalmente entre o mar e o Mato Grosso, entre Salvador, Recife e o Maranhão, nesse "polígono da seca" que se chama Nordeste.

"Não temos sorte", dizem os habitantes do Nordeste. "Na distribuição dos recursos, tivemos nosso quinhão, assim como cada pedaço do planeta, mas no sorteio não fomos favorecidos. Para alguns países é o milho e para outros é o trigo, o leite ou o mel, e para outros é o carvão, o urânio, o petróleo. Para nós foi sorteada a poeira. Falta de sorte. A poeira é tudo o que nós temos. É tudo o que sabemos fazer. E como não sabemos fabricar nada mais, nós a produzimos incessantemente e não sabemos mais onde colocá-la. Olhe! Ela está em toda parte. É por isso que, neste momento, o Nordeste não anda muito bem. Nossa única produção não é objeto de uma grande comércio internacional, mas o dia chegará em que ela também será tão cobiçada pelos ricos quanto o ferro ou a cana-de-açúcar ou o café, então, você verá, meu velho, faremos minas de poeira, construiremos hangares enormes para depositá-la, poeira vermelha e branca, poeira violeta, granulosa ou brilhante, haverá para todos os gostos, e seremos os mais ricos do mundo. Em nossos portos, veremos afluir cargueiros vindos de Valparaíso e de Vladivostock, e até mesmo de Tóquio para carregar nossas montanhas de poeira."

Enquanto espera que essa poeira se torne uma matéria-prima procurada, o Nordeste continua utilizando-a para compor aquilo que sabe fazer de melhor: as ruínas. O Nordeste é uma grande planície ondulada, cheia de colinas ou de montanhas, escavada como uma velha figura humana, entalhada por desfiladeiros ou rios sem água. Ela é coberta por uma floresta raquítica e indestrutível, a caatinga, uma espécie de bosque formado de árvores sem graça, retorcidas como pecados, recobertas de longos espinhos de aço que ferem os bois de pés duros e as roupas de couro dos pequenos vaqueiros fabulosos. Em alguns lugares, o chão é nu, fustigado até o talo, raspado, seco, lavado por dilúvios bíblicos que caem a cada dez anos, a fim de levar o pouco de terra viva que ali ainda se encontra. Quando a tempestade se vai, subsiste a geografia. Podemos ver enfim a verdadeira geografia, aquilo que não se vê em nenhum lugar, salvo nas raras obras-primas da Islândia, aquilo que permanece depois de arrancada a pele da terra. Vemos se revelarem paisagens parecidas com esses "esfolados" nos quais médicos estudam, nos quadros do século XVI, o interior dos corpos, as veias e as aortas, as linfas, as glândulas e os ossos.

Percorri muitas vezes essas longas planícies. Às vezes, as monotonias do sertão são substituídas por espetáculos quase irreais. O Nordeste não é uma região abandonada. Suas imensidões contêm vales prestes a partir, rios mortos, montanhas degradadas. Através dos vidros de seus ônibus ou de seus trens desfilam cidades desaparecidas, castelos em frangalhos, palácios para príncipes do final dos tempos, os czares de areia de Lawrence da Arábia e as fortalezas desabitadas desde que Ricardo Coração de Leão sucumbiu aos guerreiros de Aladim. A paisagem convulsiva, martirizada pelo vento, pelos dilúvios e também pela seca, e então destruída pela digestão ininterrupta dos cupins, compõe esse espetáculo curioso: a perder de vista, uma geografia em vias de demolição.

O grande poeta Mário de Andrade atravessou o Nordeste em 1934. Esse homem tão caseiro se obrigou a sair de sua casa aconchegante e tão amada de São Paulo para dar uma olhada no interior do Brasil. Seu diário de viagem é rude. Ele se chama *O turista aprendiz* (Editora Itatiaia, 2002). Caro Mário de Andrade, se você lesse as linhas que acabo de consagrar ao Nordeste, às ruínas do Nordeste, brigaria comigo. Ele não aceitava que se fizesse beleza com os desastres de uma terra e com suas injustiças. Sua cólera é tal que demoliu a obra-prima de Euclides da Cunha, *Os Sertões*, o relato da guerra travada por Antônio Conselheiro contra os soldados federais em 1901, em Canudos, no interior da Bahia.

"Eu garanto", diz Mário de Andrade, "que *Os Sertões* é um livro falso. A desgraça climática do Nordeste não se descreve. Carece ver o que ela é. É medonha. O livro de Euclides da Cunha é uma boniteza genial porém uma falsificação hedionda. Repugnante. Mas parece que nós brasileiros preferimos nos orgulhar de uma literatura linda a largar da literatura de uma vez para encetarmos o nosso trabalho de homens. Euclides da Cunha transformou em brilho de frases sonoras e imagens chiques o que é cegueira insuportável deste solão; transformou em heroísmo o que é miséria pura, em epopeia. Não se trata de heroísmo não. Se trata de miséria, de miséria mesquinha, insuportável, medonha".

Sacristias

As igrejas brasileiras são luxuosas. Este país não sabia mais o que fazer com seu ouro. Colocava-o em todo lugar, nas tribunas e nos altares, nas estátuas de devoção, nos profetas, nas paredes, nas ourivesarias, nas sacristias e na luz que passava pelos vitrais. Quando penetramos na magnífica igreja de São Francisco em Salvador, somos ofuscados de início. É uma gruta de Ali Babá. Os olhos precisam se acostumar. Temos vontade de colocar óculos escuros.

Essas prodigalidades se explicam pela potência da fé e pelo entusiasmo dos sacerdotes: nada era belo demais para mostrar ao Senhor que os homens o adoram. Contudo, alguns "espíritos esclarecidos", de inspiração gnóstica, se questionam. Eles se perguntam se esse luxo não era obra de descrentes, uma maneira de denunciar a indiferença desse Deus imposto pela Europa aos índios e aos negros e que parecia mais à vontade nas torturas, no desprezo ou na injustiça do que nos jardins tranquilos da justiça ou do amor.

Eles até mesmo sugerem que a decoração exuberante do Brasil barroco seria um crime perfeito: o diabo descobriu essa tática para acabar com o bom Deus. Ele pensava que assim arruinaria, sob montanhas de ouro e de pedrarias, esse Eterno cujos pastores preferem rebolar em suas casulas de alta costura a cuidar dos abandonados. Em suma, o diabo deve ter copiado o método utilizado anteriormente pelas sabinas, que nos primórdios de Roma, conseguiram penetrar no Monte Capitólio depois de esmagar sua guardiã, a bela Tarpeia, sob o peso de brincos e braceletes de ouro que colocaram nos braços dela, pois conheciam seu gosto pelas joias brilhantes.

As sacristias das igrejas brasileiras são gigantes. Elas poderiam abrigar muitas famílias de sem terras. São mobiliadas com baús feitos das mais raras madeiras. Durante quatro séculos, as religiosas ali empilhavam as casulas de luxo, enriquecidas com bordados de Karl Lagerfeld e com todas as joias da Place Vendôme. A indignação é justa? Esse luxo não vinha do espírito de caridade? Esse povo sem eira nem beira, sem sapatos, sem camisa e sem nada ia à missa como os sem teto vão ao "sopão".

As igrejas eram até mais generosas do que o "sopão": aos pobres e aos abandonados, aos negros, aos escravos, aos malditos e aos humilhados, distribuíam bens mais preciosos do que um pedaço de pão ou uma velha sopa de feijão. Elas lhes ofereciam esmeraldas, pátenas de prata, berloques de ouro, cruzes de pedras preciosas, casulas de Yves Saint Laurent e de Jean-Charles Castelbajac, beleza, infinito. Os pobres negros, os pobres brancos contemplavam o tesouro. E com ele se saciavam. Comiam até se fartar. Na Europa, os teólogos e os historiadores explicaram com frequência que as igrejas góticas, com suas cenas evangélicas e suas estátuas de apóstolos, eram a "Bíblia dos analfabetos". No Brasil, o brilho dos monumentos sagrados era "o alimento dos esfomeados".

As primeiras igrejas, as da costa e das cidades açucareiras, no século XVI, entre Salvador e Belém, são construídas por monges como os beneditinos frei Agostinho da Piedade e frei Agostinho de Jesus. Elas são fiéis às tradições europeias. Mais tarde, os monumentos de Minas Gerais são construídos pelas paróquias e pelas confrarias, pois Minas não tem conventos. Os pobres e os escravos constroem igrejas e capelas. É então que a inspiração mestiça do Brasil, que escapa à tutela rígida dos monges, se revela. Às tradições arquiteturais ou artísticas vindas da Europa misturam-se agora o gênio melancólico e alegre dos negros, dos caboclos, às vezes até mesmo dos índios, de todos esses deserdados e escravos que pululam nos canteiros que se multiplicam nas Minas Gerais da corrida do ouro.

Muitas mulheres trabalham nas minas. À noite, depois que terminam sua tarefa, vão rezar nas igrejas. Agradecem aos céus. Como seus cabelos estão repletos de partículas de minério, elas os lavam na bacia de água benta da capela. Ali recolhem as poeiras de metal. E ficam contentes. Essas minúsculas partículas aumentarão o esplendor dos retábulos.

São Paulo

Hector Babenco nasceu na Argentina, mas vive no Brasil. Em 1980, ele filma *Pixote* em São Paulo. Pixote é um garoto de rua, um rapaz, um rapazinho, ou melhor, um moleque. Ele é muito esperto, inteligente, corajoso e afetuoso. Parece um gato. Luta para viver, já que foi abandonado. E não tem muita moralidade. Conseguiu ser cafetão. É um cafetão muito jovem. Uma cena mostra Pixote mamando nos seios da prostituta que ele protege. O filme é uma declaração de amor à cidade de São Paulo. Anos depois, entrevistado pelo jornal *Libération*, Hector Babenco diz: "São Paulo é a cidade mais feia do mundo".

Acho que Babenco se engana. São Paulo não é uma cidade feia. Ela não é bonita e não é feia. O seu jogo é outro, mais raro, mais ambicioso. São Paulo é um monstro. Essa foi sua escolha. A beleza foi destinada a outra. O Rio de Janeiro, no momento da invenção do mundo, conquistou tudo: o sol da Baía de Guanabara, uma floresta virgem, a combinação das montanhas e da água, vários horizontes. São Paulo logo compreendeu que foi passada para trás. Para as futuras agências de turismo, era uma cidade capenga. Privada de oceano, espalhada em um planalto sem charme nem especialidade, acampada ao longo do rio Tietê, um rio sem exuberância, não poderia competir com os brilhos azuis de Salvador ou do Rio. São Paulo era esquecida pelos deuses. Mas não transformou isso em um sofrimento. Bastava-lhe deixar de lado os deuses. São Paulo é uma cidade que se fez sozinha, uma cidade obstinada. Nem a natureza nem os deuses lhe facilitaram as coisas. Ela se virou como pôde.

O Rio foi desenhado, há muito tempo, por um demiurgo langoroso e até mesmo preguiçoso. São Paulo não foi desenhada pelas potências. Foi feita pela mão do homem. O Rio simplesmente se pôs em um cenário, ao passo que São Paulo foi obrigada a se fazer nascer. Sua existência precedeu sua essência. O Rio apenas aquiesceu aos desejos e às bondades dos deuses. Estabeleceu suas casas no paraíso terrestre onde o destino o lançou. Os homens de São Paulo tiveram de inventar sua cidade e sua paisagem. O Rio é uma cidade preguiçosa. A paisagem já estava pronta. O Rio acrescentou casas a essa paisagem. Submeteu-se à sua própria beleza. Se ela é magnífica, não é culpa sua. Ela é esplêndida, tão naturalmente quanto uma flor exala seu perfume, como um pássaro voa.

São Paulo tem um destino de prótese, de ferramenta, de fumaça de fábrica, de entreposto, de amianto ou de biela. É uma manufatura sem repouso que fabrica a si mesma e que perdeu a cabeça. Essa cidade é drogada, é viciada em produtividade. Não consegue mais parar de retirar novos engenhos de seus fornos e de seus ateliês. É feia, caótica, torta, cheira mal. Fede a piche, a óleo, a concreto. Além do mais, não tem tempo. Nesse ponto, as pessoas do Rio são nababos. Têm uma infinidade de horas, e de segundos também. Elas nem sabem mais o que fazer. Elas se esforçam para consumi-las, por exemplo, dormindo o dia inteiro, no escritório, nas praias, nos bares, nos corpos voluptuosos das garotas, na própria rua. Acordam apenas quando estão em seus carros porque são atacadas por algum sem-vergonha nos faróis.

São Paulo é o contrário. A imensa cidade não tem um minuto. Nem mesmo à noite consegue dormir, ou então dorme em pé. De manhã à noite e também de madrugada, sob a Lua, sob o Sol, ela vigia, corre, acumula. Não lhe sobra nem um minuto para cuidar de si e se embelezar. Quando o fim do mundo chegar, o Rio testemunhará a potência dos deuses. São Paulo falará da coragem dos homens.

São Paulo é como o rio Amazonas. De tão grande, a cidade é invisível. Para se ter uma ideia do que é essa cidade, é preciso subir no mais alto prédio da megalópole, no prédio do banco Banespa. Em todos os lados, veem-se ruas, cruzamentos, rotatórias, praças, alamedas, avenidas, largos, balões, bondes, automóveis, carroças, viadutos, casas. No meio desses bilhões de toneladas de concreto, você vai observar que as coisas se mexem, se esgueiram entre as muralhas e as seteiras, ao longo das fortalezas e dos fossos, das ameias, das vigias, dos estrados e dos arames farpados. Essas coisas atravessam grades de ferro, pontes levadiças, bastilhas e cidadelas, fundo de vales e barricadas, desfiladeiros, crateras e montes de entulho, campos de ruínas e ferros-velhos.

Por muito tempo pensei que São Paulo não era uma cidade, mas uma periferia. Eu procurava a cidade. E nunca a encontrava. Ela se retirava à medida que eu me aproximava. Estava ausente ou invisível, como uma grande miragem. Era como um castelo de Kafka. Em fuga. Eu caminhava dias e noites e nunca via as portas da cidade. E que cidade é essa, eu me dizia então, para ter direito a essa periferia infinita!

No meio desse labirinto de concreto, os carros tomam conta das ruas. Ambulâncias gritam. A todo o tempo as sirenes berram. Elas urram para vencer a confusão, pois a cidade monstruosa faz um barulho medonho, um barulho de pigarro ou de agonia, e é preciso gritar mais alto do que ela para ser ouvido. Você veio parar nos altos fornos do Brasil, na forja de outro Novo Mundo.

Você procura o fim da cidade, seus inícios e é uma cidade sem fim e sem início. Ela é o cúmulo do artifício, mas consegue fabricar uma natureza desconhecida, uma natureza de cimento, de ferro e de vidros. E assim como uma natureza, todo esse cimento vive, se desloca, apodrece, desabrocha. Do alto do prédio do Banespa, a cidade vai para todos os lados até o horizonte. Ela se parece com o oceano, com uma floresta. Ela se mexe. Sim. Quando somos pacientes, quando a fixamos com intensidade, percebemos que ela não está imóvel. São Paulo é uma cidade que anda, como anda a floresta de Macbeth, e se não a vigiarmos, se deixarmos a rédea solta no pescoço, até onde irá? O concreto é uma vegetação. Ele se prolifera. São Paulo está sempre buscando por mais terra. A enorme cidade acabará recobrindo todo o planalto e todo o Brasil. Ela é uma ogra e uma glutona. Acabará engolindo a baía do Rio de Janeiro e os esplendores de Salvador, o século XXI e o XXII, todos os desertos e todas as montanhas.

Quando cheguei a São Paulo, em 1951, ela já era um gigante e os arranha-céus se construíam durante a noite. As pessoas diziam que tudo iria se acalmar e, além do mais, já faltava terreno. Quatro anos mais tarde, em 1955, Marcel Niedergang se perguntava no jornal *Le Monde* como São Paulo faria para continuar crescendo, mas que confiava nela. "O ponto de saturação não foi atingido", ele dizia. E tinha razão. Cinquenta anos mais tarde, em 2010, São Paulo ainda continua trabalhando. O canteiro de obras nunca foi interrompido. A cidade tem quantos milhões de habitantes? Dezoito, vinte milhões?

Um citadino gosta de falar de sua cidade, sempre. No Rio, celebram-se a volúpia, a música, as telenovelas e o fio-dental. Em São Paulo, jogam na sua cara quilômetros de estatísticas: todos os dias, 5 milhões de carros rodam no labirinto e produzem 150 quilômetros de congestionamentos. Há 250 mil motos, o que assegura ao Minotauro um "mínimo garantido" de 3 motoqueiros mortos por dia, ou seja, muitos fígados, corações, pulmões e mãos. Os hospitais enxertam enormemente. Uma frota de 600 helicópteros é também um orgulho. A cidade tem mais heliportos do que Nova York. A massa média de lixo é de 150 mil toneladas por dia. Os paulistas jubilam quando revelam essas estatísticas. Eles acrescentam que têm a melhor cozinha do mundo e os melhores restaurantes. Presunçosos? Não. Não são presunçosos. É verdade que têm os melhores restaurantes do mundo. E as melhores pizzas do planeta. Como as de Trancoso, uma cidade perto de Porto Seguro.

São Paulo abriga muitas minorias étnicas, mas são minorias gigantescas: 3 milhões de descendentes de portugueses e o mesmo tanto de italianos, 1,5 milhão de africanos. Um milhão de alemães, 1 milhão de japoneses, 1 milhão de sírios e de libaneses, um monte de poloneses e alguns franceses. Na grande periferia de São Paulo, em direção ao mar, encontrei uma tribo de índios. Estava instalada em um pequeno pedaço de floresta preservada. O cacique me recebeu. Não gostava dos europeus que eram invasores e sentia falta dos costumes indígenas. Por isso, escondeu-se junto com sua tribo nesses destroços de floresta. Vestiu um terno para me

receber na entrada de suas propriedades. Mas, quando eu for embora, ele vai tirar suas roupas e viver "como seus queridos ancestrais em volta da fogueira", absolutamente nu, na megalópole que substituiu a natureza pelos prédios.

Os franceses se sentem mais atraídos pelo Rio de Janeiro, por Salvador, por Ouro Preto ou pelas Cataratas do Iguaçu. Eles não entendem nada desse amontoado de prédios. Não gostam de seus odores de graxa. Quando alugam um carro, têm medo de se perder. Como encontrar um caminho nesse caos? Você não tem nada para se localizar: nem uma Notre-Dame de Paris, nem um Coliseu, nem um palácio dos Doges, nem praias. Tem o rio Tietê, mas ele não serve para nada. Em algumas grandes cidades, os prédios podem ser utilizados como faróis, sinais, painéis. Em São Paulo, isso não funciona. Há prédios demais. São todos iguais e também são muito feios e, além do mais, todo ano aparece uma nova geração deles.

Os franceses não se comovem com os atrativos dessa cidade. Preferem a areia de Copacabana ou os morros de Salvador. Algumas vezes fui buscar visitantes no aeroporto de Guarulhos, no noroeste de São Paulo e exatamente sobre o Trópico de Capricórnio. Os convidados, por educação, se extasiavam distraidamente. E então começavam a se angustiar. A única vontade que tinham era de retornar rapidamente ao aeroporto e voar para outros céus.

São Paulo exige um período probatório ou uma alma bem forjada. Esta cidade não se entrega ao primeiro que aparece. É preciso merecê-la. Se quisermos uma chance de sermos amados por ela, antes é preciso se submeter a exames bastante rudes e vencê-los. Depois disso, outra São Paulo se revela, e esta tem delicadezas, intimidade. Para mim, o que mais aprecio é a gentileza de seus habitantes, sua amabilidade. Os paulistas contam que mesmo os seus ladrões são cordiais e que se desculpam antes de roubar sua carteira ou de apontar o revólver.

Mas mesmo assim existe uma pequena tribo de franceses que preferem São Paulo ao Rio ou Salvador. Faço parte dela. Quando estou longe, sinto saudades dos velhos rangidos do bonde da Avenida São João, dos odores de graxa, de carvão e de imundície, das cercas de buganvílias que parecem "cercas deslocadas", cercas perdidas em todo esse cimento, como em penitência, e também dos pixotes que dançam nos cruzamentos mirando ternamente sua carteira.

Nessa tribo, sinto-me orgulhoso de poder contar com Blaise Cendrars, que é suíço, é verdade, mas igualmente poeta. Isso não me surpreende. É preciso ser poético quando se quer descobrir, no fundo dos olhos do monstro, as doçuras, as peraltices e as belas simplicidades. Essa é uma das proezas dessa cidade: poderíamos dizer que ela secreta seu próprio antídoto: na mesma proporção de sua enormidade, de sua desumanidade, ela guarda, para aqueles que sabem decifrar suas dificuldades e suas graças, províncias, sonolências, vilarejos vindos de outro tempo, civilidades sutis, pequenos bairros cheios de ausências, pedaços de jardins de alguma cidade francesa, pavilhões construídos pelos ricos libaneses em 1907 e que se parecem com bibelôs bem polidos ao pé dos horrorosos prédios, bairros misericordiosos como a Vila Madalena. E o Largo do Arouche? Vai dizer que ele não é bonito?

Já em 1951, eu dava um jeito de descobrir "lugares de repouso". Achei um na Praça da República, que na época ocupava o coração da cidade. Tomei o cuidado de descrever esse canto em meu caderno de notas.

"Um pedaço da Praça da República é ocupado pelos engraxates. É uma profissão reservada aos meninos e aos adolescentes. Observei um engraxate muito velho, muito negro. Seu rosto era enrugado, mas bem malicioso, como se o fato de poder trabalhar nessa profissão de crianças, apesar de sua idade, o deixasse feliz."

"Cercado por todos esses garotos, ele parecia com um menino meio louco, ou então com uma dessas crianças que envelheceram prematuramente. Essa doença existe – uma degenerescência do sangue ou do sistema nervoso, não se sabe. Com quinze anos, as crianças que sofrem dela têm os cabelos brancos, as mãos trêmulas, rostos de velhos e logo vão morrer de velhice, de uma bela morte como se diz, em sua cama, velados por seu pai e sua mãe, que parecem ser seus filhos. Tudo está misturado: meu velho negro talvez fosse um doente dessa espécie. Ousava olhá-lo de relance com medo de que em uma hora ou duas ele envelhecesse dez ou vinte anos, e morresse."

"Em seguida, eu me disse que, se ele ainda era engraxate de sapatos na idade em que todos os outros de sua 'idade' provavelmente já tinham se tornado avós de engraxates, era por causa de sua dedicação ao trabalho. Ele nunca teve tempo de se aposentar. Estava tão terrivelmente ocupado! Em primeiro lugar, dava mais importância ao seu trabalho do que os jovens engraxates. Tinha mais consciência profissional. Trabalhava 'à moda antiga', com saliva ou óleos raros, carícias de couro, mímicas, panos de várias cores. E depois, entre dois pares de sapatos, lia com uma aplicação lenta e dedicada um livro, acompanhando cada letra com a ponta dos dedos. Olhei o título do livro. Era o *Tratado da vida eterna*. Ele se informava. Treinava. Preparava sua bagagem. Ao nosso redor se ouvia uma das maiores cidades do mundo e a mais barulhenta."

Recopio essas frases do ano de 1951. Desde então, a cidade ganhou quinze milhões de habitantes, vinte milhões. Retornei de tempos em tempos. Estive ali no último outono. Fui obrigado a voltar à Praça da República. Revi meu engraxate de sapatos. Seria o mesmo? Talvez fosse seu filho, ou seu neto. Ele continuava tão minúsculo, sempre tão velho, pareceu-me um pouco mais frágil do que em 1951. Lia um novo livro. Terminou o *Tratado da vida eterna*. Olhei o título. *O futuro da antevéspera.*

Blaise Cendrars, que vinha ao Brasil com frequência, gosta muito do Rio de Janeiro. Ele diz que "é a única grande cidade do mundo onde o simples fato de existir é uma verdadeira felicidade". No entanto, São Paulo, a grande rival do Rio, é que mora em seu coração. Ele escreveu poemas sobre São Paulo.

São Paulo
Adoro essa cidade
São Paulo é como meu coração
aqui nenhuma tradição
nenhum preconceito. Nem antigo nem moderno

Em outro poema, ele se recorda:

Disseram-me,
Cendrars, não vá a São Paulo
É uma cidade horrorosa, é uma cidade de italianos, é uma
cidade de bondes e de poeira
Mas é a única cidade no mundo em que os italianos
não se parecem com italianos,

Não sei o que os paulistas fizeram mas
conseguiram moldar o italiano e principalmente a italiana, aqui são
boas pessoas e a italiana quase sabe se vestir
Isso é uma grande vitória

Outro poema é dedicado ao bonde:

Blem blem blem campainhas de bondes
Sempre detestei os bondes
Aqui fiquei sabendo que o bonde é para os
veículos de transporte em comum o que o asno
é para os animais domésticos
Algo não muito caro bem humilde que faz seu trajeto tranquilo
que não mimamos que não cuidamos que vai para todo lugar
que leva grandes cargas e que para muitas vezes

Ele está impressionado com os sapatos dos paulistas:

Os mensageiros de hotel e os meninos de loja que fazem as compras
Têm muitas vezes como calçados sapatos de futebol
nos dois pés ou em um dos pés
Vi alguns que corriam e antes de entrar em uma casa
calçavam os dois pés, se tinham tempo, ou um só, se se distraíram no caminho
Os jovens vendedores, por outro lado, têm sapatos
complicados feitos de vários couros e de várias cores e bicudos bicudos bicudos e compridos
Como os pés de Mefistófeles na ópera

E mais:

No final da Avenida Higienópolis há uma rotatória
É o ponto final do bonde
Todos os dias quando eu desço negros estão sentados
ali à sombra de três grandes árvores
São pedreiros
Eles almoçam frugalmente e bebem água clara
Depois enchem o cachimbo
Então tiram uma soneca de barriga para cima enquanto suas
esposas levam a marmita do almoço em um
pano cuidadosamente branco

E aqui estão os ruídos de São Paulo. São ruídos de 1925 ou de 1936, mas eles nunca desapareceram. Eles não mudaram nesses sessenta anos. Continuam ali:

Todos os ruídos
O ronco dos vagões que se esvaziam
O riso das moças a cadência multiplicadados
serralheiros sobre os andaimes o som das
britadeiras pneumáticas
O zumbido das betoneiras
Todas as detonações e grunhidos de um maquinário
Norte-americano que explode e repercute nessa
nuvem infernal de gesso que sempre envolve o centro
de São Paulo onde se demole constantemente para
reconstruir uma casa por hora ou um
arranha-céu por dia e que penetra também
o sorriso da moças

O Rio de Janeiro, nesse ponto, no entanto, tem uma superioridade em relação a São Paulo. Foi outro poeta, Mário de Andrade, amigo de Cendrars, quem descobriu. Em São Paulo, ele diz, as mulheres, mesmo nuas, parecem vestidas. No Rio, é o contrário: mesmo vestidas, parecem estar nuas.

Saudades

O que é a *saudade*? Já abandonei o barco. Todos já abandonaram o barco. Eu bem que me esforcei. Consultei os sábios e os meditativos. Consagrei noites e dias tentando entender as origens dessa palavra. E não consegui. Só aumentei ainda mais seus mistérios. Tentei de tudo. Procurei equivalências e todas as traduções que propus foram rejeitadas.

Meus amigos brasileiros riam. Diziam que meus esforços eram inúteis. Aconselhavam-me a desistir. Um estrangeiro não é muito hábil nessas sutilezas. Eu era francês, a culpa não era minha, e um francês jamais compreenderia a saudade. Somente um português ou um brasileiro têm o direito de falar sobre a saudade. Não é algo que possa ser traduzido por melancolia, tédio, nostalgia, e muito menos por tristeza. Então, o que é a saudade? É nada? E se essa fosse a definição da saudade: Um mero nada. Um vazio. A marca deixada pelo vazio e o sabor desse vazio?

Proponho uma definição: a saudade é um tema de conversação. Se por acaso em uma noitada o assunto se esgotar, basta pronunciar a palavra saudade e pronto, tudo se anima. Você pôs lenha na fogueira. E, certamente, ainda terá uma bela conversa pela frente. Cada um contribui com alguma coisa. E essas contribuições não se assemelham. Cada brasileiro tem sua própria definição de saudade, então são muitas as saudades.

A única certeza: é uma palavra portuguesa, uma especialidade portuguesa, com algumas pitadas de castelhano e de catalão. Ela chegou ao Brasil no século XVI. E a viagem a deformou um pouco. Desembarcou em Porto Seguro junto com o almirante Cabral e Pero Vaz de Caminha, e foi conquistar a Terra de Vera Cruz. Com o passar dos anos, evoluiu. Livrou-se de alguns mistérios. Ganhou outros. Dessas derivações, o linguista se aproveita. Um dia será criada na Universidade de Belém ou nos *campus* de Campinas uma cadeira de "saudade comparada". A saudade de Pernambuco não é a mesma de Lisboa, o que embaralha deliciosamente as coisas, pois se já é divertido definir a saudade portuguesa, cujo sentido ninguém conhece, fazer um estudo cruzado da saudade portuguesa e da saudade brasileira seria elevar ao máximo os prazeres e as delícias do linguista brasileiro.

Os portugueses dão uma atenção um pouco condescendente ao modelo brasileiro. O que é injusto. Pois, ainda que a saudade do Brasil seja uma flor tardia e tropical, nem por isso lhe faltam classe nem invenção. Ela tem admiradores e poetas. Blaise Cendrars foi um grande consumidor dela. A saudade enluta os poemas que escreveu quando morava em São Paulo. Darius Milhaud compôs doze saudades dos bairros do Rio de Janeiro. A grande escritora brasileira Clarice Lispector diz: "Ah, quando eu morrer sentirei saudade de mim". E Tom Jobim musicou um poema de Vinícius de Moraes: "*Chega de saudade*".

As fórmulas propostas por Ana Miranda são bem lindas: "A saudade é um buraco no coração". Mais adiante ela diz que a saudade é "a sombra de nada", ou mesmo um "pássaro mudo", etc. Cada um é livre para completar este glossário, a única regra é não temer o paradoxo. Uma das mais belas definições da saudade é esta: "Um retorno ao futuro", ou mais audaciosa: "Uma nostalgia do futuro".

Uma boa maneira de animar o debate é dizer: "Afinal, vocês fazem uma história e tanto com sua saudade. Na França, nós possuímos o mesmo sentimento e nem por isso saímos por aí nos vangloriando. Chamamos de 'nostalgia'". Pronto, todos te olham com curiosidade. Duvidam que você seja um animal dotado de razão. Todos falam ao mesmo tempo. Você é corrigido. Dizem que não se deve falar de saudade, mas de saudades. A saudade é um estado de alma, tudo bem, mas plural, incontável, colorido, dúctil e cambiante. Existem saudades de todas as formas e de todas as compleições. Algumas são sedutoras e outras, deficientes. Existem as delicadas e as corrompidas, as ricas e as triunfantes, ao passo que na França dispomos apenas de uma única "nostalgia". E um país que não possui senão uma saudade, nem seria um país... Seria um nada.

O filósofo Adelino Braz escreveu um livro para submeter a saudade à experiência do sistema de Kant. Enuncia em seu livro o problema fundamental: "A saudade como fato linguístico e cultural singular é a manifestação de uma experiência que dependeria do universal?" Eis uma bela questão, ainda que ela nos pegue meio desprevenidos. Enquanto a resposta não vem, podemos revisar algumas definições portuguesas da saudade.

O poeta que fundou a literatura portuguesa, Luís de Camões, o bardo da epopeia imperial, diz que é "uma felicidade fora do mundo". A cantora de fado Amália Rodrigues a vê como "um espinho amargo e doce", e Fernando Pessoa, que nesse dia não estava muito bem, contenta-se em dizer: "A saudade é a poesia do fado".

Os gramáticos fazem uma observação decisiva: a saudade é precedida do verbo *ter*, não do verbo *ser*. *Estamos* apaixonados, ou infelizes, *somos* gulosos ou entusiasmados, nostálgicos ou alegres, ao passo que saudade, nós *temos* ou não *temos*. Como a mágoa, a megalomania ou energia, a saudade não é uma propriedade de seu ser. Ela está fora de você. É um objeto, uma ferida, uma doença, um animal que você pega, aprecia ou teme, alimenta ou deixa definhar. Se está atrapalhando, você pode se livrar dela, levá-la para passear ou, ao contrário, devolvê-la ao sótão ou ao cofre do banco enquanto espera a vontade de ser triste retornar. Você também pode trocar por outra saudade, escolher um modelo mais alegre ou mais na moda. Ou muito melhor: se você está cansado de sua saudade, pode tentar matá-la; *matar a saudade* é um passatempo bem agradável.

Os brasileiros consagram muita energia *matando a saudade*. É uma ocupação muito praticada, pois esses assassinatos aumentam os atrativos do estranho sentimento. Eles permitem desfrutar duas vezes, uma primeira pegando a saudade, uma segunda matando-a. Outra vantagem: depois de alguns anos, é possível visitar o túmulo das saudades mortas, colocar flores e coroas. Isso não é desagradável, pois, na maioria das vezes, ao contrário dos homens, plantas ou animais, uma saudade desabrocha ainda mais quando está bem morta. Essa é a explicação dada por todos os especialistas à saudade: ela fica melhor com o tempo. Ah, como eu gostaria de pegar uma saudade do século XVIII!

E quando passo em revista minhas saudades, olho com atenção e carinho as mais antigas. Tenho uma que é da década de 1950. Eu a contraí no dia em que compreendi que, ainda que o Brasil tenha quatro estações, é difícil encontrar uma verdadeira primavera ou um inverno rigoroso, com neves e congêneres, e senti então falta de minhas primaveras e de meus invernos parisienses. Eu me revejo: estava no porto do Rio de Janeiro, sozinho, perdido, ressecado pelo sol, e o mês de dezembro estava começando. Disse-me que o inverno tinha ido embora para sempre. A saudade não demorou. Chegou bem rápido. Era uma incrível saudade, uma das mais belas, pesada, dinâmica e quase alegre. Voluptuosa. Ofereceu-me algumas horas raras. Desde então, eu a revejo. Eu a contemplo. E ganho uma saudade suplementar. Nos bons dias, consigo ter saudade de minha saudade, variedade que não está ao alcance do primeiro que aparece, e que os especialistas valorizam muito.

Alguns autores compararam a saudade ao *spleen* de Baudelaire e dos ingleses. Mas se a saudade expressa, assim como o *spleen*, um tédio, se ela traduz "um sentimento de vazio no instante presente", como diz um dos melhores "saudadólogos" atuais, Mario Pontifice, ela não se contenta em ser triste. Ela é capaz de se converter em seu contrário. De uma boa saudade pode brotar uma alegria. A saudade produz seus próprios anticorpos, como esses morcegos amazônicos que, para beber o sangue de sua veia jugular, injetam à medida que a esvaziam um anestésico radical, e a morte chega sem dor. Mario Pontifice é muito claro a esse respeito: "A saudade quer oferecer por antecipação uma beleza ao futuro. É uma vontade de preencher pelo pensamento uma lacuna que tornará a vida mais bela e entrará em harmonia com as coisas".

Vê-se que a saudade é esperta. Era considerada como um lamento, uma agonia da alma, e de repente se descobre que essa dor abre as portas da felicidade. A saudade é um acrobata. Como um saltimbanco, é hábil em agir ao contrário do que se espera e em transformar a melancolia em alegria. Ela surpreende seu mundo: quando se acha que ela dá vontade de morrer, é o gosto pela vida que ela excita. Tanto mais o *spleen* ou a nostalgia são pesados, monótonos e repetitivos, feios como sacos sem fundo, tanto mais a saudade é maliciosa, travessa, surpreendente e repleta de frescor.

O virtuosismo retórico dos brasileiros faz boas coisas com a saudade. O Brasil nunca esquece que é, como dizem, o país do futuro, e a saudade é a sua demonstração: enquanto a nostalgia se limita a chorar o passado, o irrevogável e o *never more*, a saudade se desfaz em lamentos apenas para poder retornar com mais força. A nostalgia nos corta braços e pernas. A saudade galvaniza nossos nervos. Ela desce aos subterrâneos do que já passou apenas para dele extrair o que hoje é virgem, vivaz e belo. Quem sabe até mesmo o futuro. Por pouco ela se vangloriaria de ser o outro nome da felicidade. Os brasileiros, de tanto trabalhar sua saudade, souberam transformá-la, retomando o veredito de Mario Pontifice, "em uma esperança repleta de bem-estar, e portanto uma forma de alegria e de felicidade". A saudade é como uma dessas fórmulas vazias e hesitantes que o poeta René Char, já no final de sua vida, lapidou pensando nos presidentes de conselho geral cujos discursos de final de banquete não querem dizer nada: "Diante da destruição das provas, o poeta aplaude o futuro".

Mas a saudade é bem astuta. Nunca está onde a aguardamos. É como uma cobra. Como um peixe. Escorrega entre as mãos. As bibliotecas que lhe foram consagradas não esclarecem nada. Por isso, mais do que se perder em glosas, gostaríamos de mostrar alguns modelos de saudade em atividade nas sociedades brasileiras.

Todos os brasileiros têm um país natal em sua cabeça, um país perdido, amado, insubstituível, mesmo e, sobretudo, se eles nunca viram esse país, ainda que esse país esteja imobilizado nas profundezas da história, no Portugal da Idade Média, no Japão dos samurais ou na Alemanha de Bismarck. O exílio é seu destino. Como todos os cidadãos de uma diáspora, eles se lembram de tudo, principalmente daquilo que esqueceram.

Fora os índios, que nunca foram levados muito em conta, e que além do mais são exilados radicais (não geográficos, mas históricos), todos os habitantes desse país vêm de longe. Chegaram por acaso ou necessidade, ao final de uma longa navegação. Os negros perderam sua origem porque comerciantes os compravam, vendiam, batiam, violentavam, privavam de alimentos ou os matavam.

Os brancos deixaram a Europa porque tinham fome ou então eram perseguidos. São alemães, italianos, russos, poloneses, judeus. Outros vieram dos portos do Império Otomano. No Brasil são chamados de "turcos", ainda que não sejam turcos, mas libaneses ou sírios. Ao designá-los como turcos, aumenta-se seu distanciamento, retrocede-se um século, uma vez que a Síria e o Líbano em 1918 não pertenciam mais ao Império Otomano. É uma maneira de empilhar duas saudades uma sobre a outra, a do sírio ou do libanês que em 1918 não mais fazia parte do Império Otomano, à qual se acrescenta a do sírio ou do libanês deslocado na América da década de 1920.

O maior contingente foi fornecido por Portugal. Nos mapas de geografia, este país ocupa um lugar desconfortável. Ele pertence à Europa e lhe dá as costas, como se não gostasse dela. Parece que está cumprindo uma penitência, em sua finisterra, e que o deus da Europa o colocou de castigo. Ele não tem acesso ao mar europeu, ao mar histórico, à "mãe Mediterrânea", da qual o separam cordilheiras muito íngremes. Sobre as "Colunas de Hércules" (o estreito de Gibraltar), o deus latino gravou *nihil ultra* ("Não há nada além"), o que não é exatamente uma verdade, uma vez que há alguma coisa nesse "nada", há um país, Portugal, um país sozinho, diante de um oceano selvagem, e proprietário da imensidão.

O Mar Mediterrâneo é um mar abarrotado de história. Ali, todos os dias se levanta um novo dia e impérios caem e se constroem. É um mar repleto de tempo. Ao contrário, o Oceano Atlântico, antes do século XV, é um espaço negligenciado pela história e sobre o qual o tempo desliza sem pousar. O dia seguinte e a véspera ali são os mesmos. Ora, Portugal sempre foi fascinado pelo oceano. Situa-se à beira do vazio. E bem que gostaria de ver se esse vazio tem um fim e se é limitado por outras margens, mas a Idade Média não possui barcos para navegar no infinito. Então os portugueses olham o mar e passam o tempo como podem. Sentem apenas uma longa vertigem, até o dia em que cedem a ela. E levantam vela. Vão ao outro lado do mundo, mas tomaram o cuidado de deixar suas mulheres e a metade de suas almas nas antigas margens, e assim alimentar sua saudade durante alguns séculos.

Os brasileiros do século XXI são como os portugueses do Renascimento, audaciosos, ávidos por aventuras e de vertigens. Todos os brasileiros nasceram de outra viagem, e mesmo depois de um século, depois de quatro séculos, eles ainda têm o pé na estrada. Por um sim ou um não, eles deixam o lugar onde depositaram suas bagagens e vão plantar suas raízes um pouco mais longe. Estão em Alagoas e vão para o Rio Grande do Sul. Param em Recife. Descansam do Rio de Janeiro. Recomeçam a viagem. Navegam. Assuntam. Tateiam. Não têm raízes profundas. Deslizam sobre os espaços lisos, sem relevo, do grande país. Cada mudança é uma alegria e, como desejam que essa alegria seja extrema, aperfeiçoam-na, lamentando o canto que abandonaram. Como dialéticos aperfeiçoados, jamais esquecem que, quando desejamos desfrutar do *novo*, uma boa coisa é pensar no *antigo*. Lamento pela véspera e impaciência pelo dia seguinte, longe de se contradizerem, se combinam, se completam e se fortalecem, trocando seus fluidos, seus charmes, seus venenos. Sempre apressado para mudar de céu, um brasileiro nunca esquece o céu de suas origens, esse Portugal, ou então essa Alemanha, ou essa Síria, esse Congo e essa Angola, esse Japão, essa Bielorrússia sobre os quais não sabem grande coisa e que para muitos seria quase impossível localizar em um mapa-múndi.

É por isso que as cidades brasileiras são tão divertidas. Elas são feitas de arranha-céus, é seu orgulho, mas ao pé desses arranha-céus se escondem casas pequenas, comoventes e semeadas ao acaso, como recordações. São pedaços de países perdidos. No Rio de Janeiro, em São Paulo, Recife, é possível fazer belas peregrinações. Quando conseguimos dar um jeito para não ver a feiura dos arranha-céus, descobrimos outra cidade encantadora, uma cidade pulverizada, encolhida e quase imperceptível. Ela está fora de moda como um catálogo antigo. Tem a graça de uma saudade. Discreta e pouco visível, esconde-se à sombra dos edifícios e dos prédios com mil andares, assim como, sob as florestas de carvalhos, dissimulam-se florestas menores, arbustos, bosques de mirtilos, samambaias, líquens e cogumelos.

Essas casas assustadas são pequenos pedaços de saudade. Em São Paulo, Rio, Belo Horizonte, é possível fazer uma peregrinação em uma Europa acabada, em um Oriente Médio naufragado, em um Japão de imitação. Aqui reinam moradias mourescas e, dois quarteirões mais adiante, uma casa escocesa, uma casa com terraço mediterrâneo, um pátio de Castela, uma "extravagância" neoclássica, uma fazenda normanda ou basca, um palácio florentino ou veneziano. Em outro lugar, um pedaço de rua chega de Moscou ou de Nijni Novgorod.

Em Recife, no coração da cidade, e quase invisível, você percebe a mais velha sinagoga de todas as Américas, que está ao lado de casas subtraídas de Amsterdã. Até o próprio céu de Recife foi trazido do Mar Báltico. Vi na Floresta Amazônica carroças que eram puxadas pelos camponeses pobres de Tolstói em *Guerra e Paz*.

Por um breve momento, você anda em Tóquio, em Oulan-Bator ou em Karakorum, e quando empurra a porta de um restaurante, penetra na cabana de madeira de um lenhador canadense. Em todo o interior damos de cara com pedaços de velhos continentes, europeu, asiático ou africano. Nas periferias de Maceió, entre as palmeiras e os flamboyants, descobri o chalé de Alice no País das Maravilhas. Esperei alguns momentos, como em uma emboscada, escondido atrás das cercas de groselha, na esperança de ver sair uma velha professora inglesa, ou mesmo uma rainha da Inglaterra, com monóculo e muito espantada com o fato de que um século antes essa casa desistiu de Sussex para se instalar entre dois campos de cana-de-açúcar.

Em Salvador, assisti a uma cena bem curiosa. Um grupo de religiosos iorubás vindos de Benin (antigo Daomé), convidados por Pierre Verger, foi a um culto de candomblé, cuja origem é africana e que chegou ao Brasil no tempo da escravidão, nas barbas dos senhores de engenho. Pierre Verger convidou os iorubás e os brasileiros para almoçar. Durante a sobremesa, os sacerdotes iorubás entoaram cantos religiosos de seu país. Os brasileiros ficaram estupefatos. Hesitaram um pouco, mas também começaram a cantar.

Prestei atenção a esse canto. Os brasileiros cantavam muito bem, mas diziam qualquer coisa. Balbuciavam palavras do Benin que não existiam. É que uma língua não tem uma longa esperança de vida se não for praticada. Ela se desfaz em alguns séculos, ao contrário dos sons. As palavras não resistem ao tempo. Elas enferrujam e então desaparecem, e suas pegadas se dissipam. Em contrapartida, a música não se mexe. Ela não morre. Atravessou agradavelmente os intermináveis anos da servidão. E eis que, convocada pelo acaso em uma casa da Bahia, no ano de 1973, ela retornava esplêndida e invencível. Nem uma única nota foi embora e nenhuma se alterou. Poderíamos colocar a música do ano de 1973 em Salvador sobre a música iorubá do ano 1600 ou 1700, e ninguém poderia perceber a menor fissura, a menor diferença. Essa música acabara de nascer. Proponho a Mario Pontifice uma definição da saudade: uma música antiga, intacta, e em luto por suas palavras.

No final da Idade Média, Portugal decide enfrentar o grande oceano. E começa imaginando um navio, a caravela. Esse barco não é uma invenção do acaso. Ele foi concebido em uma escola de navegação em Sagres, no Algarve, em 1417, pelo infante de Portugal, Henrique, o Navegador, que preferia reinar sobre o mar a reinar sobre a terra. Desse infante, os engenheiros, os artesãos e os mestres carpinteiros de Sagres recebem uma missão precisa: criar um barco especialmente desenhado e apto a navegar no desconhecido, o barco das Grandes Descobertas.

Os navios usados até então eram adaptados aos mares estreitos, familiares, percorridos desde o início dos tempos, mares bem limitados, bem repertoriados e cartografados. No Mediterrâneo, a barca veneziana com velas quadradas é bem satisfatória. São belas construções, fortes, vastas e resistentes, mas não sabem navegar em mares misteriosos. Seu defeito é que são capazes apenas de avançar. Vão sempre reto. Não podem recuar. São como carros sem marcha a ré. Para que naveguem, os ventos alísios devem soprar no bom sentido, pois, assim como suas pesadas velas quadradas, elas são incapazes de ir contra o vento. Podem nos levar ao fim do mundo, mas nunca nos permitirão retornar de lá.

Ao contrário, a caravela desenvolvida pelo infante Henrique em seus canteiros de Sagres sabe refazer o caminho. É por isso que se tornará o barco dos aventureiros. Ela oferece pouca resistência à água. É um veleiro elegante e pequeno. Seu casco é largo e bem protegido pelo seu forro exterior. A caravela tem três ou quatro mastros, sobre os quais a tripulação pode combinar de diferentes maneiras as velas latinas, ou seja, velas triangulares, às quais se podem adicionar, em caso de necessidade, velas quadradas. As velas latinas desempenham um papel decisivo. Como giram em torno do mastro, garantem ao navio uma grande velocidade. E, graças a elas, a caravela pode avançar em ziguezague contras os ventos dominantes. Daniel Boorstin calculou a superioridade da caravela em relação à antiga barca de velas quadradas. Esta não pode se aproximar a menos de 67 graus de um vento de frente, ao passo que a caravela pode ir até 55 graus. A caravela precisa virar de bordo, ou seja, passar as velas de um bordo ao outro apenas três vezes, contra cinco da barca veneziana, o que economiza tempo e energia ao mesmo tempo.

Mas o pulo do gato dos mestres portugueses foi outra coisa. Como a caravela é capaz de navegar contra o vento, ela pode ir para trás. Essa particularidade dá aos marinheiros portugueses a coragem de enfrentar os mares mais assustadores. Eles podem navegar nos oceanos de Satã, uma vez que suas velas latinas sempre saberão trazê-los de volta às margens do Tejo. Em caso de infortúnio, eles conduzirão o navio em ziguezague, e retornarão ao país natal. Este é o segredo da caravela: uma vez que ela permite aos navios bater em retirada, ela dá uma coragem insana aos marinheiros portugueses e assim eles decidem enfrentar o desconhecido. É graças à marcha a ré que se pode ir para a frente e singrar em direção ao fim do mundo.

Gostaria de colocar aqui uma tese cujo mérito, mas também inconveniente, é de nunca ter sido levantada por ninguém. A caravela e a saudade têm algumas afinidades. Elas operam segundo os mesmos procedimentos e suas estratégias são idênticas. Da mesma maneira que a saudade permite que os homens se fortaleçam ao lamentar as coisas passadas, a caravela ousa todas as experiências porque sempre saberá retornar em caso de tempestade, de erro ou de guerra.

Saudade e caravela aplicam a tática do gigante Anteu, o filho de Poseidom, isto é, do mar, e de Gaia, isto é, da Terra. Anteu brigava muito com os outros Titãs. Ele encontrou um bom jeito de resistir aos seus inimigos. Toda vez que se sentia enfraquecer, tocava o chão e a mãe terra devolvia-lhe as forças. Assim fizeram a caravela e a saudade: a terra perdida, os cenários dispersos, e como estão seguros de que sempre podem retornar, isso os alimenta de esperança. O sino de sua infância, ainda que os precipite nos lamentos e nas lágrimas, dá-lhes vontade de ir adiante. Virtude da marcha a ré e também da saudade: esta, longe de nos encorajar à debandada, fornece-nos a força necessária para a continuação de nossos sonhos. A saudade é uma pequena marcha a ré muito eficaz, de uso simples, e que permite aos homens e às mulheres de Portugal ou do Brasil correr aos quatro cantos de seu império, uma vez que têm a garantia, graças a ela, de poder reencontrar os escombros do tempo passado, o porto de onde partiram seus ancestrais, a deliciosa tristeza das coisas que não são mais.

Sebastianismo

Dom Sebastião reina em Portugal de 1557 a 1578. Como é jovem, virgem, piedoso, guerreiro e se impressionou muito com a batalha de Lepanto, em 1571, elabora o projeto de construir um vasto império que associe Portugal e o Marrocos. Em 1578, ele atravessa o mar. Desembarca em Tanger com 16 mil homens e a coroa de imperador cristão do Marrocos. Em 4 de agosto, enfrenta as tropas do sultão Mulei Moluco em Alcácer-Quibir. É vencido. E, como se não bastasse, é morto. Ele foi enterrado várias vezes. Primeiro em Alcácer-Quibir. Depois em Ceuta. Em 1582, enfim, seus despojos são inumados em Lisboa, no Mosteiro dos Jerônimos.

Desde a morte de Dom Sebastião, uma boa nova se espalha: o rei morto está vivo. Enquanto aguarda o milênio, retirou-se para uma ilha enevoada. Os portugueses podem ficar tranquilos: quando o tempo vier, Dom Sebastião montará um cavalo branco e majestoso. E retornará entre os homens (o mesmo privilégio foi dado ao imperador Alexandre e a Napoleão. Este não morreu em 1825, como o povo pensa em vão. Tolstói o encontrou depois de sua morte. Ele estava velho, em uma floresta da Sibéria. Tornou-se um eremita ou um velho cristão).

Foi assim que começou o "sebastianismo". Os portugueses nomeiam o rei desaparecido de "o encoberto" ou "o adormecido". Dom Sebastião ocupa uma posição invejável: os povos gostam de ter um rei ou um imperador ausente e que retornará, depois de um estágio na morte. Os portugueses aguardam o despertar do encoberto, assim como na Idade Média aguardava-se o retorno do rei Artur ou de Frederico de Hohenstaufen, assim como os judeus estão impacientes para rever o Messias e os xiitas o imã oculto.

Do que acontecerá depois do despertar de Dom Sebastião, os portugueses têm uma leve ideia, pois, no início do século XVI, alguns anos antes da batalha de Alcácer-Quibir, um franciscano lusófono, Gonçalo Yannes Bandarra, explicou o que se passaria depois do retorno do encoberto. Em *Visão noturna. O Livro de Daniel do Antigo Testamento*, o franciscano prediz o advento do Quinto Império, que dará continuação às quatro primeiras monarquias da história, a caldeia, a persa, a grega e a romana. Sobre seus predecessores, o Quinto Império terá uma superioridade não negligenciável: ele será universal, português e cristão.

Ao longo dos séculos, o mito do Quinto Império perdura, aperfeiçoa-se e se combina com a espera do retorno de Sebastião. No século XVII, o padre Antônio Vieira, que foi o mais ilustre e o mais eloquente dos missionários jesuítas no Brasil, adiciona sua pedra ao edifício do Quinto Império. Como Portugal está ocupado, desde 1580, pelos espanhóis, o padre Vieira fulmina. Ele aconselha o herdeiro da Coroa portuguesa a arrancar seu país das garras dos espanhóis, o que acontece de fato um pouco mais tarde, com o apoio de Richelieu, graças à revolução de 1640. Mas isso é apenas um começo. É preciso continuar o combate até que o encoberto saia do limbo e que se edifique na Terra o Quinto Império.

No século XX, as profecias do franciscano Bandarra encontram ecos inesperados na obra do maior escritor português, Fernando Pessoa. Mas o Quinto Império que Pessoa evoca em sua bela coletânea *Mensagem* é menos guerreiro, menos preciso também, do que aquele de Vieira. Eis o programa de Fernando Pessoa: "Inventemos um imperialismo andrógino reunindo as qualidades masculinas e femininas; um imperialismo alimentado de todas as sutilizas femininas e de todas as forças de estruturação masculinas. Realizemos Apolo espiritualmente. Não uma fusão do cristianismo e do paganismo, mas uma evasão do cristianismo, uma simples e estrita transcendência do paganismo, uma reconstrução transcendental do espírito pagão". Vasto programa!

O Quinto Império de Pessoa é um pouco vago. É um espaço universalista, desprovido de qualquer estrutura religiosa ou mesmo política, uma ideia, talvez uma disposição de espírito ou um estado de alma. E, contrariamente à tradição respeitada por todos os outros escritores proféticos, Pessoa orienta sua anunciação, seus desejos e suas nostalgias para o passado, não para o futuro.

Fernando Pessoa disse muitas vezes que nem ele tinha certeza de existir. Seu Quinto Império ressente a mesma "dificuldade de ser". Por isso é tão perturbador. Podemos lê-lo como uma ilustração genial dessa tristeza histórica que os portugueses chamam de saudade.

O Sonho é ver as formas invisíveis
da distância imprecisa, e, com sensíveis
Movimentos da esperança e da vontade

Buscar na linha fina do Horizonte
A árvore, a praia, a flor, a ave, a fonte,
Os beijos merecidos da Verdade.

No século XIX, as impaciências do sebastianismo encontram um terreno fértil no Brasil. Mas, quando chega ao deserto do Nordeste, o sebastianismo se transforma um pouco e adquire contornos fúnebres. Nesses espaços calcinados, nessas terras sem consolo, os milenaristas empregam uma eloquência mágica.

De tempos em tempos, um personagem percorre a província mártir apresentando-se como o anunciador de Dom Sebastião. Em Flores, em Pernambuco, João Antônio dos Santos anuncia que Dom Sebastião vai desembarcar. Forma-se uma modesta seita. A Igreja católica a considera suspeita. Um padre é mandado a Flores. João Antônio dos Santos reconhece que seus cálculos estavam errados.

Os habitantes da região não estão contentes. Dom Sebastião estava decidido a fazer seu grande retorno. Já estava ali, bem pertinho. Havia preparado tudo. O Quinto Império ia espalhar seu mel e seu leite sobre os espaços devastados do sertão e foi preciso que um padre dificultasse os desejos de Deus. Felizmente, outro inspirado surge pouco depois. Ele se chama João Ferreira. Ele também tem informações sobre Dom Sebastião. O rei ausente vai deixar sua ilha e abrirá um caminho para o sertão passando entre duas enormes pedras conhecidas pelo nome de "pedras bonitas". O milênio não tarda. Seus efeitos serão fulgurantes: os negros se tornarão brancos e todos os homens serão eternos.

A fim de apressar o movimento, João Ferreira decide que os corpos femininos e masculinos devem ser compartilhados por todos. Todas as mulheres passarão a noite de núpcias com ele. Em seguida, elas pertencerão a todos. Apesar de tantos encorajamentos, Dom Sebastião não retorna. João Ferreira está contrariado. Ele experimenta uma nova tática. Para precipitar o advento do Quinto Império e da Terra sem mal, ele acha que seria bom fazer alguns sacrifícios humanos. Em 14 de maio de 1881, o pai do profeta é morto. Nos dias seguintes, são degolados treze crianças, doze homens e onze mulheres sobre as pedras bonitas. Catorze cães são assassinados. Em 17 de maio de 1881, João Ferreira se oferece como sacrifício. Está morrendo de medo. Em seguida, acabou.

Seringueiros

Os seringueiros são trabalhadores agrícolas que, munidos de pequenas tigelas, recolhiam a seiva das seringueiras no final do século XIX. Esse néctar ia para a Europa e os Estados Unidos, fazendo rodar milhões de carros e permitindo aos proprietários da floresta construir fortunas tão gigantescas quanto, no século seguinte, as dos emires de Dubai, Abu Dabi ou da Arábia Saudita. Desses rios de ouro e de prata, das volúpias de Manaus e das cortesãs de Belém, os seringueiros não aproveitavam muito. Se não eram escravos, uma vez que esses foram libertados em 1888, seu destino não valia muito mais. O seringueiro era um infeliz, um perdedor, jogado no "inferno verde", submetido aos apetites de seu senhor e dos mosquitos, endividado até a morte e desprezado, de forma que se encontrava tão cativo em seu pedacinho da Amazônia quanto os negros de Angola ou de Benim o tinham sido, nos séculos anteriores, nas imundíces dos navios negreiros ou nas propriedades dos senhores de engenho.

Dessas dores intermináveis, não sabemos quase nada. A Amazônia é um silêncio. Os gritos ou os lamentos que subiam da selva não chegaram até os ouvidos surdos das mulheres que passeavam em belíssimos carros. É uma lei da história: sobre os vencedores, sabemos muitas coisas – a marca de suas camisas, o estado de suas almas, suas orgias, tristezas e suas saudades –, mas os povos vencidos são povos abolidos. Povos sem língua. Trabalham, sofrem e então morrem. As estelas dos cemitérios onde jazem suas larvas são mudas.

De tempos em tempos, e por sorte, um desses vencidos faz um pouco de barulho e nos envia mensagens. Sobre velhos cadernos de escola ou em cascas de árvores, na areia ou na parede de suas cavernas, de suas prisões, eles nos mostram que um ser viveu como se morre e de que escuridões eram feitos os seus dias. Da "casa dos mortos" na qual o czar Nicolau II trancava seus anarquistas e seus ladrões, conhecemos as crueldades, pois entre esses condenados estavam algumas cabeças letradas, alguns Dostoievski. Mas os condenados da borracha da Amazônia não tiveram muito tempo para frequentar a escola. Eles sofrem, agonizam e nunca falam, a menos que aconteça um milagre. Esse milagre é o livro de Ferreira de Castro, *A selva*.

Ferreira de Castro nasce em Portugal em 1898, em uma região pobre, em Oliveira de Azemeis. Seu pai morre. Ferreira é uma criança e não pode permanecer em Portugal. Aos doze anos, embarca para a "terra prometida", como imigrante sem desejo de retornar. Ele chega ao Brasil. Não tem nem amigos nem família. Consegue ser aceito em uma pequena exploração de borracha, o "Paraíso", com algumas cabanas à beira do rio Madeira, na região onde reinam os índios parintintin. Naquela época, a plantação do "Paraíso" e os barracos de Todos os Santos constituem um posto avançado da civilização na informe Amazônia.

Ele trabalha e trabalha. Sofre o destino comum dos seringueiros: o calor mole, pesado como uma armadura e pegajoso. A luz esverdeada, a luz funerária da selva. As cobras. Hordas de insetos mortais. A brutalidade dos feitores, dos senhores. Os índios perigosos. Mas o jovem Ferreira enfrenta. Não apenas aguenta como conquista seus senhores, mas ainda, à noite, depois da jornada atroz, reúne suas lembranças da escola primária e decifra os almanaques populares, a pequena literatura de ambulantes que foi parar nesses lugares. Aprende os rudimentos de seu ofício, pois já decidiu o seu destino. Será escritor.

"Esses rios de lendárias fortunas", escreverá mais tarde, "às margens perdidas dos quais homens isolados do mundo civilizado labutavam como condenados para a conquista desse ouro maldito, ouro negro, a seiva das seringueiras que seriam sangradas no coração da selva, nas clareiras de um isolamento, de uma solidão tão profundos que as raras notícias do mundo ali chegavam com atraso e por caminhos tão difusos que todas pareciam fantásticas e inverossímeis, assustavam Alberto".

De tanta astúcia, tenacidade e heroísmo, ele conseguiu se libertar da armadilha amazônica. E retorna para a Europa. Torna-se jornalista. Cria uma revista literária em Portugal. Escreve romances. *Emigrantes*, que é publicado em 1928, é um sucesso. Em 1929, Ferreira está em Paris, pois a França para ele "não é uma parcela do mundo, mas o próprio mundo". No ano seguinte, publica em Portugal a narrativa da vida de seringueiro. O título não tem firulas: *A selva*. O livro é traduzido em catorze línguas. Stefan Zweig é um entusiasta. Ele o recomenda a Bernard Grasset. Em 1938, um apaixonado pelo Brasil, Blaise Cendrars, o traduz finalmente para o francês sob o título de *Forêt vierge*. Ferreira de Castro é famoso. Bem mais tarde, ele retorna ao Brasil. A nova capital, Brasília, acaba de ser inaugurada. O presidente Kubitschek recebe o antigo seringueiro com honras. Em 1988, *A selva* é republicado na prestigiosa coleção "Les Cahiers rouges", pela Editora Bernard Grasset.

Cendrars fala desse livro. Diz o quanto a literatura consagrada à Amazônia o decepcionou. Ele só leu romances insuportáveis ou por influência de Chateaubriand e de suas sublimes descrições, ou pela de Pierre Benoit e de um imaginário de costureirinha. "Ambos", diz Cendrars, "calavam-se, o que é inacreditável, sobre vida que se leva hoje nessas florestas inundadas, na mata, na selva inextricáveis".

A selva, ao contrário, fala do calvário dos seringueiros. "Com Ferreira de Castro, encontrei enfim um escritor que sabia evocar como ninguém as belezas e os horrores da Amazônia, descrever a natureza do trópico, notar as estranhezas, os caprichos, as extravagâncias que nascem sob esse clima de água e de fogo, mas que também falava dos homens que habitam essa terra, que vivem, que lutam, que sofrem nas clareiras da floresta virgem, os selvagens, os primitivos, os autóctones, os nativos, os caboclos, os camponeses livres, os lavradores, os colonos, os plantadores, os negociantes, mas também os transplantados e os elegantes – e, entre esses últimos, um civilizado como Ferreira de Castro, que foi para a floresta não para escrever um livro ou por curiosidade, mas como o mais humilde dos imigrantes portugueses para ali ganhar seu pão e que, anos mais tarde, viu-se obrigado a escrever seu famoso romance sobre a Amazônia para se libertar de uma obsessão."

O livro de Ferreira de Castro descreve os "trabalhos e as noites" do "inferno verde". Ele diz que os seringueiros sofrem, como uma mosca agoniza nas belezas de uma flor carnívora, e que não podem nunca, nunca, se evadir de sua condição.

"Àqueles que suavam sangue e água na selva", diz Castro, "esses vorazes vendiam por cinquenta o que valia dez e compravam por dez o que valia cinquenta. E quando o ingênuo conseguia triunfar sobre toda essa espoliação e descia, sorridente e perturbado pelo contato com o mundo urbano, a caminho da terra nativa, nos confins do Maranhão ou do Ceará, lá estava Macedo com os colegas e as suas hospedarias, que o haviam explorado na subida e agora o exploravam muito mais ainda, com uma interminável série de ardis, que ia da vermelhinha, onde se começa-

va por ganhar muito e se acabava por perder tudo, até o latrocínio, executado sob a proteção do álcool. De um dia para o outro, o seringueiro de saldo, que suportara uma dezena de anos na selva, em luta com a natureza implacável, para adquirir o dinheiro necessário ao regresso, via-se sem nada – e sem saber nem como o haviam despojado".

O que era esse milagre da borracha nesse final de século XIX? "Um ímã líquido", diz Ferreira de Castro, "são esses rios desconhecidos da Amazônia que atraíram tanta gente aos interiores do Brasil na época da corrida da borracha. E foi dos quatro cantos do planeta que veio uma multidão de aventureiros que se lançou na foz do rio gigante, depois das inocentes populações do Nordeste do Brasil que emigravam para o Alto Amazonas fugindo da seca insólita que arruinava o Ceará e, na alta floresta, a borracha selvagem, essa nova riqueza, estando ao alcance da mão, era uma presa fácil".

Sigilo

O primeiro Brasil não era de muita prosa. Ao atravessar o Atlântico, os portugueses levaram também sua melancolia e essa paixão pelo obscuro, pelo sigilo, que seus monarcas cultivavam de forma quase insana. O rei Manuel, o Venturoso, que reina no início do século XVI (1494-1521) e que descobre o Cabo da Boa Esperança, o Brasil e a rota para a Índia, já não havia recomendado a forca a todos os capitães que comunicassem os segredos geográficos aos estrangeiros?

Por precaução, os mapas-múndi que podiam ser encontrados em Lisboa, nesses anos febris e confinados, eram considerados falsos. O verdadeiro mapa – o padrão real – existia, claro, e ele era perfeito, mas ninguém conseguia acessá-lo. Ele permanecia nas profundezas de uma fortaleza, em Lisboa, e era mantido afastado das curiosidades por um sistema de fechaduras muito engenhoso. Era preciso associar várias chaves confiadas a vários ministros para que a espessa porta de aço se mexesse. Este é o paradoxo do Portugal das grandes descobertas: os topógrafos do Tejo são os melhores do mundo. Seus mapas, que são obras-primas, vão permitir aos homens a conquista do planeta todo, mas eles permanecem no calabouço, sob "alta vigilância". Apenas o rei tem acesso à câmara proibida, ao tabernáculo, e ao privilégio de consultar os mapas-múndi. Parece que apenas Deus possuía as chaves da torre.

Durante três séculos, o Brasil é um país trancafiado. Aos olhos dos soberanos de Lisboa, as árvores vermelhas da Mata Atlântica e as grandes borboletas azuis e pretas não valiam as sedas, os brâmanes e as especiarias da Índia. Nunca se sabe, no entanto. Não se deve insultar o futuro. Vamos colocar a Terra de Vera Cruz de lado, assim como fazemos com as moedas que colocamos em um cofrinho. Um dia, quebraremos esse cofrinho. Enquanto isso, Portugal não quer que um ladrãozinho francês, holandês ou inglês fuce em sua colônia. O Brasil é enclausurado. Ele tem ferrolhos, cadeados e selos. Este grande país tem janelas, mas elas não se abrem. Se um desconhecido bate à porta, ele é observado através de uma fresta e a porta permanece fechada. Quando já se sabe quem é o intruso, abre-se uma pequena janela, mas com parcimônia, e ele é vigiado.

Portugal não deixa que sua propriedade seja invadida pelo primeiro que aparece. Ele vê espiões em toda parte, rivais, ladrões. Não gosta nem dos mapas, nem da cultura, nem da curiosidade. As gráficas são banidas da colônia. Nem um único jornal. As livrarias são raridades e vendem apenas livros religiosos ou escolares, pois as palavras são deletérias e provocam um estrago quando caem em cabeças de vento. A Coroa encarcera a colônia com regulamentos severos. O Brasil está sob tutela. Não tem o direito de fazer tecidos com o magnífico algodão que colhe, pois as manufaturas de Portugal precisam trabalhar. Também não tem o direito de produzir sabão, nem álcool, nem vinhos. Os estrangeiros são considerados suspeitos. Eles podem fazer uma escala no Rio, mas não se estabelecer. O governador se recusa a receber um cortesão cujas roupas não foram confeccionadas em Portugal. Decididamente, os aventureiros que desembarcaram no avesso do mundo, em Porto Seguro, para se estabelecerem, não são muito audaciosos. Eles se fecham sobre seu tesouro como uma galinha sobre seus ovos.

É por isso que o Brasil é antes de mais nada um grande silêncio. Ele fala pouco. A carta pela qual o escrivão Pero Vaz de Caminha, almirante de Cabral, anuncia a descoberta é bela, mas sem exageros. E Lisboa, ainda por cima, não a publica. Ela irá se juntar à pesada poeira dos arquivos reais, de onde só será exumada muito mais tarde, no final do século XVIII. O resultado é que os primeiros textos literários ou acadêmicos escritos sobre o Brasil não são feitos pelos portugueses, mas por estrangeiros e principalmente franceses – soldados, missionários ou aventureiros que participaram das operações no novo país (França Antártica na Baía da Guanabara e França Equinocial no Maranhão). Esses textos são de uma qualidade excepcional (Jean Léry, huguenote; André Thévet, franciscano; os padres Yves d'Évreux e Claude d'Abbeville, capuchinhos). Outro país entreabre a porta para os mistérios do Brasil: é a Holanda, que ocupa Pernambuco de 1630 a 1654, e que produz não textos literários, como os franceses, mas relatórios científicos e principalmente quadros magníficos (Van Post).

O Brasil português não se contenta em desconfiar de todos. Ele também desconfia dele mesmo. Não se afasta de suas margens. O inventário de seus interiores o aborrece ou cansa. Ele não tem curiosidade sobre suas próprias riquezas. Está tão contente por angariar fortunas vendendo pau-brasil de sua Mata Atlântica, e depois o açúcar, que não sente muita curiosidade por suas profundidades. Ele só quer conhecer sua superfície, sua pele, sua fachada marítima. Não deseja se perder nessas terras vagas que se estendem para o oeste a perder de vista.

Por volta do início do século XVII, as coisas começam a mudar. O Brasil mergulha nele mesmo. E o faz menos para inventariar seus mistérios ou para se conhecer do que para ampliar seu território. Aventureiros que partiram do povoado de Piratininga montam expedições, as bandeiras. Mas os bandeirantes de Piratininga não são nem civilizadores, nem colonizadores, nem filósofos. São bons para queimar, esfolar e destruir, não para compreender, compartilhar ou comunicar. São heróis, guerreiros, predadores.

Assim, a despeito da atividade insensata dos bandeirantes, o Brasil continua não querendo saber o que ele é. O Iluminismo se espalha pela Europa, e a colônia continua se escondendo em suas brumas. As autoridades de Lisboa não relaxam a lei de ferro do sigilo. Assim que veem brilhar na noite da colônia uma vela, eles a apagam. Estão sempre de olho nos viajantes, mesmo os portugueses. Claro, no século XVIII, alguns espíritos audaciosos ou acadêmicos exploram o país, como Francisco de Melo Palheta ou Manuel Félix de Lima. O biólogo Alexandre Rodrigues sai de Belém para reconhecer os Rios Negro, Branco, Tapajós e Guaporé. Ele escreve um livro interessante, *A viagem filosófica*, que não receberá permissão real para ser publicado. Portugal não é idiota: não vai publicar a lista de seus animais, suas florestas e de suas riquezas.

Uma exceção é consentida em favor de um grande erudito, um francês, La Condamine, que recebe a autorização para vir ao Brasil, descer seus rios e medir um grau meridiano no Equador, pois ele contesta as ideias de Newton sobre o aumento do diâmetro da Terra no Equador e sua diminuição nos polos.

La Condamine está acompanhado dos melhores eruditos da época, botânicos, astrônomos. Durante nove anos, ele percorre o Brasil de um ponto ao outro. Em 1743 e 1744, efetua a primeira descida científica do Amazonas. Quando retorna para a França em 1745, apresenta para a Academia das Ciências um relatório: *Relação resumida de uma viagem feita no interior da América meridional, desde a costa do mar Sul até a costa do Brasil e da Guiana descendo o rio das Amazonas.*

La Condamine é um matemático e seu relatório é rico em cálculos. Realizou um belo trabalho de cartografia, mas estamos em pleno Iluminismo e ele não se priva de fazer um pouco de etnologia. Descreve as sociedades amazônicas. Os índios que encontrou não se parecem com esse "bom selvagem" que a França procura desesperadamente desde Montaigne, Jean de Léry, até Diderot e o abade Raynal. La Condamine não tem sorte. Bem que encontrou alguns selvagens, mas não eram os bons. Os de La Condamine são os "maus".

"A insensibilidade é a base. Deixo que decidam se ela deve ser honrada com o nome de apatia, ou aviltada com o de estupidez. Ela nasce sem dúvida do pequeno número de suas ideias, que não vai além de suas necessidades. Glutões até a voracidade, quando não têm com o que se satisfazer; sóbrios quando a necessidade os obriga a rejeitar tudo, sem parecer nada desejar; pusilânimes e poltrões ao ex, se a embriaguez não os transporta; inimigos do trabalho, indiferentes a qualquer motivo de glória, de honra ou de reconhecimento; unicamente ocupados com o objeto presente, e sempre determinados por ele; sem inquietação pelo futuro, incapazes de previdência e de reflexão; entregando-se quando nada os incomoda a uma alegria pueril, que manifestam por saltos e risadas imoderadas, sem objeto e sem desejos, eles passam sua vida sem pensar e envelhecem sem sair da infância, da qual conservam todos os defeitos."

Depois, La Condamine dá seu veredito sobre essas amazonas que tantos viajantes – o padre Carjaval, Schimidel, Jean Mocquet – encontraram antes. La Condamine não as viu, mas não duvida de sua existência. Está convencido de que as amazonas existem, mas que, depois de uma migração do sul para o norte, elas se instalaram no centro da Guiana.

Na mesma época, outro grande viajante, Louis-Antoine de Bougainville, coloca o pé no Brasil. Ele não é bem recebido. Obtém uma audiência junto ao vice-rei Dom Antônio Álvares de Cunha, um militar que acaba justamente de transportar sua corte para o Rio de Janeiro a fim de se aproximar do ouro de Minas.

Esse militar é um vice-rei muito desconfiado. Ele não faz agrados aos franceses. Respeita a lei do segredo, o sigilo. A seu hóspede, não faz nenhuma confidência. Contenta-se em lhe reservar um lugar na ópera. Que noite! Bougainville vê uma "trupe de mulatas" acompanhada de uma péssima orquestra que um padre corcunda dirige!

A desconfiança do Brasil beira o ridículo. Em 1800, o barão Alexander von Humboldt, que é o maior explorador de seu tempo, alpinista, geógrafo, geólogo e etnólogo, é declarado suspeito e indesejável no Rio de Janeiro e no Brasil.

A colônia permanece fechada como um punho. Para que os ventos mais pródigos soprem sobre suas margens, será preciso que duas nações interfiram, duas nações que se detestam, a França e a Inglaterra. A França, isto é, Napoleão, ou melhor, o general Junot, cujos soldados atravessam os Pirineus em 1807, acampam sob os muros de Lisboa com figuras tão marciais que os portugueses se lembram de que possuem uma colônia. Colocam nos barcos o príncipe regente João, sua mãe Maria, que é uma rainha louca, oficiais, arquivos, brasões, funcionários, roupas de aparato, bispos, e tudo isso é enviado para a colônia, sob a proteção de uma esquadra inglesa. Quinze mil pessoas e duzentos milhões de cruzados desembarcam no Rio, mas como encontrar leitos, móveis e quartos para todos esses medalhões? Improvisa-se. O príncipe é aclamado por uma multidão apaixonada. Foram necessários três séculos para que um soberano de Portugal se dignasse a dar uma espiadela em sua colônia.

A chegada da Corte faz o sigilo voar em pedaços. O tempo da desconfiança acabou. O Brasil fala. Ele abaixa as grades que o protegiam do exterior. A Inglaterra lhe explica que nada é melhor do que livre troca, a dos espíritos, a das colheitas, a das moedas. O Brasil aprende rápido. Trezentos anos de solidão chegam ao fim. A colônia abre seus portos aos navios das nações aliadas, principalmente aos da nação inglesa. Um banco é criado, o Banco do Brasil. A população do Rio passa de 50 mil habitantes em 1807 a 100 mil em 1822. Constrói-se. Planta-se. Lê-se. Aprende-se. Compartilha-se. Círculos de estudos, academias, coleções se constituem, e eis uma maravilha: um jornal obtém o direito de surgir. A palavra corre. Ela é livre. Os ferrolhos são destruídos. A regra do sigilo é esquecida. A segunda descoberta do Brasil começa.

A carapaça atrás da qual a colônia tinha se protegido desde a descoberta foi fendida. Os estrangeiros aproveitam a brecha: etnólogos e geólogos, missionários, artistas, intelectuais e escritores, comerciantes, engenheiros, toda a Europa está ali. Os alemães multiplicam as missões: o botânico von Martius chega até a fronteira do Peru em 1817. Johann Natterer recenseia as plantas e os animais do Mato Grosso, de Minas Gerais e da Amazônia, coleta os vocabulários de setenta tribos. O dinamarquês Peter Wilhelm Lund estuda a riquíssima fauna fóssil do pleistoceno na gruta do rio das Velhas. O inglês Charles Hart escreve *Geology and Physical Geography of Brazil*. O suíço Louis Agassiz recenseia os peixes. A lista dos acadêmicos que se lançam sobre o país antes fechado é longa. Não nos esqueçamos do barão von Langsdorff, um alemão que, por conta do imperador da Rússia Alexandre I, empreende a exploração sistemática e enciclopédica do Mato Grosso. O francês Auguste de Saint-Hilaire percorre o Brasil de 1816 a 1822. Ele dá muita atenção a Minas Gerais, cujos habitantes o seduzem. Paul Ehrenreich e Karl von den Steinen descobrem tribos desconhecidas. Os ingleses Alfred Wallace e Henry Walter Bates exploram os afluentes da Amazônia, o Tocantins, o Tapajós.

Desses trabalhos nasce um Brasil inédito. Os primeiros que chegaram, Pero Vaz de Caminha e Américo Vespúcio, pressentiram que essa terra era suntuosa, mas, durante três séculos, a gestão estrita, avara e hesitante dos reis de Portugal a sufocou. O Brasil estava cativo dele mesmo e paralisado. Ele saiu de seu segredo no século XVI, mas ninguém o sondou realmente antes do século XIX. Hoje, os acadêmicos, os biólogos, os naturalistas enfiam as mãos em seus porões e em seus sótãos, e esse butim surpreende o mundo. Eles vasculham o grande corpo inexplorado, como os anatomistas do século XVIII; uma vez levantados os interditos religiosos, tinham o direito de abrir o corpo dos homens, de ir sob a pele e explorar as linfas, os órgãos e o sangue do corpo humano. O butim é soberbo. Recenseia-se o infinito: florestas vastas como Europas, menos penetráveis, mas tão ricas quanto, plantas jamais sonhadas, pássaros inimagináveis e uma terra fértil. Revela-se uma formidável reserva de animais, hortas de Hesíodo e peixes da *Divina Comédia*. Palavras novas invadem o dicionário da Europa, abacaxi, piracema, coruja, jaú, jundiá, matrinxã, boi da cara verde ou sapo-boi, lobo-guará. Tudo desabrocha nesses espaços, mesmo o que não existe. Não é preciso escavar o solo. Mais ainda: esses solos ricos e vermelhos não rejeitam as sementes vindas de outros continentes. Eles as aceitam, as assimilam e aperfeiçoam seu desempenho. A terra é rica em minérios raros, pedras preciosas, ferro. Depois de três séculos de letargia, o Brasil colocou a mão sobre si mesmo. E enfim percebeu esse Eldorado no qual nunca acreditou e que os espanhóis buscaram em vão. Mas esse éden não é o da Bíblia. É o de La Fontaine. Como os filhos do camponês, os brasileiros se decidem a descobrir e a explorar, com o apoio dos acadêmicos do mundo todo, o imenso jardim, as florestas, as colinas e os lagos. Um tesouro estava escondido em seu interior.

Sucupira

A sucupira é uma planta do sertão. É muito boa contra a gripe. Limpa a garganta. Também age sobre as articulações, como um antibiótico, e cuida de todas as doenças da família da artrose.

Vazio

O novo país é imenso. E também despovoado. Hoje, ele é considerado um gigante demográfico, com seu crescimento fulgurante, seus 200 milhões de habitantes, suas cidades gigantescas, mas é uma ilusão. O Brasil é um vasto oceano no qual flutuam algumas ilhas. A quase totalidade das populações se empilha sobre essas ilhotas. Em 1975, a metade dos espaços brasileiros era virgem de homens, contando apenas com um único habitante por quilômetro quadrado.